August Seidel

Transvaal - die südafrikanische Republik

Historisch, geographisch, politisch und wirtschaftlich dargestellt

August Seidel

Transvaal - die südafrikanische Republik
Historisch, geographisch, politisch und wirtschaftlich dargestellt

ISBN/EAN: 9783741172229

Hergestellt in Europa, USA, Kanada, Australien, Japan

Cover: Foto ©Lupo / pixelio.de

Manufactured and distributed by brebook publishing software
(www.brebook.com)

August Seidel

Transvaal - die südafrikanische Republik

Transvaal.

Transvaal,

die Südafrikanische Republik.

Historisch, geographisch, politisch, wirtschaftlich
dargestellt

A. Seidel.

Mit 17 Vollbildern, 18 Tertilluftrationen und 6 Karten.

Zweite Auflage.

Berlin.

Allgemeiner Verein für Deutsche Litteratur.

1898.

Seiner Excellenz

dem Wirklichen Geheimen Rat

Herrn Sachse

ehrerbieligst gewidmet.

Inhalt.

Verzeichnis der Abbildungen und Karten.

a. Vollbilder.

In Klammern ist angegeben, wenn ich das betreffende Bild verdanke.

b. Textbilder.

Vorwort.

Die vorliegende Darstellung der Südafrikanischen Republik in ihrer Geschichte, ihren natürlichen, politischen und wirtschaftlichen Verhältnissen stützt sich auf die ebenso umfangreiche wie zerstreute Litteratur, die in den letzten vierzig Jahren über dies in mehr als einer Beziehung interessante Land veröffentlicht worden ist. Wenn ich mir durch die Abfassung des Buches ein kleines Verdienst erworben haben sollte, so kann es nur das sein, die durch die Litteratur bekannt gewordenen Thatsachen gesammelt, auf ihre Zuverlässigkeit geprüft und das als richtig befundene übersichtlich gruppiert und lesbar dargestellt zu haben. Die Litteratur, die ich für diesen Zweck benutzt habe, ist im Anhang I zusammengestellt. Da die Fertigstellung des Buches sich leider lange Zeit verzögert hat, und das von dem Bibliothekar der deutschen Kolonialgesellschaft, Herrn Hauptmann M. Brose hergestellte Litteraturverzeichnis bereits im Jahre 1896 abgeschlossen wurde, so sind darin die neuesten Erscheinungen, unter denen ich hier die wichtigsten hervorheben möchte, noch nicht aufgeführt:

Fisher, The Transvaal and the Boers (London 1896),

Hofmeyr, die Buren und Jamesons Einfall in Transvaal (Bremen 1897),

Jorissen, Erinnerungen an Transvaal 1876—1896 (übersetzt von A. Seidel, Berlin 1898),

Klöffel, Verfassung und Verwaltung der südafrikanischen
Freistaaten (Leipzig 1896),

Stanley, Trough South Africa (London 1898).

Besonders bin ich den Handbüchern von Noble und Silver,
dem Guide to South Africa, dem Argus Annual ꝛc., dem Staats=
Almanak, dem deutschen Handelsarchiv, sowie den Arbeiten von
Merensky, Schenk, Klöffel, Blind, Nixon, Abraham ꝛc. für
zahlreiche Angaben verpflichtet. Wenn es auch an einer größeren
zusammenhängenden Darstellung der Südafrikanischen Republik
bisher mangelte, so sind doch manche speziellen Verhältnisse in
guten Monographien oder in anderem Zusammenhange bereits
mustergültig behandelt worden. Hierher gehören z. B. Dores
Arbeiten über das Klima, Schenks Untersuchungen über die
geologischen Verhältnisse, Schmeißers Abhandlung über die Mineralschätze und den Bergbau, Paulitschkes Nachrichten über die
Erforschungsgeschichte, W. Grünblers Arbeit über die Bawenda
u. s. w. In solchen Fällen habe ich geglaubt am zweck=
mäßigsten zu thun, wenn ich mich diesen Arbeiten so eng wie
möglich anschlösse. Im einzelnen habe ich meine Quellen in
den Anmerkungen (Anhang IV) angegeben und dort gleichzeitig
die Stellen nachgewiesen, wo der Leser erforderlichen Falls
ausführlichere Einzelheiten finden kann.

Im Anhang II und III habe ich den Text der Verfassung (in
der Klöffelschen Übertragung) sowie den des wichtigen Londoner
Vertrages vom 27. Februar 1884 mitgeteilt, der die staats=
rechtliche Grundlage der augenblicklich schwebenden Erörterungen
zwischen der Republik und England bildet, und den daher jeder,
der sich mit Transvaal beschäftigt, gern zur Hand haben wird.

In der Schreibung der geographischen Eigennamen bin
ich leider nicht durchweg konsequent verfahren. Im allgemeinen
habe ich die Schreibung des offiziellen Staats=Almanals angewendet, ohne indessen die üblichen Schreibweisen nach deutscher,

seltener nach englischer Rechtschreibung immer vermieden zu
haben.

Dem Buche eine größere Karte beizugeben, schien mir
nicht erforderlich. Im allgemeinen werden, wie ich hoffe, die
gegebenen Skizzen zur Orientierung ausreichen. Für weiter-
gehende Studien ist die große vierblätterige Karte von Jeppe
(Vergl. S. 129) noch immer die beste. Eine kleinere, aber
ziemlich brauchbare und dabei sehr billige Karte ist von
Flemming in Glogau veröffentlicht.

Für die Überlassung von Bildern bin ich den Herren
Missionssuperintendenten Merensky, Geheimen Sanitätsrat
Dr. Bartels, Gust. Jacobi, P. Frehde, Siemens & Halske
und den Herren Verlegern von Noble's Official Handbook zu
Danke verpflichtet.

Berlin, im September 1898.

                                          J. Seidel.

Erstes Kapitel.
Gründung und älteste Geschichte der Republik.

ie südafrikanische Republik ist eine Gründung von ziemlich jungem Datum. Wenn man ihre Anerkennung seitens der Engländer als den Moment ihrer beginnenden rechtlichen Existenz betrachtet, so fällt ihr Geburtstag erst in das Jahr 1852, in welchem die sogenannte Sand River Convention abgeschlossen wurde. Damals bestanden freilich noch drei getrennte Republiken: Potschefstrom, Zoutpansberg und Lydenburg, die erst im Jahre 1860 durch Pretorius zu einer einzigen zusammengeschweißt wurden. Genau genommen, existiert die Republik erst seit diesem Zeitpunkte, also wenig über ein Drittel eines Jahrhunderts.

Diese junge Schöpfung verdankt eigentlich wie überhaupt fast der ganze südafrikanische Staatenkomplex in seinen Anfängen dem holländischen Kolonialbesitz in Ostindien seine Entstehung.

Das Wunderland Ostindien war im 15. Jahrhundert das heißersehnte Ziel aller seefahrenden Nationen. Es ist bezeichnend und für unsere kolonialpolitischen Heißsporne,

die Indien gar zu gern zum Vergleich mit unserer ost-
afrikanischen Kolonie heranzichen, außerordentlich belehrend,
daß man an das viel näher liegende, bequemer und billiger
zu erreichende Afrika damals so gut wie gar nicht dachte,
obwohl seit der Entdeckung des Seeweges nach Ostindien
durch Vasko da Gama ausgangs des 15. Jahrhunderts die
Schiffe der seefahrenden Mächte halb Afrika umfahren mußten.
Es war eben und ist auch heute noch zum größten Teil ein
wirtschaftlich vollständig unentwickelter Kontinent, dessen Ausbeutung langwieriger und kostspieliger Vorarbeiten bedurft
hätte, während es sich in Ostindien lediglich um die Okkupation parater wirtschaftlicher Werte handelte.

Am 31. Dezember 1600 bildete sich in England, kurz
darauf am 20. März 1602 in Holland eine große Kompagnie
für die Ausbeutung des Handels mit Ostindien.*) Die
letztere errichtete gleich im ersten Jahre ihres Bestehens an
der Südspitze des afrikanischen Kontinents, an der Tafelbai,
eine Station mit der Bestimmung, die nach Indien segelnden
Schiffe der Kompagnie mit Wasser und sonstigen Vorräten
zu versehen. Die ursprüngliche Besatzung dieses Depot-
hafens verstärkte sich nach und nach durch allerhand Zu-
zügler, die größtenteils von der Kompagnie dorthin geleitet
wurden. Diese ersten Ansiedler bestanden durchaus nicht
nur aus holländischen Elementen, auch Deutsche waren in
geringer Zahl darunter, besonders aber französische Hugenotten, die nach der Aufhebung des Edikts von Nantes in
Holland Zuflucht gesucht hatten. Indessen gingen diese
fremden Nationalitäten sehr bald in dem überwiegenden

*) Die erstere erlosch am 1. Nov. 1858, die letztere bereits am
12. Sept. 1795

holländischen Elemente auf, so daß sie sich heute nur noch in den erhaltenen Familiennamen (Joubert, Théron, Du Toit u. dgl.) nachweisen lassen.

Englische Quellen behaupten, die holländische Kompagnie habe auf das strengste darauf gesehen, daß die Niederlassung sich in ihrer Wirksamkeit ausschließlich auf ihren ursprünglichen Zweck als Depot für die nach Indien segelnden Fahrzeuge der Kompagnie beschränke, insbesondere die Anknüpfung von Beziehungen zu den Eingeborenen unterlasse. Die Ansiedlung ihrer Angestellten im Innern des Landes habe sie nach Kräften zu verhindern gesucht. Wenn auch englischerseits diese Auffassung für die Rechtfertigung der Behandlung ausgebeutet wird, die man später den Ansiedlern hat angedeihen lassen, insofern man sich für legitimiert hielt, dieselben als unrechtmäßigerweise in den Besitz ihrer Niederlassungen gelangt zu betrachten, so ist sie doch vollkommen glaublich, da die holländische Kompagnie Verwickelungen der Station in Streitigkeiten mit den Eingeborenen vermieden zu sehen wünschen mußte. Man wollte ja auch nicht in Afrika kolonisieren, sondern nichts als einen Depothafen möglichst billig und ungestört aufrecht erhalten.

Die Verhältnisse waren indessen stärker als die Absichten der Kompagnie. Nach und nach wurden die Grenzen der ursprünglichen Ansiedlung durchbrochen, und der eine und andere begab sich tiefer ins Innere des Landes. Damit war der Stein ins Rollen gebracht.

Hierzu kam ein anderes Moment von beträchtlichem Gewicht. Die junge Niederlassung, von Zeit zu Zeit durch frischen Zuzug verstärkt, entwickelte sich trotz der bald genug ausbrechenden Kämpfe mit den eingeborenen Hottentotten in

vielverſprechender Weiſe." Sogleich erwachte die engliſche Ri=
valität. Um ſich die Früchte der ſich anbahnenden Entwicke=
lung ohne beſondere Mühe in der Zukunft zu ſichern, ſtellte
die engliſche Regierung das in Frage kommende Gebiet durch
die Kapitäne Shillinge und Fitzherbert im Jahre 1620 unter
britiſche Oberhoheit, ohne indeſſen vorerſt irgendwelche poſitiven
Maßregeln zur wirklichen Inbeſitznahme des Landes zu er=
greifen. Inzwiſchen nahm die Einwanderung der Holländer
ihren Fortgang. Im Jahre 1652 landeten wiederum gegen
100 Einwanderer unter der Führung Jan van Riebeels.
Gleichzeitig wurde ein Fort an Stelle der heutigen Kapſtadt
am Zoete Rivier oder ſüßen Fluß errichtet, nicht minder zum
Schutz gegen etwaige Übergriffe der mit Mißtrauen be=
trachteten engliſchen Regierung wie gegen die Einfälle der
räuberiſchen Hottentotten. Der erſte größere Kampf zwiſchen
den Koloniſten und Eingeborenen, durch einen Viehdiebſtahl
der letzteren veranlaßt, ſoll im Jahre 1659 ſtattgefunden
haben.

Die ſtrenge und einſeitige Herrſchaft der Kompagnie,
der Trieb der Anſiedler nach ungebundener Freiheit und nach
wirtſchaftlicher Selbſtändigkeit lockte allmählich einen immer
wachſenden Teil der Anſiedlung, welter in das Landesinnere zu
ziehen und die weiten Weidegründe, die ſich dort ausdehnten,
für den Betrieb der Viehzucht nutzbar zu machen. Es war ein
wildes, von ſteten Gefährlichkeiten bedrohtes Leben ohne Kom=
fort und höheren Lebensgenuß; aber es erzeugte eine harte,
unabhängige, nackenſteiſe Bevölkerung, und keiner anderen
konnte es gelingen, mit den Eingeborenen wie mit der ſich
ihr bald genug aufdrängenden engliſchen Zwingherrſchaft
fertig zu werden.

Treffend schildert H. Kloessel in seinem recht brauchbaren, obwohl nicht auf Autopsie gegründeten Buche,[1]) die damalige Lebensweise der Buren (holländisch Boers, sprich: Burs, zu deutsch Bauern), wie die Einwanderer sich nannten, mit folgenden Worten:

„Gleich den alten Germanen, wie sie uns Tacitus schildert, zogen die Buren in schwerfälligen, aber für Weib und Kind und alle Habseligkeiten hinreichend geräumigen Wagen, bespannt mit oft zwölf Paar Ochsen, von einem Weideplatze zum andern, setzten sich, „wo eine Quelle einlud", wie Tacitus sagt, und wenn das Wasser gut und die Ernte erträglich war, so verließen sie den Wagen und bezogen eine Hütte mit einem Estrich von Erde. Durch schnell in Brand gesetzte Reisigbündel gaben sie sich Nachricht vom Heran-nahen der Feinde. Rasch waren die Buren zu Pferd und griffen die Feinde von mehreren Seiten zugleich an; die schwere, mit gehacktem Blei geladene Donnerbüchse (Ruren), welche die Buren mit ebenso großer Kaltblütigkeit wie Treff-sicherheit zu handhaben verstanden, jagte den damals noch mit den allereinfachsten Waffen versehenen Ureinwohnern des Kaplandes nicht wenig Schrecken ein und verhalf den Buren in der Regel zum Siege. Wurden aber die Buren auf einem Zug angegriffen, so waren die hinter und neben-einander fahrenden Ochsenwagen im Nu zu einer Wagen-burg kreisförmig vereinigt, die Kinder in den mit schweren Bohlen geschützten Wagen untergebracht, die Weiber, bereit zum Laden der abgeschossenen Büchsen, hinter den in den Lücken der Wagen mit eiserner Ruhe im Anschlag liegenden

––––––

[1]) Die Anmerkungen finden sich am Schluß des Buches im Anhang IV.

Männern aufgestellt und das Vieh in der Mitte des Raumes zusammengekoppelt. Nur bei bedeutender Übermacht gelang es dem Feinde dann, eine solche Wagenburg zu stürmen, und seine Verluste waren derart, daß das Wehgeheul über die Gefallenen die Siegesfreude bei weitem übertönte. Allerdings verließ der Feind die Wagenburg in solchem Fall nicht eher, bis sie in eine rauchende Trümmerstätte verwandelt war, und nicht früher, als bis der letzte Bur sein Leben ausgehaucht.

Aber nicht einen Vernichtungskampf in der Art der nordamerikanischen Kolonisten gegen die Indianer führten die Buren, und dies müssen wir ausdrücklich betonen, vielmehr suchten sie stets mit den Eingeborenen zu unterhandeln, erwarben Landstrecken im Tausch gegen Rinder u. s. w. und unterwarfen sich sogar nicht selten den Anordnungen der Häuptlinge, indem sie deren Souveränität anerkannten, allerdings ohne jemals dabei ihre holländische Eigenart abzustreifen.

So wurden die Buren die ersten Kulturträger auf dieser Seite des schwarzen Kontinents und waren wohl im stande, durch ihre Tapferkeit und ihr beharrliches Festhalten an ihrem nationalen Charakter sich bei den Eingeborenen Achtung zu verschaffen und sie günstig zu beeinflussen."

In der Zeit von 1685—1688 wanderten gegen 300 französische Hugenotten, Männer, Weiber und Kinder ins Land und ließen sich in der Nähe von Paarl und Stellenbosch nieder. Sie erwiesen sich wegen ihrer Seßhaftigkeit, ihres Fleißes, ihrer Einsicht und ihrer Sittlichkeit als ein sehr wertvolles Bevölkerungselement, das besonders auch dadurch zur Entwickelung des Landes beitrug, daß es die

Weinkultur einführte und damit eine der wichtigsten wirtschaftlichen Hilfsquellen des Landes erschloß. Die berühmten
Constantia-Weingärten wurden im Jahre 1688 von S. van
der Stell angelegt.

Die Engländer hatten die vorteilhafte Entwickelung des
Landes keinen Augenblick aus den Augen gelassen und warteten auf eine günstige Gelegenheit, ihrer im Jahre 1620
abgegebenen Proklamation thatsächlichen Nachdruck zu geben.
Im Jahre 1780 bedrohte eine englische Flotte unter dem
Commander Johnstone das Kap, und es war nur dem Eingreifen der französischen Flotte unter Admiral Suffren zu
verdanken, daß die englische Okkupation verhütet wurde. Ein
zweiter Angriff der Engländer im Jahre 1782 wurde gleichfalls
zurückgeschlagen. Durch diese letztere Niederlage kam nach
Ansicht der Engländer ihre Waffenehre ins Spiel, deren Verletzung ihnen verbot, die Sache auf sich beruhen zu lassen.

Englische Quellen stellen es so dar, als ob die holländischen Gouverneure, die bis dahin von Kapstadt aus das Land
beherrscht hatten, soweit man in diesem Falle von beherr-
schen sprechen kann, in den letzten Jahrzehnten vor der englischen Besitzergreifung ihrer verantwortungsvollen Stellung
sich so wenig gewachsen gezeigt hätten, daß ihre holländischen Unterthanen voller Unzufriedenheit und der holländischen
Herrschaft überdrüssig gewesen seien. Thatsächlich erhoben sich
im Jahre 1795 die Kolonisten in Graaf-Reinet und Swellendam gegen die holländische Herrschaft teils aus Unwillen über
die zwischen Schwäche und willkürlicher Gewaltthätigkeit hin
und herschwankende Kapregierung, teils vielleicht auch unter
dem Einflusse der revolutionären Prinzipien, die damals
Europa aufwühlten. Sie vertrieben ihre Distriktsregierung

und proklamirten eine freie Republik in Swellendam.[?])
Dies war für die Engländer das Signal zum Angriff. Sie
entsandten eine Flotte unter dem Oberbefehl des Admirals
Elphinstone und des Generals Craig (Kloeßel fälschlich: Clarke)
angeblich zu dem Zweck, die Autorität des Prinzen von Oranien
zu schützen und in seinem Namen von der Kolonie Besitz zu nehmen. Die größte Tapferkeit schützte die Buren, die zu Wasser
und zu Lande gleichzeitig angegriffen wurden, nicht vor einer
schnellen Niederlage. General Craig wurde nach der Einnahme der Kapveste zum ersten englischen Gouverneur ernannt,
die Kolonie damit unter britischen Schutz gestellt, und von dem
Schutz holländischer Ansprüche war nicht mehr die Rede.
Man muß anerkennen, daß mit der englischen Besitzergreifung
ein frischer Zug in die Entwicklung des Landes kam. Befestigungen wurden auf Devil's Hill (Teufelshügel) und
Craig's Tower (Craigs Turm) errichtet, sowie Fort Frederic an der Algoa-Bai erbaut. General Craig richtete
auch das erste Regiment von eingeborenen Hottentotten ein.
Sein Nachfolger war der Earl Macartny, der im Jahre 1797
sein Amt antrat. Unter seinem Nachfolger Sir G. Young
(1800) wurde in Europa der Friede zu Amiens geschlossen, in
welchem die Kolonie der batavischen Regierung wieder überlassen wurde. Die Engländer räumten daher das Kap, und
General Janssens übernahm als holländischer Gouverneur
die Leitung der Kolonie. Schon zwei Jahre darauf er-
neuerten indes die Engländer, die in Europa wieder Ober-
wasser bekommen hatten, die Feindseligkeiten. Am 4. Januar 1806 erschien eine englische Flotte vor Kapstadt. Sir
David Baird besiegte an der Spitze von sechs Regimentern
die holländischen Streitkräfte trotz tapferer Gegenwehr bei

Transvaal vom Majubaberg.

Blaawberg am 8. Januar, und am 10. Januar mußte Kap=
ftadt kapitulieren. Damit war die Kolonie, welche damals
etwa 62 000 Einwohner hatte (22 000 Europäer, faſt aus=
ſchließlich Holländer, 26 000 eingeborene Sklaven und
14 000 halbfreie Hottentotten), wieder in engliſchen Beſit
übergegangen. Der holländiſche Reſident, General Janſſens,
wurde vertrieben, und ſeitdem weht die britiſche Flagge vom
Kaſtell der Kapſtadt. Im Frieden zu Paris (1815) wurde
die Abtretung des Kaplandes an die Engländer auch vom
König der Niederlande anerkannt.

Kapſtadt umfaßte zu Beginn dieſes Jahrhunderts etwa
1100—1200 Häuſer, die von rund 5500 Weißen und freien
Farbigen, ſowie etwa 10 000 Sklaven bewohnt waren.
Seine hervorragendſten Gebäude waren außer dem Kaſtell
verſchiedene Forts und Kaſernements, das Regierungsgebäude,
die reformierte holländiſche Kirche, die lutheriſche Kirche, das
Rathaus, der Juſtizpalaſt, ein Theater u. ſ. w. Unter den
Einwohnern befanden ſich viele recht wohlhabende Leute, die
Landgüter in der Nähe der Stadt beſaßen und die Er=
zeugniſſe ihrer Farmen durch Sklaven vertreiben ließen.
Andere ſtanden in Regierungsdienſten, manche gewannen
ihren Lebensunterhalt als Kleinhändler und noch andere
dadurch, daß ſie ihre Sklaven als Handwerker und land=
wirtſchaftliche Arbeiter vermieteten. Die freien Farbigen
gingen meiſt dem Fiſchergewerbe nach. Die Lebensmittel
waren außerordentlich billig und in Fülle vorhanden, nur
Brennholz war teuer, da die früher vorhandenen Wälder
in der Nähe der Stadt faſt alle verſchwunden waren. Die
Geburten verhielten ſich zu den Todesfällen wie 25 : 11.
Die Mortalität war ſehr gering; ſie betrug jährlich kaum 3 %.[3]

Der Earl Macartny hatte die Grenzen der Kolonie im Jahre 1797 wie folgt bestimmt: Großer Fischfluß, Tarca, Bambossberg und Zuurbergen bis zu den Plettenberg-Baaken am Südrande des Buschmannslandes entlang bis zum Kamies-Berg und am Büffelfluß entlang bis zum Atlantischen Ozean. Die Kolonie umfaßte dergestalt folgende Distrikte: Kapstadt, Stellenbosch, Drakenstein, Swellendam und Graaf-Reinet, ein Areal von ungefähr 120 (englischen) Quadratmeilen. Heute umfaßt die Kolonie fast 80 000 Quadratmeilen, und die Bevölkerung beläuft sich auf ziemlich 1½ Millionen.

Der lebhafte Handelsverkehr mit England und Ostindien gaben dem Lande einen schnellen Aufschwung (vergl. darüber Ellver, S. 19 und ff. und Mac-Call Theal, Compendium of South African History and Geography, 3. Auflage, 1877).

Die Buren hatten die neue englische Herrschaft stets mit scheelen Augen angesehen, nicht nur weil sie überhaupt einer allzu großen Einmischung staatlicher Behörden in ihre eigenen Angelegenheiten nicht sehr hold waren, sondern auch weil sich sehr bald herausstellte, daß die Politik der Regierung den Interessen der Kolonisten in vielen Fällen schnurstracks zuwider lief. Hauptsächlich gab die Eingebornen-Politik der Engländer den Buren gerechten Anlaß zu Klagen. Besonders die Spitzen der weit in das Land hineingeschobenen Burenniederlassungen hatten viel unter der Begehrlichkeit der eingebornen Hottentotten und später auch im Osten der Kaffern zu leiden. Solange die Eingebornen nicht im Besitze von Feuerwaffen waren, war diese Gefahr trotz der numerischen Überlegenheit der Angreifer nicht allzu

hoch zu veranschlagen. Dies Verhältnis änderte sich gewaltig zu Ungunsten der Buren, nachdem die von England
rücksichtslos geförderten Handelsbeziehungen mit den Eingebornen diesen die Mordwaffen der zivilisierten Völker in die
Hand gedrückt hatten.

Ferner war den Buren die englische Neigung unbe-
quem, die bestehende Eingebornen-Sklaverei zu beseitigen und
den Hottentotten und freien Farbigen sogar gleiche Rechte
wie den Weißen zuzugestehen. Hierzu kam endlich eine nie
rastende Eifersucht der Engländer, welche in den Unabhän-
gigkeitsgelüsten der Buren die Gefahr der Entstehung selbst-
ständiger Kolonialreiche witterten. So oft die vorgeschobenen
Posten der Buren eine neue Niederlassung gegründet hatten,
wurde diese mit Waffengewalt zur Anerkennung der britischen
Herrschaft gezwungen. Dabei waren die Engländer nicht
wählerisch in ihren Mitteln. Mehr als einmal reizten sie
selbst die Eingebornen zum Kampfe gegen die Buren auf
und unterstützten sie mit Waffen und Munition, um die
Buren nicht aufkommen zu lassen.

Es ist bemerkenswert, daß der erste ernstliche Zusammenstoß zwischen den Buren und der englischen Regierung die
Mißhandlung eines Eingebornen durch einen holländischen
Farmer zum Ausgangspunkt hatte. Der Kolonist Frederik
Bezuidenhout in Slagters Nek wurde vor den Gerichtshof
geladen, weil er beschuldigt war, einen Hottentotten miß-
handelt zu haben, weigerte sich indessen zu erscheinen. Es
wurde ein Verhaftsbefehl gegen ihn ausgefertigt, und ein
Gerichtsbeamter begab sich unter militärischer Bedeckung nach
dem Hause des Übelthäters. Dieser hatte sich in seiner Be-
hausung verschanzt und dachte nicht daran sich zu ergeben.

Vielmehr drohte er den ersten über den Haufen zu schießen, der es wagen würde Hand an ihn zu legen. Nichtsdesto= weniger rückten die Soldaten vor. Bezuidenhout feuerte zwar, ohne jedoch glücklicherweise jemanden zu treffen. Dar= auf ergriff er mit seinem Diener die Flucht und verbarg sich im Dickicht. Nach kurzer Zeit wurden die Flüchtlinge in einer Höhle aufgestöbert; abermals setzte sich Bezuidenhout zur Wehr, worauf die Truppen auf ihn selbst Feuer gaben und ihn tödlich verwundeten. Die Verwandten und Freunde des Unglücklichen beschlossen nun seinen Tod zu rächen und die Engländer aus dem Lande zu vertreiben. Zu diesem Zwecke suchten sie sich sogar die Bundesgenossenschaft des Kaffernhäuptlings Ngquika zu sichern. Der Anschlag wurde jedoch verraten und der Aufstand im Keime erstickt. Man versicherte sich der Führer des Aufstandes und that alles, um nutzloses Blutvergießen zu verhüten. Die Insurgenten waren indessen entschlossen, die Dinge aufs äußerste zu treiben. Sie erlitten aber bald einige Schlappen und wurden in einer tiefen Schlucht im Winterberg, welche Crabok vom Fort Beaufort und Bedford trennt, von einem Detachement der Kaptruppen umzingelt und in Stücke gehauen. Einige 60 oder 70 wurden zu Gefangenen gemacht, der größte Teil davon ward hart bestraft mit Einkerkerung und Verbannung, fünf von ihnen, Hendrik Prinslo, Cornelius Faber, Abraham Bothma, Stefanus Bothma und Theunis de Klerk wurden zum Tode verurteilt und trotz aller Anstrengungen ihrer Freunde hingerichtet.[4]

„Die Buren, sagt John Nixon in seiner „History of the Transvaal", vergaßen Slagters Nek niemals, und es war eine der Ursachen, welche zu dem großen Trek, d. h.

der Auswanderung der Buren aus der Kapkolonie führte", der in der Begründung des Cranje-Freistaats und der süd-afrikanischen Republik seine Endschaft fand. Indessen war Esagiers Nek so zu sagen nur ein Symptom, das Symptom eines tiefgehenden Unterschiedes zwischen der regierenden und der regierten Nationalität in ihrer beiderseitigen Auffassung ihres rechtlichen Verhältnisses zu den Eingeborenen. Der Gegensatz zwischen den beiden Nationalitäten läßt sich am besten so ausdrücken, daß die Buren den Eingeborenen gegenüber zu einseitig das wirtschaftliche Interesse, die Eng-länder ebenso einseitig das der Humanität betonten, ein Widerstreit, der sich überall abgespielt hat, wo immer die Europäer den Eingeborenen kolonisierend gegenüber getreten sind, und der sich beispielsweise auch heute wieder bei der Eingebornenpolitik in den deutschen Kolonien fühlbar macht. Keine der beiden Parteien ließ von ihrer Auffassung etwas nach. Im Jahre 1829 traten die Engländer zum ersten Male mit der Absicht hervor, die Hottentotten und freien Farbigen rechtlich auf eine Stufe mit den Weißen zu stellen. Die Folge davon war ein Sturm der Entrüstung bei den Buren. Schon hofften die Buren, daß England die Auf-hebung der Sklaverei im Kaplande für verfrüht halten würde, zumal die Verhältnisse bedeutend anders lagen als in Westindien. Seit 1823 jedoch, wo Fowel Buxton die Sache der Sklaven vor das Londoner Parlament brachte, begann man wiederholt, angeregt durch die Abgeordneten Wilford Clarkson und Macaulay, mit ernstlichen Reformen, und im August 1833 wurde bereits die sofortige Abschaffung der Sklaverei in allen britischen Kolonien unter Bewilligung eines Drittteils [5]) des Wertes als Entschädigung im Parlament durchgesetzt, trotzdem die Regierung selbst und ein Teil der Kammermitglieder eine allmähliche Abschaffung für weiser hielten. Zur Zeit der Aufhebung der Sklaverei sollen nach Nixon etwa 35 000 Sklaven in der Kapkolonie gewesen sein, abgesehen von einer Anzahl von Hottentotten, die sich in einem Zustande von Halbfreiheit befanden. Die im Besitze der Buren befindlichen Sklaven wurden auf 3 Millionen bewertet, wofür den Eigentümern eine Entschädigung von 1 200 000 £ bewilligt wurde. Indessen waren die Einrichtungen für die Abschaffung des Sklavenbesitzes der einzelnen Eigentümer und für die Bemessung der ihnen zu zahlenden Entschädigung so mangelhaft gestaltet, daß die meisten nur eine sehr ungenügende Kompensation, viele aber überhaupt keine erhielten, da die Agenten der Regierung, die mit der Aufgabe der Abschätzung und Verteilung der Entschädigung betraut waren, sich zum großen Teil nicht durch hervorragende Ehrlichkeit auszeichneten.

Es ist klar, daß auch ohne diese Unterschleife den Buren durch die plötzlich, ohne jede Übergangszeit ins Werk gesetzte Sklaven-Emanzipation die schwersten wirtschaftlichen Nachteile erwachsen mußten. Der Landbau war bis dahin auf Sklaven-Arbeit gestützt gewesen. Jetzt wurde die Arbeiterbeschaffung erheblich erschwert und verteuert. Ein allgemeiner Rückgang des Wohlstandes mußte die Folge sein, und die Abneigung der Buren gegen die Bedrücker wuchs dadurch zu grimmigem Haß, um so mehr, als ihre Befürchtung sich bewahrheitete, daß die für diese humane Institution noch völlig unreifen Eingebornen hierin mehr eine Anerkennung ihrer Macht finden[6]), denn eine liebevolle Fürsorge für ihr Wohlergehen erblicken würden. Für die eigentliche Absicht, die der Zi-

vilisation näher zu bringen, erwies sich das Mittel daher
wenigstens zunächst als völlig verfehlt.

Als einen weiteren Grund für die Unzufriedenheit der
Buren bezeichnet Nixon in seiner Complete Story of the
Transvaal die von dem damaligen Staatssekretär für Ko-
lonien, Lord Glenelg, angeordnete Rückgabe des Landstriches zwischen den Flüssen Keiskamma und Kei an die
Eingeborenen. Der in Rede stehende Landstrich war am
Schluß des Krieges der Engländer mit den Kaffern im
Jahre 1830 von Sir Harry Smith annektiert worden.
Lord Glenelg aber, ein besonders eifriger Vertreter der Hu-
manitäts-Bestrebungen, gab das Land den Kaffern zurück,
indem er gleichzeitig die weißen Kolonisten durch Ungerechtig-
keiten und Bedrückungen aller Art gegen sich und das englische Regiment noch mehr aufbrachte. Es konnte nicht fehlen,
daß diese Last von wirklichen oder eingebildeten Kränkungen,
wie der englische Schriftsteller sich ausdrückt, endlich zu
energischen Gegenmaßregeln der Buren führen mußte. Was
von offener Auflehnung gegen die Bedrückung der herrschenden Macht zu erwarten war, hatte ihnen die Slagters
Nek-Affaire gezeigt. Sie wußten, daß der britische Leu die
einmal ergriffene Beute bei dem geringsten Versuch des
Widerstandes erbarmungslos zerreißen würde. So griffen sie
denn zu dem ihnen einzig offen stehenden Weg der Auswanderung, sie begannen zu trekken (zu ziehen). Die Haupt-
Treks fanden in den Jahren 1835 und 1836 statt. Über
achttausend Buren faßten den Entschluß, ihrem neuen Vater-
lande den Rücken zu kehren. Ungefähr fünftausend Mann
wanderten unter Pieter Retiefs Führung nach Natal. Ihnen
folgten später einige kleinere Scharen unter Aubries Prä-

torius und Gert Maritz. Ein Teil wendete sich nach dem
Orange- und dem Vaal-Fluß sowie den Drafen-Bergen.
Ein Manifeft, das Pieter Retief veröffentlichte, gab den
Klagen der Buren, durch die sie zur Auswanderung getrieben
wurden, beredten Ausdruck. Sie beschwerten sich über das
Überhandnehmen der Landstreicherei infolge der Aufhebung
der Sklaverei. Sie beklagten sich über die ernsten Verlufte,
die sie infolge der Sklaven-Emanzipation hätten erdulden
müssen, und über die unbequemen Gesetze, die man ihnen
hinsichtlich der Sklaven aufbrängen wolle. Ferner hätte sie
das „unaufhörliche Raubsystem" erbittert, das sie von den
Kaffern und anderen farbigen Bevölkerungsklaffen zu erdulden gehabt, wie auch „das nicht zu rechtfertigende Odium,
welches interessierte und unehrliche Personen unter dem
Mantel der Religion (die Missionare sind gemeint) auf die
Buren gewälzt haben." Schließlich heißt es: „Wir sind
entschlossen, wohin wir auch gehen, den Grundsatz der Freiheit aufrecht zu erhalten. Aber so sehr wir willens sind
Sorge zu tragen, daß niemand im Zustande der Sklaverei
gehalten werde, so ist es doch unfre feste Absicht, geeignete
Beftimmungen aufrecht zu erhalten, um Verbrechen zu
unterbrücken und zwischen Herrn und Diener schickliche
Beziehungen beizubehalten. Wir erklären feierlich, daß wir
diese Kolonie mit dem Wunsch verlassen, ein ruhigeres
Leben zu führen, als wir bisher gethan haben. Wir wollen
niemandem zur Last fallen noch ihn des geringften Eigentums berauben; aber angegriffen, werden wir uns für
voll berechtigt halten, Leben und Eigentum gegen jeden
Feind aufs äußerste zu verteidigen." „Wir verlassen diese
Kolonie", heißt es am Schluß, „in der festen Überzeugung,

daß die englische Regierung nichts mehr von uns zu verlangen hat und uns gestatten wird, uns in Zukunft ohne
weitere Einmischung (Fremder) selbst zu regieren." Die
englische Regierung teilte diese Auffassung durchaus nicht;
der Gouverneur Napier machte vielmehr ernstliche Anstrengungen, die Buren zurück zu treiben, indessen ohne
Erfolg.

Es kann nicht unsere Absicht sein, den ausgewanderten
Buren auf allen ihren Zügen zu folgen. Dieselben sind
auch bereits mehrfach eingehend besprochen worden,[7]) sodaß
wir uns hier auf einige Thatsachen beschränken können.
Pieter Retiefs hatte sich mit seiner Schar nach Osten ge-
wendet und gelangte nach manchen Kämpfen nach Natal.
Getreu der bisher stets beobachteten Politik suchte er durch
Unterhandlungen mit dem Sulu-Fürsten Dingaan, der damals eine beträchtliche Machtfülle in seiner Hand vereinigte,
die Erlaubnis zur Niederlassung seiner Landsleute zu er-
wirken. Dingaan zeigte sich auch geneigt, dem Ansuchen der
Buren zu entsprechen. Aber der hinterlistige Schwarze ließ
die ahnungslosen Buren bei einem festlichen Mahle überfallen
und niedermachen. Über 600 Buren wurden hierbei vernichtet. Ein ähnliches Schicksal erwartete den Vortrab der
unter Führung des Pretorius „treckenden" Burenschar.
Am Bluekrans-Fluß wurde ihr Lager von den Kaffern überfallen, und nur wenige von dem 600 Köpfe starken Zuge
entrannen dem Blutbad. An der Stelle jenes gräßlichen
Überfalles liegt heute der Ort Weenen (Weinen), in dessen
Namen noch die Erinnerung an das blutige Ereignis fort-
lebt. Pretorius bereitete diesen Bluthaten eine schreckliche
Sühne. Am Buschmanns-Fluß brachte er den Kaffern am

16. Dezember 1837 eine schwere Niederlage bei und brach
hierdurch für lange Zeit die Macht des räuberischen Sulu-
Häuptlings. Pieter-Maritzburg, nach den Führern des Trecks,
Pieter Retief und Gert Maritz so genannt, bezeichnet die
Stelle dieses denkwürdigen Ereignisses. Kraft des von
Dingaan vollzogenen Vertrages mit Pieter Retief, den man
bei der Leiche des heimtückisch Erschlagenen fand, nahm
Pretorius nunmehr Natal als rechtmäßiges Eigentum der
Buren in Besitz. Aber weder in Natal, noch im Vaal-
Distrikt, wohin sie bald gezwungen wurden, ihre Zuflucht zu
nehmen, fanden sie die ersehnte Ruhe vor ihren britischen
Bedrängern. Die Überzeugung von der großen Zukunft
der Buren-Siedelungen hatte sich bei den Engländern zu
sehr befestigt, als daß sie nicht das Bestreben gehabt hätten,
die von jenen in Kultur genommenen Gebiete so schnell wie
möglich unter britische Oberhoheit zu bringen. Die daraus
sich ergebenden wechselvollen Schicksale der Buren in der
Zeit von 1837—1848, einer der schwersten, die die Buren
zu überstehen hatten, schildert ein guter Kenner der Buren-
Geschichte⁶) mit folgenden Worten:

Die Niederlassung der Buren in Natal, welche sie als
„batavisch-afrikanische Maatschappy" bezeichneten, wuchs unter
ihrem emsigen Fleiße sehr bald zu einer blühenden Kolonie,
zumal die Sulus nach der letzten Niederlage keine Einfälle
in das Gebiet mehr zu wagen schienen. Andries Pretorius,
der durch seine bessere Bildung schon als Jüngling eine hervorragende Stellung unter seinen Stammesgenossen einnahm,
wurde mit der Leitung der Verwaltung der jungen Kolonie
beauftragt; er konstituierte einen Volksrat, dem die Prüfung
bez. Beschlußfassung in öffentlichen Fragen oblag, und sorgte

durch Verträge und weise Maßregeln dafür, daß die Sicherheit der Ansiedelung nach außen erhöht und ihre innere Entwickelung gefördert wurde.

Als der jüngere von zwei Söhnen war Pretorius von
seinem Vater ursprünglich dem geistlichen Stande bestimmt
gewesen und hatte zu diesem Zwecke bis zum 15. Jahre die
lateinische Schule in der Kapstadt besucht, dann aber, als
sein älterer Bruder bei einem Streifzug gegen einen räuberischen Kaffernstamm gefallen war, zur Unterstützung seines
alten Vaters den Beruf der Landwirtschaft ergriffen. Er
wird als eine stattliche und gewinnende Erscheinung geschildert. Das den Buren eigene tiefe Gerechtigkeitsgefühl war
bei ihm besonders entwickelt und verschaffte ihm selbst bei
seinen Feinden große Anerkennung.

Schon meinten die Buren in Natal, das lang ersehnte
Ziel ihrer Wünsche, Unabhängigkeit von britischer Herrschaft,
erreicht zu haben, als plötzlich eine Abteilung englischer
Truppen unter Major Chartres in Port Natal erschien, angeblich, um ferneren Kämpfen der Buren und Sulus vorzu-
beugen. Dazu hätte es aber der Engländer nicht bedurft.
Eigentümlicherweise schien gerade jetzt der Sulukönig Dingaan
seine letzte Niederlage vergessen zu haben, denn er begann
die mit den Buren vereinbarten Verträge in auffälliger
Weise zu verletzen, was die letzteren zu der allerdings nahe-
liegenden Vermutung brachte, daß die Kapregierung ihre
alte Taktik erneuert und sich mit dem Sulufürsten in geheime
Verbindung gesetzt habe. Als bald hierauf die Buren gegen
Dingaan zu rüsten begannen, zeigten sich die wirklichen Absichten jener englischen Friedensvermittler zunächst dadurch,
daß sie den einzigen Hafen des Landes besetzten und den

Buren die Zufuhr von Waffen und Munition abschnitten. Trotzdem diese Maßregel für die Buren sehr empfind- lich war, gaben sie ihrem Verdacht vorläufig immer noch keinen offenen Ausdruck. Als ihnen jedoch thatsächliche Be- weise einer Verbindung der Engländer mit den Zulus hinter- bracht wurden, ließ Pretorius die englische Abteilung in Port Natal einfach aufheben und mit einer Erklärung an den Gouverneur in Kapstadt über die Grenze bringen. In- zwischen war, im September 1839, der Kaffernhäuptling Panda, ein Bruder Dingaans, mit 6000 Mann und großen Viehherden über den Omtukela zu den Buren gestoßen, um sich mit ihnen gegen Dingaan, mit dem er in beständigem Kriege lebte, zu verbinden. Die Buren schlossen mit Panda einen Freundschaftsvertrag und versprachen ihm Schutz und Hilfe gegen seinen kriegerischen Bruder.

Diesmal warteten die Buren nicht erst einen Angriff der Zulus ab, sondern suchten Dingaan und seine kriegsge- übten Regimenter im eigenen Lande auf, wo sie ihm am 1. Februar 1840 eine blutige Niederlage bereiteten, die durch den schließlichen Eingriff der Scharen Pandas eine vollständige Auflösung des feindlichen Heeres herbeiführte. Dingaan selbst fiel in diesem Kampfe, und die Buren säumten nicht, den friedlicher gesinnten Häuptling Panda, unter Zu- stimmung der Unterhäuptlinge, am 4. Februar desselben Jahres zum Zulufürsten zu erklären, worauf dieser sich unter den Schutz der Burenkolonie stellte. Die Buren waren da- mals noch zu schwach, um Natal und Zululand gleichzeitig besetzen zu können, sie begnügten sich daher vorläufig, das letztere durch Proklamation vom 14. Februar 1840 dem Namen nach in Besitz zu nehmen, wobei sie ausdrücklich er-

wähnten, daß das Gebiet einschließlich der Sankt Lucia-Bai
durch Verträge in ihr rechtmäßiges Eigentum übergegangen
sei. Die kleine Kolonie selbst stellte sich unter den Schutz
des Königs von Holland in der Meinung, die Engländer
dadurch von einem neuen Versuch der Besitzergreifung abzu-
schrecken. Doch hierin irrten die Buren gewaltig, über solche
Kleinigkeiten setzten sich die Engländer von jeher kühn hin-
weg. Bereits im November desselben Jahres erklärte der
Gouverneur Napier in Kapstadt, daß die Emigranten als
britische Unterthanen kein Recht besäßen, in den von ihnen
eingenommenen Territorien einen unabhängigen Staat zu
bilden; er werde demzufolge letzteren in militärischen Besitz
nehmen. Doch erst 1½ Jahr später ließ er seinen Worten
die That folgen, weshalb die Buren Zeit hatten, sich durch
Zuzüge wesentlich zu stärken.

Im Mai 1842 zeigte sich eine britische Abteilung von
250 Mann nebst 5 Kanonen unter Kapitän Smith in der
Natal-Bai und bezog ein verschanztes Lager. Bald begannen
die Feindseligkeiten. Das von zahlreichen Gebirgszügen und
tiefen, engen Schluchten unterbrochene Tafelland gewährte
mit seinen damals noch dichten Walbungen den Buren eine
vorzügliche Stellung. Am Waldessaum zum Verhau ge-
fällte Bäume, sowie dahinter kreuz und quer durcheinander
liegende Stämme machten ein Vordringen fast unmöglich.
Die kühn heranstürmenden Engländer wurden mit
einem so mörderischen Feuer empfangen, daß sie sich schon
nach kurzem Kampfe, bis ans Lager verfolgt, zurückziehen
mußten, wo Kapitän Smith zu seinem Schrecken bemerkte,
daß er die Hälfte seiner Mannschaft geopfert hatte. Er
sandte reitende Boten mit der Bitte um Unterstützung

an die nächsten englischen Posten, zum Glück für ihn noch
rechtzeitig, ehe ihm dies nämlich durch Einschließung des
Lagers unmöglich gemacht wurde; denn schon nach einigen
Tagen, als eine starke, englische Patrouille von den Buren
bis an das Lager verfolgt wurde, benutzten die letzteren die
Gelegenheit zu einem Eindringen in die Umwallung, und
nur ein rasches Eingreifen der Kanonen verhinderte die fast
sichere Einnahme der Befestigung. Am 25. Juni endlich
kam eine größere Truppen-Abteilung unter Oberstlieutenant
Cloete mit der Fregatte „Southampton" vor Port Natal
an, die sofort nach der Landung einen Angriff mit Artillerie
auf die Buren unternahm, vor welchem dieselben sich eilig auf
Pieter-Maritzburg zurückziehen und schließlich den zu erwartenden Ausgang eines ferneren Kampfes unter solchen Verhältnissen voraussehend, um Unterhandlung bitten mußten.
Sie erkannten hiernach die Oberhoheit der Königin von
England an, wogegen ihnen volle Amnestie gewährt, sowie
Unantastbarkeit ihres Grundbesitzes und das Fortbestehen
ihrer eigenen Civilverwaltung zugestanden wurde. Aber
die Mehrzahl der Buren, unter ihnen Pretorius, waren von
der Erfüllung derartiger Versprechungen nach den bisher gemachten Erfahrungen zu wenig überzeugt, um sich auch nur
den geringsten Hoffnungen hinzugeben. Als daher nach
kurzer Zeit Beweise ihrer Befürchtungen sich zeigten, gingen
die Buren von Pretorius geführt, in größeren Zügen nach
dem Vaal-Distrikt. Bald folgten ihnen größere Kolonnen
nach, denn die englische Regierung verriet immer mehr und
mehr ihre eigentlichen Absichten auf Natal, indem sie bereits
die bezüglich des Grundbesitzes den Buren gemachten Zugeständnisse ignorierte.

In den Klipp= und Büffelfluß=Bezirken, welche die
Buren der vorzüglichen Weideplätze wegen am dichtesten be=
wohnten, hatte die Nachricht von der Besitznahme Natals
durch die britische Regierung eine mindergroße Aufregung
hervorgerufen, weil dort die Meinung vorherrschte, daß die
britische Herrschaft sich nur bis an den Omtukela erstrecken
würde, da derselbe immer als die Grenze des eigentlichen
Natallandes angesehen worden war, und daß somit ihr Ge=
biet frei geblieben sei. Die Enttäuschung jener Buren war
daher um so größer, als der zum britischen Kommissar ein=
gesetzte Oberstlieutenant Cloete am 6. October 1843 einen
Vertrag mit dem Sulu=Fürsten Panda schloß, in welchem
der Büffelfluß als britische Grenze bestimmt wurde. Panda
suchte hierauf die am Klipp=Fluß angesiedelten Buren zu
vertreiben; diese vereinigten sich jedoch in einem Lager und
verteidigten in einem nahezu zweijährigen Kampfe das zu
ihrer Heimat gewordene fruchtbare Gebiet. Aufs neue
zeigte sich bei dieser Gelegenheit die mehrfach geschilderte
perfide Handlungsweise der Engländer. Die Buren am
Klipp=Fluß sandten, müde der fortwährenden aufreibenden
Kämpfe, gegen Ende des Jahres 1845 eine Deputation an
den um diese Zeit in Pieter=Maritzburg neu angekommenen
britischen Vizegouverneur, biesen um den ihnen als britischen
Unterthanen zustehenden Schutz bittend. Der Vizegouverneur
bedauerte jedoch, nicht bevollmächtigt zu sein, den erbetenen
Schutz zu gewähren, er könne lediglich die Angelegenheit
nach der Kapstadt berichten. Den Buren blieb somit nichts
übrig, als sich wieder selbst zu helfen. Sie knüpften mit
Panda Unterhandlungen an, die zu dem Resultat führten,
daß der Sulu=Fürst den Besitz der Buren anerkannte und

der Büffelfluß als Grenze bestimmt wurde. Kaum war dem Uzgouverneur dieses Abkommen bekannt geworden, als er sofort Protest einlegte und Panda zwang, den Büffelfluß zwar als Grenze anzusehen, den Vertrag mit den Buren aber einfach als ungültig zu betrachten. Außerdem aber suchte der britische Verwaltungsrat in Pieter=Maritzburg die Weigerung der Buren, ihre Grundstücke vermessen zu lassen und die offiziellen Urkunden darüber in Empfang zu nehmen, als Hochverrat hinzustellen. Der von den Buren erhobene Einwand, sie hätten den englischen Residenten vergeblich um Schutz gebeten und wären erst durch die Wei= gerung desselben zu dem an sich übrigens rechtsgültigen Ver= trag mit Panda gezwungen worden, blieb unbeachtet. Na= türlich konnte die jetzt von der britischen Regierung gegebene Verheißung der Verzeihung an jene Buren, welche sofort den Eid der Treue ablegen würden, keinen fruchtbaren Boden mehr finden. Die Buren wandten in großer Zahl, wenn auch mit schwerem Herzen, ihrer zweiten Heimat den Rücken und zogen ebenfalls dem Vaalbezirke zu.

Die von Pretorius geführten Buren fanden jenseits der Drakenberge in dem fruchtbaren Gebiete zwischen dem Vaal= und Oranjefluß bereits Ansiedelungen ihrer Stammesge= nossen vor, die sich beim großen Zuge im Jahre 1837 dort niedergelassen hatten. Verstärkt durch die aus den Klipp= und Büffelfluß=Distrikten fortwährend zuziehenden Kolonnen, grün= deten die Buren hier ein neues Gemeinwesen nach dem Muster des in Natal bestandenen und nannten es den Oranje= Freistaat. Sie hofften abermals die erschnte Freiheit und Unabhängigkeit von britischer Herrschaft und damit endlich hinreichende Ruhe gefunden zu haben, um sich auf längere

Scenerie vom Krokodilfluß.

Zeit als bisher lediglich der friedlichen Thätigkeit des Land-
baues und der Jagd hingeben zu können; doch sollte die
Erfüllung des Wunsches noch immer fern liegen.

Der im Jahre 1846 zwischen den Engländern und
Kaffern von neuem ausbrechende blutige Krieg nötigte die
Burenbevölkerung wiederholt, namentlich in den Grenz-
distrikten, umherstreifende Kaffernhorden von Raub und
Mord mit den Waffen zurückzuhalten. Der neue Gouverneur in Kapstadt Sir Henry Rottinger und der zum Oberbefehlshaber der Grenzarmee ernannte General Berkeley ergriffen zwar die energischsten Maßregeln, doch dauerte der
Kampf trotz baldiger Unterwerfung einiger Häuptlinge noch
bis zum Ende des folgenden Jahres.

Im Dezember 1847 kam als Gouverneur Sir Harry
Smith nach dem Kaplande, der zunächst die neuen Grenzen
der Kolonie bestimmte und sich dann beeilte, das Kaffernland zwischen Keiskama und Kei durch Proklamation als
Britisch-Kaffraria für England in Besitz zu nehmen. Die
unterworfenen Häuptlinge erklärten sich hierauf in feierlicher
Versammlung für Unterthanen Großbritanniens, worauf am
24. Dezember die förmliche Friedenserklärung erfolgte.
Auch im Natal-Gebiet suchte Gouverneur Smith Ordnung
zu schaffen. Er hielt im Februar 1848 eine persönliche
Zusammenkunft mit den noch zurückgebliebenen Buren, wobei er ihnen erklärte, daß er auf Ablegung des Huldigungs-
eides verzichten und eine aus drei Regierungsbeamten und
zwei Buren bestehende Landeskommission einsetzen, vor allem
aber alle Eigentümer in ihrem gegenwärtigen Besitz bestä-
tigen werde. Seine Versuche, die ausgewanderten Buren
dadurch zur Rückkehr zu bewegen, daß er ihnen am Klipp-

Fluß und oberen Tintukela unentgeltlich Grundstücke geben
wollte, hatte wenig Erfolg, da der Strom der Auswanderung nicht mehr aufgehalten werden konnte.

Immerhin erklärten sich mehrere Burenfamilien mit den
vom Gouverneur Smith versprochenen Verbesserungen zufrieden und blieben vorläufig im Natal-Gebiet. So gering
dieser Erfolg für England war, bewies er doch aufs neue,
daß man auf friedlichem Wege und wenn das Versprochene
erfüllt wurde, mit den Buren viel weiter kam als mit Gewalt der Waffen. Aber England unterließ es wieder, hieraus
eine Lehre zu ziehen.

Sobald die neue Oranje-Republik ebenfalls Verträge
mit den Engländern eingegangen war, verfielen sie wieder
in ihren alten Fehler.

Im April des Jahres 1848 wurde in dem Gebiete
des Oranjefreistaates die britische Souveränetät verkündet.
Die Kolonisten stützten sich auf ihre Verträge, und bald war
der Kampf von neuem unvermeidlich. Pretorius, unterstützt
von mehreren Kaffernhäuptlingen, führte die Buren bei
Bloemplaats am 29. August desselben Jahres gegen die
Briten. Die englischen Waffen siegten, und die Buren
mußten sich abermals englischen Forderungen fügen, wenn
sie nicht den erst seit kurzem zur dritten Heimat gewordenen
Boden wieder verlassen wollten. Ein großer Teil folgte
einem Aufruf von Pretorius und wählte letzteres.

Sie gingen mit Pretorius über den Vaal,
wo auch bereits vorgeschobene Posten ihrer Stammesgenossen saßen. Hier am Westabhange der
Drakenberge, zwischen dem Vaalflusse und dem
Limpopo, in dem von zahlreichen Flüssen und

gut bewaldeten Gebirgszügen durchschnittenen
fruchtbaren Hochlande fanden die mutigen, freiheit-
liebenden Buren ihre vierte Heimat, der sie den
Namen „Transvaal-Land" gaben.

Schon 10 Jahre vorher waren unter der Führung von
Hendrik Potgieter eine Anzahl Buren, die in Natal an-
sässig gewesen waren, über den Vaal-Fluß gegangen und
hatten sich in der Gegend des heutigen Potschefstrooms niedergelassen. Der Matabele-Häuptling Moselekatse, der damals
ganz Transvaal mit seinen kriegerischen Scharen überschwemmte, mußte der überlegenen Bewaffnung der Buren
bald das Feld räumen und zog sich nach Norden über den
Limpopo zurück, wo nach ihm sein Sohn Lobengula über
den trotzigen Stamm der Matabele herrschte und den Engländern große Schwierigkeiten bereitete.

Kaum hatten sich die Buren hier niedergelassen, als
sie ihre Hoffnung, endlich vor jeder Einmischung der britischen Regierung in ihre Angelegenheiten gesichert zu sein,
grausam getäuscht sahen. Der Gouverneur der Kapkolonie,
Sir George Napier, erließ vielmehr eine Proklamation des
Inhalts, daß sie ihrer Verpflichtungen gegen die englische
Oberherrschaft durchaus nicht ledig seien, die britische Gerichts-
barkeit erstrecke sich vielmehr bis zum 25.° südlicher Breite.

Wieder verließen die Buren ihre kaum gewonnene neue
Heimat und zogen weiter nach Norden, wo sie in Christad,
Zoutpansberg und endlich in Lydenburg neue Niederlassungen gründeten. Hier lebten sie ohne irgendwelche Or-
ganisation, lediglich durch das gemeinsame Interesse zu-
sammengehalten, welches sie zum gegenseitigen Schutz gegen
Angriffe der Eingeborenen aufrief. Durch Zuzug aus der

Kapkolonie und Natal immer mehr verstärkt, beriefen sie In⸗
des im Jahre 1844 einen „Volksraad“ in Potscheffstrom und
einigten sich dort über eine Art von Verfassung in 33 Ar⸗
tikeln.⁹) Diesen geringen Anfängen gliederten sich die
Scharen an, die Pretorius 1848/49 ins Land führte.

Bald nach seiner Ankunft wurde Andries Pretorius
zum Generalkommandanten ernannt, was selber zu Zerwürf⸗
nissen mit Potgieter führte, der sich zurückgesetzt fühlte.

Pretorius sah mit Recht seine Hauptaufgabe darin,
zunächst eine endgiltige Auseinandersetzung mit den Eng⸗
ländern in Kapstadt herbeizuführen, um vor neuen Störungen
sicher zu sein. Es gelang seinen energischen und geschickt
geführten Verhandlungen, am 17. Januar 1852 einen
Vertrag zustande zu bringen, der nach dem Ort, wo er
unterzeichnet wurde, die Sand River Convention (Sandfluß⸗
Vertrag) genannt wird und den Buren die volle Unab⸗
hängigkeit gewährleistete. Die wichtigsten Bestimmungen
dieses Vertrages lauteten:

„Die Assistant⸗Commissioners gewährleisten
namens der britischen Regierung den ausgewan⸗
derten Farmern jenseits des Vaalflusses das
Recht, ihre eigenen Angelegenheiten zu leiten und
sich nach ihren eigenen Gesetzen zu regieren, ohne
jede Einmischung der britischen Regierung. Auch
soll von besagter Regierung kein Eingriff in das
Territorium nördlich vom Vaalfluß geschehen.“
Ferner: „Es herrscht Einverständnis darüber, daß
die Sklaverei in dem Lande nördlich vom Vaal⸗
fluß von den ausgewanderten Farmern weder
jetzt noch in Zukunft gestattet oder ausgeübt

werbe." Der fünfte Artikel endlich gewährte den Buren
die Erlaubnis, in den britischen Besitzungen in Süb-Afrika
Munition zu kaufen; dagegen wurde jeder Verkauf von
Munition an die Eingeborenen dieseits und jenseits des
Vaalflusses von beiden Seiten für unstatthaft erklärt. [10])

Zweites Kapitel.
Der erste Präsident der Republik M. W. Pretorius.

Zur Zeit, als diese Konvention geschlossen wurde, bestanden sozusagen 4 kleine Republiken nördlich vom Baalfluß. Die bedeutendste war Potscheffstroom mit der gleichnamigen Hauptstadt. Daneben bestanden aber auch in Lydenburg, Zoutpansberg und Utrecht unabhängige Burengemeinden. Die erstere (d. h. Potscheffstroom) führte den Titel „Hollandsche Afrikaansche Republik", den sie schon im Jahre 1853 mit der Bezeichnung „De Zuid-Afrikaansche Republik" vertauschte. Die vier Republiken waren weit entfernt, unter sich einig zu sein. Ja, nicht einmal in ihren eigenen Grenzen herrschte die erforderliche Eintracht. In Potscheffstroom standen sich, wie schon erwähnt, Pretorius und Potgieter feindlich gegenüber, und nur ihr Tod im Jahre 1853 verhinderte den Ausbruch offener Feindseligkeiten. Inzwischen dauerten die Streitigkeiten zwischen den einzelnen Republiken fort. Erst im Jahre 1856 gelang es in Potscheffstroom eine Versammlung von Vertretern der Zentral-Distrikte zustande zu bringen, die sich über eine Konstitution einigte, Grondwet (Grundgesetz) genannt, welche die gesetzgebende Gewalt in einen „Volksraad" verlegte, der sich aus Vertretern der verschiedenen Distrikte zusammensetzte, während die Exekutivgewalt bei einem vom Volk gewählten Präsidenten ruhen sollte. Auch wurde in der Konstitution ausgesprochen, was von jeher das A und O der Burenpolitik und die Veranlassung vieler Zwistigkeiten mit den Engländern wie untereinander gewesen war, daß nämlich eine Gleichstellung Farbiger mit den Weißen weder in der Kirche noch im Staat zugelassen werden sollte.

Zum ersten Präsidenten wurde Marthinus Wessels Pretorius, der Sohn von Andries Pretorius erwählt. Die Republiken in Zoutpansberg und Lydenburg erkannten diese Beschlüsse zunächst für sich nicht als bindend an, sondern betonten ihre Unabhängigkeit noch mehr als bisher. Utrecht schloß sich dagegen an, und bald gab auch Zoutpansberg seinen Widerstand auf; Lydenburg trat jedoch erst im Jahre 1859 der südafrikanischen Republik bei. Am 13. Februar 1858 einigte man sich endgültig über die Verfassung (Grondwet), wie sie im Anhange II mit den vom Volksraad vorgenommenen Abänderungen vom 12. Februar 1889 mitgeteilt ist. Weitere Änderungen und Zusätze vom 23. Juni 1890 sind gleichfalls im Anhange III besonders -aufgeführt.

Inzwischen hatten die Buren nicht unterlassen, energisch mit allen denjenigen Fragen aufzuräumen, die ihnen bisher die größten Schwierigkeiten verursacht hatten. Hierher ge-

hörte besonders die Stellung zu den Eingeborenen und damit im Zusammenhange stehend die zu den Missionaren
und zur Sklaverei, sowie ihr Verhalten gegenüber den
Weißen fremder Nationalität. Um zunächst auf den letzteren
Punkt einzugehen, so hatten die Buren bisher mit den Engländern zu schlimme Erfahrungen gemacht, als daß sie hätten
geneigt sein können, fremden Elementen gegenüber sich sehr
entgegenkommend zu zeigen. In
der That versuchten sie es, ein voll-
ständiges Isolierungs = System
durchzuführen, indem sie Engländern und Deutschen weder
den Landerwerb noch die Ausbeutung der Mineralschätze des
Landes gestatteten.[1]) Erst der
durch die Diamantenfunde in
Kimberley (1867) und die Goldfunde in Tati und Lydenburg ver-
ursachte Ansturm großer Massen
von europäischen Einwanderern
legte in dieses Abschließungssystem chinesischen Beigeschmacks
eine gesunde Bresche. Was das Verhältnis der Buren zu den
Eingeborenen anlangte, so ist ihr Standpunkt, den sie un-
verrückt innehielten, bereits weiter oben genügend gekennzeichnet worden. Sie bekämpften alle Gleichheitsbestrebungen
auf diesem Gebiete auf das entschiedenste und waren die
grimmigsten Feinde der Missionare, durch welche nach ihrer
Ansicht die Eingeborenen verdorben wurden. Sie vertrieben
daher die Sendboten christlicher Mission, soviel sie immer
konnten, oder bereiteten ihnen Schwierigkeiten aller Art. Es

M. W. Pretorius.

ist bekannt, daß auch Livingstone derartigen Machinationen
weichen mußte.[12])

Hinsichtlich der Sklaverei freilich hatten sie den Engländern in der Sand River Convention nachgeben müssen,
und es schien sogar, als ob sie sich mit den betreffenden
Bestimmungen vollständig ausgesöhnt hätten. Denn Pretorius veröffentlichte im Jahre 1859 eine Proklamation
gegen die Sklaverei, in der es hieß:

„Die Bewohner dieser Republik sind als freies Volk
erklärt und haben als solches im vierten Artikel der be-
sagten Konvention bedingungsweise anerkannt, daß weder
Sklavenhandel noch Sklaverei geübt werde, sondern aufs
strengste von der Regierung verhindert werden solle. Die
Kommandanten und Feldkornets werden hiermit ersucht, dies
ohne Verzug zur Kenntnis der Bewohner ihres Bezirks zu
bringen und alle Fälle, welche den geringsten Anschein des
Sklavenhandels haben, den Landdrosten zu melden.“

Aber der Anschein entsprach nicht ganz den thatsächlichen
Verhältnissen. Man bemühte sich der eingegangenen Verpflichtung äußerlich so viel wie möglich nachzukommen; im Grunde
war man viel zu sehr von der Unangemessenheit der Maßregel
überzeugt, als daß die Freudigkeit zu ihrer Erfüllung und
daher auch der Erfolg sehr bedeutend hätte sein können.[13])

Zu den inneren Streitigkeiten in den ersten Jahren
nach dem Sandfluß-Vertrag kamen häufige Fehden mit
den umwohnenden Eingeborenen. Im Jahre 1853 wurde
gegen die Bakwena unter dem Häuptling Setscheli ein
Kriegszug unternommen, 1854 der Stamm des Häuptlings
Malapan vernichtet, weil Angehörige desselben mehrere Buren
grausam getötet hatten.[14])

Im Jahre 1857 trat die junge Republik mit An-
sprüchen auf das Gebiet zwischen dem Vaal und dem Oranje
hervor. Pretorius zog an der Spitze eines kleinen Heeres
über den Vaal, traf indessen auf wohlgerüsteten Widerstand.
Ohne daß es zum Kampf kam, wurde der Feldzug mit
einem Vertrag geschlossen, durch den jede der beiden Republiken die Unabhängigkeit der anderen anerkannte. Eine
geplante Verschmelzung der beiden Staaten kam nicht zustande, wie es heißt, auf Hintertreiben der Engländer,
was sehr viel Wahrscheinlichkeit für sich hat, wenn es von
englischer Seite natürlich auch bestritten wird.[11]) Drei Jahre
später begab sich Pretorius angeblich in Privatgeschäften
wiederum nach dem Oranje-Freistaat und wußte es durchzusetzen, daß er zum Präsidenten desselben erwählt wurde.
Seine Landsleute waren über diesen Abfall empört und
suspendierten Pretorius von seinem Amte. Indessen ward
das gestörte gute Einvernehmen bald wieder hergestellt.

In Transvaal wurde Schoemann sein Nachfolger, geriet
aber bald mit dem Volksraab in Zwistigkeiten, die er mit bewaffneter Hand zu entscheiden versuchte. Der Volksraab stellte
ihm ein Heer unter Snyman und Paul Krüger (dem nach-
maligen Präsidenten) entgegen, das die Aufständischen in Potschefstroom einschloß und belagerte. Schoemann entkam mit
seinen Genossen nach Natal und rief Pretorius' Vermittelung an.
Nach Transvaal zurückgekehrt, fand er einen vom Volksraab neu-
gewählten Präsidenten vor. Abermals erhob er die Fahne des
Aufstandes, und abermals ward er, obwohl anfangs vom Glück
begünstigt, von Paul Krüger am Krokodil-Fluß geschlagen.

Als Pretorius im Jahre 1864 nach Transvaal zurückkehrte, wurde er trotz seines früheren Abfalles sogleich wieder

zum Präsidenten gewählt. Er fand eine schwierige Aufgabe
vor. Die fortwährenden Kriege mit den Eingeborenen wie
auch die inneren Zwistigkeiten hatten den ohnehin nicht bedeutenden Staatsschatz ziemlich erschöpft. Von dem Ertrage
der Steuern war nicht viel zu erwarten, da es der Exekutive
an der nötigen Machtfülle gebrach, um dieselben mit einiger
Pünktlichkeit und Vollständigkeit beizutreiben. Aus freien
Stücken gaben die Buren aber nichts her. Man wußte sich
nicht anders zu helfen als mit der Einführung von Papiergeld, das vom Volksraad im Jahre 1866 genehmigt wurde.
Diese Maßregel mußte in kurzer Folge in den nächsten
Jahren so oft wiederholt werden, daß im Jahre 1870 für
mehr als 1 400 000 M. Noten im Umlauf waren. Diese
Noten galten als gesetzliches Zahlungsmittel, wurden aber
bald nur noch mit einem Viertel ihres Nominalwertes in
Zahlung genommen. Doch bereitete sich schon ein Umschwung vor, der die Republik der finanziellen Nöte in nicht
allzu langer Zeit überheben sollte. Wie schon oben erwähnt, wurden Diamanten in Kimberley und Gold in Tati,
sowie im Lydenburger Distrikt in der Republik selbst, entdeckt. Ein kolossaler Zufluß von Menschen und auch von
Kapital war die Folge, und eine rapide Entwicklung, von
der auch Transvaal profitierte, nahm ihren Anfang.

Hatte schon die erfolglose Finanzpolitik des Präsidenten
Pretorius sein Ansehen geschwächt, so raubte ihm sein Verhalten in einer Grenzstreitigkeit vollends das Vertrauen
seiner Buren. Es handelte sich um den Besitz eines kleinen
Landstriches an der Südwest-Ecke der Republik, welcher von
dieser, sowie von Griqualand West und vom Oranje-Freistaat
gleichzeitig beansprucht wurde.

3*

Der Gouverneur der Kapkolonie Keate wurde als Schiedsrichter in Vorschlag gebracht, eine Regelung, der Präsident Pretorius ebensowohl wie die übrigen Beteiligten zustimmten. Als jedoch der Spruch des Schiedsrichters gegen Transvaal ausfiel, mißbilligte der Volksraad in einer ausgangs 1871 stattfindenden Versammlung die Handlungsweise des Präsidenten, der nach der Auffassung des Volksraads verpflichtet gewesen wäre, die Gegenzeichnung des Staats-Sekretärs für die Annahme des Schiedsgerichts einzuholen. Hierdurch wurde Pretorius gezwungen zurückzutreten.

Drittes Kapitel.

Der Präsident T. T. Burgers.

Sein Nachfolger war T. T. Burgers, ein Geistlicher von der holländischen reformierten Kirche in Kapstadt, der sich durch seine heteroboxen Ansichten einen Namen gemacht hatte. Die Verfassung wurde zu seinen Gunsten geändert, weil er nicht Bürger der Republik, sondern ein Ausländer war. Es war kein Wunder, daß die Aufmerksamkeit der Buren sich auf ihn lenkte, da er von jeher die Idee einer allgemeinen holländischen Republik vertreten hatte, die ganz Süd-Afrika umfassen sollte.

T. T. Burgers.

Gegen die englischen Bestrebungen, die unzweifelhaft bewußt oder unbewußt für Großbritannien schon damals dieselben Ziele im Auge hatten, war die Wahl Burgers daher ein

geschickter Schachzug, der allerdings auch dazu beitragen mußte,
das Verhältnis zwischen der Republik und den Engländern
aufs neue zu verschärfen. Die englischen Geschichtsschreiber
behandeln daher Burgers bei aller Anerkennung seiner Ta-
lente und seiner Weitsichtigkeit als einen anmaßenden Phan-
tasten, der sich eingebildet hat, er könne es mit Albions
Absichten aufnehmen. Unzweifelhaft liegt seine Schwäche
darin, daß er die Mittel zur Erreichung seiner hochfliegenden
Pläne nicht gehörig in Betracht zog.

Die sieben- bis achttausend Buren, über die er zunächst verfügen konnte, wären ja vielleicht schwer genug ins
Gewicht gefallen, wenn es ihm möglich gewesen wäre, ihnen
dieselbe Begeisterung einzuflößen, die ihn selbst erfüllte.
Aber diesen schmeichelten wohl seine Pläne, sie waren aber
zu bequem, sie energisch genug zu unterstützen und hatten
jedenfalls nicht die geringste Lust in offener Opposition gegen Großbritannien sogleich ihre Haut zu Markte zu tragen.
Zum nicht geringen Teil mag bei den kühnen Entwürfen,
die Burgers für die Hebung der Machtstellung der Buren
in Südafrika schmiedete, die Rücksicht auf die Erhöhung der
Machtfülle und der Glorie der eigenen Person mit thätig
gewesen sein. Daß er von großer Eitelkeit beherrscht war,
geht wenigstens aus vielen seiner Regierungshandlungen
hervor. Andererseits muß anerkannt werden, daß er in der
Verfolgung seiner hohen Ziele Gesundheit und Vermögen
nicht schonte, ja beide völlig aufrieb.

Seine glänzende Redegabe unterstützte ihn nicht wenig
bei seinen Plänen, aber der Mangel an praktischer Lebens-
erfahrung nahm seinen Erfolgen die Nachhaltigkeit.

Zwar griff er zunächst die Dinge praktisch genug an.

Vor allem erheischten die zerrütteten finanziellen Verhältnisse Transvaals die schleunigste Abhilfe. Es gelang ihm mit Genehmigung des Volksraads bei einer Kapbank eine An= leihe aufzunehmen, um das umlaufende Papiergeld zum Pari=Kurse zurückzulaufen. Er war ferner bestrebt, alle nicht unter Kultur befindlichen Ländereien vermessen zu lassen, legte den Grund zu einer geordneten Rechtspflege und nahm sich des noch ganz im argen liegenden Schulwesens an.

Das alles sind unleugbar große Verdienste. Sein vortrefflichster Plan aber war die Erbauung einer Eisenbahn nach der Delagoa=Bai, um die Republik von dem britischen Einfluß zu befreien und sie an den Weltverkehr anzugliedern. Da die Finanzen nicht erlaubten, die Bahn aus Staats= mitteln zu bauen, so wurde er vom Volksraad, der ein= sichtig genug war, seine Pläne zu unterstützen, ermächtigt, eine Anleihe von 10 Millionen Mark aufzunehmen. Im Jahre 1875 reiste er zu diesem Zwecke nach Europa. Aber nur in Holland gelang es ihm 1½ Millionen aufzubringen, wovon er einen großen Teil sogleich in allerhand un= praktischen und verfrühten Bestellungen von rollendem Ma= terial rc. wieder ausgab.

Seine Abwesenheit war inzwischen in der Heimat seiner Person und seinen Plänen nicht eben günstig gewesen. Seine Gegner hatten bedeutende Anhänger gewonnen. Die kon= servativen Buren wollten von seinen Eisenbahnplänen nichts wissen, ein großer Teil nahm Anstoß an seinen abweichen= den religiösen Ansichten, und überdies lag die Erfolglosigkeit seiner bisherigen Bestrebungen, besonders soweit sie die Hebung der finanziellen Lage betrafen, klar zu Tage. Der größte Teil seiner Unterthanen verweigerte die Zahlung der Steuern,

sodaß der Präsident und die Exelutive genötigt waren, den
Staatsschatz durch persönlich negotiirte Anleihen flott zu
machen, was ihnen indes nur kurze Zeit gelang. Die inner-
lichen Schwierigkeiten waren noch erheblich durch einen
Krieg mit Sekukuni, dem Häuptlinge der Bapedi verstärkt
worden, der während Burgers Reise nach Europa ausgebrochen war.

Die Bapedi wohnten im nordöstlichen Viertel der
heutigen Transvaal-Republik.[16] Merensty berichtet über die
Geschichte der Bapedi und ihren Kampf mit dem Sulu-
stamm der Amafwasi[17]), sowie ihre ersten Zusammenstöße mit
den Buren das folgende:

„Unsere Bapedi[18]) waren nach ihrer eigenen Tradition
vor vielleicht 300 Jahren hier eingewandert. Sowejane
hieß ihr Anführer, unter dem sie von Westen her über den
Lolu zogen. Sie fanden bereits andere Bassuto in diesem
Lande, die unterwarsen sie und bildeten nun ein Häuptlings-
geschlecht, dem sich bald andere kleine Stämme im Osten
und Westen unterordneten, sodaß im Anfang des Jahrhunderts unter Tulare sich ein afrikanisches Reich gebildet
hatte, welches weit und breit gefürchtet war. Aber schon
unter den Söhnen des genannten Herrschers zerfiel dies
Reich. Tulare starb im Anfang der zwanziger Jahre unseres Jahrhunderts; während einer Sonnenfinsternis erstickte
er an einem Halsgeschwür. Wie so oft bei afrikanischen
Herrschern der Fall ist, so hat man auch Tulares Worte
als ein Orakel heilig gehalten und aufbewahrt. „Kinder",
sagte er, „nach meinem Tode werden schwarze Ameisen
kommen; wenn ihr die besiegt, wird das Reich stark bleiben.
Überwindet ihr die nicht, so werden weiße Ameisen kommen,

Scenerie vom Krokodilfluß.

mit denen werdet ihr zusammen wohnen." Im Blick auf
einen seiner Söhne sagte der Sterbende: „Den Malcher[19])
tötet nicht! Wenn ihr den tötet, wird Unglück über euch
kommen, und Rhinozerosse und Elefanten werden hier hausen,
wo jetzt die Königstadt steht." Der König starb, Malcher
wurde getötet, füllte im Todeskampf die Hände mit Staub
und fluchte dem Lande. Bald darauf brachen die Sulu-
horden des Moselelatse ein, in denen das Volk die ange-
kündigten schwarzen Ameisen sah. Die Söhne Tulares
starben oder fielen alle in der Schlacht. Seloati, der jüngste
der Brüder, floh mit seinem Sohne Sekukuni und irrte in
fremden, entlegenen Gegenden im Innern umher. Das Bapedi-
land war zur Einöde geworden, welche dann und wann
plündernde Suluhaufen durchstreiften, nur einzelne Häuflein
von Bassuto retteten sich in Höhlen oder auf unzugängliche
Felsenhöhen, von wilden Früchten und Wurzeln ein jämmer-
liches Leben fristend. Manche scharten sich, wie es im Süd-
bassutolande geschehen war, zu Menschenfresserbanden zusammen, welche auf Raub ausgingen und von dem Fleisch
der Gefangenen lebten. Manchen der Erbeuteten schenkten
sie das Leben, und nahmen sie in ihre Gemeinschaft auf,
besonders Weiber oder Mädchen, welche sie zu Frauen
nahmen, aber später bei dem geringsten Fehltritt ihrer
tierischen Begierde opferten. Schreckliche Dinge sind uns
von der unmenschlichen Grausamkeit und Wildheit dieser
Kannibalen erzählt worden, zum Teil von solchen, welche in
jenen Jahren unter ihnen lebten und somit auch dem Kan-
nibalismus verfallen waren.

Übereinstimmend wurde erzählt, daß manchen Schlacht-
opfern Fleisch vom lebendigen Leibe geschnitten worden sei,

um an ihnen ein Exempel zu statuieren. Als Sekoati zu-
rückkehrte, zog er bald gegen die Menschenfresserbanden zu
Felde, er schlug sie, rottete sie aus und fügte die jüngeren
Leute wieder seinem Stamme ein. „Leckchema", „Menschen-
fresser" ist aber unter diesen Bassuto ein Schred- und
Schimpfwort geblieben, durch welches man den Zustand
äußerster Roheit kennzeichnet, und denen, die unter den
Menschenfressern einst gelebt hatten, hätte man eine uner-
hörte Beleidigung zugefügt, wenn man sie öffentlich an ihre
Vergangenheit erinnert hätte. Ins Ohr sagten es sich die
Leute einander oder uns: „Der und der ist auch ein Leckchema gewesen." Auch die wilden Tiere nehmen in einem
Lande überhand, aus welchem Ruhe und Frieden gewichen
ist. Dadurch, daß sie nur Flüchtlinge sehen, werden sie
mutig, und durch das Fressen von Leichen gewöhnen sie sich,
Menschen als Beute anzusehen. Die Löwen, die Panter,
selbst die feigen Hyänen, so erzählen die Leute, überfielen
in jener Zeit Schlafende und Wanderer und vollendeten den
Ruin des Volkes. Diese Periode äußersten Elendes, während
welcher die Bapedi aufgehört hatten, als Volk zu existieren,
mag ungefähr zehn Jahre lang gedauert haben. Die Regimenter des eigentlichen alten Sulureiches trieben den Empor-
kömmling Mosellatse nach dem Westen Transvaals, wo er
von den Buren in der Schlacht bei Mosiga 1837 besiegt
und weiter nach Norden getrieben wurde.

Als im Jahre 1835 der erste Burentreck unter Ret-
senburg und Louis Trichard am Lapelle abwärts zog, saß
Sekoati schon wieder als Häuptling auf der Bergveste Pi-
reng. Die Eingeborenen sagen, der Anblick jener ersten
Weißen habe sie nicht wenig erschreckt, man nannte sie Ba-

dimo, Götter, Dämonen, und hatte vor ihren Feuergewehren und Pferden eine unüberwindliche Angst. Jene Weißen aber waren freundlich gegen sie und machten Seloati Geschenke an Wollsachen, welche hier noch nicht gesehen worden waren. Dann zogen sie in die ungesunden Niederungen am Limpopo, wo, sie mit Ausnahme einzelner Überlebender, die von Delagoabai zu Schiff nach Natal zurückkehrten, dem Speer der Zulu oder dem Gift des Fiebers erlagen.

Zehn Jahre später, während welcher Zeit das Volk erstarkte, kamen neue Bauernzüge in das Land. Ohne Willen, ihnen feindlich entgegenzutreten, ja ohne Macht, dies thun zu können, duldeten die Bapedi, daß die Fremdlinge in ihrem Lande Wohnplätze anlegten, bis das Fieber sie zwang, höher gelegene Landstriche aufzusuchen.

Als die Zulu im Jahre 1851 den Felsenberg Seloatis angriffen, wurden sie zurückgeschlagen. Ebenso erging es einem Bauernhaufen, welcher den Berg ein Jahr später angriff, denn die Bapedi waren bereits in den Besitz von etwa 100 Gewehren gelangt, welche sie auch zu gebrauchen mußten. Sie verloren aber ungeheure Herden Rindviehes in diesen Kriegen, sodaß der Stamm, zumal sehr bald auch die Lungenseuche den Rest des Viehes stark antastete, ziemlich arm an Vieh geworden war, als wir uns bei ihm niederließen."

Nachdem die Buren weder durch Gewalt, noch durch Berufung auf einen Vertrag, den sie mit Umswaa, dem Häuptling der Amaswasi, geschlossen hatten und durch den sie Rechte auf Seloatis Gebiet erlangt zu haben glaubten, die Bapedi zur Unterwerfung veranlassen konnten, entsandten sie im Jahre 1854 eine Kommission zum Zwecke friedlicher Verhandlungen, die aber angesichts der energischen Haltung des Bapedihäuptlings nichts zu erreichen vermochte. Im Jahre 1857 kam schließlich ein Bündnis zustande, in dem die Unabhängigkeit Sekoatis anerkannt wurde. Nichtsdesto-weniger begruben weder die Bapedi ihren Haß gegen die fremden Eindringlinge, noch konnten die Buren auf die Dauer ihre Gelüste unterdrücken, die Macht des Bapedi-Häuptlings durch allerhand Manöver zu beschneiden. Se-kukuni, Sekoatis Sohn, war ebenso entschlossen wie sein Vater, seine Unabhängigkeit aufrecht zu erhalten. Die Ver-suche der Buren, ihm Abgaben aufzuerlegen, wies er mit Entrüstung zurück, andererseits setzte er sich durch vielfache Raubzüge in das Gebiet der Buren ins Unrecht. Die hier-durch neuerdings erzeugte Spannung kam gelegentlich der Flucht des Bapedi-Häuptlings Johannes, eines Christen, aus der Missionsstation Botschabelo zu Sekukuni zum Aus-bruch. Die Buren verlangten seine Auslieferung und als dieselbe verweigert wurde, proklamierten sie neuerdings ihre Souveränität über Sekukunis Reich, und der Volksraad er-klärte ihm den Krieg im Bunde mit den Amajwasi. Nach einigen siegreichen Gefechten griffen die Buren unter Burgers Führung Sekukunis Hauptkraal an, wurden aber von Se-kukuni gänzlich geschlagen und zersprengt. Burgers kehrte nach Pretoria zurück, wo sofort der Volksraad berufen wurde, um über Maßregeln zur Sicherung der Republik zu beraten. Aber Sekukuni dachte nicht daran, seinen Erfolg auszunutzen. Er hatte sich in seine Bergveste zurückgezogen. Burgers Stellung, die ohnehin bereits stark erschüttert war, verlor durch dieses Mißgeschick jeden Halt. Die Buren wei-gerten sich, persönlich Dienste zu thun und warben unter Füh-rung eines Deutschen namens von Schlickmann, ein Frei-willigenkorps an, um die Grenze gegen die Bapedi zu sichern.

Viertes Kapitel.

Die Annexion der Republik durch England.

Die Situation der Republik war zweifellos zu dieser Zeit sehr bedrohlich. Im Nordosten die siegreichen Bapedi, im Westen drohten die unruhigen Betschuana einzufallen; die Amaswasi im Osten, die unter der Oberherrschaft der Buren standen, waren unzufrieden und zur Empörung geneigt. An der Südgrenze stand der Zuluhäuptling Ketsch=wayo mit einem starken Heere bereit in das Land einzufallen, sofern die Buren ihre Ansprüche auf einen streitigen Land=strich zwischen beider Gebiet nicht aufgeben sollten. Dazu die verzweifelte Finanzlage, der Mangel geeigneter militärischer Einrichtungen, die Unfähigkeit des Präsidenten, der einer so schwierigen Lage nicht gewachsen war. Es hätte für die Engländer, die ihre alten Aspirationen auf die südafrikanische Republik nicht aufgegeben hatten, keinen günstigeren Augen=blick geben können, um ihre Pläne zu verwirklichen, und in der That zögerten sie auch nicht, sich diese vortreffliche Gelegen=heit zu Nutze zu machen. Ein Vorwand zum Einschreiten war leicht gefunden. Die Engländer stellten sich auf den

Standpunkt, daß ein bankrotter, aller Machtmittel beraubter Staat in der Lage der südafrikanischen Republik eine stete Gefahr für die englischen Ansiedelungen in Südafrika darstellte, der sie nicht ruhig zuschauen könnten. Man mag für die Engländer noch so wenig Sympathie haben, man mag auch annehmen, daß ihre Berichte über die damalige Lage der Republik übertrieben gewesen seien, aber dem kann man sich nicht verschließen, daß ihre Behauptungen von der Gefährlichkeit eines so zerrütteten Staatswesens für die angrenzenden Kolonien in der That nicht ohne Berechtigung waren.

Sir Theophilus Shepstone, der „Native Secretary" von Natal, wurde nach England entsandt, um mit Lord Carnarvon, dem Staatssekretär für die Kolonien, zu konferieren. Er bekam den Auftrag, „den Ursprung, die Natur und die näheren Umstände der Unruhen zu untersuchen," die in Südafrika entstanden wären und eine große Gefahr für Ihrer Majestät Kolonien einschlössen, und wenn die Ereignisse eine solche Maßregel notwendig erscheinen lassen sollten, wurde er ermächtigt, jeden beliebigen Teil des Transvaals dem Gebiete der Königin einzuverleiben, um den Frieden und die Sicherheit der Kolonien zu verbürgen. Dies sollte indessen nur geschehen, wenn die Einwohner oder eine genügende Anzahl des gesetzgebenden Körpers es wünschten.

Während die Republik noch mit Sekukuni im Kriege war und auch die Söldnertruppe unter von Schlickmann gleichfalls von dem Bapedi-Häuptling aufgerieben wurde, begab sich Sir Theophilus Shepstone im Januar 1877 in Begleitung von 25 berittenen Polizisten und einigen Beamten nach Transvaal zum Präsidenten Burgers. Es scheint, daß die Buren selbst ihre Lage als verzweifelt erkannt und keine andere Möglichkeit der Rettung mehr gesehen haben, sonst würden sie wohl sicherlich nicht die Absicht ihrer Erbfeinde, sich in ihre Angelegenheiten zu mischen und ihren Staat unter Umständen zu annektieren, wie berichtet wird, zum großen Teil mit Freuden begrüßt haben. Shepstone berichtete an Lord Carnarvon, daß er die Unterschriften von 2500 der im Ganzen 8000 Buren betragenden Bevölkerung besitze, die die Annektion verlangten, und Merensky teilt mit, die Stimmung im ganzen Lande sei eine solche gewesen, daß ein Bauernpastor, Dr. Jooste, selbst ein Bur von Geburt, in einem Briefe, den er nach einer durch Transvaal unternommenen Reise an eine Kapsche Zeitung schrieb, behaupten konnte, daß von hundert Bürgern des Landes neunundneunzig mit der Annektion zufrieden seien.²⁰)

Burgers hat später eine Rechtfertigungsschrift über sein Verhalten in dieser Situation verfaßt. Er erzählt darin, daß der englische Emissär ihm bei seinem ersten Besuche die Absicht, die Republik zu annektieren, unumwunden zugestanden habe, falls es nicht gelänge, die britische Regierung zufrieden zu stellen. Burgers legte ihm den Plan einer neuen Verfassung vor, die er dem Volksraad zu unterbreiten beabsichtigte. Für den Fall der Annahme dieses Planes durch den Volksraad versicherte Shepstone, von seinem Vorhaben Abstand nehmen zu wollen. Es ist interessant von dem Bericht Kenntnis zu nehmen, den der englische Gesandte nach seinen ersten Unterredungen mit dem Präsidenten Burgers an Lord Carnarvon richtete. Er sagt darin: „Es war indessen jedem Beobachter klar, daß die Regierung nicht

die Macht hatte, weder ihre weißen Bürger noch ihre ein=
geborenen Unterthanen im Zaume zu halten; daß sie un-
fähig war, ihren Gesetzen Nachdruck zu geben oder ihre
Steuern beizutreiben; daß der Staatsschatz leer war;
daß die Gehälter der Beamten vier Monate im Rückstande
waren und noch sind; daß für die gewöhnlichen und notwendigen Regierungsausgaben keine Mittel vorhanden sind;
und „daß Zahlungen für Dienste, wie den Postverkehr,
lange und hoffnungslos fällig waren;[21]) daß die weißen
Einwohner sich in Parteien gespalten hatten; daß die
starke Eingeborenen=Bevölkerung innerhalb der Grenzen des
Staates dessen Autorität und Gesetze ignorierte und daß der
damalige Sulu=König Ketschwayo darauf brannte, die erste
Gelegenheit zu ergreifen, um in ein Land einzufallen, dessen
Krieger ihn durch ihre Haltung vor Sekukunis Bergveste
überzeugt hatten, daß es durch seine Regimenter leicht
zu erobern sei. Der Präsident wußte dies alles und
noch viel mehr, und man brauchte keine Argumente, um
ihn von der gefährlichen Lage zu überzeugen, in der die
Republik sich befindet, und von der Gefahr, mit welcher eine
solche Lage die benachbarten britischen Kolonien bedroht.

Außerdem war er überzeugt, daß die Unabhängigkeit
des Staates unter dem gegenwärtigen Regierungssystem
nicht aufrechterhalten werden könnte, aber er meinte, daß
die Republik noch zu retten wäre, wenn der Volksraad
sich einverstanden erklären wollte, die Verfassung in dem
Sinne zu ändern, daß der Exekutive die nötige Macht übertragen würde, um das Volk im Zaume halten zu können.
Herr Burgers schien voll Hoffnung, diese Veränderungen im
Volksraad durchbringen und danach den Staat wieder in

Ordnung bringen zu können. Ich sagte ihm indessen, daß
ich seine Erwartungen in keinem Punkte teilen könnte, ich
zweifelte, daß der Volksraad die nötigen Veränderungen ge-
nehmigen würde, und, selbst wenn er es thäte, würde die
damit gewährte Macht mehr ein Schatten, als eine Realität
sein. Ich betonte, meine Beobachtungen hätten mich überzeugt, daß alle Hoffnungen ausgeschlossen seien. Das Heilmittel
für die Übel, an denen es litte, könne vom Lande selbst nicht
herbeigeschafft werden angesichts der Gefahren, von denen
es umgeben sei. Die Sicherheit der benachbarten britischen
Kolonien gestatte der Regierung Ihrer Majestät nicht, zu-
zulassen, daß eine Ansiedelung von Weißen in der Lage wie
der Transvaals in einen Zustand von Anarchie verfiele, der
sie als leichte Beute in die Hände umwohnender und no-
minell unterworfener wilder Stämme überliefern würde."

Sheypstone hatte den Volksraad richtig beurteilt. Er
wollte nichts von Reformen wissen und zeigte sich auch dem
von Lord Carnarvon ausgehenden Vorschlage einer Kon-
föderation mit den anderen südafrikanischen Staaten abge-
neigt trotz der Drohungen des englischen Gesandten, in
Gemäßheit seiner Instruktion zur Annexion schreiten zu
wollen. Der Volksraad ging danach unverrichteter Sache
auseinander, und nachdem auch Burgers Versuch, die neue
Konstitution auf eigene Faust zu proklamieren, fruchtlos verlaufen war, war es um die Selbständigkeit der Republik
geschehen. Am 12. April 1877 wurde Transvaal von England annektiert. Zwar händigte Burgers dem englischen
Gesandten einen schriftlichen Protest ein, aber dieser blieb
auch vorläufig die einzige Gegenmaßregel. Angesichts der
damaligen Haltung der Bevölkerung kann man den Eng-

ländern nicht einmal den Vorwurf machen, die Bevölkerung vergewaltigt zu haben. Es ging alles in Ruhe und Frieden ab. Trotzdem scheint den Engländern nicht ganz wohl dabei zu Mute gewesen zu sein, als ihnen nun endlich die reife Frucht ihrer steten Bemühungen in den Schoß fiel.

Wenn Mlerensky angesichts der ganzen Entwicklungs-Geschichte der Buren-Staaten die Behauptung aufstellt, England habe Transvaal seinem Schicksal überlassen, so lange es ein politisch ohnmächtiger Staat gewesen sei, und in der Republik eine Gefahr für den englischen Besitz in Süd-Afrika erst dann erblickt, als durch Präsident Burgers das Staatsleben derselben einen neuen Impuls erhielt, so ist das nach allem vorhergehenden nicht ganz zutreffend. 22) England hat nicht einen Augenblick aufgehört, den Buren ihre unabhängige Existenz zu mißgönnen, und hat nur auf den Moment gewartet, der ihm eine günstige Aussicht zu eröffnen schien, um ihr einmal gründlich ein Ende zu machen. So plausibel die Vorwände sind, auf welche die englische Regierung ihr Einschreiten stützte, so waren sie doch nicht der eigentliche Beweggrund ihres Handelns, sondern nur ein willkommener Vorwand für ihre Annexionsgelüste.

Das böse Gewissen zeigt sich ganz deutlich in dem Bemühen englischer Geschichtsschreiber, Gründe über Gründe aufzuhäufen, die die Annexion Transvaals durch England für letzteres als Pflicht erscheinen lassen sollen. Nixon widmet ein volles Siebentel seines ca. 350 Seiten umfassenden Werkes, welches die gesamte Geschichte Transvaals behandelt, allein der Darlegung solcher Gründe. Selbst im englischen Unterhaus erhob sich eine Opposition, welche die Einverleibung Transvaals einen Akt der Tyrannei gegen

ein wehrloses Volk nannte und Verwahrung dagegen einlegte.

Die Buren empfanden die Annexion zunächst als eine
gerechte Strafe des Himmels und verhielten sich im Gefühl
der Selbstverschuldung passiv. Die Beamten in der Hauptstadt und den Distrikten blieben in ihren Stellungen und
leisteten bald der Königin den Eid der Treue. Man kann
auch wohl glauben, daß die Wucht der gerade zu jener Zeit
auf den Buren lastenden Verwirrungen und Verwicklungen
ihnen die Segnungen einer starken Regierung höchst erwünscht erscheinen ließen, zumal sie von Burgers immer weniger erwarteten. Selbst die hervorragendsten Führer der
späteren Erhebung wie Paul Krüger und Dr. Jorissen traten
in englische Dienste.[23] Auch thaten die Engländer alles, um
die Buren in dem Glauben zu erhalten, daß sie ihre volle
Selbstverwaltung behalten würden. Allerlei Versprechungen,
wie die der Wiederaufnahme des Planes einer Delagoa-Bay-
Eisenbahn und dergleichen, bestärkten die Buren zunächst in
dem Wahn, einen guten Tausch gemacht zu haben. Zwar
war eine Minderheit vorhanden, welche auch jetzt noch nicht
das tief in der Brust jedes Buren wohnende Gefühl für
Freiheit und Unabhängigkeit verloren hatte; aber es gelang
derselben nicht, ihre niedergeschlagenen Landsleute sogleich
aufzurichten.

Allerdings wurde eine Kommission unter Führung von
Krüger und Jorissen nach London entsandt, um die Zurück-
nahme der Annexion zu erbitten. Lord Carnarvon, der Staatssekretär für die Kolonien, lehnte dieses Gesuch indes rund-
weg ab[24] und verstand es durch ein persönlich liebens-

4*

würdiges Benehmen, wie auch durch allerhand Versprechungen
die Kommission vollständig matt zu setzen.

Er stellte ihr in Aussicht, daß die englische Regierung
sich die Errichtung von Schulen, Telegraphen, Wegen und
Eisenbahnen angelegen sein lassen würde, gab die Zu=
sicherung, die holländische Sprache solle nicht angetastet
werden, und versprach ihnen, Zollermäßigungen für den Im=
port über Kapland und Natal durchzusetzen. Mit dem Hin=
weise auf den letzteren Punkt verstärkte er die Gründe für
seine Weigerung, dem Delagoa=Bay=Eisenbahn=Projekt näher
zu treten, das er angeblich für verfrüht hielt, dessen Gefähr=
lichkeit für die Aufrechterhaltung des englischen Einflusses
er aber wohl erkannte. Mit diesem großen Sack voll Ver=
sprechungen und in viele Liebenswürdigkeiten eingewickelt,
kehrte die Kommission — in Wahrheit unverrichteter Sache —
in ihre Heimat zurück, und es ist bezeichnend für die all=
mähliche Wiedergeburt des Burentums, daß das Mißlingen
ihrer Sendung mit großer Mißbilligung aufgenommen wurde.

Eine wirklich ungeteilte Freude über die Annexion empfanden
nur die Eingeborenen, denen die humanitären Bestrebungen
der Engländer bekannt waren und die eine Erleichterung
ihres Loses von ihnen hofften. Sekukuni und Retschwayo
waren dagegen mit dem Umschwung der Dinge sehr unzu=
frieden, ersterer, da er seine Hoffnungen auf Wiedergewinnung
seiner früheren Herrschaft durch eine überlegene Gewalt be=
droht sah, letzterer, weil der Administrator Shepstone, seiner
Erwartung entgegen, den zwischen ihm und der Republik
schwebenden Grenzstreit zu seinen Ungunsten entschied.

— •······•

Fünftes Kapitel.

Die Erhebung der Buren und ihr Freiheitskampf.

Man muß anerkennen, daß die englische Regierung anfänglich recht geschickt vorging, um ihre Herrschaft
durch die Zufriedenheit der Buren zu befestigen. Das englische
Parlament bewilligte zwei Millionen Mark für die dringendsten
Bedürfnisse. Dadurch wurde das lecke Staatsschiff auf einmal wieder flott, und die Betriebsamkeit der Bewohner begann sich unter dem Einfluß dieser Transfusion wieder zu
regen. Ferner wurden die drückenden Kriegssteuern aufgehoben, eine sehr populäre Maßregel. Auch die Versicherungen
der zurückgekehrten Kommission, so platonischer Natur sie
waren, trugen angesichts der in den erwähnten beiden Maßregeln bewährten Gebesireubigkeit der englischen Regierung
dazu bei, den Augenblick hinauszuschieben, wo die Buren
sich auf sich selbst besinnen würden.

Aber bald begingen die englischen Machthaber Fehler
über Fehler. Sir Sheyftone begann sich mit Beamten aus
Natal zu umgeben, welche den Buren ein Dorn im Auge

waren und sich durch hochmütiges Benehmen bald völlig
verhaßt machten.

Die von Lord Carnarvon versprochenen Reformen und
Einrichtungen ließen ungebührlich auf sich warten, sodaß das
Gefühl sich zu regen begann, daß man sich mit leeren
Redensarten habe löbern lassen. Am meisten aber waren
die Buren darüber empört, daß man nicht daran dachte,
den Volksraad einzuberufen. Sie hatten immer noch ge-
hofft, daß man ihnen wenigstens die gesetzgebende Gewalt
belassen würde, da es in der Annexions-Erklärung geheißen
hatte, es sei der Wille Ihrer Majestät, daß Transvaal die
weitgehendsten legislativen Privilegien, soweit sie sich mit
der Lage des Landes und der Intelligenz seiner Bevölkerung
vertrügen, genießen und daß in der gesetzgebenden Versammlung neben dem Englischen auch der Gebrauch der
holländischen Sprache gestattet sein solle. Statt dessen wurde
das Land als englische Kolonie erklärt. Die Exekutive,
unter Leitung des Administrators, bestand zum Teil aus
Natal-Beamten, zum Teil aus Holländern und Engländern,
die der früheren Regierung angehört hatten.[25]) Die gesetzgebende Gewalt ruhte vollständig bei dem Administrator,
der den großen Fehler beging, den Buren nicht einmal einen
Schein der Beteiligung an der Regierung zuzugestehen.
Er hatte die Buren gewaltig unterschätzt.

Zudem glaubten die Buren aus dem Wortlaute der
Einverleibungs-Akte die Gewißheit schöpfen zu dürfen, daß
ihre inneren Angelegenheiten nach wie vor von ihrem Volksraad geregelt werden würden.[26])

Bald genug indessen kam der Umschlag dieser Hoff-
nungsfreudigkeit. Der Administrator Sir Theophilus Shep-

stone wählte, wie gesagt, seine Beamten unter seinen An-
hängern in Natal, von einer Volksvertretung in irgend
welcher Form war keine Rede mehr, die Versprechungen,
durch die man die Buren bei der Annexion geködert
hatte, blieben unerfüllt. Kriegerische Verwicklungen mit
Metschwayo und Setukuni nahmen außerdem den Administrator stark in Anspruch und entzogen ihn seinen Haupt-
aufgaben. Auch lag es nicht in seiner Natur, die Wünsche
des von ihm beherrschten Volkes verstehen und würdigen zu
wollen. Wachsende Unzufriedenheit war die Folge, um so
gefährlicher, als sie sich nicht auf gesetzlichem Wege in einem
Volksraad äußern konnte. Schon im Januar 1878 erör-
terte Krüger in einer Burenversammlung die Frage, ob
Lord Carnarvon einem Plebiszit, das sich gegen die Annexion
ausspräche, nicht Rechnung zu tragen geneigt sein möchte,
und als Sir J. Sheystone im März desselben Jahres nach
Pretoria zurückkehrte, hatte die agitatorische Bewegung bereits einen so bedenklichen Charakter angenommen, daß er
mit energischen Strafandrohungen dagegen vorging. Der
inzwischen eingetretene Wechsel in der Person des britischen
Kolonialsekretärs machte indessen die Buren noch unruhiger,
da Sir Michael Hicks-Beach ihnen nicht das gleiche Verständnis für ihre Wünsche zu bethätigen schien wie sein
Vorgänger Lord Carnarvon. Am 4. April fand in Doornfontein in der Nähe von Pretoria eine Massenversammlung
der Buren unter den Augen des Administrators statt, der
sich vergeblich bemühte dieselbe zu verhindern. Nachdem die
Anwesenden das Ergebnis des unter der Hand veranstalteten
Plebiszits, das sich mit 6591 Unterschriften gegen die
Annexion aussprach, kennen gelernt hatten, beschlossen sie

daraufhin Krüger und Joubert nochmals nach England zu entsenden. Hicks-Beach wies ihre Vorstellungen zwar entschieden zurück,[77]) erneuerte indessen die früher gegebenen Versprechungen besonders hinsichtlich der Errichtung eines Parlaments, da die Haltung der Deputation ihn troß ihrer Friedensversicherungen bedenklich machen mochte. In der That ersuchte der Kolonialsekretär den damaligen Gouverneur der Kaptolonie, Sir Bartle Frère, die Verleihung einer Konstitution an die Transvaal-Buren ins Auge zu fassen, die ihnen einen möglichst hohen Grad von Selbständigkeit in der inneren Verwaltung gewährleisten und die Angliederung derselben an den von Sir Bartle Frère erstrebten Südafrikanischen Staatenbund ermöglichen würde. Es klingt fast wie Hohn, wenn man liest, daß Sir Bartle Frère wegen der gleichzeitigen Sululriege nicht die Zeit gefunden habe, sich mit dieser Angelegenheit zu beschäftigen.[78])

Wie wenig schon damals der Administrator sich als Herrn im Lande fühlte, geht deutlich daraus hervor, daß er sich an Krügers Vermittlung wenden mußte, um die Heeresfolge der Buren in dem Kampfe gegen Retchwayo zu erreichen. Und Krüger fühlte sich und seine Partei stark genug, um erklären zu können, daß er das Ersuchen so lange ablehnen müsse, bis die Annexion aufgehoben sein würde. Eine neue Versammlung der Buren zu Wonderfontein, zwischen Pretoria und Potschefstroom, beauftragte ein Komitee, weitere Maßregeln zu ergreifen, um die Unabhängigkeit des Volkes wiederzugewinnen. Piet Joubert übernahm es Sir Bartle von diesem Entschlusse zu verständigen. Der Augenblick war gut gewählt, da die Kaffernkriege den Engländern die Hände banden. Sir Bartle Frères Beredsamkeit blieb daher auch

Komati-Poort, die Grenzstation der Delagoabai-Eisenbahn.

erfolglos in dem Bemühen, die Haltung des Buren-Abge-
fandten zu erschüttern.

Kurz darauf wurde Sir T. Shepstone abberufen. Der
neue Gouverneur, Oberst Lanyon, versuchte es mit einem
militärisch-despotischen Regiment, dem ungeeignetsten, das
den Buren gegenüber hätte zur Anwendung gelangen
dürfen. Nixon schildert ihn folgendermaßen: „Rasch, kräftig, keine Zeit mit Erwägungen verlierend, sondern schnell
mit der That, keinen Widerspruch duldend, das Ideal eines
Gouverneurs für eine der indischen Provinzen oder eine der
kleineren Kronkolonieen; aber gerade seine Raschheit und
Thatkraft nahm die schwerfälligen und bedenklichen Buren
von Anfang an gegen ihn ein. Außerdem war er kein
„Afrikaner" und kannte weder ihre Sprache noch ihre
Sitten." Die Entfremdung zwischen der Regierung und den
Buren nahm daher rapide zu. Am 18. März fand eine
neue Versammlung der bewaffneten Buren auf einer Farm
unweit Pretorias statt, in der die jüngeren Buren offen
ihre Absicht aussprachen, das englische Joch abzuwerfen. Die
Regierung antwortete mit einer energischen Proklamation,
die den Buren vollends alle Hoffnung auf friedliche Beilegung des Streits benehmen mußte. Persönliche Verhandlungen des Obersten Lanyon führten ebensowenig zu einer
Besserung der Lage wie die persönliche Einwirkung Sir
Bartle Frères, der auf Lanyons Bitten aus Natal herbeigeeilt war. Er traf zwischen Heidelberg und Pretoria auf die
Führer der Buren und hatte im April mit ihnen mehrere
Unterredungen in Erasmus Spruit unweit Pretorias. Es
wurde ein Protokoll über die Wünsche der Buren aufgenommen und nach England gesandt.[29] Zwar ist es nicht

glaublich, daß Sir Bartle Frère den Buren irgendwelche
Aussicht auf Erreichung ihrer Unabhängigkeitspläne gemacht
habe, wie später behauptet wurde, um Zeit für die Heran-
ziehung von Truppen zu gewinnen; aber jedenfalls verstand
er es durch allerhand Versprechungen, besonders auch den
oft gebrauchten Köder der Konstitution, die Katastrophe
wenigstens vorläufig hintanzuhalten. Und vielleicht wäre
sein Erfolg noch größer gewesen, wenn er nicht unkluger
Weise die Einrichtung des versprochenen Buren-Parlaments
von der endgiltigen Beseitigung aller Unruhen und Wühlereien
abhängig gemacht hätte. Noch weniger verstand das Mutter-
land die Bemühungen des High Commissioners rechtzeitig zu
unterstützen. Nicht allein, daß sein Ansehen durch eine
Mißbilligung seiner Zulu-Politik seitens des heimischen
Ministeriums erheblich geschwächt wurde; nach seiner Rückkehr nach Kapstadt erhielt er vielmehr auch ein Telegramm,
welches ihm den Oberbefehl über das östliche Südafrika ent-
riß und in die Hände des Generals Sir Garnet Wolseley
legte.

Die Buren begannen jetzt an die Stelle der papiernen
und oratorischen Demonstrationen die Politik der That zu
setzen. Sie verweigerten die Steuern und versagten den
Anordnungen der Regierung immer offener den Gehorsam.
Die ziemlich verworrene Situation wurde sofort energisch
geklärt, als Wolseley im September 1879, dem dringenden
Ersuchen des Obersten Lanyon folgend, sich nach Transvaal
begab und unumwunden erklärte, Transvaal würde ein englisches Land bleiben, „so lange die Sonne schiene". Dieser
Erklärung folgten bald mehrere Proklamationen, die als Antwort auf die von Sir Bartle Frère nach London gesandte

Denkschrift der Buren statuierten, es sei „der Wille und der Entschluß der Regierung Ihrer Majestät, daß Transvaal für jetzt und alle Zukunft ein integrierender Bestand= teil der Besitzungen Ihrer Majestät in Südafrika sein solle".

Die durch diese unzweideutige Erklärung geschaffene explosive Lage wurde durch die Bildung eines Ausführenden Rats in nichts geändert. Vielmehr kam es unmittelbar darauf in Middelburg, Potschefstroom, Heidelberg und Standerton zu ernstlichen Nebereien, so daß Wolseley sich genötigt sah, seine Truppen durch Zuzug aus Natal noch weiter zu verstärken.

Inzwischen ergab sich die Notwendigkeit für Sir Garnet Wolseley, einen Strauß mit Sekukuni auszufechten, der es abgelehnt hatte, sich der englischen Oberhoheit zu unter= werfen und seine Raubzüge in das Gebiet der Transvaal= buren einzustellen. Dem starken Machtaufgebot der Eng= länder vermochten die für uneinnehmbar gehaltenen Befesti= gungen der Bapedi indessen nicht lange stand zu halten. Sekukuni geriet in Gefangenschaft, seine Truppen wurden gänzlich zerstreut, und sein Land geriet unter britische Ge= walt. Diese erfolgreiche Niederwerfung Sekukunis wie schon vorher Ketschwayos trugen erheblich dazu bei, die übrigen Eingeborenenhäuptlinge in Unterwürfigkeit gegen die Weißen zu erhalten.

Am 10. Dezember hatten die Buren eine Massenver= sammlung abgehalten, die von beinahe 4000 Personen be= sucht gewesen sein soll. Die Versammlung protestierte gegen die britische Souveränität, verlangte die Einberufung des Volksraads und verpflichtete ihre Teilnehmer und Gesinnungs= genossen zu einem regelrechten Boykott gegen die Anhänger

der Regierung. Eine neue Verfammlung am 6. April in
Parbekraal bei Pretoria hielt an diefen Befchlüffen feft.
Sir Garnet Wolfelen, der foeben von feinem fiegreichen

Sir Garnet Wolfelen.

Zuge gegen Setuluni zurückkehrte, wurde hiervon in un-
zweideutiger Weife in Kenntnis gefetzt. Aber weder er
felbft noch Sir Michael Hicks-Beach in London verftanden
den Ernft der Situation. Wolfelen erklärte vielmehr auf

einem Bankett, das ihm zu Ehren von Parteigängern der
Regierung in Pretoria veranstaltet wurde: „Es ist eine
Thatsache, daß wir hier sind, und es ist ferner eine un-
zweifelhafte Thatsache, daß die englische Regierung bleibt
und hier bleibt". Keine Regierung, weder die Whigs
noch die Tories noch die Liberalen, die Konservativen oder
die Radikalen, würde es jemals wagen, das Land zurück-
zugeben. Sie würden es nicht wagen, da das englische
Volk es ihnen nicht gestatten würde. Nicht genug mit dieser
energischen Erklärung, reizte er ferner die Buren durch die
Verdächtigung, Sekukuni zum Widerstande gegen die Engländer ermutigt zu haben, und durch unvorsichtige Angriffe
auf ihren Mangel an Bildung und ihren halbwilden Kultur-
zustand. Die Buren selbst seien durch ihre ununterbrochene
Agitation gegen die Administration Schuld daran, daß man
die Verleihung der gewünschten Verfassung immer wieder
hinauszuschieben genötigt gewesen sei.[30])

Indessen scheint er dennoch seinen Einfluß aufgeboten
zu haben, um die Gewährung der Konstitution zu beschleunigen. Aber als dieselbe endlich im Regierungsblatt veröffentlicht wurde, wurde sie selbst von den Freunden der
Regierung mit Bitterkeit und Hohnlachen aufgenommen.
Von einer Vertretung der Bevölkerung war absolut keine
Rede. Die sogenannte Konstitution schuf vielmehr eine geseh-
gebende Versammlung, die nur aus einer Anzahl englischer
Beamten und sechs von der Regierung ernannten Mitgliedern bestehen sollte, sowie einen Exekutivrat, gleichfalls
aus englischen Beamten und drei ernannten Mitgliedern zusammengesetzt. Dazu waren die Rechte der ernannten Mitglieder in der lächerlichsten Weise eingeengt worden. Es

ist nicht verwunderlich, daß dies leichtfertige Spiel der
Engländer mit den wichtigsten Interessen der Buren diese
auf das heftigste erbittern mußte. Diesem Mißgriff folgte
bald ein anderer. Pretorius, der das Massen-Meeting in

Bol.

Pardetraal geleitet hatte, und Bol, der Schriftführer,
gaben dem Gouverneur, wie bereits erwähnt, von den daselbst gefaßten Beschlüssen in loyalster Weise Kenntnis.
Wolseleys Antwort war die Gefangensetzung beider und
die Einleitung des Hochverrats-Verfahrens. Die Vorunter-

suchung verlief indessen resultatlos, Pretorius und Bok
mußten wieder auf freien Fuß gesetzt werden. Die Admini=
stration war auf das gröblichste bloßgestellt. Quos deus
perdere vult, prius dementat. Wolseley beging die Unge=
schicklichkeit, gleichsam als Entschädigung Pretorius einen
Sitz in der in Bildung begriffenen gesetzgebenden Versamm=
lung anzubieten, eine Ehre, die dieser natürlich im Einver=
ständnis mit seinen Freunden dankend ablehnte. Selbst
die Furcht vor etwaigen Zwangsmaßregeln der Regierung
wurde durch diese schwankende Haltung des Gouverneurs
bei den Buren in bedrohlichem Maße vermindert, und so
dem Widerstande immer mehr der Boden bereitet. Den un=
mittelbaren Anstoß zur Erhebung der Buren gaben dann
die ungeschickte Zurückziehung der englischen Truppen aus
dem Transvaal und Gladstones schwankende Haltung.

In England bestand bekanntlich eine nicht unbedeutende
Partei, die die „Jingo=Politik" der Regierung mißbilligte
und im Unterhause kräftig für die unterdrückten Transvaaler
eintrat und sie in ihrem Widerstande ermutigte. Die Sache
der Transvaaler wurde bei den Wahlkämpfen gegen die
auswärtige Politik der Regierung im Parteiinteresse aus=
gebeutet, ohne Rücksicht darauf, wie sehr die nationalen
Interessen durch eine solche Schwächung des auswärtigen
Prestiges der Regierung notwendigerweise leiden mußten.
Selbst Gladstone ließ im Feuer der Wahlkampagne in
Midlothian diesen Gesichtspunkt so sehr außer acht, daß er
die Regierung auf das heftigste wegen ihrer Transvaal=
politik angriff und sich sogar in einer seiner Reden zu der
Äußerung hinreißen ließ: „Wenn diese Erwerbungen so
wertvoll wären, wie sie wertlos sind, so würde ich sie doch

verschmähen, weil sie durch Mittel geschehen sind, die den
Charakter der Nation entehren."

Solche Äußerungen mußten den Hoffnungen der Buren
neue Nahrung geben. Man erwartete von Gladstones
Eintritt in das Kabinet die Erfüllung alles dessen, was
man seit langer Zeit vergeblich ersehnt hatte, und in dieser
Erwartung begann die bis dahin betriebene Agitation bedeutend an Umfang und Intensität nachzulassen. Eine
Versammlung, die am 18. März 1880 auf Prinsloos Farm
bei Wonderfontein tagte, sandte eine Dankadresse an Gladstone und beschloß gleichzeitig, das für April anberaumte
Massen - Meeting auf unbestimmte Zeit zu vertagen. Um
sich von den englischen Händlern zu emanzipieren, faßte
man bei diesem Anlaß die Errichtung einer „Nationalen
Handelsgesellschaft" ins Auge.

Im März 1880 wurde Sir G. Wolseley abberufen
und durch den General George Colley in seiner Stellung
als High Commissioner für Südostafrika ersetzt. Oberst
Lanyons Ernennung zum Administrator des Transvaal
wurde bestätigt. Wolseley war verhaßt gewesen, und seine
Abberufung war den Buren daher erwünscht und wurde
von ihnen als vermeintliches Ergebnis der Bemühungen
ihrer Freunde in England lebhaft begrüßt. Ihr Vertrauen
in eine friedliche Lösung des Konflikts erhielt dadurch neue
Nahrung und bewog sie zu abwartender Haltung, die besonders
nachdrücklich durch P. Krüger und P. Joubert befürwortet
wurde, welche hierdurch Gladstones Bestrebungen zu Gunsten
der Transvaaler zu unterstützen hofften. Der Gouverneur
wie die Politiker in der Heimat ließen sich durch diese
diplomatische Haltung der Buren täuschen und begingen den

Kapitalfehler, das Land von Truppen zu entblößen. Nur in Pretoria und Lydenburg blieben schwache Besatzungen zurück. Das Selbstgefühl der Buren wuchs.

In England entwickelten sich inzwischen die Dinge ganz

Joubert.

nach den Wünschen der Transvaaler. Das Parlament wurde am 25. März von Lord Beaconsfield aufgelöst, und die Neuwahlen ergaben eine starke Mehrheit zu Gunsten der Opposition. Das Ministerium trat zurück, und Gladstone übernahm die Regierung. Krüger und Joubert sandten ihm sofort ein Schreiben mit der Bitte, die Annexion nunmehr im Einklang mit dem stets von Gladstone betonten Stand-punkt aufzuheben. Aber vom Ministertische sehen sich die Dinge anders an wie vom Standpunkte eines oppositionellen Abgeordneten. In der Thronrede vom 20. Mai 1880 hieß es zum Schrecken der Buren: „Indem Wir Unsere Herrschaft über Transvaal mit seiner mannigfaltigen Be-völkerung aufrecht erhalten, wünschen Wir sowohl die Sicher-heit der Eingeborenen zu gewährleisten, als auch den euro-päischen Ansiedlern Einrichtungen zugänglich zu machen, die auf die großen und liberalen Prinzipien der Selbstverwaltung gegründet sind." [31]) In der daran sich schließenden Debatte kam der grundsätzlich ablehnende Standpunkt der Regierung durch alle Sophismen und Beschönigungen hindurch deutlich zum Ausdruck.[32]) Ein Telegramm trug die Entscheidung der Regierung in nicht mißzuverstehenden Worten nach Südafrika: „Die Autorität der Königin über Transvaal kann unter keinen Umständen aufgegeben werden." In diesem Sinne wurden auch Krüger und Joubert von Glad-stone beschieden, der den Wechsel seines Standpunkts durch den Hinweis zu verschleiern suchte, daß „es unmöglich sei die Frage so anzusehen, als wenn sie zum ersten Male vor-läge. Man habe es jetzt mit einem Zustand der Dinge zu thun, der während eines beträchtlichen Zeitraums bestanden habe. Inzwischen habe man Verpflichtungen übernommen, besonders, wenn auch nicht ausschließlich, gegen die einge-borene Bevölkerung, Verpflichtungen, die man nicht beiseite setzen könne." Daneben wurde den weißen Bewohnern Trans-vaal freilich nach dem Muster des früheren Ministeriums: „the fullest liberty to manage their local affairs" ver-

sprochen und in Aussicht gestellt, daß „this liberty may be
most easily and promptly conceded to the Transvaal as
a member of a South African confederation." Aber die
Buren hörten von allem nur das „Nein". Der jähe Front-
wechsel des leitenden Ministers versetzte sie in die größte
Bestürzung und raubte ihnen mit einem Schlage alles Vertrauen zu den Versprechungen der Regierung jedweder
Parteischattierung. Die Landes-Abministration stieß durch
allerhand unpopuläre Maßregeln dem Fasse den Boden aus.
Die Steuern wurden unter Leitung eines indischen Finanz-
beamten mit großer Härte beigetrieben, beliebte Persönlichkeiten wie der Richter Koßé unverbientermaßen gekränkt,[13])
mißliebige Beamte wie der Attorney-General M. Morcom
der Bevölkerung aufgebrängt.

Der Sturm brach endlich aus, als der Abministrator
mit Ernst und Strenge die Beitreibung der zum Teil seit
langer Zeit rückständigen Steuern durchzusetzen versuchte.
Bisher hatten die englischen Beamten sich darauf beschränkt,
die gerade fälligen laufenden Steuern soviel wie möglich
einzuziehen, ohne sich um die Rückstände aus früheren Jahren
viel zu kümmern. Da verfiel Mr. Steeler, der neue Finanz-
chef, auf den unglücklichen Gedanken, die Landbrosten anzuweisen, alle Rückstände, selbst die aus den Zeiten der früheren
Regierung, beizutreiben. Das war ein harter Schlag für
viele Buren, die sich bereits mit der Hoffnung getragen
hatten, diese alten Dinge seien in Vergessenheit geraten.

Manche Forderungen wurden auch wohl zu Unrecht
von Seiten der Regierung erhoben, da die Rechnungs-
führung der früheren Regierung zu wünschen übrig gelassen
hatte. Aber auch abgesehen davon, blieb das Vorgehen

Steelers im ganzen Lande unpopulär und gab den nächsten Anstoß zum offenen Ausbruch der Feindseligkeiten.

Im Distrikt Wakkerstroom kam es zuerst zu offenem Widerstand. 110 Bürger weigerten sich, die Regierungs- Steuern zu zahlen, so lange dieselben nicht vom Volksraad genehmigt sein würden. Dieser Protest wurde in der „Volkstem", einem Blatte, das aus dem Regierungslager zu den Buren übergegangen war, zur öffentlichen Kenntnis gebracht.

Von gefährlicheren Folgen noch war ein anderer Fall, der sich im Distrikt Potchefstroom ereignete. Die Polizei beschlagnahmte einem Manne Namens Bezuidenhout einen Wagen wegen streitiger Steuer-Rückstände und stellte den- selben zum öffentlichen Verkauf. Aber der Besitzer be- mächtigte sich des Wagens mit Hilfe einiger Freunde auf dem Wege der Gewalt. Der Administrator entsandte den Kommandanten Raaf, der sich aber einer überlegenen Macht gegenüber sah und auf Gewalt-Maßregeln verzichten mußte. Nun wurde der Kolonial-Sekretär Mr. Hudson mit Unter- handlungen beauftragt, dem die Buren Paul Krüger als ihren Sprecher entgegen stellten. Die Verhandlungen ver- liefen angesichts der Verblendung der Regierung erfolglos. Sir Owen Lanyon telegraphierte nunmehr an den High Kommissioner in Natal, der aber nur zwei Kompagnien entsandte. Ein Detachement des 94. Regiments, das in Leidenburg stand, wurde nach Pretoria beordert und ein kleiner Teil der Garnison von Pretoria nach Potchefstroom zur Unterstützung der Civil-Behörden dirigiert.[34]

Am 8. Dezember fand in Paardekraal zwischen Pot- schefstroom und Pretoria eine große Versammlung der

Buren statt, die die Regierung vergebens zu verhindern
suchte. Man tagte 5 Tage lang. Die südafrikanische
Republik wurde proklamiert und beschlossen, ihre Unabhängigkeit mit den Waffen zu erzwingen. Zur vorläufigen Leitung

Krüger.

der Staatsgeschäfte wurde ein Triumvirat bestehend aus
den früheren Mitgliedern der Regierung, Krüger, Joubert
und Pretorius gewählt. Joubert übernahm den Oberbefehl
über die Armee und Dr. Jorissen[35]) wurde zum Staats-
Bevollmächtigten ernannt. Sofort wurden drei Armeen

gebildet. Die eine erhielt den Befehl das 94. Regiment, das sich wie erwähnt auf dem Wege von Leidenburg nach Pretoria befand, unterwegs anzugreifen und abzufangen. Die zweite marschierte nach Potscheffstroom, die dritte und stärkste nach Heidelberg, das sie, ohne Widerstand zu finden, besetzte.

Am 16. Dezember, dem Jahrestage des denkwürdigen Sieges über den Sulu-Häuptling Tingaan, wurde die Flagge der Republik unter unbeschreiblichem Jubel wieder aufgehißt.

Es darf nicht vergessen werden, hier zu bemerken, daß die Bevölkerung von Pretoria, die zum größten Teil aus Engländern bestand, diesem Vorgehen der Buren sich natürlich nicht anschloß. Pretoria hatte damals bereits 4000 Einwohner und war in schnellem Aufblühen begriffen.

Inzwischen hatte sich Pretoria in Verteidigungs-Zustand gesetzt; jede Idee, sich mit den aufständischen Buren in Verhandlungen einzulassen, wurde mit Entrüstung zurückgewiesen. Die Bürger bildeten ein Komitee, um die Verteidigung im Einverständnis mit den militärischen Behörden zu organisieren. Die Stadt wurde in Quartiere eingeteilt, die öffentlichen Gebäude als Zufluchtsorte für Frauen und Kinder eingerichtet, die Straßen mit Wagen verbarrikadiert und an allen Thoren Wachen aufgestellt.[36] Die Nachricht von der Proklamierung der Republik gelangte am 18. Dezember nach Pretoria; sie war von der Aufforderung begleitet, die Schlüssel der öffentlichen Ämter auszuliefern. Jetzt begriffen auch die Vertrauenseligsten, daß die Sache ernst wurde. Es wurde eine Bürgerwehr gebildet, der jeder waffenfähige

Mann angehörte. Fieberhaft arbeitete man an der Fertig=
stellung der schnell angelegten Befestigungen.

Die Besatzung von Leibenburg bestand aus zwei Kom=
pagnien mit zusammen ungefähr 240 Mann unter dem
Befehl des Lieutenant=Colonel Anstruther. Der Aufbruch
dieses Detachements von Leibenburg erfolgte erst am 5. De=
zember, da die Beschaffung von Transportwagen Schwierig=
keiten verursacht hatte. Am 14. Dezember erreichte die kleine
Abteilung Mibbelburg. Sorglos marschierten die Truppen
dahin, trotz einer von Colonel Bellairs empfangenen War=
nung, deren Bedeutung man nicht zu schätzen wußte, da
die Kunde von der Proklamierung der Republik bis hierher
noch nicht gedrungen war. Nur ein Kundschafter ward
vorausgesandt.

Etwa 38 englische Meilen von Pretoria durchquert den
Weg ein Flüßchen, bekannt unter dem Namen Broukhorst
Spruit.*) Kurz bevor der Weg den Fluß durchschneidet,
schlängelt er sich an einem Abhang hinab in das Thal,
welches der Fluß durchströmt. — Die linke Seite des We=
ges, nach Pretoria hin, wird an dieser Stelle von einer
kleinen mit Bäumen bestandenen Erhebung beherrscht. Die
Buren hielten sich in einem Gehöft versteckt, das einem
Farmer Namens Prinsloo gehörte und an dem Flusse lag,
bis ihre Spione meldeten, daß der lange Wagenzug
den Hügel heraufkäme. Da schwangen sie sich auf ihre
Pferde und galoppierten in einem Thal entlang, das mit
dem Weg parallel läuft, aber durch die erwähnte Anhöhe
verdeckt wird, und kamen dann plötzlich auf dem Gipfel des
Hügels zwischen den Bäumen zum Vorschein. — Den nun
folgenden Zusammenstoß schildert Nixon, der Gelegenheit

hatte, kurz nach dem Ereignis die besten Quellen darüber
zu vernehmen, folgendermaßen:²⁸) „Als der Angriff geschah,
waren die Soldaten auf dem Marsche, und die Musik spielte
gerade: Kiss me, mother. Ein berittener Späher zog
vorauf, und Oberst Anstruther, der Befehlshaber des
Regiments und einer seiner Offiziere, ritten gleichfalls vor
dem Musikchor. Die Hauptmacht marschierte hinter demselben. Sie bestand aus etwa 120 Mann. Hieran schloß
sich eine lange Reihe von etwa 33 Wagen, und die übrigen
Leute hatten bei den Wagen zu thun oder bildeten die
Nachhut. Plötzlich, als sie nichts ahnend dahin zogen,
erschien vorn und an der linken Seite ein großer Trupp
bewaffneter und berittener Buren am Abhang einer Terrain-
erhebung und von Dorn-Bäumen verdeckt, die ringsum
wuchsen. Das Musikchor machte mitten im Stücke halt.
Dadurch wurde Oberst Anstruther auf die Buren aufmerksam.
Er rief aus: „Bei Gott, seht dort!“ und wandte sich um,
um zu seinen Truppen zu reiten. Aber ehe er noch zu ihnen
gelangen konnte, ritt ein Bure mit einer Parlamentär-
fahne vor und überreichte dem Obersten einen Brief von
der neuen Buren-Regierung Transvaals. Er enthielt die
Mitteilung, daß die Republik proklamiert sei, und forderte
den Obersten auf, halt zu machen. Dieser erwiderte, er
habe seine Befehle und müsse denselben gehorchen. Der
Bote antwortete: „Gut“ und ritt zurück. Der Oberst
galoppierte zu seinen Truppen zurück, aber ehe er irgend
etwas thun konnte, gaben die Buren, die unter dem Schutz
der Parlamentärs-Flagge kaltblütig jeder ihren Mann aufs
Korn genommen hatten, auf 200 Yards Entfernung eine
tödliche Salve ab, die den Obersten verwundete, die meisten

Mallopos, aus Inhambane eingewandert.

seiner Offiziere tötete oder verwundete und unter den Sol=
daten ein großes Blutbad anrichtete.‘ Die letzteren stoben,
so schnell die Überraschung des Überfalles es erlaubte, aus=
einander, warfen sich zu Boden und erwiderten das Feuer.
Aber sie konnten sich vor den Kugeln der Buren nicht
schützen, die als eifrige Jäger vorzügliche Schützen sind und
die Soldaten allmählich umringelten und von allen Seiten
beschossen. Das Gefecht wurde zu einem nutzlosen Hin=
schlachten der Soldaten, und Oberst Anstruther ließ daher
nach einem Gefecht von etwa 25 Minuten das Feuer ein=
stellen, da er sah, daß andernfalls die gesamte Truppe der
Vernichtung geweiht sein würde. Das Feuer der Buren
war mörderisch. Die meisten Leute, die auf dem Wege
lagen, wurden an Kopf und Schultern verwundet, und
später, als die Buren von rechts feuerten, wurden manche
in die Beine geschossen; andere, die hinter den Wagen Schutz
suchten, wurden an den Körperteilen verwundet, die unter
den Wagen sichtbar waren. Nachdem die Engländer das
Feuer eingestellt hatten, kamen die Buren heraus und
nahmen den Rest gefangen, 20 an der Zahl. Alle Offiziere,
mit Ausnahme des Zahlmeisters, waren getötet oder ver=
wundet, und auch dieser hatte einen Streifschuß.

Egerton, der Führer der Transportkolonne, der nur
leicht verwundet war, wurde von dem schwerverletzten Oberst
als Unterhändler zu den Buren entsandt. „Nach Einstellung
des Feuers, erzählt Merensky und in Übereinstimmung
mit ihm die englischen Quellen, benahmen sich die Buren
gegen die Gefangenen würdig und gegen die Verwundeten
liebreich. Man ließ einige Gefangene sogar nach Pretoria
gehen, und gab auch den Verwundeten alles, was ihre Lage

erleichtern konnte. Alle Wagen, Waffen, Munition, sowie die Regimentskasse fielen in die Hände der Buren, das Fahnentuch hatte ein Sergeant von der Stange gerissen, sich um den Leib gebunden und hatte sich dann damit nach Pretoria schicken lassen." Von den Engländern waren 86 Mann tot und 83 verwundet,[39]) die Buren, deren Gesamtzahl auf 500 geschätzt wird, hatten einen Toten und fünf Verwundete. Die Gefangenen mußten Urfehde schwören und wurden nach Natal entlassen.[40])

Inzwischen hatte die zweite Armee der Buren ihre Aufgabe mit nicht geringerem Erfolge gelöst. Potschefstroom war nur mit 213 Mann Garnison unter Oberst Winsloe belegt und nur sehr unzureichend befestigt. Das Heer der Buren bestand aus 600 Mann, die am 15. Dezember vor Potschefstroom eintrafen und den tapferen Widerstand der Besatzung in kurzer Zeit durch Überschüttung mit Kugeln brachen;[41]) das Fort wurde erst später übergeben, nachdem Mangel an Lebensmitteln eingetreten war.

Die dritte Armee der Buren hatte, wie berichtet, Heidelberg, ohne erheblichen Widerstand zu finden, eingenommen und marschierte nunmehr auf Standerton, das halbwegs zwischen Heidelberg und Laings Nek am Vaalflusse zwischen dessen Ufer und dem Standers Kop, einem langgestreckten Hügel, gelegen ist. Der Befehlshaber Major Montague, an der Spitze von 2 Kompagnien des 94. und einer des 58. Regiments, hatte die Stadt mit einem Kranz von Forts umgeben und sich in der Nähe derselben stark verschanzt Die Buren faßten hauptsächlich auf dem Standers Kop Posto, und es entwickelte sich ein erfolgloser Guerilla-krieg. Auch die verschanzten Garnisonen bei Leidenburg,

Marabastad, Wackerstroom und Rustenburg wurden von den Buren eingeschlossen, nachdem die Städte selbst ohne erhebliche Gegenwehr sich ergeben hatten. Merkwürdig ist, daß die Eingeborenen, die nach Aussagen von Engländern bereit gewesen sein sollen, sich gegen die Buren zu erheben, angeblich von den Engländern selbst hieran gehindert worden sind. Die Position der Engländer wäre zweifellos mit einem Schlage bei weitem günstiger gewesen, wenn die Malekeng, Manloroane, die Mapoch, die Moutsiwe u. s. w. ihre Kriegerscharen gegen die Buren ins Feld gestellt hätten. Daß die Engländer aus was für Beweggründen immer sich diese Unterstützung entgehen ließen, entspricht so wenig ihrer sonstigen Praxis, daß es mindestens auffällig erscheinen und Zweifel an der engländerfreundlichen Gesinnung der Eingeborenen wachrufen muß. [12])

In der That ging es den Engländern schlecht genug. Wenn man die Berichte über die Schicksale der Belagerten in Potschefstroom liest und sich vergegenwärtigt, unter welch fürchterlichen Entbehrungen und Unbilden die englische Garnison zu leiden hatte, so muß man staunen über die Ausdauer, die derartige Plätze monatelang gegen eine starke Übermacht verteidigte. „Den Buren, sagt Merensky, ging es, wenn man in Betracht zieht, daß sie von Jugend auf im Wagen und Zelt, sowie auf dem Sattel zuhause sind, in dieser Anfangszeit des Krieges nicht gerade allzuschlecht. In den letzten Jahren, da englisches Geld das Land überschwemmte, hatten selbst die ärmeren Leute soviel verdient gehabt, daß sie mit guten Kleidern genügend versehen waren. Man hatte auch genügend englische Kaufmannswagen und Läden mit Beschlag belegt,

um etwa vorhandene Wünsche und Bedürfnisse daraus be=
friebigen zu können. Deshalb hatten fast alle gutes euro=
päisches Schuhwerk, und die meisten waren mit Regen=
mänteln versehen. Letztere waren aber auch ein wirkliches
Bedürfnis, denn es regnete in jenem Sommer unaufhörlich.
Dabei mußten die Mannschaften auf Vorposten oft Tag und
Nacht lang ohne Wagen und Zelte aushalten. Wie die
Buren sich in Bezug auf Obdach) oder kein Obbach, auf das
Lager, welches sie überall finden, wohin sie ihre wollene
Decke mitnehmen können, und sonstige Bequemlichkeiten in
alle Lagen ohne weiteres fanden, so ist es auch leichter ein
Burenheer zu speisen als irgend ein anderes Heer von
weißen Leuten. Man nimmt Schlachtvieh in genügender
Zahl ins Feld; so lange als es gutes Rind= und Hammel=
fleisch giebt, klagen diese weißen Afrikaner nicht. Mit Ver=
gnügen essen sie sich täglich dreimal satt an Fleisch. Hat
man, wie es auf den Vorposten der Fall war, nicht Zeit
und Gelegenheit zu schlachten, zu kochen, zu schmoren und
zu braten, dann hilft ein Stück getrocknetes Fleisch, welches
man auf dem Sattel mit sich führt, über solche Tage hin=
weg. Wenn man dabei Kaffee hat, der nicht gern entbehrt
wird, ist man zufrieden. Viele Wagen führten außerdem
einen guten Vorrat von dem hausbackenen Zwieback mit
sich; so fehlte es auch nicht an Zubrot.

Die Bewaffnung der Buren war durchgängig ausge=
zeichnet. Fast alle ohne Ausnahme führten gute englische
Hinterlader, die sich schon seit Jahren als Jagdgewehre
bei ihnen eingebürgert hatten. Dazu waren in den glücklich
verlaufenen Gefechten Hunderte von englischen Militär=
gewehren und große Mengen von Munition erbeutet worden.

Letztere besonders war von großem Werte, denn an Munition
machte sich bald ein Mangel fühlbar, der bei längerer
Dauer des Krieges hätte verhängnisvoll werden können.
Im Lager herrschte Ordnung. Der ruhige, ernste Sinn
der Buren, durch den Ernst der Lage noch vermehrt, ließ
keine Ruhestörungen aufkommen. Keinen Lärm, kein Toben
oder Schelten hörte man, ebensowenig gab es Trinkgelage.
Auch die in der Nähe lebenden Eingeborenen behandelte
man mit Schonung. Pferde und Ochsen wurden nach
Möglichkeit von den Maisfeldern ferngehalten, und als der
Feldzug beendet war, forderte Paul Krüger die Sulu,
welche Besitzer dieser Felder waren auf, um Ersatz für den
Schaden einzukommen, der ihnen etwa zugefügt worden sei.
Am Abend wurden Wachen, auch wohl Vorposten ausgestellt,
Ochsen und Pferde wurden in solcher Ordnung an Wagen
und Ziehtauen festgebunden, daß sie an ihrem Orte waren,
wenn Alarm entstanden wäre. Dann sammelten sich in
einzelnen Zelten auch Männer zur Abendandacht, zum Psalm=
singen und zum Gebet, welches von einem Vormann vor=
gesprochen wurde."[43]

Auf die Nachricht von dem Ausbruch ernstlicher Feind=
seligkeiten hatten die Engländer nicht gesäumt aus England
und Indien eine größere Truppenzahl (4500 Mann), ver=
stärkt durch Marinesoldaten von der südafrikanischen Flotte
und eine Batterie aus St. Helena zu entsenden. Es mußte
den Buren darum zu thun sein, zu verhindern, daß diese
Verstärkungen sich mit den Garnisonen in Transvaal ver=
einigten. Sie wählten hierzu mit klugem Bedacht eine
Stellung in den Drakensbergen. Diese sind das östliche
Randgebirge des großen südafrikanischen Hochplateaus, welch

letzteres sich etwa 5000 Fuß über den Meeresspiegel erhebt
und östlich von den Drakensbergen plötzlich abfällt. Nur
einige wenige Pässe ermöglichen von Natal aus den Zugang
zu jenem Plateau. Als der vergleichsweise bequemste Übergang
galt der Paß bei Laings Nek (Langes Nek); doch ist auch
dieser nur auf rauhen, beschwerlichen Bergpfaden zu erreichen
und außerdem zu beiden Seiten von steilen Gebirgswänden
flankiert.[44]) Hier faßten die Buren in einer Stärke von etwa
1000 Mann Fuß. Noch vor dem Eintreffen der Verstärkungen raffte Sir George Colley in Natal an Truppen
zusammen, was immer entbehrt werden konnte,[45]) und versuchte, gestachelt von Ehrgeiz oder um das Schicksal der
belagerten Garnisonen in Transvaal ängstlich besorgt, den
Paß bei Laings Nek zu forcieren. Eine Proklamation, die
er vor seinem Abmarsch aus Maritzburg veröffentlichte und
in der er die Buren als mißleitete Rebellen bezeichnete,
reizte den Zorn der Burenführer aufs höchste.

Am 26. Januar traf Colley auf dem Mount Prospect,
vier englische Meilen unterhalb Laings Nek ein. Am 28.
begann der Angriff. Die englische Artillerie schoß vortrefflich
und nötigte die Buren nach einem heftigen Feuer von
20 Minuten Dauer den Rand des Gebirges zu verlassen.
Ein Kavallerie-Angriff, den die Engländer rechts von Laings
Nek einen steilen Abhang hinauf unternahmen, wurde wegen
der geringen Zahl der Stürmenden leicht zurückgeschlagen.
Noch viel schlimmer erging es dem 28. Infanterie-Regiment,
das unter Führung des Obersten Deane, durch das Ver-
schwinden der Buren getäuscht, in dichter Kolonne den Berg
erklomm in der Annahme, die Buren seien geflohen. Als
sie aber auf der Höhe anlangten, befanden sie sich plötzlich

ohne Deckung einem mörderischen Feuer der unfehlbar sicher
schießenden Buren gegenüber, die hinter dem Rande im
Grase lagen. Es gelang dem Führer nicht einmal seine
Truppen zu entwickeln, so daß ihre dichtgedrängten Scharen
den Buren ein bequemes Ziel darboten. Oberst Deane fiel,
und die Niederlage seiner Truppen wurde durch einen Seiten-
angriff der Burenschar vollendet, die den oben erwähnten
Kavallerievorstoß siegreich zurückgewiesen hatten. Auf Seite
der Buren waren vierzehn gefallen und 29 verwundet,
während der Verlust der Engländer sich auf 7 Offiziere,
unter ihnen Oberst Deane, und 76 Mann Tote und
111 Verwundete belief. Der englische General ließ durch
einen Parlamentär den General Joubert um die Erlaubnis
bitten, die Toten begraben und die Verwundeten fortführen
zu dürfen. Beides wurde ihm zugestanden, nur die Gewehre
und die Munition nahmen die Sieger an sich.[46])

Kurze Zeit nach diesem Siege (am 8. Februar) versuchte
General Smit, derselbe, welcher vor einer Reihe von Jahren
zusammen mit Paul Krüger Berlin besuchte, im Rücken des
englischen Lagers einen Punkt zu besetzen, um die Verbindungen
der Engländer, die in ihrem Lager unterhalb der Drakensberge
bereits anfingen Mangel zu leiden, nach rückwärts abzuschnei-
den.[47]) General Colley zog ihm entgegen mit 600 Mann, 4 Kanonen und 31 Reitern, ließ indes die Hälfte seiner Truppen
am Ingogofluß mit 2 Kanonen in Reserve stehen, so daß bei
dem Gefecht die Engländer und Bauern anfänglich in etwa
gleicher Zahl waren; die ersteren hatten den Vorteil, den
ihnen die Kanonen gaben. Beide Teile versuchten zugleich
ein mit Felsen umrändertes und besätes Plateau, unter dem
Namen sebuinshoogte allen, die von Natal nach Transvaal

reiſten, wohl bekannt, zu beſetzen. Dieſmal manövrierten
die engliſchen Truppen, welche aus Schützen (rifles) beſtanden,
ganz geſchidt und nahmen, von dem Kanonenfeuer gededt,
gute Stellungen ein, aber die Bauern feuerten von den be=

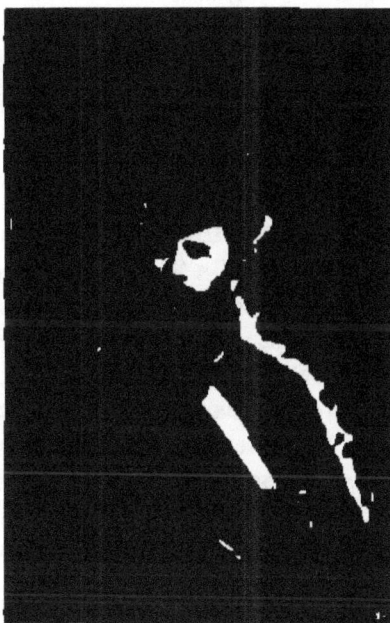

Smith.

nachbarten Felſenrändern mit der gewohnten tödlichen Sicher=
heit. Ein Haufe junger Leute kroch ſo nahe an die feuernden
Geſchütze heran, daß ſie das jedesmalige Kommandowort
„fire“ deutlich vernahmen, und die Kanonen mit Kartätſchen
und Shrapnels feuerten. „In wenigen Minuten,“ ſagt ein

englischer Augenzeuge, „waren von den 25 Mann der Be=
dienung 14 tot oder verwundet, so daß die Kanonen etwas
zurückgenommen wurden, doch auch hier fielen die Artilleristen,
so daß Schützen zur Bedienung der Geschütze herangezogen
werden mußten." Das Feuergefecht dauerte von 11 bis
7 Uhr abends. „Sechs und eine halbe Stunde lang war
es gefährlich, von der Erde aufzustehen," heißt es in jenem
Bericht, „und gefährlich genug in liegender Stellung."
Colley erhielt keine Verstärkungen, während die Zahl der
Buren sich gegen Abend bis auf 500 mehrte. Sie ver=
suchten nicht, die Position der Engländer zu stürmen, diese
aber waren froh, unter dem Schutze der Nacht bei strömendem
Regen mit Zurücklassung aller Toten und Verwundeten den
Rückzug antreten zu können, der durch den angeschwollenen
Ingogofluß nicht wenig erschwert wurde. Mehrere Mann=
schaften ertranken, die anderen erreichten halbtot das Lager.
Von den Pferden waren nur noch so viele am Leben, daß
sie mit Mühe die Kanonen und einen Munitionswagen
zurückschaffen konnten, der andere Munitionswagen, Gewehre
und Munition fielen in die Hände der Sieger, welche am
anderen Morgen das Schlachtfeld besetzten und den englischen
Verwundeten, welche die Nacht hindurch in Kälte und Regen
hilflos auf Feld und Gras gelegen hatten, die möglichste
Hilfe angedeihen ließen. Wieder erlaubten sie den Engländern,
ihre Verwundeten fortzuschaffen. Der Verlust der Engländer
war nach ihren Berichten folgender: Fünf Offiziere und
sechsundsechzig Mann waren tot, über die Zahl der Ver=
wundeten schwankten die Angaben zwischen siebenzig und
hundertsechsundbreißig. Man wird geneigt sein, im Ver=
hältnis zu der Zahl der Toten, die letztere Zahl für die

richtigere zu halten. Die Buren beklagten acht Gefallene
und hatten zehn Verwundete.

Das Gefecht gab Anlaß, daß das Wagenlager näher an
die Gefechtslinie herangeschoben wurde. Es galt jetzt, wo=
möglich die unter General Wood in Natal heranziehenden
Verstärkungen an ihrer Vereinigung mit Colleys Streit=
kräften zu verhindern.
Dies machte es notwen=
dig, daß eine fliegende
Kolonne der Buren auf
englischem Gebiet unter=
halb des Gebirges ope=
rierte. Gelang den Geg=
nern die Vereinigung, so
war ein erneuter, heftiger
Angriff auf die Gebirgs=
pässe mit Sicherheit
zu erwarten. Deshalb
wollte General Joubert
im stande sein, seine Macht
schneller auf die der Ge=
fahr ausgesetzten Punkte

General Wood.

werfen zu können. Das Versetzen des Lagers ging mit über=
raschender Schnelligkeit und Ordnung vor sich. Bei der großen
Geschicklichkeit, welche den Buren bei Behandlung ihrer Wagen
und Ochsen eigen ist, waren die Hunderte von Wagen in kür=
zester Frist eingespannt und zogen in drei parallelen Reihen
dem neuen Standort zu. Ebenso schnell ging dort das Auf=
fahren und Aneinanderschieben der vielen Wagen von statten.
Da eine Truppenmacht sich ohne einen großen Train von Wa=

gen in Südafrika nicht bewegen kann, muß jede europäische
Armee schon deshalb viele Schwierigkeiten in diesem Lande
haben und an Leichtigkeit der Bewegungen weil hinter jedem
Burenkommando zurückstehen, weil ihr die geübten Kräfte
bei der Behandlung der Wagenkolonnen gänzlich fehlen.
Zunächst hatten die Buren in ihren Bemühungen, Sir
George Colleys geringe Streitmacht zu isolieren, einen
Mißerfolg zu verzeichnen. Es gelang dem General Evelyn
Wood eine kleine Verstärkung, die am Tage vor dem Un=
glück bei Langes Nek in Natal gelandet war, trotz der Vor=
sicht der Buren dem Hauptheere zuzuführen. Weitere Ver=
stärkungen standen in naher Aussicht.

Genereal Colley hatte indessen Kunde erhalten, daß man
sein bisheriges Mißgeschick in der Heimat mit großem Un=
willen betrachtete und bereits einen Nachfolger für ihn be=
stimmt hatte. Der Wunsch sich zu rehabilitieren, bewog
ihn die Ankunft fernerer Verstärkungen nicht abzuwarten,
da er gewärtig sein mußte, mit demselben den General Ro=
berts, der ihn ersetzen sollte, eintreffen zu sehen.

Colley hatte erkundet, daß die Buren unterlassen hatten,
den Amajuba-Berg [48]) zu besetzen, der die ganze Stellung der
Buren beherrschte. Der Amajuba-Berg ist eine bedeutende Er=
hebung, die wie ein Turm aus der Felswand der Drachen=
berge emporsteigt,[49]) zur Linken von Laingsnek und dem
Burenlager gelegen, wenn man von Natal kommt. Der
Gipfel, eine glatte Kuppe, erhebt sich 6000 Fuß (engl.)
über dem Meeresspiegel und überragt Laings Nek um etwa
2000, Mount Prospect, den Lagerplatz der Engländer, um
reichlich 3000 Fuß. Das Plateau der Bergkuppe ist
400 Schritt lang und 300 Schritt breit. Wasser ist in

genügender Menge vorhanden.⁵⁰) Ausgesendete Sulu hatten nächtlicherweile erkundet, daß es möglich sei, den Berg zu ersteigen. Zwei Drittel des Aufstiegs führen über nicht allzu steil abfallende Abhänge, und nur der letzte Teil ist vielfach zerklüftet, mit Felsgeröll bedeckt und durch Abgründe unterbrochen. Der General war fest überzeugt, daß die Buren ohne Kampf ihre bisherige Position aufgeben und zurückweichen würden, wenn es ihm gelänge, die beherrschende Stellung auf dem Amajuba-Berge einzunehmen. Diese Überzeugung bemächtigte sich seiner in so hohem Grade, daß er, beherrscht von dem Wunsche eines schnellen Erfolgs, alle Vorsicht außer acht ließ.

In der Nacht des 26. Februar begann Colley die Besteigung des Berges. Um den Spähern der Buren zu entgehen, führte er seine Truppen zunächst auf den Umguelo, einen benachbarten Berg, der zur Hälfte erstiegen werden mußte, um dann den Amajuba auf dem verbindenden Grat zu erreichen. Etwa 600 Mann nahmen an dem unheilvollen Beginnen teil, drei Kompagnieen vom 58. Regiment, eine von den 60er Schützen, drei vom 92sten und 64 Mann von der See-Brigade. 140 Mann wurden auf dem Umguelo und weiterhin noch eine Kompagnie von den 92ern zurückgelassen.

Nun begann das Klettern. In dunkler Nacht ging es hastig bergan; nur hin und wieder eine kurze Rast. Je näher man dem Gipfel kam, um so beschwerlicher wurde der Aufstieg. Die ermatteten und schwer bepackten Krieger mußten sich über Abgründe und Felsgeröll mühsam ihren Weg bahnen und zuletzt den obersten Felsrand auf Händen und Knieen erklettern. Todmüde langten sie oben an, ihre Reihen waren aufgelöst. Nun begannen die Fehler des Kommandierenden. Man unterließ es, irgend welche Verschanzungen herzustellen, weil die Soldaten zu ermüdet seien. Diese selbst schleppten hier und da auf eigene Hand einige Felsblöcke herbei, um dahinter beim Gefecht Deckung zu suchen. Anstatt die dominierenden Punkte des Berggrates von den Soldaten besetzen zu lassen, wo sie freie Umschau hätten halten können, begnügte man sich damit, eine Erhebung, die dem Burenlager gegenüber auftragte, mit Soldaten zu belegen, sonst aber nur die Hohlwege und Senkungen des Grates zu besetzen, weil man glaubte, die Buren würden die Freundlichkeit haben, gerade hier heraufzukommen.[1]) Sehr richtig führt ferner Mercensky aus, daß besonders der Umstand sehr zu Ungunsten der Engländer ins Gewicht gefallen sei, daß „die Leute vier verschiedenen Truppengattungen angehörten; sie waren der Linie, den Schützen und einem Regiment echter Bergschotten entnommen, dazu kam noch ein Haufe Marinesoldaten. Viele der Leute waren Rekruten, englische Fabrikarbeiter, denen man den roten Rock angezogen hatte. Wie sollten solche Leute plötzlich eine Bergkuppe des Drachengebirges verteidigen können, wo sie weder von der Natur der Formation, noch von der Farbe von Gras, Busch und Fels ein Gefühl und eine Ahnung hatten! Solchen Leuten war es unmöglich, auf vier- oder fünfhundert Schritte, also auf eine Entfernung, in welcher die Kugel der Buren selten ihren Mann verfehlen wird, einen grauen Burenhut oder eine graue Burenjacke von Stein und Fels zu unterscheiden."

Der General war zudem seines Erfolges so sicher, daß er nicht einmal einen Flankenangriff des Hauptlagers auf

Laingsnek zur Unterstützung seiner eigenen Operationen an=
zuordnen für gut befand. Die Buren selbst hielten diese
Maßregel für so natürlich, daß sie sich fast dadurch hätten
bestimmen lassen, zurückzuweichen, weil sie zwischen zwei
Feuer zu kommen fürchteten.[32])

Endlich hatte Sir Colley den Mut der Buren bei
weitem unterschätzt. Als man die Rotröcke, die keine Order
hatten, sich zu verbergen, auf dem Gipfel des Amajuba=Berges
bemerkte, faßten die Buren sofort den Entschluß, den Berg
zurückzunehmen. Eine feurige Anrede des Generals Smit
versammelte um ihn eine Schar von 150 Freiwilligen, die,
gedeckt durch Felsen und Gebüsch, sofort den Berg zu er=
steigen begannen. Ein zweiter Hause von älteren Leuten,
alles sichere Schützen, folgte in einiger Entfernung den Stür=
menden und feuerten auf alles, was sich am Rande des
Gipfelplateaus zeigte. Die Salven der Engländer blieben
wirkungslos, da die Buren sich stets geschickt in Deckung
hielten. Eine dritte Abteilung der Buren hatte den Berg
umgangen und begann ihn von Osten zu erklettern. In=
dessen rückten die beiden andern Hausen unaufhaltsam vor,
indem der eine Hause den Bergrand unter Feuer hielt,
während der andere kletterte und aufs neue schützende Stellung suchte.[33]) Die englischen Soldaten wurden fortge=
schossen, sobald sie sich über dem Bergrande sehen ließen.
Bald wankte die englische Linie, die wenigen Mannschaften,
die in der Mitte des Plateaus in Reserve gestanden hatten,
wurden vorgezogen, fielen aber auch bald trotz aller Bemühungen der Offiziere zurück. Plötzlich aber fielen Schüsse
in die englischen Reihen von der Flanke her; der unbesetzte
Felsenhügel auf der linken Seite der Engländer war in der

Gewalt des einen Burenhaufens, bald auch auf der anderen
Seite ein anderer, niedrigerer, in der Gewalt des andern
Haufens. „Da haben wir die Soldaten, die in den Pässen
auf der Erde lagen, auf die Rippen geschossen", erzählten
die Buren später. Die Engländer flohen und sammelten
sich um den General, waren aber bald unter einem so
furchtbaren Kreuzfeuer, daß sie mit lautem Aufschrei der
Verzweiflung auseinander floben. Den steilen Felsenweg,
der hinabführte, erreichten wenige. Viele sprangen und
stürzten in die Abgründe, der General selbst war gefallen,
nur etwa 50 von denen, die mit ihm am Morgen den
Berg erstiegen hatten, erreichten mit Unterstützung der Re-
serven, die sie aufnahmen, das englische Lager. Etwa
80 Engländer waren gefallen, 57 unverwundete Gefangene,
darunter 8 Offiziere, waren in die Hände der Buren geraten; die übrigen, etwa 160, lagen verwundet an oder auf
dem unheilvollen Berge. Dagegen hatten die Buren nur
einen Toten und sechs Verwundete.

Sechstes Kapitel.
Die Folgen des Sieges am Amajuhn-Berg bis zur Konvention von Pretoria.

Die Buren betrachten den über die Engländer errungenen Sieg als ein Wunder, das Gottes Hand an ihnen hatte geschehen lassen. Auf der blutgetränkten Bergspitze traten, wie Merensky erzählt, die Sieger zusammen und stimmten einen Dankespsalm an. Still kamen sie in ihr Lager zurück und waren bald ohne Jubeln, Toben und Trinken beschäftigt, sich an ihren Feuern das Abendessen zu bereiten. In der That muß man es ein Wunder nennen, daß von den wenigstens 10000 Schüssen, welche die Engländer auf die den Berg hinauf stürmenden Buren abgaben, nur sechs trafen. Aber auch der Mut, den die Buren bei dieser Gelegenheit bewiesen, verdient alle Bewunderung. Selbst ein englischer Geschichtsschreiber erkennt dies mit den Worten: „Was die Buren betrifft, so muß man ihren Mut bewundern. Sie erzählten später, daß sie niemals geglaubt hätten, als sie den Angriff auf den Berg begannen, daß sie ihn würden erstürmen können. Es war eine verlorene Hoffnung, die sie die steilen Abhänge des Amajuba

Eisenbahn-Tunnel bei Wuppertal.

hinauf führte. Eine tapfere und mutige That war es, die
steilen Halden des Amajuba im Angesicht eines Feindes zu
erklimmen, dessen Stärke sie nicht kannten und der mit Ba-
jonetten bewaffnet war, die sie nicht besaßen."

Mit der Niederlage am Amajuba-Berge war das Schicksal der Republik im Sinne der Buren entschieden. Schon
die Affaire bei Broukhorst-Spruit hatte die englische
National-Eitelkeit stark verletzt, und man wollte von
keinen Verhandlungen hören, ehe nicht „das Ansehen der
Königin gerächt und die Aufrechterhaltung der Ruhe gewährleistet sei." Eine Resolution, die Mr. Rylands zu
Gunsten der Buren am 21. Januar 1881, vor der Niederlage bei Laings Nek, im englischen Unterhause einbrachte,
wurde von Gladstone lebhaft bekämpft und mit zweidrittel
Majorität abgelehnt. Trotzdem bildete sich in London und
im Gegensatz zu dem ausgesprochenen Willen der Königin
ein Transvaal Independence Comittee, allerdings wohl
mehr infolge gewisser Partei-Interessen als aus Sympathie für die Buren. Noch während des Krieges waren
mehrfach Versuche gemacht worden, die schwebenden Differenzen beizulegen. Der Präsident Brand des Oranje-
Freistaates hatte versucht, Colley zur Nachgiebigkeit zu bewegen. Diesem war es aber nur gelungen, von der heimischen Regierung die Genehmigung zur Verkündigung
eine Amnestie für alle friedlichen Bürger Transvaals zu
erhalten für den Fall, daß die Buren sich entschlössen,
den bewaffneten Widerstand aufzugeben. Dieses Anerbieten
wurde indes von Krüger am 13. Februar zurückgewiesen,
wobei er gleichzeitig seinerseits Vorschläge zur Beilegung der
Streitigkeiten machte, die der englischen Regierung erwägens-

wert schienen. Das Kolonial-Amt ließ indessen General
Colley im Unklaren über den Charakter und den Stand
dieser Verhandlungen, so daß derselbe nicht in der Lage
war, seinen kriegerischen Operationen Einhalt zu thun. Inzwischen entschied das Glück der Waffen am Amajuba-Berge
für die Buren.

General C. Wood, der nach Colleys Tode den Oberbefehl über die inzwischen erheblich verstärkte Armee der
Engländer übernommen hatte, schloß zunächst einen kurzen
Waffenstillstand mit den Buren in der Absicht, seine Kräfte
zu sammeln und eine große Aktion vorzubereiten.[34]) Am
12. März telegraphirte Lord Kimberley dem General auf
dessen Bericht über seine Verhandlungen mit den Buren-
führern, daß die Regierung bereit sei, falls die Buren den bewaffneten Widerstand aufgäben, eine Kommission niederzusetzen
mit dem Zwecke, die schwebenden Differenzpunkte zu untersuchen, aber nicht zu entscheiden, was die Buren natürlich
ablehnen mußten.[35]) So zogen sich die Unterhandlungen
hin. Die Waffenstillstände wurden von Zeit zu Zeit verlängert und die Feindseligkeiten nicht wieder aufgenommen.
Am 23. März 1881 wurde ein vorläufiger Friedensvertrag unterzeichnet. Die Buren erkannten die Königin
von England als Suzeränin[36]) an und erklärten sich mit der
Niedersetzung eines britischen Residenten in ihrer Hauptstadt
einverstanden. Im Innern war ihnen vollständige Selbstverwaltung zugesichert worden; ihre auswärtigen Beziehungen sollten unter Englands Kontrolle stehen. Es wurde
eine königliche Kommission niedergesetzt, die über geeignete
Maßregeln zum Schutze der Eingeborenen berathen und die
zukünftigen Grenzen der Republik feststellen sollte. Durch

den Friedensschluß wurde auch die Belagerung Pretorias und der übrigen Plätze, in denen englische Truppen eingeschlossen waren, aufgehoben.³⁷) Die Bevölkerung von Pretoria (etwa 4000 Seelen) hatte während des Krieges die Stadt verlassen und das befestigte Lager beziehen müssen. Dies wurde zwar von den Buren nicht angegriffen, aber die Ausfälle der Engländer verliefen meist unglücklich, Dank der Unbrauchbarkeit· der englischen Infanterie. Bei diesen Ausfällen verloren die Engländer 11 Tote und 38 Verwundete; die Buren 3 Tote, 10 Verwundete und 14 Gefangene. In Potschefstroom waren 250 Mann in einem Fort eingeschlossen, auch einige Civilisten, selbst Damen waren hierher geflüchtet. Das auf den kleinen Punkt konzentrierte Feuer der Buren war furchtbar. Eine Zeltspitze im Fort zeigte 300 Kugellöcher. Dabei litten die Belagerten Mangel, sie hatten zuletzt nur verdorbenen Mais und Wasser zur Nahrung, auch fehlte ihnen Obdach, denn die Zelte waren zu Sandsäcken zerschnitten worden. Ihr Verlust betrug 25 Tote und 54 Verwundete. Der tapfere Befehlshaber, Col. Winsloe, mußte am 23. März wegen des Hungers kapitulieren, da der Buren-Kommandant ihm die Nachricht von dem bereits seit einer Woche geschlossenen Waffenstillstand vorenthalten hatte.

Der gesamte Verlust der Engländer in diesem Kriege betrug 281 Tote, 529 Verwundete und 66 Gefangene, der der Buren 35 Tote, 95 Verwundete und 18 Gefangene.

Wenn man bedenkt, daß dem englischen General schließlich eine Truppenmacht von 12 000 Mann, die über Natal und Transvaal verteilt waren, mit vielen Geschützen zur Verfügung stand, so ist es nicht ohne weiteres begreiflich,

daß das Kabinet Gladſtone ſich zu einem ſo kläglichen Ab-
ſchluß des Feldzuges hat entſchließen können. Die engliſche
Gouvernements-Preſſe gab die Erklärung, daß man bei
Fortſetzung des Krieges einen Aufſtand in der Kap-Kolonie
befürchtete,[55]) daß die Annektierung des Transvaal von 1877
zwar von jedermann als zu Recht geſchehen angeſehen werde,
daß man aber aus Rückſicht auf das Preiſtige der Armee
weitere Operationen mit den ſchlecht ausgebildeten Truppen
aufgeben und das militäriſche Rachegefühl unterdrücken müſſe.
Unſeres Erachtens lag übrigens auch ein Hauptgrund in der
Erwägung, daß ſelbſt 12 000 Mann ſchlecht ausgerüſteter
engliſcher Truppen gegen das Häuſeln begeiſterter Buren
nichts hätten ausrichten können.[56])

Die königliche Kommiſſion begann nun alsbald ihre
Arbeiten. Sie beſtand aus Sir Herkules Robinſon, Sir
Henry de Villiers, dem Oberrichter der Kaplolonie und
Sir Evelyn Wood und empfing ſpezielle Inſtruktionen von
Lord Kimberley.[60]) Sie tagte zunächſt in Newcaſtle, ſiedelte
aber im Juni nach Pretoria über. Die Berichte der Kom-
miſſion dienten als Unterlage für die ſogenannte Pretoria-
Konvention, die am 3. Auguſt mit den Bürgern der Trans-
vaal-Republik, vertreten durch P. Krüger, M. W. Pretorius
und P. H. Joubert abgeſchloſſen wurde.[61])

Darin waren zunächſt die Grenzen der Republik beſtimmt und der engliſchen Regierung das Recht vorbehalten,
einen Reſidenten einzuſetzen, der einmal die Funktionen
eines Geſchäftsträgers und Generalkonſuls ausüben und
ferner die beſondere Aufgabe haben ſollte, über die Intereſſen der Eingeborenen zu wachen. Außerdem wahrte ſich
die engliſche Regierung das Recht des freien Truppendurch-

zuges im Falle eines Krieges mit irgend einer dritten Macht
oder einem Eingeborenen-Stamme. Von besonderer Wichtig=
keit war das Zugeständnis der Transvaaler, wodurch sie
sich verpflichteten, England das Recht der „Überwachung der
auswärtigen Beziehungen einschließlich des Abschlusses von
Verträgen und der Pflege diplomatischer Beziehungen zu
fremden Mächten" zu überlassen, insofern der gesamte diplo=
matische Verkehr durch Vermittelung der britischen Beamten
bewerkstelligt werden sollte. Die Interessen der Eingeborenen
wurden in einer ganzen Reihe von Artikeln wahrgenommen.
Sie sollten Land erwerben dürfen und erhielten das Recht
der Freizügigkeit. Es wurde eine Native Location Commission, die aus dem Staats-Präsidenten, dem britischen
Residenten und einer dritten von diesen beiden zugewählten Per=
sönlichkeit bestehen sollte, eingesetzt mit der Aufgabe, die für die
Eingeborenen reservierten Locationen zu bestimmen und abzu=
grenzen. Sekukuni wurde freigelassen, die Unabhängigkeit
der Swazis seitens der Transvaaler anerkannt, natürlich
um freie Hand für die später erfolgte Annexion von Swazi=
Land durch die Engländer zu erhalten, und ferner wurde
für jedes Bekenntnis freie Religionsausübung zugestanden.
Auch für die Ausländer wurde seitens der Engländer Sorge
getragen. Diejenigen, die sich in der Zeit vom 12. April
1877 bis zum Inkrafttreten der Konvention in Transvaal
niedergelassen hatten, sollten von allen militärischen Ver=
pflichtungen befreit sein, sofern sie sich innerhalb eines
Jahres beim britischen Residenten einschreiben ließen. Alle
Ausländer erhielten — die Beobachtung der Gesetze von
Transvaal vorausgesetzt — das Recht sich mit ihren Familien
in Transvaal niederzulassen, Eigentum zu erwerben und

Handel zu treiben. Auch sollten sie als Ausländer keiner besonderen Besteuerung oder irgend welchen besonderen Abgaben weder für ihre Person noch für ihren Gewerbebetrieb unterworfen sein. Damit war die früher so ängstlich gehütete Abgeschlossenheit des Freistaates durchbrochen und einer Invasion der Engländer die Thore geöffnet, die dem zur Zeit überwundenen Kontrahenten die Fernsicht eröffnete, auf dem Wege der friedlichen Eroberung durch allmähliche Majorisierung der Buren doch noch zu dem heiß ersehnten Ziele der Einverleibung der Republik zu gelangen. Durch den ganzen Vertrag geht übrigens die eigensinnige Fiktion, als ob es sich nicht um die Wiederherstellung des gekränkten Rechtes der Buren, sondern um eine großmütige Nachgiebigkeit Englands handle, das auf wohlfundierte Rechte Verzicht leiste. So heißt es z. B. im Artikel 12: No person who has remained loyal to her Majesty etc. Aber die Buren hatten infolge ihrer Nachgiebigkeit doch auch manche Erfolge zu verzeichnen. Ihr Land wurde als unabhängiger Staat anerkannt. Artikel 4 bestimmte, daß die Regierung dieses Staates am 8. August 1881 mit allen daran geknüpften Rechten und Verpflichtungen und allem bei der Annexion übernommenen Staatseigentum (mit Ausnahme der Kriegsvorräte) dem Triumvirat übergeben werden solle, das seinerseits einen Volksrat zu berufen haben würde, in dessen Händen die Entscheidung hinsichtlich der zukünftigen Leitung der Regierung liegen sollte. Dieser Volksrat sollte auch die abgeschlossene Konvention ratifizieren, was später in der That geschah (am 25. Oktober).

In einem Punkte hatten die Engländer Unglück. Sie hatten eine starke Abneigung gegen die Bezeichnung „Süd-

afrikanische Republik" und bestimmten daher im 1. Artikel
der Konvention: the said territory, to be hereinafter
called the Transvaal State, ohne die Zweideutigkeit
des Ausdruckes hereinafter zu bedenken. Die Buren schwiegen
still, aber schon in einer am 9. August erlassenen Prokla=
mation bezeichneten sie ihren Staat als „die Südafrikanische
Republik" zum großen Verdruß der Engländer, die zunächst
über Vertragsbruch schrieen, aber bald einsehen mußten, daß
der Fehler auf ihrer Seite war.[62]

Ein Augenzeuge schildert die Feierlichkeit der Übergabe
der Regierung am 8. August im Prätoria mit den folgenden
Worten:

„Vier Jahre nach der Annexion, in geringer Entfernung
von der Stelle, wo Herr Melmoth Osborn mit bebender
Stimme, für seine eigene Sicherheit zitternd, erklärt hatte,
daß Transvaal als englisches Gebiet angesehen werden
würde, war in Prätoria eine große Rednerbühne aufgeschlagen,
die für hochgestellte englische Beamte bestimmt war, nämlich
für Sir Hercules Robinson, den Gouverneur der Kap=
kolonie und zugleich High Commissioner, den kriegerischen
Oberbefehlshaber des britischen Heeres in Südafrika und
zugleich Gouverneur von Natal, Sir Evelyn Wood, den
hochansehnlichen Vorsitzenden des Obergerichtshofes in der
Cap=Kolonie, Sir de Villiers, sowie einen großen Stab von
Zivil= und Militärbeamten.

Hell leuchteten die drei Kreuze im britischen Wappen=
felde auf dem Tuch. Einige der vornehmsten Buren standen
zur Rechten und zur Linken. Nachdem unter Kanonendonner
Hunderte von Kaffernhäuptlingen, die man aus Ost und
West zusammengerufen hatte, vorbeidefiliert waren, that der

erste Würdenträger der Welt sind und zu wissen, daß die Annexion von 1877 aufgehoben sei, und erwähnte im Namen der Königin Victoria alle Einwohner Transvaals zum Gehorsam gegen die wiederhergestellte Regierung.

Es war ein Prunkschauspiel, wie England sie liebt, wo Macht, Glanz und Reichtum entfaltet wurden, und die schimmernden Uniformen, die Fahnen, die klingende Musik unter einem hellen Himmel, mit der Staffage der braunfarbigen Eingeborenen, an das Schauspiel eines indischen Durbar erinnerten.

Aber den Veranstaltern dieses Schauspiels in Prätoria entging die ernste Lehre, die aus allem sprach. Ihnen war es um eine Machtentfaltung zu thun. In der tiefen Verachtung, die der Engländer für alle andern Völker hat, beabsichtigte man, ben Eindruck zu erwecken, als ob die Wiederherstellung der transvaalschen Republik ein Gnadengeschenk des unumschränkten Herrschers der Welt wäre.

Für uns strahlte der Ernst der geschichtlichen Gerechtigkeit in vollem Glanze.

England, das im Jahre 1877 das Völkerrecht mit Füßen trat, mußte an derselben Stelle, wo es sein Unrecht beging, jetzt dasselbe eingestehen und die gekränkte Ehre wieder herstellen."⁶¹)

7. Capitel.

Die Ereigniſſe bis zur Londoner Konvention 1884.

Die unmittelbaren Wirkungen des durch die Konvention geſchaffenen Zuſtandes beſonders in Bezug auf die Parteigänger der engliſchen Regierung[54]) ſchildert ein Augenzeuge folgendermaßen:

„Von den Loyaliſten wanderten viele nach den engliſchen Kolonien aus; nicht nur Engländer kehrten Transvaal den Rücken, ſondern auch eine Anzahl von Buren zogen nach der Cap-Kolonie zurück; beſonders verließ ein ſtarker Bruchteil der Einwohner von Pretoria das Land. Sie hatten ſich aktiv am Kriege beteiligt und mochten glauben, daß ihr geſchäftliches Fortkommen zu wenig in der Republik geſichert ſei.

Da in der Konvention ausdrücklich Vergütung verſprochen war für jeden Schaden, der im Kriege Privateigentum zugefügt worden war, und da außerdem verſprochen wurde, daß niemand ſeiner politiſchen Überzeugung oder ſeines politiſchen Handelns wegen verfolgt werden dürfe, ſo war wenigſtens nach Möglichkeit für die Parteigänger oder

Unterthanen Englands gesorgt, wenn freilich auch anerkannt
werden muß, daß sie andererseits in gewohnter Weise
schmählich im Stich gelassen wurden. Im Vertrauen auf die feierlich abgegebene Erklärung der englischen
Minister und Generäle, daß England Transvaal niemals wieder

Dr. Jorissen.

der Regierung der Bauern überantworten würde, hatten sich
viele Engländer oder Cap-Kolonisten und Deutsche im Lande
niedergelassen, sie hatten viel Kapital in Plätzen, Häusern
und Geschäften angelegt. Jetzt mußten sie das alles wieder
verlieren; vielfach verkauften sie es für einen Spottpreis

und zogen arm von dannen. Für die Unterstützung, die sie
der englischen Politik halten angedeihen lassen, hatten sie Gefahr und Haß und Armut geerntet. Die Herren der königl.
Kommission gewöhnten sich an die Klagen und Anklagen,
die sie von solchen Leuten täglich hören mußten. Gladstone
aber und seine Freunde saßen in England und hörten weder
die Verwünschungen, noch sahen sie die Thränen." Den
Posten eines britischen Residenten in Pretoria übernahm
Mr. Hudson.

Das Triumvirat führte zunächst die Geschäfte weiter.[63]
Erst nach Verlauf eines Jahres wurde Krüger zum Präsidenten und Joubert zum Generalkommandanten gewählt.
Der greise Pretorius trat in den Ruhestand. Dr. Jorissen
blieb Staatsprocureur der Republik, Kotzé erhielt das Amt
eines Ober-Richters in dem neu geschaffenen Ober-Gerichts-
hof, E. Bok wurde zum Staatssekretär, und S. J. du Toit
zum Generalsuperintendenten für die Erziehung ernannt.
Die Lage der Buren war nicht gerade allzu glänzend. Der
Krieg hatte schwere materielle Opfer gefordert, die Emigranten
nahmen viel Geld mit aus dem Lande, Handel und Wandel
lagen darnieder. „Nach kurzer Zeit, sagt Mierensky, beklagten
viele den politischen Wechsel, für dessen Herbeiführung sie
hatten kämpfen müssen." Dies wird auch von anderer
Seite, allerdings meist von englischen Berichterstattern, bestätigt.

Die königliche Kommission hatte hinsichtlich der finanziellen Lage der Republik festgestellt, daß die Gesamt-
Schuld derselben sich auf eine Million Pfund belief, abgesehen von den Kosten der unglücklichen Expedition gegen
Sekukuni. Sie hatte vorgeschlagen, daß hiervon die Kosten

7*

des erfolgreichen Feldzuges gegen diesen Eingeborenen-
Häuptling im Betrage von 383 000 Pfund in Abzug gebracht würden. Von dem verbleibenden Rest von 457 000 Pfund
sollten die Beträge, die der Staat der Cape Commercial-
Bank, Inhabern von Eisenbahn-Anteilscheinen und dem
Waisenkammerfonds schuldig war — Verpflichtungen, die
bereits aus der Zeit vor der Annexion stammten — zunächst auf den Namen der wiederhergestellten Republik übertragen werden. Dies wurde im Artikel 10 der Konvention
festgelegt. Die seit der Annexion seitens der Engländer
in gesetzlicher Weise für die notwendigen Ausgaben ge-
schehenen Auslagen wurden auf 265 000 Pfund berechnet
und samt der laut § 9 der Konvention von der Transvaal-Regierung zu zahlenden Entschädigungssumme als
zweite Last auf die Staatseinnahmen eingetragen. Diese
Schuld sollte in 25 Jahren amortisiert und mit 3½ %
verzinst werden. Das war für einen Staat ohne wesentliche und sichere Einnahmen eine sehr drückende Belastung.⁶⁶)

Dazu kamen bald noch innere Schwierigkeiten der verschiedensten Art. Krüger schlug zunächst entschieden einen
falschen Weg ein, um dieser Lage entgegenzuarbeiten. Er
begab sich vollständig unter den Einfluß seiner altholländischen
Ratgeber und suchte den das Land für fremde Kapitalien
öffnenden Bestimmungen der Konvention durch national-
monopolistische Maßregeln die Spitze abzubrechen. „Handel
und Industrie, insofern von diesen die Rede sein konnte,⁶⁷)
Post- und Reiseverbindungen, Staatslieferungen jeder Art
wurden als Monopol nur an Buren vergeben und jeder
Handelsverkehr mit der Außenwelt, besonders mit den englischen Kolonien, den Bürgern widerraten. Selbstverständlich

wurden auch die englischen Beamten meist entlassen und
durch Holländer ersetzt.

Hierzu gesellten sich bald genug neue Streitigkeiten
mit den Eingeborenen. Der Missionar Merensky war vom
Präsidenten Krüger aufgefordert worden, ihm schriftlich mitzuteilen, „nach welchen Grundsätzen man die eingeborne Bevölkerung behandeln und regieren müsse, wenn **Frieden**

Die Hauptstraße von Pretoria im Jahre 1887.

erhalten und wenn ihre Weiterentwicklung in Bezug auf
wahre Kultur befördert werden sollte.“

In dieser Denkschrift warnte Merensky auch vor der
unvorsichtigen Ausführung des Artikes 29 der Konvention
von Pretoria, worin bestimmt wurde, daß Sekukuni und
diejenigen seiner Anhänger, die mit ihm gefangen gesetzt
waren, freigelassen werden und die Grenzen des ihm anzu-
weisenden Gebietes von der Native Location Commission

nach Maßgabe des Artikels 22 der Konvention festgesetzt
werden sollten. Merenstn meint, es müsse dem Wunsche
der Buren zugeschrieben werden, daß diese Vereinbarung
getroffen wurde und tadelt sie darum. Ich will dies
dahingestellt sein lassen, halte es aber für wenig wahrscheinlich.

Wie dem aber auch gewesen sein mag, Sekukuni wurde
nicht nur in Freiheit gesetzt, sondern ihm auch sein Land
zurückgegeben.

Aber man hatte ohne Mampuru, den alten Widersacher Sekukunis gerechnet, der nach dessen Gefangennahme,
unterstützt von Wolseley, die Herrschaft über die Bapedi
an sich gerissen hatte und nicht gewillt war, sich leichten
Kaufs bei Seite schieben zu lassen. Er ließ Sekukuni durch
Meuchelmörder beseitigen, und verband sich, der Rache der
Buren gewärtig, mit dem Matabelen = Häuptling Mapoch,
der in der Nähe von Middelburg seinen Sitz hatte, vollständig unabhängig und den Buren ohnehin wegen seiner
Renitenz gegen ihre Besteuerungsversuche ein Dorn im
Auge war. Neun Monate dauerte der Krieg, der zwischen
den Buren und den beiden rebellischen Häuptlingen ent-
brannte.

Endlich wurden die Aufrührer durch Hunger gezwungen,
ihre starken Befestigungen aufzugeben. [6*) Mampuru wurde
gehängt, Mapoch lebenslänglich eingekerkert und sein Volk
auf 5 Jahre in die Knechtschaft geführt. Die Intervention
der Engländer zu Gunsten der Besiegten konnte an diesem
Urteilsspruche nichts ändern. Die finanziellen Bedrängnisse
der Buren aber wurden durch solche Feldzüge nicht ver-

mindert, und schon entbrannten neue Kämpfe mit den
Betschuanen an der Südwestgrenze des Landes.

Mankoroane, der Häuptling der Batlapin-Betschuanen
und Montsiwe, der Häuptling der Barolong, hatten den
Engländern während des Krieges mit den Buren mancherlei
Vorschub geleistet und sich daher deren Haß zugezogen.
Die letzteren benutzten den Aufstand einiger ehrgeiziger
Unterhäuptlinge, Moshette, Massouw und Gasibone, um
ihren alten Gelüsten⁶⁹) auf die Gebiete Mankoroanes und
Montsiwes Befriedigung zu verschaffen.⁷⁰)

Zunächst freilich hielt sich der Freistaat als solcher noch
zurück; die Burenhaufen, welche mit Moshette und seinen
Genossen gemeinsame Sache machten, handelten vollkommen
auf eigene Faust und verdienen daher sicherlich den Namen
von Freibeutern, den ihnen die englischen Geschichtsschreiber
beilegen. Die Einmischung der Engländer beschränkte sich
auf den Vorschlag des Residenten, eine vereinigte Kommission
zur Untersuchung der Angelegenheit an die Grenze zu entsenden, was von den Buren abgelehnt wurde. Mankoroane
und Montsiwe wurden überwunden, die „Freibeuter" begründeten zwei kleine Republiken, Stellaland und Gosenland,
und stellten sich unter den Schutz der südafrikanischen
Republik. Es ist gewiß nicht zu bezweifeln, daß auch dieser
Krieg dem Lande manchen Schaden zufügte, aber es ist
sicherlich unrichtig, wenn gesagt wird, daß derselbe die
Republik „beängstigend schwächte und gar nicht zur Ruhe
kommen ließ, so daß man sich, wenn auch mit schwerem
Herzen, entschloß, die Intervention Englands anzurufen."⁷¹)
Wie fest steht, wurde die Entsendung einer Kommission nach
England durch ganz andere Gründe veranlaßt, und ihre

Aufgabe war nicht, um Hilfe zu bitten, sondern die Revision des Vertrages von 1881 zu betreiben.

Dr. Jorissen, der diese Verhältnisse aus eigener Mit-wirkung genau kennt, giebt darüber in seinen transvaalschen Erinnerungen einen abweichenden Bericht. Er erzählt, daß die britische Regierung sich in die Betschuana-Land-Affaire ge-nilscht habe, wodurch eine langwierige, höchst unerquickliche Korrespondenz der Transvaal-Regierung mit dem britischen Residenten entstanden sei. Allmählich verschärften sich die entstandenen Meinungsverschiedenheiten derartig, daß Dr. Jorissen den Plan faßte, gelegentlich einer Reise nach Europa die Angelegenheit direkt mit dem Kolonialminister Lord Derby zu besprechen und womöglich eine Abänderung der Konvention von 1881 und eine Grenzberichtigung im Westen zu erlangen. Von einem Gesuch um Hilfe keine Spur. Krüger war mit dieser Absicht einverstanden; um aber die Republik keinem offiziellen Refus auszusetzen, erhielt Jorissen keinen formellen Auftrag, Unterhandlungen zu führen, sondern die Regierung behielt sich vor, für den Fall glücklichen Verlaufes seiner Vorbesprechungen ihn nach-träglich zu bevollmächtigen. Nach dem Berichte Dr. Jorissens ist ein Hauptpunkt seiner Verhandlungen mit dem Kolonial-minister die Aufhebung der in der Pretoria-Konvention stipulierten Suzeränität Englands gewesen. Dies ist für die Beurteilung des Londoner Vertrages von großer Wichtigkeit. Über den Verlauf der Verhandlungen sagt Jorissen: „Ich war in London sehr glücklich. Kein Wunder! Lord Derby war ein höchst kühler, aber absolut ehrlicher Staatsmann, über alle kindische Sucht, ein kleines Land zu plagen, hoch erhaben und rechtschaffen genug, um die Be=

rechtigung unserer Wünsche einzusehen. Er erkannte an,
daß der Rechtszustand der Republik vom Standpunkt des
internationalen Rechtes ein ungünstiger und unverdienter
war. Wir waren vollständig unabhängig gewesen, bis wir
mit Gewalt annektiert wurden. Mit bewaffneter Hand
hatten wir uns dem Zwange entzogen; England war großmütig gewesen und hatte uns beinahe alles zurückgegeben,
was wir vor 1877 gehabt hatten, hatte sich aber unrechtmäßigerweise noch eine Art Suzeränität vorbehalten. Der
britische Minister gab mir deutlich zu verstehen, daß er auf
der letzteren nicht bestände. [72]) Von meinem Thun und Lassen
erstattete ich alle Woche meiner Regierung Bericht. Da
ich sah, daß ich auf dem Wege war, das gewünschte
Ziel zu erreichen, frug mich unser Staatssekretär in
einem vertraulichen Schreiben, wen ich außer mir als Ab-
gesandten für die Revision der Konvention zu haben
wünschte. Im Anfange des Juli 1883 war ich endlich im
stande, zu telegraphieren, daß die britische Regierung bereit wäre, Abgesandte zu empfangen, um über die Revision der Konvention von 1881 zu verhandeln." Das
also war des Pudels Kern.

Dr. Jorissen mußte indessen den Intriguen seiner
Neider weichen. Er wurde im Jahre 1883 auf Grund
thörichter Beschuldigungen seitens ehrgeiziger Personen, denen
er im Wege stand, seines Amtes entlassen, trotz der außerordentlich großen Verdienste, die gerade er sich unleugbar
um die Wiederherstellung der Republik erworben hatte. [73])

An seiner Stelle setzten P. Krüger, S. Smit und
S. J. du Toit die Verhandlungen fort. Am 27. Februar
1884 kam ein neuer Vertrag zustande, durch den die

früher in Pretoria geschlossene Konvention aufgehoben
wurde. Daß es sich nicht, wie manche wollen, um einen
Nachtrag zu der letzteren handelt, erhellt ohne weiteres
aus dem Gange der Verhandlungen,[74] die zum Abschluß
der Londoner Konvention geführt haben. Der Haupterfolg
der Buren bestand darin, daß die Suzeränität nunmehr seitens Englands vollständig aufgegeben wurde.[75] Die Engländer
zogen sich vielmehr auf den Artikel 4 des Vertrages zurück,
der ohne die Voraussetzung der Beseitigung des Suzeränitäts-
rechtes vollständig unverständlich wäre: „Die Südafrikanische Republik (dieser Name war jetzt von England offiziell zugestanden worden) wird keinen
Vertrag oder Abkommen mit einem andern Staat
oder Volk abschließen als mit dem Orange-Frei-
staat, auch nicht mit irgend einem Eingebornen-
Stamme im Osten oder Westen der Republik, bevor ein solcher Vertrag oder ein solches Abkommen
von Ihrer Majestät der Königin gebilligt worden
ist. Diese Zustimmung soll als erteilt angesehen
werden, wenn die Regierung Ihrer Majestät nicht
innerhalb 6 Monaten nach Empfang einer Abschrift eines solchen Vertrages, (die sogleich nach
seinem Zustandekommen eingesandt werden muß)
zu erkennen gegeben habe, daß der Abschluß
eines solchen Vertrages den Interessen Großbritanniens oder seiner Besitzungen in Südafrika
zuwiderlaufen würde."

Wenn man hiernach noch einen Zweifel haben könnte,
daß es sich um ein vollständig neues, das frühere in seiner
Ganzheit ersetzendes Abkommen handelt, so vergleiche man

die einzelnen Paragraphen der beiden Verträge miteinander,
z. B. Artikel 12 der Konvention von Pretoria mit dem
Artikel 7 der Londoner Konvention. Genau dieselbe Bestimmung, keine noch so letzte materielle Abänderung. Wozu
hätte z. B. dieser Paragraph in die Londoner Konvention
aufgenommen werden brauchen, wenn es sich nur um einen
Nachtrag zur Pretoria-Konvention gehandelt hätte. Kein
Zweifel, der zu London am 27. Februar 1884 abgeschlossene
Vertrag hebt die Pretoria-Konvention vollständig auf. Auf
einzelne Bestimmungen des neuen Vertrages gehe ich hier
nicht weiter ein. Der englische Text desselben befindet sich
im Anhang IV abgedruckt.⁷⁶) Im Artikel 1 des Vertrages
sind die Grenzen der Republik, wie sie noch heute bestehen,
genau umschrieben. Durch diese neue Abgrenzung erhielten
die Buren eine Gebietserweiterung im Westen ihres Landes.

8. Capitel.

Der Umschwung in der wirtschaftlichen Lage der Republik durch die Entdeckung der Goldfelder.

Durch die Londoner Konvention hatte der Freistaat endlich auf politischem Gebiet seine Unabhängigkeit er-
fochten, zum großen Schmerze des Jingotums, das seine
Pläne zunächst vereitelt sah. „Die Aufgabe Transvaals — so
wurde geschrieben —[77]) hat einen großen Aufwand von Blut
und Geld seiner Erfolge beraubt. Sie hat viel mehr
menschliche Leiden verursacht, als sie abgewendet hat. Sie
hat einen Zustand latenter Rebellion unter einem großen
Teile der holländisch sprechenden Bevölkerung der Kap-
Kolonie herbeigeführt. Sie hat die Engländer in Südafrika
veranlaßt, sich die Frage vorzulegen, welchen Wert es für
sie habe, einer Nation anzugehören, deren Macht nicht aus-
reicht, sie zu schützen, und deren leitende Kräfte es vorziehen,
gegen Rebellen großmütig zu sein, statt ihren loyalen
Unterthanen die Treue zu bewahren. Sie hat endlich dem
englischen Einfluß in Afrika unter den Weißen wie unter
den Schwarzen einen Schlag versetzt, von dem er sich kaum
in einem halben Jahrhundert erholen wird."

Gut, aber was fagte Gladstone bu November 1879?[*])
„Transvaal ist ein Land, wo wir uns unklüger, ja, ich
möchte faft fagen unfinniger Weife in die bedenkliche Lage
verfetzt haben, daß die freien Unterthanen einer Monarchie
hingehen und die freien Unterthanen einer Republik be=
drängen und fie zwingen in einen Unterthanen=Verband
einzutreten, dem fie anzugehören fich durchaus weigern."
Die auf politifchem Gebiet erreichten Erfolge der Re=
publik halfen jedoch wenig zur Überwindung der Schwierig=
keiten der inneren Lage. Die Regierung fah ihre Thätig=
keit durch Geldmangel lahmgelegt, felbft die Beamten=Ge=
hälter waren zum Teil im Rückftande.

Auch unter den Mitgliedern der Regierung herrfchte
kein gutes Einverftändnis mehr, feit der Druck der äußeren
Not nachgelaffen hatte. Joubert legte in diefer Zeit fein Amt
nieder. Krüger beharrte bei feinen reaktionären Ideen, ob=
wohl die Kaufkraft der Einwohner derartig gefunken war,
daß die Farmer kaum noch einen Markt für ihre Produkte
fanden. Die Verarmung machte fchnelle Fortfchritte —,
als die Entdeckung der Goldfelder in unglaublich kurzer
Zeit einen ungeahnten Umfchwung herbeiführte. Die Ent=
deckung des Moodie=Goldfeldes und der Sheba=Mine im
de Kaap=Diftrikt und des Witwatersrand=Goldfeldes füdlich
von Pretoria führte einen ftarken Fremdenzufluß herbei,
zog große Kapitalien ins Land und wirkte belebend und
kräftigend auf alle Zweige wirtfchaftlicher Bethätigung.
Mit erftaunlicher Schnelligkeit, faft über Nacht, fchoffen neue
Städte empor, wie Barberton im de Kaap=Diftrikt und
Johannesburg am Witwatersrand. Die fieberhaft betrie=
bene Profpektierarbeit ftellte bald feft, daß fich das wert=

volle Metall auch in anderen Gegenden der Republik fände. Die sich entwickelnde Mineninbustrie, hauptsächlich von Ausländern gepflegt, verschaffte dem Staat bald so bedeutende Einnahmen, daß nicht nur die Tilgung der drückenden Schulden bewirkt, sondern auch die Verfolgung früherer, für die Entwicklung des Landes bedeutsamer Pläne

Barberton.

mit neuer Energie in die Hand genommen werden konnte.

Dahin gehörte besonders das Eisenbahnprojekt zwischen Pretoria und Delagoabai, das seit Burgers Zeiten zwar nur wenig Fortschritte gemacht hatte, aber doch auch niemals ganz aufgegeben war.

Im Jahre 1881, sogleich nach der Aufhebung der Annexion, hatte Dr. Jorissen[16]) darauf gedrungen, eine

Kommiſſion für die Förderung des Eiſenbahn-Projektes er-
nennen zu laſſen, als deren Vorſitzender er fungierte. Die
Kommiſſion ließ die Strecke vermeſſen. Im Jahre 1884
wurde, geſtützt auf dieſe Vorarbeiten, eine Konzeſſion an ein
niederländiſches Konſortium, dem die Herren Maarſchalk,
Groll, van den Wall Bake angehörten, verliehen. Indeſſen

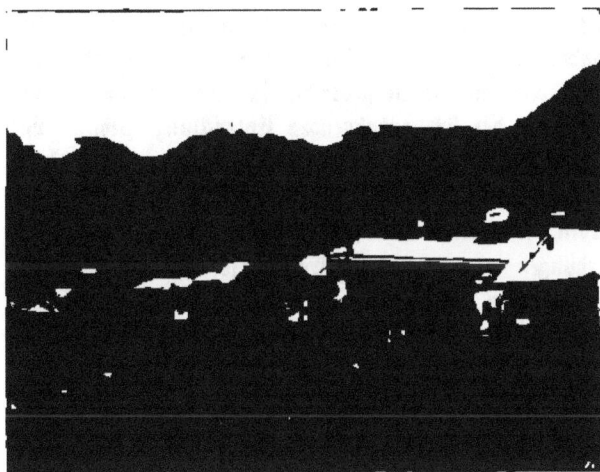

Hauptſtraße von Barberton.

verſtrichen 2 Jahre, ohne daß es den Konzeſſionären gelang,
die geplante Geſellſchaft zuſammenzubringen.

Maarſchalk und Groll ſtarben und wurden durch den
Ingenieur Cluyjenaer und einen Sohn von Groll erſetzt.
Als die für die Bildung einer Eiſenbahngeſellſchaft beſtimmte
Friſt abgelaufen war, gelang es trotz des heftigen Wider-
ſtandes der Parteigänger der engliſchen Beſtrebungen den

Volksrat zu einer Verlängerung der Konzession zu bewegen. Präsident Krüger und der neue Staatsprocureur Dr. W. J. Leyds trugen hierzu auf das eifrigste bei.

Um diese Zeit vollzog sich in den Anschauungen des Präsidenten eine bedeutsame Wendung. Er hatte ein= sehen müssen, daß das Land mangels anderer schnell er= schließbarer Hilfsquellen sich der Ausbeutung der Gold= felder und dem dadurch bedingten Zufluß zahlreicher Aus= länder nicht werde verschließen können. Damit aber war der Stein ins Rollen gebracht, und man mußte die Kon= sequenzen der sich anbahnenden Entwicklung ziehen. Ließ man sich auf der einen Seite herbei, dem englischen Unter= nehmungsgeiste in den Minen=Distrikten freie Bahn zu geben, so war es um so bringlicher, sich in anderen Be= ziehungen von englischem Einfluß so viel wie möglich zu emanzipieren. Daß hierzu in erster Linie eine direkte Ver= bindung mit dem Meere erforderlich war, lag auf der Hand. Nur dadurch war es möglich, sich aus der wirt= schaftlichen Abhängigkeit von der Kapkolonie und von Natal zu befreien. Die Erregung, die sich bereits im Jahre 1876 beim ersten Auftauchen der Burgerschen Eisenbahnpläne der Engländer bemächtigte, war dafür der schlagendste Beweis. Es gelang bald, die erforderlichen Kapitalien in Europa aufzubringen, und heute ist die ganze Linie bereits seit mehr als 2 Jahren in Betrieb.

Von demselben Wunsche der Gewinnung eines Zu= ganges zum indischen Ozean geleitet, begründete im Jahre 1884 eine Anzahl von Buren an der Südwestgrenze von Transvaal die sogenannte „neue Republik". Das neue Staatswesen wurde im Jahre 1886 von den Engländern anerkannt, doch gelang es ihnen, seine Ansprüche auf die Meeresküste zurückzudrängen. Im September des folgenden Jahres wurde die kleine Republik mit Zustimmung der Engländer der südafrikanischen Republik einverleibt.

Wichtiger als dieser Gebietszuwachs war die Annähe=

Präsident Brand.

rung an den Oranje=Freistaat, die sich in dieser Zeit voll= zog. Hatte der Freistaat während des Krieges die Trans= vaal=Buren auch nicht offiziell unterstützt, so waren doch kleinere Abteilungen von Freistaatlern auf eigene Faust den bedrängten Stammesgenossen zu Hilfe gezogen, und Prä=

übent Brand hatte durch seine Vermittlung bei den Friedens-
verhandlungen in Langenek nicht wenig zum Gelingen einer
Verständigung zwischen den kriegführenden Parteien beigetragen. Krüger knüpfte im Jahre 1887 Unterhandlungen
mit dem Freistaat an, die den Abschluß eines Schutz- und
Trutz-Bündnisses bezweckten. Die Delagoabahn, die ja auch
für den Freistaat von hoher Bedeutung werden mußte,
gab hierzu den willkommenen
Anlaß. Präsident Brand hatte
indessen stets eine bescheidene,
aber möglichst unbehelligte Er-
istenz der Verfolgung weitaus-
schauender Pläne vorgezogen.
Wie er seinerzeit die neu entdeckten Diamantfelder um des
lieben Friedens willen seufzend
an England abgetreten und bei
den Basuto-Unruhen den be-
quemen Mittelweg eingeschlagen
hatte, die Regierung über diese
kampflustigen Stämme bereit-
willig anderen zu gönnen,[50]) so ließ er sich auch jetzt nicht
nach der Teilnahme an einer Entwicklung gelüsten, die ihn
und sein Land in Konflikte mit den Engländern bringen
konnte. Krügers Vorstellungen waren vergeblich. Dieser
Fehlschlag hinderte indes nicht, daß Krüger nach Ablauf
seiner fünfjährigen Amtsperiode gegen seinen einzigen Mit-
bewerber Joubert mit überwältigender Stimmenmehrheit
von neuem zum Präsidenten erwählt wurde.

Eine Wandlung zu Gunsten der Krügerschen Pläne

trat im Freistaat erst ein, nachdem Präsident Brand gestorben und der Oberrichter Reitz im Dezember 1888 zu
seinem Nachfolger erwählt worden war. Schon im März
des folgenden Jahres trafen beide Präsidenten in Potschefstroom zusammen und verabredeten daselbst ein gegenseitiges
Defensivbündnis, sowie einen Handelsvertrag und ein Abkommen wegen der zu erbauenden Delagoabai-Eisenbahn.

9. Kapitel.

Von der Einführung des Zweikammer-Systems bis zur Eröffnung der Eisenbahn von der portugiesischen Grenze nach Pretoria.

Durch eine Verfassungsänderung vom 23. Juni 1890*) wurde die gesetzgebende Gewalt in die Hände einer Volks= vertretung gelegt, die aus einem ersten und einem zweiten Volksrat bestehen sollte, nachdem bis dahin diese Gewalt bei dem Volksrat geruht hatte. Der durch diese Ver= fassungsänderung geschaffene erste Volksrat besitzt genau die Machtbefugnisse des bisherigen Volksrates; die Befug= nisse des zweiten Volksrates sind im § 27 des Gesetzes vom 23. Juni 1890 (1. Anhang) niedergelegt. Im großen und ganzen erscheint die hiermit eingeführte Teilung der Geschäfte im Interesse der schnellen Erledigung derselben nicht unzweckmäßig.**)

Auch einen andern wichtigen Beschluß faßte der Volks= rat in diesem Jahre, indem er die unverzügliche Inangriff= nahme des Baues einer Anschlußbahn vom Vaalfluß über Johannesburg nach Pretoria anordnete und damit die Ver= bindung mit dem Freistaat herstellte.

Zum ersten Mal wurde ferner am 1. April 1890 eine Volkszählung veranstaltet. Unvollkommen organisiert, wie sie war, konnte sie nur ein annähernd richtiges Ergebnis haben. Es wurden 119128 Weiße gezählt, 66498 Männer und 52630 Weiber. Die Eingeborenen-Bevölkerung wurde im April 1895 auf etwa 650000 Seelen geschätzt. Ein besonders wichtiges Resultat der Zählung war aber auch

Pretoria.

die Feststellung, daß die Uitlanders, d. h. die im Auslande geborenen Einwohner Transvaals, den Bürgern an Zahl schon damals ziemlich gleichkamen. Da dieser Teil der weißen Bevölkerung gleichzeitig im großen und ganzen die industrielle Betriebsamkeit des Landes und insonderheit die Ausbeutung seiner Mineralschätze verkörperte und demnach sich einen erheblichen Anteil an dem Wachsen des

nationalen Wohlstandes zuschreiben zu dürfen meinte, so
konnte es nicht ausbleiben, daß er bald auch die Forderung
erhob, in entsprechender Weise an der Regierung beteiligt
zu werden. Dies ist der Ausgangspunkt der Zwistigkeiten,
die in jüngster Zeit zu einem gewaltsamen Ausbruch geführt
haben.

Betrachtet man die Einnahme- und Ausgabeziffern des
Budgets der Jahre von 1890 ab und vergleicht damit
die Einnahme aus den Erträgen der Goldfelder, so stellt
sich ganz unwiderleglich heraus, daß die günstige Finanzlage der Republik in der That nicht zum kleinsten Teile auf
die Thätigkeit in den Minen=Distrikten zurückzuführen ist.

	1. Einnahmen total	2. Einnahmen a. d. Goldfeld.	3. Procentual-Verhältnis	4. Ausgaben
1890	1 220 060 £	492 830	ca. 40 %	1 531 461
1891	967 191 „	405 397	„ 42 %	1 350 073
1892	1 255 820 „	636 313	„ 52 %	1 188 765
1893	2 702 684 „	581 977	„ 34 %	1 302 054
1894	2 247 728 „	972 311	„ 43 %	1 734 729

In Johannesburg wiederholte sich eben jetzt die Kata=
strophe, die einige Zeit vorher schon über Barberton herein-
gebrochen war. Eine wüste Spekulation hatte sich an die
Goldindustrie des Witwatersrandfeldes geheftet, worauf im
Jahre 1890 ein Rückschlag erfolgte, der Vorläufer des großen
Zusammenbruchs der Minenspekulation im Oktober 1895.

Der rücksichtslos betriebene Raubbau hatte sogar vor=
übergehend ein Nachlassen der Produktion zur Folge, die
erst in den folgenden Jahren unter Leitung sachkundiger
Ingenieure und bei Verwendung moderner Gewinnungs=
methoden eine immer wachsende Höhe erreichte.

Das im Jahre 1890 von neuem auftretende Defizit

im Staatshaushalte machte die Regierung geneigter, den
Forderungen der Vertreter der Mineninduftrie entgegen=
zukommen. Zwar wurde eine Vertretung im Volksrat nicht
zugeftanden, aber die Johannesburger Minenkammer
begründet, die die Intereffen der Mineninduftrie gegenüber
der Regierung wahrzunehmen haben follte und das Recht er=
hielt, bergmännifche Verordnungen allgemeiner Art zu erlaffen.

War fo die finanzielle Lage des Landes befriedigend,
fo brachte ihm das Jahr 1890 andererfeits auch einen Ge=
bietszuwachs. Das Gebiet der Amafwazi an der Oftgrenze
der Republik war im Londoner Vertrage für unabhängig
erklärt worden. Engländer wie Buren hatten fich dafelbft
niedergelaffen, doch überwog der Einfluß der letzteren fo
erheblich, daß fie zunächft im Jahre 1890 von England das
Zugeftändnis einer gemeinfamen Herrfchaft beider Mächte
über das Swazi=Gebiet erlangten. Nach längeren Unter=
handlungen wurde indes durch das Abkommen vom 10. De=
zember 1894 Swaziland unter die alleinige Verwaltung der
Transvaaler geftellt, wenn auch nicht thatfächlich einverleibt.
Um fich aber ähnlichen friedlichen Erwerbungen des Buren=
tums nicht auch in Zukunft ausgefetzt zu fehen, ließ fich
England gegen feinen Verzicht auf Swaziland die Zuficke=
rung geben, jede organifierte Auswanderung von Buren in
das Gebiet der Royal Chartered Company zu verhindern.

Hatten doch bereits im Jahre 1891 etwa 5000 Trans=
vaaler Bürger einen Treck nach Mafchona=Land unternehmen
wollen, um dafelbft einen neuen Buren=Freiftaat zu be=
gründen, und nur dem bringenden Abmahnen des Prä=
fidenten Krüger war es gelungen, das Unternehmen im
Keime zu erfticken.

Der Präsident der Republik hatte in dieser Zeit
mancherlei innere Kämpfe zu überstehen. Zwar war der
Wohlstand seines Staates in stetigem Wachsen begriffen.
Ausländisches Kapital strömte in großen Mengen ins Land
und zeigte dadurch volles Vertrauen zu der aufstrebenden
Entwicklung der Republik; die von dem Londoner Hause
Rotschild übernommene Staatsanleihe von $2\frac{1}{2}$ Millionen
Pfund zum Zwecke der Erweiterung des Eisenbahnnetzes,
wurde in Europa zwanzigfach überzeichnet; aber die Volksvertretung vermochte den rapiden Fortschritten der Entwicklung des Staates nicht mit gleichem Verständnis zu
folgen wie der greise Präsident. Die Buren sahen auf
die sich überstürzenden Neuerungen mit scheelen Blicken und
setzten es trotz der wachsenden Staatseinnahmen wenigstens
für einige Zeit durch, daß die Ausgaben für öffentliche Bauten
und dergleichen eingeschränkt wurden. Andererseits sah sich
Krüger dem ungestümen Drängen der Ausländer gegenüber,
deren Forderungen in Bezug auf liberale Reformen nicht sogleich und in so großem Umfange Berücksichtigung finden
konnten, wie sie es verlangten. Trotzdem wurde er am
12. Mai 1893 aufs neue zum Präsidenten erwählt, wenn
auch nur mit verhältnismäßig geringer Majorität (7881
gegen 7009 Stimmen).

Für die Entwicklung der Minen-Industrie waren zwei
Gutachten von besonderer Bedeutung, die von dem amerikanischen Ingenieur Hamilton Smith (Januar 1892) und
dem königlich preußischen Bergrat Schmeisser (Februar 1893)[45])
über den Goldvorrat des Witwatersrand-Goldfeldes erstattet
wurden und zur Folge hatten, daß sich das Interesse des
europäischen Kapitals in den folgenden Jahren in erhöhtem

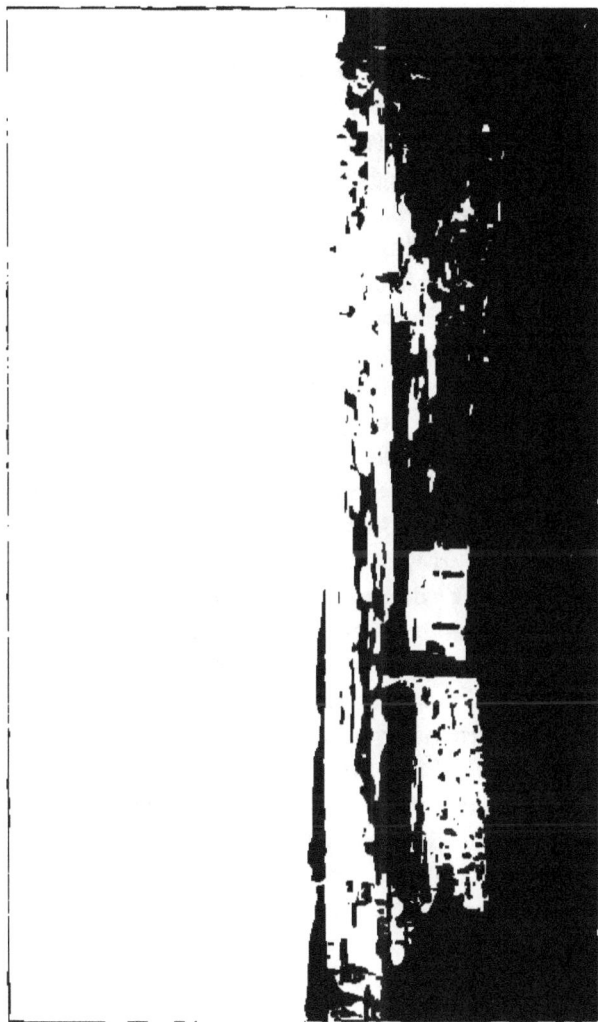

Die Driagoabal.

Maße der Beteiligung an der Ausbeute der Goldfelder zu-
wandte. Ein guter Kenner dieser Verhältnisse schildert die
sich hieraus ergebende Entwicklung mit folgenden Worten:
„Zwei Jahre nach Erscheinen des Hamilton Smithschen
Berichtes begann die Pariser haute banque, angeregt durch
eine halb wissenschaftliche, halb geschäftliche Propaganda,
durch den außergewöhnlich niedrigen Zinsfuß und das
Brachliegen großer Kapitalien, die Randindustrie, die gerade
in diesem Jahre in glänzendstem Lichte erschien, mit Hilfe
praktischer Fachleute zu studieren.

Von Paris ausgehend, verbreitete sich gegen Ende 1894
über ganz Europa eine ständige, steigende Kauflust für Wit-
watersrand-Aktien, welche sehr bald in ein Spekulationsfieber
ausartete, das man in Johannesburg auszubeuten verstand.
Die Kompagnien erhöhten ihre Aktienkapitalien, neue Gesellschaften, seien es Bergwerksunternehmungen oder Land-
Kompagnien, wurden gegründet und zogen unübersehbare
Summen europäischen Geldes nach Johannesburg. Es
war bald nicht mehr von einem Aufblühen der Industrie
und von der Verbreitung allgemeinen Wohlstandes dort die
Rede, nein, die „Minen-Kröfusse" schossen üppig bei dieser
Treibhaushitze in die Höhe. Die Johannesburger Börse
hatte sich in eine Spielbank verwandelt und die angesehensten afrikanischen Häuser waren Bankhalter, während die
Zahl der eingewanderten „Polnteurs" von Tag zu Tag
wuchs.

Unter diesem demoralisierenden Einfluß wurden die
Uitländer immer selbstbewußter und anmaßender. Für
die allmählichen, aber zielbewußten Reformen Krügers hatten
sie kein Verständnis und keine Dankbarkeit. Auf ihre

Majorität und ihren Geldbeutel pochend, gründeten sie die
National-Union mit 40000 Mitgliedern, die ihre Forderungen durch ihren geschäftsführenden Ausschuß, die Reform-
partei, mit übergroßer Energie bei der Regierung durch-
setzen sollte.

Im Oktober 1895 brach endlich die wahnsinnige Minenspekulation in Europa zusammen. Die Aktien fielen fast
auf die Hälfte ihres Wertes, in Europa eine vorüber-
gehende Börsenkrisis hervorrufend, so allgemein war das
Spiel in Gold-Bergwerks-Aktien geworden. Johannesburg
war beim Krach ziemlich glimpflich weggekommen, aber nach
der Ernüchterung sah man ein, daß die wahnsinnigen Pro-
jekte, die man zur Zeit des Spekulationsrausches geschmiedet
hatte, unausführbar waren, schon aus dem Grunde, weil es
auf Jahre hinaus unmöglich erschien, die notwendigen Arbeiter um Johannesburg zu konzentrieren, umsoweniger, als
sich schon jetzt ein Arbeitermangel bei der Industrie fühlbar
machte. Besonders die von Cecil Rhodes geleiteten großen
Unternehmungen, die Chartered Company und die Goldfields of South Africa, hatten sich derart in weitgehende
Ideen: Aufschließung unübersehbarer, ungeprüfter Gruben-
felder, verrannt, daß es ihrem Herrn und Meister jetzt, nachdem der Shareschwindel aufgehört hatte, so schwül wurde,
daß er es an der Zeit hielt, gestützt auf die National-Union,
einen großen Coup im Stile der Eroberung von Matabele-
land auszuführen."[84])

Über diese neuesten Vorgänge in der Südafrikanischen
Republik wird im Schlußkapitel die Rede sein.

Hier sei nur noch erwähnt, daß am 1. Januar 1895
die Eisenbahn eröffnet wurde, durch welche die Hauptstadt

Pretoria mit der portugiesischen Grenze im Osten verbunden wurde. Sie war von der Niederländisch-südafrikanischen Eisenbahngesellschaft erbaut worden. Die Anschlußstrecke bis zur Delagoa-Bai, von einer englischen Gesellschaft hergestellt, war bereits seit längerer Zeit in Betrieb. Damit war Transvaal an den Weltverkehr unmittelbar angegliedert; der zähen und zielbewußten Konsequenz seiner leitenden Staatsmänner war es endlich gelungen, sich von der erstickenden Umklammerung des britischen Leuen zu befreien.

10. Kapitel.

Die Grenzen der Republik. Erforschungsgeschichte.

Die Grenzen des Gebietes der südafrikanischen Republik sind durch den Londoner Vertrag vom 27. Februar 1884 genau bestimmt. Im allgemeinen sind die Nord- und die Südgrenzen durch die natürliche Scheidelinie zweier großer Flüsse, des Limpopo im Norden und des Vaal im Süden gegeben. Von dem Punkt, wo der aus den Zoutpans-Bergen kommende Pafuri- oder Limvulufluß in den Limpopo mündet, läuft die Nordgrenze an diesem Strom entlang westwärts, macht kurz nach dem Einfluß des Ingalele-Flusses eine entschiedene Biegung nach Südwesten und begleitet den Lauf des Limpopo noch bis zum Einfall des Marico. Der Marico bildet hierauf die Grenze bis Derbepoort. Von hier wendet sich die Grenze nach Westen bis zu einem Hügel östlich vom Notuanifluß in der Nähe von Ramutsa, bricht plötzlich nach Süden um, bis sie den nordöstlichen Zipfel von Britisch-Betschuanaland unweit Mafeking am Molopo erreicht. Britisch-Betschuanaland und darauf folgend Griqualand West begrenzen die Republik in ihrem

südwestlichen Teile. Wo der Vaal die Grenze von Griqualand West schneidet, setzt die Südgrenze Transvaals ein
und folgt diesem Strom bis zu seiner Vereinigung mit dem
Klip-Flusse, schließt sich dann diesem an und trifft auf die
Drakensberge und die Grenze von Natal, geht den Coldstream
entlang, bis zu dessen Mündung in den Umzinyati- oder

Carl Mauch.

Buffalo-Fluß, — dann letzteren bis zu seinem Einfall in den
Blood-River. Von hier bildet Zululand die Grenze bis zum
Lebombo-Gebirge:[83]) sie beschreibt dann einen weiten Bogen
um Swaziland herum, bis sie bei Mananga Point aufs neue
das Lebombo-Gebirge erreicht. Diese nach Norden strei-
chende Gebirgskette bildet die weitere Ostgrenze, die dann

von Potiones Kop in gerader Linie nach Norden verläuft,
bis sie wieder auf die Mündung des Pafuri-Fluſſes trifft.
Das Gebiet der Republik liegt alſo in ſeiner Haupt-
maſſe zwiſchen dem 22. und 27.° ſüdlicher Breite und dem
25. und 32.° öſtlicher Länge. Die Entfernung ſeines nörb-
lichſten von ſeinem ſüdlichſten Punkt iſt nahezu gleich der
größten Ausdehnung in weſtöſtlicher Richtung und beträgt
etwa 400 engliſche Meilen. Die ganze Oberfläche mißt
etwa 308 560 Quadratkilometer (5603,8 Quadratmeilen),
was etwa der Größe von Ungarn entſpricht. Den Oranje-
Freiſtaat übertrifft die Republik an Flächeninhalt faſt um
das dreifache.

Die geographiſche Erforſchung dieſes großen Gebietes iſt
in der Hauptſache dem 19. Jahrhundert vorbehalten geweſen.

Die eigentliche Ära der geographiſchen Entdeckungen
im Südoſten Afrikas überhaupt und in Transvaal im beſonderen beginnt erſt mit der Auswanderung der Buren im
Jahre 1835. Paſſionierte Jäger, die dieſe Gegend wegen
ihres ungeheuren Wildreichtums aufſuchten wie Garris[86])
gaben die erſte genauere Kunde. Bald darauf zu Anfang
der 40er Jahre begann Coqui[87]) ſeine Forſchungen zwiſchen
dem nördlichen Stromgebiet des Oranje, dem Limpopo und
der Delagoa-Bai; Cumming[88]), ein leidenſchaftlicher Jäger,
durchſtreifte das Land nach allen Richtungen. Beſonders
wichtig waren die Expeditionen, die der Schwede Johann
Auguſt Wahlberg in den Jahren 1841—45 von Natal
aus unternahm. Im Jahre 1841 zog er auf beſchwerlichen
Pfaden über die Drakensberge ins Innere des Landes bis
zu den Magaliesbergen und dem Krokodilfluß.[89]) Im Jahre
1843 erforſchte er den Limpopo abwärts bis zu ſeiner Ver-

einigung mit dem Notwanl. In den 50er Jahren mehrte
sich die Zahl der Forschungsreisen nach Transvaal bereits
ziemlich erheblich. W. H. Baffiot[90]) durchquerte im Jahre
1851 das Land von Süden nach Norden. In demselben
Jahre besuchte der Missionar J. Sandersson[91]) Potscheffstroom
und Rustenburg. — Eine portugiesische Expedition unter
der Führung des Geistlichen Joachim de Santa Rita
Montanha[92]) drang von Norden her in das Gebiet der
Zoutpansberge ein, um mit den dort ansässigen Buren Verbindungen anzuknüpfen. Ende der 50er Jahre unternahm
der Missionar A. Merensky von Natal aus eine Reise, die
ihn bis Utrecht führte.[93]) Derselbe legte später im Auftrage
der Berliner Mission in der Nähe von Middelburg eine
Missionsstation an (Botschabelo) und hat viel zur Erforschung
des Landes beigetragen.[94]) Nicht minder wichtig waren die
Reisen von G. Th. Fritsch, der besonders viel für die Aufklärung der ethnographischen Verhältnisse des Landes gethan
hat[95]) (1864—66). Im Jahre 1864 zog Grützner von
Pretoria nach dem Norden des Staates. Im folgenden
Jahre begann der Württemberger Reisende K. Mauch[96])
seine Forschungen, die ihn durch das ganze Land führten
und die Grundlagen für die Herausgabe der ersten größeren
Karte lieferten, bei deren Bearbeitung er von dem Redakteur
der zu Potscheffstroom erscheinenden Zeitung (The Transvaal
Argus) und von A. Merensky unterstützt wurde. Drei
Jahre brachte er im Lande zu und unternahm unablässig,
oft unter den größten Mühseligkeiten und Entbehrungen,
neue Aufklärungsreisen, so daß ihm das Hauptverdienst an
der Erforschung des Landes zugeschrieben werden muß. Der
höchste Gipfel der Drachenberge ist nach ihm benannt. Un-

gefähr zu der gleichen Zeit (1866—67) bereiste Dr. Th. Wangemann[97]) die Missionen der Kapkolonie, des Oranje-Freistaates und die der südafrikanischen Republik im Auf-trage der Berliner Mission. Auch Baines, Botemby, Wood und Lachhan besuchten zu dieser Zeit das Transvaalgebiet, wenn auch nur kurze Zeit. Im Jahre 1869 durchzogen E. Mohr[98]) und G. Hübner[99]) das Land; die Thätigkeit des ersteren, eines deutschen Seemannes, ist besonders für die Kartographie der von ihm bereisten Gebiete von großer Wichtigkeit gewesen, da er zahlreiche astronomische Positions-bestimmungen ausgeführt hat. Von erheblicher Bedeutung waren ferner die Reisen von St. Vincent W. Erskine,[100]) der anfangs mit Mauch zusammenreiste, sich dann aber von ihm trennte, den Limpopo erforschte und dessen Mündung entdeckte. In den 70er Jahren unternahmen die Gebrüder Baur mehrere Touren im westlichen Teile der Drakensberge; Burton drang vom Zusammenfluß des Olifant und des Limpopo in westlicher Richtung vor und überstieg die nörd-lichsten Ausläufer des Lebombo-Gebirges. Von hervor-ragenderer Bedeutung waren indessen die Reisen des Kapitäns Frederic Elton[101]) in den Jahren 1868—71. Er befuhr den Limpopo in einem Boote bis zur Mündung des Olifant und zog von da, mehrere Nebenflüsse des Limpopo kreuzend, ostwärts zur Küste. Nördlich von den Zoutpansbergen ent-deckte er die großartigen Tolo Azime-Katarakte. Eine zweite Reise führte ihn nach den Goldfeldern von Marabastadt. Um die Erforschung des Limpopo hat er sich besonders verdient gemacht. Bald darauf (1872—73) unternahm der Missionar P. Berthond eine Reise von Nazareth nach den Zoutpansbergen und brachte außer geologischen Notizen auch

Höhenmeſſungen mit. Die Leydenburger Goldfelder unter-
ſuchte im Jahre 1873 Dr. E. Cohen im Auftrage der Ham-
burger Firma D. Lippert. Zu derſelben Zeit drang Rove,
der von Natal über das Lebombo-Gebirge gekommen war,
bis zu den Leydenburger Goldfeldern vor. Vom 3. November 1873 bis zum 9. April 1874 erforſchte E. Holub [102])
einen Teil der weſtlichen und öſtlichen Gebiete der Republik,
die er gelegentlich ſeiner ſpäteren Reiſen noch mehrmals
beſuchte. Von geringer Bedeutung für die geographiſche
Erforſchung Transvaals war dagegen die Reiſe des Kapitäns
Parker Gillmore im Jahre 1876. M. Tromp, früher Privat-
ſefretär des Präſidenten Krüger, veröffentlichte im Jahre
1879 ſeine „Erinnerungen aus Südafrika zur Zeit der
Annexion von Transvaal." Die Annexion der Republik,
die einen ſtarken Zufluß von Engländern zur Folge hatte,
trug natürlich dadurch erheblich dazu bei, daß das Land
ſchneller bekannt wurde. Die kartographiſchen und ſtatiſtiſchen
Arbeiten von Jeppe,[103]) Noble,[104]) Silver,[105]) Blore, Forß-
mann und anderen haben in dieſer Zeit wie in der Folge
Erhebliches für die Aufklärung über die Verhältniſſe der
Republik geleiſtet. Die große vierblättrige Karte der ſüdafrikaniſchen Republik von Friedrich Jeppe im Maßſtab von
1 : 1 Million iſt die hauptſächlichſte Grundlage für die
Kartographie des Transvaalgebietes. Seit dem erſten Erſcheinen dieſer Karte (im Jahre 1877) ſind indeſſen mancherlei
neue Erforſchungen zu verzeichnen. Der Lauf des mittleren
Limpopo wurde von den Beamten der britiſch-ſüdafrikaniſchen
Geſellſchaft erforſcht. Die Lage von Leydenburg wurde
gleichfalls von engliſchen Offizieren gelegentlich des Feldzuges
gegen Sefufuni beſtimmt.[106]) Dr. H. Rabbatz [107]) erforſchte

das untere Olifant=Becken und lieferte eine wertvolle Karte desselben.   Die Ergebnisse von Berthouds Reisen im Gebiet zwischen dem Abfall der Drakensberge und dem Limpopo wurden in einer im Jahre 1886 veröffentlichten Karte niedergelegt.[108]) Der unermüdliche Friedrich Jeppe selbst lieferte 1892 eine Karte der Ostgrenze von Komati=Poort bis zur Mündung des Pafuri=Flusses auf Grund der Er= gebnisse der offiziellen Grenzregulierungs = Kommission.[109]) In neuester Zeit ist besonders die Reise des Privatdozenten Dr. A. Schenk zu erwähnen, deren Ergebnisse demnächst ver= öffentlicht werden sollen, sowie die hauptsächlich der Er= forschung des Goldvorkommens dienende Expedition des Bergrats Schmeißer.

Trotz dieser regen Erforschungsthätigkeit sind manche Teile des Landes noch sehr ungenügend bekannt, und die Karte der Republik weist noch viele zweifelhafte und ungenaue Punkte auf, deren Inrechtstellung der Zukunft vorbehalten bleibt.

II. Kapitel.

Die Oberflächengestalt der Südafrikanischen Republik.

—

Ganz Südafrika bildet ein Hochplateau von bedeutender Erhebung über den Meeresspiegel, das nach allen Seiten ziemlich nahe an die Meeresküste herantritt. Eine Einsenkung von erheblicherer Ausdehnung bildet die Kalahari, eine kleinere die Karroo im Kaplande. Im Nordosten ragen die Ausläufer dieser Hochebene tief in die südafrikanische Republik hinein und nehmen den ganzen Süden und Süd- westen derselben ein. Das Plateau hat hier eine durch- schnittliche Höhe von 1500—2000 Meter. Im allgemeinen schließt es im Norden mit dem 24. Grad südl. Br. ab, doch entsendet es noch einen Ausläufer von erheblicher Breite zu dem Ingalele-Fluß und dem nördlichsten Teil der Drakens- Berge bis zu den Zoutpans-Bergen am äußersten Norden der Republik. Den Ostrand des Plateaus bildet die Fort- setzung der Drakensberge, die sich ziemlich bis zum Limpopo nach Norden ziehen und nach Osten schroff in eine sandige Ebene abstürzen. Ehe diese Ebene, die indes immer noch ca. 700 Meter über dem Meeresspiegel liegt, das Meer er-

9*

reicht, wird ſie nochmals von der nordſüdlich ſtreichenden
Kette der Lebomboberge unterbrochen, die die Grenze gegen
Portugal bilden. Im Norden bilden die Zandrivier und öſtlich
davon die Hangklip= und die Metuamachana=Berge, im Quell=
gebiet der Zuflüſſe des mittleren Limpopo, die Grenze der
Hochebene, die ſich von hier aus zu den Niederungen des

Tigerſchlucht bei Lendenburg.

Limpopo abdacht und erſt einige Meilen nordöſtlich vom
mittleren Limpopo wieder erheblich anſteigt. Die hierdurch
gebildete langgeſtreckte Niederung reicht vom Einfluß des
Ingalele bis in den Ruſtenburger Diſtrikt hinein und hat
ſüdlich vom Limpopo eine mittlere Breite von 130 bis 150
Kilometer, nur hie und da von einzelnen Kuppen und
Bergzügen unterbrochen. Dem Zuge der Zoutpans=Berge

folgend, schieben sich die Blauw=Berge, eine Ausstrahlung der ersteren, tief in die Limpopo=Niederung hinein. Ein weiteres Thal von erheblicher Ausdehnung findet sich nord= östlich von Middelburg am Mittellauf des Olifant=Flusses. Auf dem Plateau selbst erheben sich vereinzelte Berg= züge. Die bedeutendsten sind die Witwatersrandberge[110]) und die Magaliesberge, die die Wasserscheide zwischen dem Lim= popo und dem Vaal bilden. Sie umschließen ein enges, nach Osten sich erweiterndes Thal, an dessen nordöstlichem Rande Pretoria gelegen ist. Andere Bergzüge sind von geringerer Bedeutung, wie die Strydpoortberge südlich von Pietersburg, die Luluberge zwischen dem Olifantfluß und dem Steelpoort, die Steenkamps= und Botha=Berge südwestlich von Leydenburg u. a. m.

Die Witwatersrand= und die Magalies=Berge teilen das Plateau in eine südliche höhere Hälfte, das Hooge=Veld (Hochfeld) genannt, und eine nördliche, die im Durchschnitt nur die Höhe von 800 bis 1000 Meter erreicht, und die Be= zeichnung Bosch=Feld (Buschfeld) und Springbock=Feld führt. Die Oberfläche des Hochfeldes ist eine flache, wellenförmige Ebene, mit nur wenigen Hügelketten oder Berggruppen. Die dünne Erdkrume, die sich über den oberen Kalkschichten befindet, scheint nur der grasartigen Vegetation günstig zu sein, daher das Hochfeld fast durchgängig Steppen= charakter hat.

Die Drakensberge schildert ein neuerer Reisender fol= gendermaßen[111]): „Gebildet aus nahezu horizontal liegenden Gebirgsschichten, durchzogen von einer großen Anzahl tief eingeschnittener Längs= und Querthäler, echt typischer Erosionsthäler, nach Osten hin in das Tiefland steil ab=

stürzend und nach Westen hin in das Hochland übergehend, kennzeichnen sich die Drakensberge als der östliche von der Gebirgsabnagung und Thalauswaschung besonders stark zerrissene Rand der großen Karroo-Ebene und der nördlichen, ebenfalls beträchtlich höher als das Tiefland liegenden Landesteile."

„Dolomit- und Grünstein-Einlagerungen machen die südlichen Drakensberge besonders geeignet zur Entstehung der eigenartigen Spitzkopf- und Tafelbergbildungen. Läßt man von der Höhe des Wallersmoutain (2300 m) den Blick in die Runde schweifen, so gewahrt man eine entzückende Gebirgslandschaft; an allen Bergen sieht man die Dolomitschichten, gleichsam kranzartig den Berggipfel umgebend, scharf hervortreten; mächtige Felder von Dolomittrümmern ziehen sich an den Bergen bis weit ins Thal hinab. In besonders grotesker Gestaltung der bedeckenden Sandsteinschichten hat die Natur da, wo am Goodwaans-Plateau die Kaap'sche Hoop gleichsam vorgebirgsartig nach Osten vorspringt, sich gefallen, so daß der naive Volksglaube eine Mitwirkung des Teufels glaubte annehmen zu müssen und ihr den Namen Duivelskantoor bellegte."

„Drakensberge und Witwatersrand trennen Transvaal in einen südwestlichen, einen nordwestlichen und einen östlichen Landesteil, welche in Höhenlage, Bodengestaltung, Klima und Vegetation wesentliche Verschiedenheiten aufweisen. Der südwestliche Teil erscheint als Karroo-Hochland, durchzogen nur von einigen Höhenzügen bei Klerksdorp, vom Gatsrand, von den Bergen des Klip-Riviers, des Heidelberger Randes und des Zuikerboschrands."

„Der nordwestliche Landesteil senkt sich nach Pretoria

hin zu 1360 m und im Buschfelde bei Warmbad zu
1200 m Tiefe hinab, hebt sich bei Nylstroom wieder zu
1300 m Höhe und noch mehr empor, um zum Waterberg-
Plateau anzusteigen."

Die höchsten Erhebungen der Drakensberge sind die
Mauchspitze (2660 m),[112] der Spitzkopf (2200 m), der Wal-
kersmountain (2300 m) und der Mangwela (1370 m).

Die Zoutpansberge erstrecken sich vom Limpopo bis
zum Sand, einem der Quellflüsse des Ingalele. Der Limvubu und seine linken Nebenflüsse entströmen diesem Gebirge, das auch zum Limpopo- und zum System des
Ingalele einige Abflüsse entsendet. Im Norden sind den
Zoutpansbergen die Derbeberge vorgelagert; ein zweiter
Hügelzug läuft in einiger Entfernung parallel mit den
Derbebergen am rechten Ufer des Krokodilflusses entlang. In
das östliche Tiefland senken sich die Zoutpansberge mittelst
langgestreckter, weitverzweigter, tief eingeschnittener Thäler,
welche die Groot- und Klein-Spelonken und als Übergang
zu den Drakensbergen die Houtboschberge bilden, hinab.

Das Massiv von Waterberg mit den Sandrivier- und
Hangklipbergen bildet eine beträchtliche Erhebung; Nylstrom, das in diesem Gebiete liegt, hat eine Meereshöhe
von 1300 m. Ein Teil der Zuflüsse des mittleren und
oberen Limpopo entströmt diesen Bergzügen.

Die Magalies-Berge sollen nach Mauch (der Makhalis
schreibt) ihren Namen von den Buren erhalten haben nach
einem Häuptling Makhali (schwarzes Rhinozeros), der zur
Zeit der Eroberung dieses Landes daselbst bewohnte. In
langgedehnter ∽-Form umschließen sie mit ihrem westlichen
Bogen das Dörfchen Rustenburg, mit ihrem östlichen den

Hauptort der Republik Pretoria. Die größten Erhebungen liegen zu beiden Seiten des Hex-Flüßchens. Steil, wie der südliche Abfall ist, besteht keine Vermittelung durch Vorberge vom Thal bis zum Grat. Nur Halden aus Felstrümmern haben sich gebildet. Ein dünner Rasen vermag kaum die losen Felsstücke aufzuhalten. Die wenigen Schluchten auf der südlichen Seite bergen nur spärliches Wasser; der dichte, kräftige Baumwuchs bewahrt vor gänzlicher Verdunstung. Der ganze Bergzug besteht aus weißem Quarzit, der zwischen dichter und grobkörniger Textur wechselt, mehr gegen Osten ist er kaum von feinkörnigem Sandstein zu unterscheiden. In der Vegetation zeigen sich bedeutende Unterschiede. Während nämlich südlich die Akazien-Arten vorherrschen, treten sie im Norden zurück und zeigen sich vorwaltend nur noch an den Ufern der Gewässer; das Buchenholz (Faurea), der Juckerbusch (Protea) mit einigen Combretaceen, ferner Morula (Sclerocarya) und Rhus-Arten treten zum ersten Mal im offenen Buschfeld auf, während in den Schluchten eine Capparis mit ihrem glänzenden dunkelgrünen Laub sich angesiedelt hat und mit ihrem Schatten den baumartigen Farnen Schutz gegen die sengenden Sonnenstrahlen gewährt. In den Klüften und Spalten des sonst unfruchtbaren Gesteins wuchern baumartige Aloën, eine Graslilie (Phormium), mehrere Arten baumartiger Euphorbien, Stapelia und Ficoideen. Noch hausen in ihren Verstecken der Leopard und einige Wildkatzen und brechen während der Nacht hervor, den Farmer zu beunruhigen. Zahlreiche Banden von Hundepavianen suchen ihre Nahrung. Die vielen Bäche, die auf dem nördlichen Abhang entspringen, ermöglichen Farm-Anlagen in nicht geringer Zahl.[113]

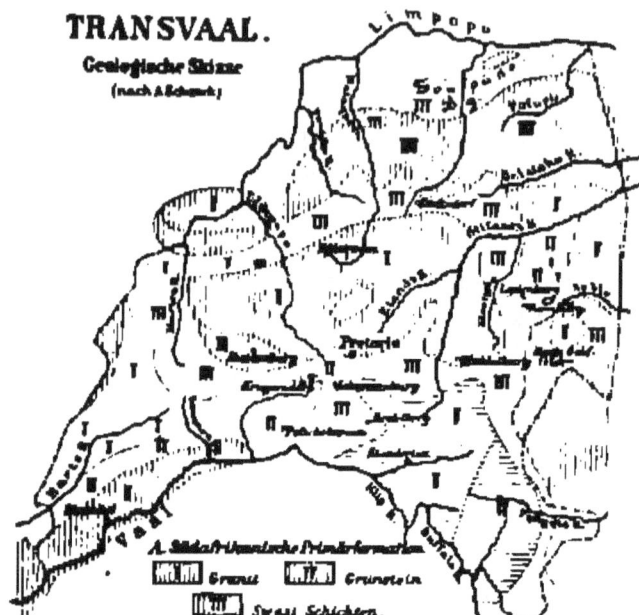

TRANSVAAL.

Geologische Skizze

(nach A.Schenck.)

A. Südafrikanische Primärformation.

▨▨ Granit   ▨▨ Grünstein

▨▨ Swasi Schichten.

B. Kap-Formation.   C. Karroo-Schichten.

Ⅰ Blauer, dolomitischer Kalkstein .   Ⅰ Stormberg-Schichten.

Ⅱ Schiefer-Sandstein-Facies   Ⅱ Ecca-Schichten.

Ⅲ Sandstein-Facies

Geologische übersichtsskizze.

Von den Witwatersrand = Bergen wird weiter unten
noch eingehender die Rede sein.

Was den geologischen Aufbau des Landes anbelangt,
so ist derselbe bisher von dem Privatdocenten Dr. A. Schenk
zu Halle a./S. am eingehendsten untersucht worden, und
seine Beurteilung wird von fachmännischer Seite als die
zutreffendste anerkannt. Er unterscheidet die südafrikanische
Primärformation, die Kapformation, die Karroosormation
und recente Bildungen.[114]

Nach seinen Untersuchungen setzen sich die Kohle füh=
renden Schichten der Karroosormation (Sandstein und
Schiefer) aus dem Oranje=Freistaat noch bis ins südliche
Transvaal fort. Der größte Teil des Landes aber baut
sich auf aus älteren Gesteinen, teils Graniten und den steil=
aufgerichteten (archäisch=silurischen) Swazi=Schichten, teils
den dieselben discordant überlagernden Schiefern, Sand=
steinen und Dolomiten der devono=carbonischen Kapformation.
Diese befinden sich in den Dralensbergen noch in flacher,
nur sanft gegen Westen geneigter Lagerung; sodaß dieses
Gebirge einen ähnlich plateauartigen Charakter besitzt, wie
im Oranje=Freistaat, wenn es auch aus älteren und etwas
abweichenden Gesteinen sich zusammensetzt.

Auch im Norden, auf den Plateaus von Zoutpans=
berg und Waterberg, lagern die Schichten der Kapformation
noch mehr oder weniger horizontal, fallen aber in den
Malapansbergen flexurartig gegen das Buschfeld ein, das
demnach als ein Senkungsgebiet aufzufassen sein würde. In
den Magaliesbergen und dem Witwatersrand dagegen bilden
die Schichten ein großes aufgesprengtes Gewölbe; in den
ersteren fallen die Schichten gegen Norden, in letzterem gegen

Süden ein, und zwischen beiden treten die unterlagernden Gesteine, Granit und die Schiefer der Swazi-Schichten zu Tage. An jenes Gewölbe schließt sich nach Süden zu auf dem Hochfelde zwischen Witwatersrand und Zuilerboschrand eine flache Mulde an. Hier sind es nämlich rötlich gefärbte Sandsteine, mit zwischengelagerten goldführenden Konglomeraten, über ihnen blauer Dolomit und jüngere Sandsteine, welche diese Mulde ausfüllen. Discordant lagern sich an diese Schichten der Kapformation, zum Teil noch über sie hinübergreifend, die Sandsteine der Karrooformation mit ihren Kohlenflözen an.

12. Kapitel.
Die Bewässerung.

Transvaal ist ziemlich reich an großen Flußläufen. Die beiden bedeutendsten, der Limpopo und der Vaal, können freilich im großen und ganzen nur insofern für die südafrikanische Republik in Anspruch genommen werden, als sie auf weite Strecken die Grenze derselben bilden. Der Limpopo fällt nur mit seinem Oberlauf, von der Quelle bis zum Einfluß des Mariko ganz ins Transvaalgebiet; dagegen bildet er von diesem Punkt ab bis zum Einfluß des Pafuri, d. h. auf eine Strecke von mehr als 600 Kilometer die nordwestliche und nördliche Grenze des Landes. Der Vaal-fluß entspringt am Klipstapelberg bei Ermelo, im südwest-lichen Gebiet der Republik, durchströmt sie etwa 150 Kilo-meter weit in südwestlicher Richtung, bis er 20 Kilometer unterhalb Standerton auf die Grenze des Oranje-Freistaates trifft. Von hier aus bildet er die Südgrenze der Republik bis zu seinem Eintritt ins Gebiet von Griqualand West. Der dritte große Wasserlauf der Republik ist der Komati (auch Inkomati genannt), der gleichfalls in östlichem Laufe durch das Gebiet von Transvaal dahineilend bei Lourenço Marques in den indischen Ozean einfällt. Auch der Lim= popo gehört zu den Gewässern des indischen Ozeans, wäh= rend der Vaal, der sich in den Oranjefluß ergießt, zu denen des atlantischen Ozeans gerechnet werden muß.

Die Hauptwasserscheide des Landes wird durch eine Linie gebildet, die von dem nördlich von Ermelo gelegenen Chrissiesee aus in westlicher Richtung, dem Kamm des Wit= waterrandes folgend, verläuft.

Das Quellgebiet des Limpopo (oder Krokodilflusses) befindet sich in den westlichen Abhängen des Witwatersrandes [115]) in der Gegend von Krügersdorp, südwestlich von Pretoria. Er nimmt zunächst, die Magaliesberge durchbrechend, seinen Lauf fast genau nach Norden, links den Elandsfluß mit dem Ger, bald darauf rechts den Aapies aufnehmend. Von hier wendet er sich nach Nordwesten und erhält an dem Punkte, wo er die Landesgrenze trifft, durch den aus den östlichen Witwatersrandbergen kommenden Marilo eine ansehnliche Verstärkung. Er schlägt darauf zunächst auf eine kürzere Strecke wieder die nördliche Richtung ein, macht dann aber eine entschiedene Biegung nach Osten und fließt in weitem Bogen dem indischen Ozean zu, den er ca. 100 Kilometer nördlich von Delagoabai erreicht. In seinem Unterlauf führt er auch die Namen Rembe und Inham= pura. In seinem Oberlauf bildet er mehrere Stromschnellen, sowie die berühmten, von Erskine entdeckten Katarakte von Tolo Azime, unmittelbar östlich vom Einfluß des Ingalele. Schiffbar wird er erst im portugiesischen Gebiet, nachdem er den Ruanetsi aufgenommen hat. Außer den bereits ge= nannten Nebenflüssen empfängt er aus dem Transvaalgebiet

noch ben Matlabas, ferner ben bem Waterberg-Massiv ent-
strömenden Pongola ober Zandrivier mit bem Tamboeti, sowie ben Palala unb ben Nylstroom, bie gleichfalls aus ben
Gewässern bes Waterbergs gespeist werben. Vom Zoulpans-
berg-Plateau fließt ihm ber Ingalele ober Zandrivier unb
von ben östlichen Abhängen besselben ber Limvubu ober
Pafuri zu. Erst im portugiesischen Gebiet nimmt er seinen

Der Vaalfluß.

bebeutenbsten Nebenfluß auf, ben Olifant-Rivier (Elefanten-
fluß). Dieser letztere entspringt auf bem Hochfelbe an ber
Sübgrenze bes Mibbelburg-Distriktes, fließt zunächst nach
Norben unb wenbet sich bann ostwärts, bie Drakensberge burchbrechenb, nach bem Tieflanb, nimmt noch in ben
Drakensbergen von Süben her ben Steelpoort, welcher sich
mit bem Spelboom, unb ben Olgstab, welcher sich mit bem
Blyde-Rivier vereinigt hat, unb im Tieflanb selbst zunächst
ben süblich ber Murchison-Doppelbergkette entlang strömenben

Selati, alsdann den Groot-Letaba auf, welch letzterer sich
durch den Thabina, den Molototsi und den aus den Groot-
Spelonken strömenden Klein-Letaba verstärkt hat.

Der Vaalfluß nimmt auf seinem rechten Ufer hauptsächlich die Abflüsse des Witwatersrandes auf, unter ihnen
den Kliprivier, den Mooirivier, den Schoenspruit, den
Makwassie-Spruit und den Harts-Spruit. Die Schiffahrt
auf dem Vaal wird durch Stromschnellen u. dgl. sehr erschwert. Mauch zählte auf der Fahrt von der Mündung des
Moolrivier bis nach Hebron in den Diamantfeldern (21 Tage)
33 Stromschnellen und kleinere Katarakte sowie einen Wasser-
fall von 25 Fuß Höhe.

Der Komati wird bei Komati-Poort durch den Krokodilrivier verstärkt, der seinerseits den Elandsrivier und den Kap-
rivier aufnimmt. Von der Mauchspitze her fließt dem Komati noch der Sabierivier zu.

Obwohl alle diese Ströme und Flüsse teilweise eine
bedeutende Breite haben und in der Regenzeit reichlich
Wasser führen, so teilen wenigstens die kleineren unter ihnen
das Schicksal der meisten südafrikanischen Wasserläufe insofern, als ihr Wasserstand in der trockenen Jahreszeit bedeutend zurückgeht, ja, das wenige Wasser, was sie noch
führen, vielfach in Kies- und Sandschichten, dem Auge ver-
borgen, abfließt. [116)]

„In der Regenzeit aber schwellen sie dann nicht selten
plötzlich zu wilden, reißenden Strömen an, welche auf
mehrere Stunden Zeit lang weit über die Ufer hinwegtreten.
Wehe dem Reisenden und den Fahrzeugen, welche, ihren
Lauf kreuzend, von den plötzlich zu Thal schießenden Wasser-
wogen sich überraschen lassen! Wehe dem Reisenden, welcher

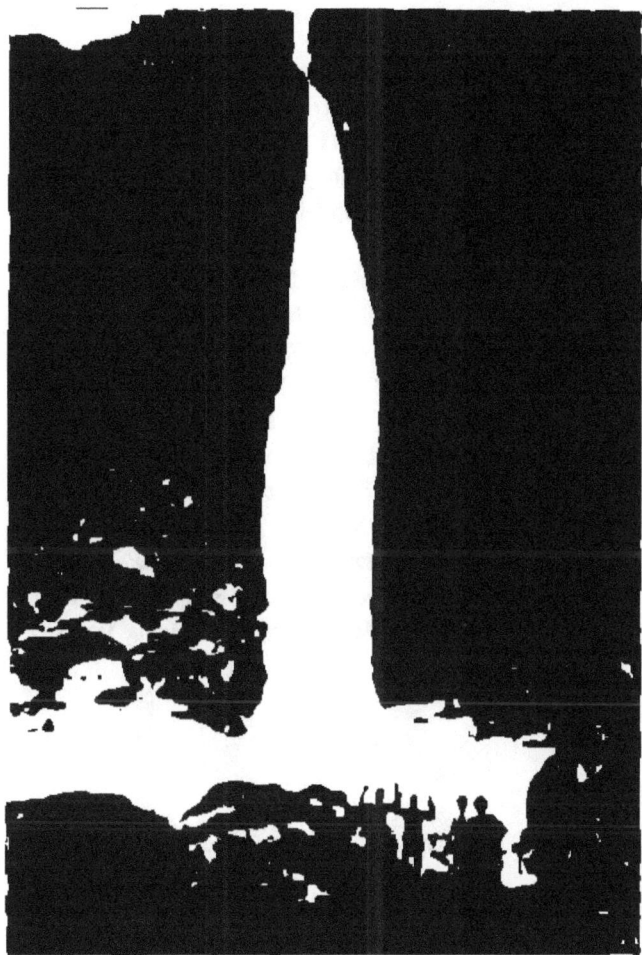

Waterval boven aan Krokodilrivier.

in Unkenntnis der wilden Gewalt der Wogen den ange=
schwollenen Strom zu überschreiten wagt!"

In der Nähe des bereits erwähnten Chrissiesees, nörd=
lich von Ermelo, sind noch einige andere ebenso unbedeutende
Seen gelegen. Dies sind fast die einzigen größeren Wasser=
becken in der Republik.

32 Kilometer nördlich von Pretoria, 18 Kilometer west=
lich von der Pretoria mit Nylstroom verbindenden Haupt=
straße liegt ein flacher, etwa 0,6 m tiefer, Chlornatrium
und Natron absondernder kreisrunder See von 400 m Durch=
messer, welcher tief und steil in das Granitplateau eingesenkt
ist. Der vollständig geschlossene Rand der Einsenkung trägt
etwa 10 Erhöhungen. Seine niedrigste Stelle liegt 65 m
über dem See. Die kraterartige Form erinnert zwar an
Explosionskrater oder Maare, dürfte aber dennoch schwerlich
ein solcher sein, weil die Umgebung lediglich aus Granit
besteht und vulkanische Auswürflinge vollständig fehlen. [117]

13. Kapitel.

Das Klima.

Die Gesamtheit der Witterungsverhältnisse eines Ortes oder Landes ist von vielerlei Einflüssen abhängig. Die geographische Breite, die Nähe oder Ferne des Meeres, die Höhenlage zum Meeresspiegel, das Vorhandensein, die Richtung und die Höhe von Gebirgen, alles das wirkt dazu mit, dem Klima seine jeweilige Eigenart aufzuprägen.

„Betrachten wir, sagt Dove in seinem ausgezeichneten Buche über das Klima des außertropischen Südafrikas (Göttingen 1888), die Weltlage Südafrikas, so finden wir es auf drei Seiten von weitgedehnten Ozeanen umgeben.

Madagaskar, im Nordosten gelegen, ist durch einen zu breiten Kanal vom Festlande getrennt, um einen bedeutenden Einfluß auf die Erscheinungen seiner Atmosphäre ausüben zu können. Aber selbst im Norden des Wendekreises, unter welchem die Breite des Erdteils wenig über 2000 km beträgt, lagern sich bis über den Äquator hinaus keine allzu massigen Landflächen an die Länder des Südens an. Eine solche Lage bedingt geringe Jahresschwankungen der Temperatur, sie veranlaßt die Herrschaft eines ozeanischen Klimas.

kompakt nicht in seiner Ausdehnung, wohl aber der Masse nach, steigt Südafrika auf allen Seiten zu weiten Ebenen von großer Meereshöhe an, umrandet von Gebirgs- wällen, die auf langen Strecken eine ausgezeichnete Wetter- scheide abgeben. Trockene Luft, starke Sonnenstrahlung bei Tage, des Nachts schnelle Abnahme der Wärme und eine unzureichende Regenmenge in einem großen Teile des Landes sind Phänomene, auf die wir von vornherein aus diesem eigentümlichen Aufbau schließen."

Ein so umfangreiches und so verschieden gestaltetes Ter- rain kann natürlich kein einheitliches Klima haben.

Transvaal ist ein Teil des so umrissenen Gebietes, und die allgemeine Charakterisierung desselben muß also auch Anwendung darauf finden können. Die Südafrikanische Republik hat etwa dieselbe geographische Breite wie Para- gual oder wie die Provinz Sta. Catarina in Südbrasilien bezw. wie Ober-Ägypten auf der nördlichen Erdhälfte. Der afrikanische Kontinent hat in dieser Breite etwa einen Durch- messer von 250—300 deutschen Meilen, ist also in seiner ganzen Ausdehnung dem mildernden und ausgleichenden Ein- fluß der umflutenden Ozeane preisgegeben, der auf Trans- vaal um so mächtiger wirken muß, als die Ostgrenze des Reiches sich dem Indischen Ozean zum Teil bis auf eine ziemlich geringe Entfernung nähert. An der ganzen südost- afrikanischen Küste zieht sich die Äquatorial-Mosambik-Strö- mung entlang, die diesen allgemeinen Einfluß des Meeres in etwas wieder einzuschränken ganz geeignet ist, wie sich auch die schnelle Erhebung des Landes von der Küste nach dem Innern zu und die hohen Randgebirge, welche die öst- liche Transvaal-Grenze umsäumen, ihm stark entgegen-

sehen. Das nordwestliche Gebiet der Republik liegt dagegen
bedeutend tiefer, was in Verbindung mit seiner dem Äquator
näher gerückten Lage auf eine im Durchschnitt bedeutend
höhere Temperatur hinweist.

Aus dem Zusammenwirken dieser verschiedenen Faktoren
setzt sich das Klima Transvaals zusammen, das natürlich
erhebliche Verschiedenheiten aufweisen muß. Was zunächst die
Verhältnisse des Luftdruckes und der davon abhängigen vor-
wiegenden Windrichtungen anlangt, so betrachten wir diese des
besseren Verständnisses wegen im Zusammenhang der ein-
schlägigen Verhältnisse des ganzen subtropischen Südafrikas.

Die mangelhaften Beobachtungen, die bisher über die
Luftdrucks-Verhältnisse in Südafrika angestellt sind, lassen
doch so viel erkennen, daß der Luftdruck im Juni und Juli
am stärksten, im Dezember und Januar am geringsten ist.
Die Beobachtungen, die Dove seinen Aufstellungen zu Grunde
legt, beziehen sich allerdings nur auf Kapstadt, Port Elisabeth, Mosselbai, Graaf Reinet, King Williamstown und
Aliwal North. Aus Transvaal selbst liegen ähnliche Feststellungen nicht vor, wie überhaupt das wissenschaftliche
Material über die klimatischen Verhältnisse Südafrikas immer
noch sehr lückenhaft ist. Indessen lassen sich die Windver-
hältnisse, wie sie thatsächlich in Südafrika sind, ganz gut
mit den aus diesen Zahlenreihen abgeleiteten Ergebnissen
in Einklang bringen, auch wenn man sie nicht nur auf das
Kapland beschränkt. Wir dürfen daher bis auf sichere Feststellung auch für Transvaal gleiche Verhältnisse annehmen.

Was nun die Windverteilung in Südafrika anbetrifft,
so äußert sich Dove darüber wie folgt: „Im Süd-
sommer besteht im Innern Afrikas eine ausgebildete Cy-

Cone,[118]) welche die Richtung des Passates abzulenken im
stande ist. Es müssen sich, und dies gilt für Afrika bis
weit über den Zambesi hinaus, im östlichen Teile nördliche
bis östliche Winde entwickeln, die wir auch als monsun-
artige Strömungen bezeichnen können.

Im Westgebiete müssen alsbald gleichfalls infolge des
Luftdruck-Minimums im Innern, Süd- bis Südwest-
winde herrschen."

Transvaal hat also im Sommer vorzugsweise Nord-
bis Ostwind. Die winterlichen Südwinde sind sehr kalt.
Dove nimmt an, daß dies die von den höchsten Teilen der
Plateaus herabsinkende kalte Luft ist. Regenbringende Winde
kommen gewöhnlich aus Südwest, West und Nordwest.

Der nördliche Teil des Landes ragt in die tropische
Zone hinein und ist daher anderen klimatischen Bedingungen
unterworfen. Nach Dove verläuft die Grenzzone zwischen
dem subtropischen und tropischen Klima in ihrer östlichen
Hälfte etwa folgendermaßen:

„Im Gebiet des mittleren Limpopo zieht sich die Grenzzone immer mehr nach S.O. Die Umgegend der großen
Negerstadt Schoschong (23° s. Br.) gehört wahrscheinlich schon
zur Grenzzone. Am Limpopo wurde unter 24° s. Br. von
Mauch im Juni während 5 Tagen bei einer Seehöhe von
820 m eine mittlere Tageswärme von 15° beobachtet. Die
tiefste Temperatur in derselben Zeit betrug immer noch
4,4°, während es im Kapland an Orten gleicher Seehöhe in
dieser Jahreszeit zu frieren pflegt.

Das Thal des mittleren Limpopo und der größere
Teil der Distrikte Waterberg und Zoutpansberg gehören
gleichfalls nicht mehr zur subtropischen Zone. Die Tsetie

10*

ist hier sehr verbreitet. [119]) Von der Ebene des Nylflusses
wird uns mitgeteilt, daß sie „zum Anbau sicherlich zu warm
und fieberdrohend ist, (Jeppe). Das ganze Flußgebiet
des mittleren Olifant und seiner Nebenflüsse hat tropischen
Charakter. Am Lepalule lebt direkt nördlich von Leydenburg die Tsetse. Zwischen Lepalule und Leljobo traf
Mauch Fächerpalmen und sogar den Baobab [120]) und viel
Tsetse-Fliegen.

Sind durch diese Abgrenzung erhebliche Teile des nördlichen Transvaals der tropischen Zone zugewiesen, so trägt
auch das übrig bleibende durchaus keinen einheitlichen
Charakter. Tove sondert als IX. Klima-Provinz des subtropischen Südafrikas unter dem Namen „Nordtransvaal"
ferner ein Gebiet aus, das im Norden an das tropische Grenz-
gebiet anstoßend, sich mit seiner Süd- und Ostgrenze am Abfall
des Hochfeldes entlang zieht. Im Westen vermittelt das
Plateau der Bangwaketsi den Übergang in die Kalaharisteppe.
Tove charakterisiert dieses Gebiet folgendermaßen:

„Es ist schwer, die Provinz als ein einheitliches geographisches Gebilde anzusehen. Am besten kann man sich
dieselbe als das Gebiet des Mittellaufs der südlichen Limpopo-
Zuflüsse vorstellen. Alsdann ist klar, daß sie den Charakter
einer Übergangs-Provinz, den sie auf klimatischem Gebiete
neben ihrer Breitenlage besonders ihrer geringeren Seehöhe
verdankt, aus letzterem Grunde auch hinsichtlich ihrer geographischen Stellung beanspruchen kann, denn sie vermittelt
zwischen den mächtigen Hochlandsmassen des Oranje-Gebietes
und den Ebenen des Limpopo, welche wir uns im Vergleich mit
jenen Plateaus als Niederungen denken können. Die
mittlere Höhe mag 800—1000 m betragen."

Das gesamte übrige Gebiet von Transvaal fällt in die
von Dove sogenannte VIII. klimatische Provinz Südafrikas,
die er als das Hochland des oberen Dranje bezeichnet
und deren Ausdehnung weit über Transvaal hinausgreift.
Nur ein kleiner Gebietsteil Transvaals, zwischen Natal
und Swasi-Land, südöstlich vom großen Randgebirge gelegen, fällt noch in die von Dove sogenannte östliche Provinz; eine genauere Charakterisierung dieses Teiles muß
aber wegen mangelnden Beobachtungsmaterials hier unterlassen werden.

Was im einzelnen die Wärmeverhältnisse, die Niederschläge, die Feuchtigkeit der Luft und die Bewölkung in
diesen einzelnen klimatischen Provinzen anlangt, so ist das
geringe bisher vorhandene Material darüber zuletzt in
mustergültiger Weise von Dr. Dove in seiner mehrfach erwähnten Schrift über Südafrika zusammengestellt, und mangels neuerer Beobachtungen können wir nichts besseres thun,
als im großen und ganzen seinen Ausführungen einfach
zu folgen. Wir beschränken uns dabei nicht darauf, das
auf die politische Einheit Transvaals Bezügliche aus seinem
natürlichen Zusammenhange herauszugreifen, sondern werden
die einzelnen in Betracht kommenden Klima-Provinzen kurz
im Zusammenhange vorführen, was um so mehr geboten
erscheint, als wir uns vielfach statt sicherer Daten für die
speziellen Verhältnisse in Transvaal mit Analogie-Schlüssen
begnügen müssen, deren Berechtigung nur durch eine solche
zusammenhängende Betrachtung erkennbar wird.

1. Nordtransvaal.

Wärmeverhältnisse.

„Die mittlere Jahrestemperatur beträgt in der ganzen Provinz etwa 20° [121]); dagegen ist die Wärme des Sommers im feuchteren Osten weniger bedeutend als im trockeneren Westen. Nach Schmeißer beobachtete Sawyer in Leydsdorp während des Novembers und Dezembers 1890 und des Januars 1891 durchschnittliche Tagestemperaturen von 40° bis 42° im Schatten. Im Februar 1891 stieg die Hitze außerordentlich; sie wechselte am Tage zwischen 59° und 56" C. und betrug im Durchschnitt 45,5° C. Im März 1891 ging die Durchschnittstemperatur wieder wesentlich zurück. Schmeißer selbst hat in Barberton am 3. und 4. November 1893 Wärmegrade von 40° C. im Schatten ermittelt. Nachts trat übrigens auch im Sommer in der Regel eine wohlthuende Herabminderung der Temperatur ein. Winterliche Nachtfröste müssen nach Mohrs Beobachtungen vorkommen, sind aber nicht stark.[172]) Jedenfalls ist der Winter erheblich milder als auf dem Hochfelde. Am nördlichen Abhange der Magaliesberge wird mitunter schon im Juli Getreide geerntet. Es ist auffallend, wie sehr sich nördlich vom Abfall des Hoogeveldes das Pflanzenkleid verändert. Charakteristisch ist in dieser Beziehung der jenseits der Magalieskette gelegene Ort Rustenburg.

„Die ausgeprägteste Wetterscheide gegen die Hochlande sind die Magaliesberge, von denen Mohr sagt: Es bilden die Magaliesberge eine entschiedene klimatische Scheide, denn kaum waren wir morgens früh durch das enge Thor des Olifant-Nek-Passes gezogen, so war die Temperatur mit einem Schlage eine andere, auch traten sofort tropische Pflanzenformen auf."

Niederschläge.

Im allgemeinen ist Transvaal hinsichtlich der Bewässerung besser daran als beispielsweise der Freistaat oder Deutsch-Südwestafrika. Der Winter ist, wie überall in Südafrika, trocken. Die bisherigen Beobachtungen sind indessen noch sehr mangelhaft, sodaß man kaum mehr als einige allgemeine Bemerkungen wagen kann.

So notierte Mohr auf dem Wege zwischen Potchefstrom und dem oberen Limpopo unter 24° f. Br. in den Monaten Mai und Juni gar keinen Regen,[123]), und zu Pretoria fielen nach zweijährigen Beobachtungen im Winter nur 4,3 pCt. der Jahresmenge. Obschon jedoch dann trockene Winde überwiegen, kommen Gewitter bis in den Juni hinein vor.[124])

In der Hauptregenzelt, im Sommer, erfolgen die Niederschläge meist als sehr heftige Gewittergüsse, die sich mit wenigen Ausnahmen im Westen und Nordwesten bilden.[125]) Im Sommer fielen in Pretoria 58,2 pCt. von der Jahresmenge, die höchste uns in Südafrika vorgekommene Verhältniszahl.

Im Westen ist der Winter noch trockner, denn auf ihn kamen nach einem vierjährigen Durchschnitt nur 2,5 pCt. Also überall intensive Sommerregen bei höchster Regenarmut des Winters.

In Bezug auf die mittlere Höhe der Niederschläge ist die ganze Provinz recht günstig gestellt. Im Osten ist die Bewässerung reichlich[126]) (600 mm für Pretoria wohl zu gering). Das üppige Gras und das dichte, oft waldartige

Buschwerk, welches die Ebenen, der Urwald, welcher die Berghänge bedeckt, zeigen das. Auch ist Ackerbau und der Anbau von Fruchtbäumen ohne künstliche Bewässerung möglich.

Etwas ungünstiger sind die Verhältnisse im Westen, doch kann man schon jetzt sagen, daß auch er eine gewisse Zukunft hat. Von der Provinz Marico in Westtransvaal sagt Hübner: „Sobald man sich vom Limpopo wegwendet und den Marico aufwärts zieht, verändert sich die landschaftliche Scenerie und auch die Bodenbeschaffenheit alsbald. Herrliche grüne Savannen erstrecken sich daselbst wie grüne Grasströme, die nördlich und südlich von Buschfeld eingerahmt werden.[177]) Der Boden (Granit) ist lehmig und hält infolgedessen das Regenwasser lange, sodaß meterhohes, süßes Gras in üppiger Fülle denselben bedeckt, im Sommer dagegen Fiebermiasmen durch die Bodenfeuchtigkeit erzeugt werden.“[178])

Feuchtigkeit und Bewölkung.

In diesen Gebieten kommen sehr niedrige Feuchtigkeitsgrade vor. So erzählt Mauch, wie ihm nördlich des Limpopo öfters die Tinte in der Feder, die Farbe im Malerpinsel vertrocknete.[179]) Die große Reinheit der Atmosphäre, welche meilenweit entfernte Berge ganz nahe erscheinen läßt, rührt gleichfalls von dem geringen Feuchtigkeitsgehalt der Luft her.

Die mittlere Bewölkung ist in den regenreichen Monaten selbst im Westen nicht so gering, als man denken sollte. Um so schwächer ist sie allerdings im Winter, wo fast ganz wolkenlose Monate öfters vorkommen mögen.

Aber auch im Osten sind die Gegensätze groß. In Pretoria stehen nach 3½jährigem Mittel den 18,2 bewölkten Tagen des Sommers deren nur 6,6 im Winter gegenüber, während auf das ganze Jahr 61,1 bewölkte Tage entfallen; fünf Sechstel des Jahres hindurch herrscht heiterer Himmel.[120])

2. Das Hochland des Oberen Oranje.

„Es ist sicher, daß im Norden, wo die Drachenberge aus einem Gebirge in einen wenig erhabenen Plateaurand übergehen, was etwa unter dem 27.° s. Br. stattfindet, der Abfallrand der Hochlande zugleich als Scheide zwischen dem Klima der Plateaus und dem der tieferen Landschaften betrachtet werden muß.

Ebenso wird die Nordgrenze durch den Rand des Hoogeveldes gebildet. So gehört noch ein Teil des Distrikts Leydenburg, in der Gegend westlich von der Mauch=Spitze (25° s. Br.) zu diesen hohen Flächen, ebenso der Distrikt Middelburg, beides Bestandteile der Transvaalrepublik. Im westlichen Teil des Hoogeveldes ist die Grenze scharf markiert durch den Witte=Waters=Rand und durch die ihm vor= gelagerte Magalieskette."

Wärmeverhältnisse.

„Die Jahrestemperatur wechselt sehr, je nach der Höhe. Für den größten Teil der Provinz bewegt sie sich zwischen 14° und 16°. Im Westen, wo sich der Einfluß der erhitzten Steppen des Innern geltend macht, ist sie bereits recht hoch (18° und mehr). Im ganzen aber ist die mittlere Temperatur von der des südlichen Kaplandes nicht verschie=

ben. Dieselbe wird vornehmlich durch die relativ kühlen
Winter veranlaßt. Die mittlere Temperatur beträgt im
Juni, Juli und August nach Schmeißer etwa 12—15° C.,
die Marimaltemperaturen bewegen sich zwischen 18°, 20°
und 25° im Schatten. In der Nacht sinkt das Thermo=
meter oft unter den Gefrierpunkt hinab. Schneefälle kom=
men sogar noch im Transvaalstaat vor, wo durch seine regel=
mäßigen winterlichen Schneefälle besonders der Distrikt
Wakkerstrom bekannt ist.[131])

Die tägliche Temperaturschwankung ist in allen Jahres=
zeiten groß. Der Grund ist namentlich in der Höhe der
Plateaus zu suchen, deren trockene reine Luft die Ein= und
Ausstrahlung außerordentlich begünstigt. Am meisten macht
sie sich im Winter fühlbar. In dieser Jahreszeit sind in
den Transvaal=Hochlanden die Nächte schneidend kalt, die
Tage warm wie der deutsche Spätsommer.[132]) Die stark
herabgeminderte Temperatur der Nacht ist es demnach mehr
als die Tageswärme, durch welche sich der Winter dieser
Länder von dem an der Küste herrschenden unterscheidet."

Niederschläge.

„Während in den südlichen Strichen, bis in die Breite
von Bloemfontein das Monatsmaximum des Regens noch
auf den März fällt, wird dasselbe erst in den nördlicheren
Breiten allgemein durch ein Maximum in den Monaten
Januar oder Februar ersetzt.

Berücksichtigen wir die Regenverteilung bezüglich ihrer
Höhe, so ergiebt sich, daß die Regenmenge von Südwesten
nach Nordosten zunimmt. Sie wächst von 300 bis 400 mm
im Südwesten und Westen zu 400 bis 600 mm in der

Mitte des Landes an und erreicht im Osten, besonders in der Nähe der Gebirge, 600 bis 800 mm, auf den Berg- hängen selbst wohl noch mehr. Diese Verteilung bedingt gewisse Unterschiede in der Vegetation des Landes und in dem Kulturwert desselben. Doch bemerken wir zugleich, daß dasselbe nirgends die Form der Wüste annimmt, da die Regenmenge selbst im äußersten Westen genügt, ihm den Charakter eines vielfach nutzbaren Steppenlandes zu ver- leihen.

„Gehört nun zwar der größte Teil des Oranjefreistaats und des Hoogevelbes noch zur Steppe, so ist der Charakter derselben hier doch ein ganz anderer als in den eben ge- schilderten Landschaften. Besser eignet sich für diese Gegenden die Bezeichnung als Prairie. Die weiten Flächen sind „fast verdeckt von dem üppigen hohen Grase". Kaum vermag eine andere Pflanze diesen mächtigen Graswuchs zu durchbrechen. Aus den wogenden Grassteppen ragen die Berge wie Maul- wurfshaufen hier und da am Horizont auf und unterbrechen wenigstens etwas die weite ermüdende Fläche. In der Ebene selbst zeigt sich kein Baum, kein Strauch, außer an den Stellen, wo der fleißige Farmer durch Überrieseln des Bodens günstigere Bedingungen für das Wachstum er- zeugt hat.

Daß der Norden, das Hoogeveld, im allgemeinen wasserreicher ist als der Oranjefreistaat, wird vielfach er- wähnt,[133] und man kann daraus auf größere Regenmengen schließen als im Süden, denn sein steppenartiges Aussehen beruht nach Mauch, der auch die starken Quellen des Hooge- veldes rühmend hervorhebt, mehr auf der Bodenbeschaffen- heit desselben, auf der Dünne seiner Erdkrume.[134]

Auf allen diesen Hochlanden gelangt ein großer Teil des Regens unter den heftigsten Gewitterschauern zur Erde, welche sowohl durch die Häufigkeit wie auch durch die Stärke ihrer elektrischen Entladungen berüchtigt sind. Fast ein jeder Blitz trifft den Boden, da die Wolken sehr niedrig über den Hochebenen stehen." [135])

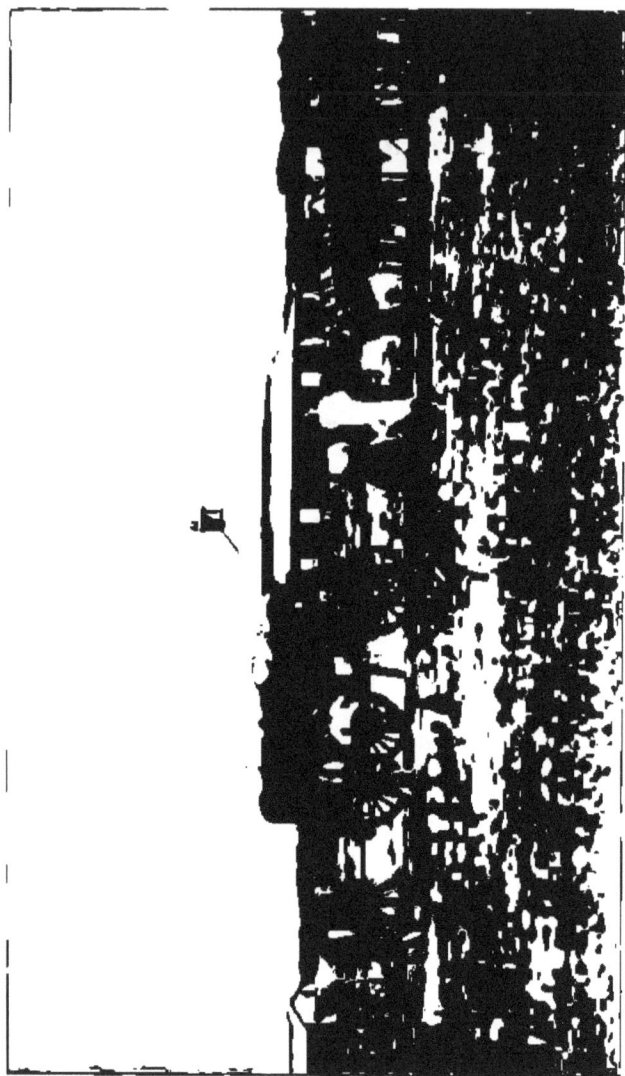

Bad Harzburg.

14. Kapitel.

Die Gesundheitsverhältnisse.

Health, wealth, excitement, the world's threefold desire, may be found in „Sunny South-Africa" heißt es in dem von Donald Currie & Co. herausgegebenen Atlas of South Africa. Als die hauptsächlichsten Momente des Klimas, die nach dieser Richtung hin wirksam sind, werden von ärztlicher Seite bezeichnet:

1. der geringe barometrische Druck;
2. die Trockenheit der Luft;
3. die Reinheit und Staubfreiheit der Luft;
4. die Freiheit der Luft von organischen Keimen und ihr großer Reichtum an Ozon;
5. die niedrige Lufttemperatur;
6. die Klarheit der Luft;
7. die verhältnismäßige Ruhe der Luft, wodurch die Kälte weniger fühlbar wird.

Was speziell die Klarheit der Luft anlangt, so ist sie für ganz Südafrika charakteristisch. Entfernte Gegenstände, deren Umrisse sich in einer weniger glänzenden Atmosphäre verwischen würden, sind klar zu erkennen. Kleine Steinhaufen, Höhlungen in einem Felsen, Grasbüschel auf dem Gipfel von Felsenwänden, kann man auf eine Entfernung von 2—3000 Fuß deutlich unterscheiden. Wenn der Beschauer in einer Entfernung von 5—7 Meilen nach dem Tafelberg im Kaplande blickt, so tritt ihm jede Linie so scharf entgegen, die Richtung der Wasserläufe, die Windungen der Schluchten stehen so deutlich und greifbar vor seinen Augen, daß er ganz das Gefühl für die Entfernung verliert und meint, er müsse einen Menschen sehen können, der die Höhe hinaufstiege oder die Stimmen hören, die das Schweigen der Schluchten [136]) unterbrechen.

Im allgemeinen fürchtet man einen schädlichen Einfluß auf die Gesundheit von den verhältnismäßig bedeutenden Wärmegraden in der heißen Jahreszeit; aber, da die Luft immer trocken bleibt, so ist die Hitze, wenigstens auf dem Hochselbe lange nicht so drückend und unerträglich wie es in feuchtwarmen Ländern bei der gleichen Temperatur der Fall ist, und Europäer wie Afrikaner verrichten selbst an den wärmsten Tagen schwere Arbeiten im Freien ohne den geringsten Schaden für ihre Gesundheit. Abend und Nacht verschaffen dem Menschen für Geist und Körper immer Kühlung und Erquickung und verhindern durch das erhebliche Sinken der Temperatur, welches sie herbeiführen, eine Erschlaffung der Muskeln.[137])

Freilich ist dieser plötzliche Temperaturwechsel auch die Ursache mancher Erkrankungen. So findet man häufig rheumatische Leiden, die neben den ungünstigen Wohnungsverhältnissen auf die Lebensweise der Buren zurückzuführen sind, die sie bei ihren Jagd= und sonstigen Zügen nicht selten

zwingt, die Nacht im Freien zuzubringen. Welchen Gefahren
man damit ausgesetzt ist, davon erzählt Heilmann ein
drastisches Beispiel. Tagelang anhaltender Regen bewirkte
einmal im Sommer ein so starkes Fallen der Temperatur,
daß Kaffern, die in den Drakensbergen, ungenügend bekleidet,
eine Nacht im Freien verbracht hatten, am nächsten Morgen
erstarrt und tot aufgefunden wurden.

Erkältungen, Influenza und allerhand entzündliche
Affektionen, besonders bei Kindern in der Form von Heiser-
keit, Bräune und Diphtheritis, sind häufige Folgeerscheinungen
des plötzlichen Temperaturwechsels.

Im übrigen ist das Klima aber durchaus gesund und
auch für den Europäer außerordentlich zuträglich. Das
Hochfeld darf man zu den gesündesten Gegenden der Erde
rechnen; das in den Niederungen des Limpopo, besonders
aber denjenigen des De-Kaap-Thalsfeldes [1]) sowie im ganzen
östlichen Tafellande während der Regenzeit auftretende
bösartige Fieber wird auf dem Hochfelde nur selten beobachtet. Im allgemeinen kann man sagen, daß das Land
umsoweniger gesund ist, je tiefer es liegt. Schon Pretoria,
obwohl immer noch 4500 Fuß (engl.) hoch gelegen, soll
doch nach Schmelzer in gesundheitlicher Beziehung beträchtlich
hinter Johannesburg zurückstehen, da es in einem Thalkessel
liegt. Als Schmelzer die Selati- und Klein-Letaba-Gold-
felder bereiste, klagten fast alle Weißen, daß sie alljährlich
nach Eintritt der Regenzeit einige Monate an Fieber zu
leiden hätten, wovon auch die Eingeborenen befallen würden.
Allerdings soll man durch Beobachtung hinreichender Ge-
sundheitsmaßregeln, wozu namentlich frühzeitiges zur Ruhe-
gehen nach Sonnenuntergang, nicht zu zeitiges Aufstehen,

160   Die Gesundheitsverhältnisse.

Vermeidung des unmäßigen Genusses geistiger Getränke und
eine möglichst hochgelegene Wohnung zu rechnen sind, Fieber-
erkrankungen verhüten können.[139]

Die afrikanische Augenkrankheit mit Entzündung der
Augenlider verbunden, tritt nach Hettmann hauptsächlich in
Potschefstroom und besonders stark unter den Kindern auf;
doch ist nicht jeder derselben unterworfen.

Im allgemeinen scheinen die Sterblichkeitsverhältnisse
sehr günstig zu sein, obwohl offizielle Statistiken darüber
nicht vorliegen. Cachet schätzt das Verhältnis der Geburten
und Sterbefälle auf 5 : 1, wobei noch in Betracht zu ziehen
ist, daß besonders auf den entlegeneren Bauernhöfen ärztliche Hilfe oft mangelt und die Buren durch unverständiges
Quacksalbern vielen Schaden anrichten.[140]

Im Südwesten des Landes ist gutes Trinkwasser spärlich
vorhanden, was den Gesundheitszustand ungünstig beeinflußt.

Die klimatischen Eigenheiten der südafrikanischen Republik lassen dieselbe in vielen Teilen als Kuraufenthalt für
Personen mit geschwächter Gesundheit geeignet erscheinen.
Holub bezeichnet den größten Teil Transvaals als sehr heilsam für Lungenleidende, und diese Ansicht wird auch von
anderen geteilt. Dr. Lawrence Herman [141] schreibt über die
Kapkolonie: „In the peculiar characteristics of the Cape
climate, the excessive dryness, clearness and rarefaction
of the atmosphere, with a maximum of sunlight, a series
of conditions of an almost typical character are met with
for the treatment of pulmonary affection. Dasselbe läßt sich von vielen Gegenden Transvaals sagen. Auch
für Asthmaleidende ist die Luft der hohen Regionen sehr
zuträglich.

Im einzelnen gilt Heidelberg für das beste Sana-
torium in Transvaal[147]. Es liegt ungefähr 5000 englische
Fuß (ca. 1524 m) über dem Meeresspiegel, an den Berghängen südöstlich von Johannesburg und wird viel von
Kranken aus Pretoria und Johannesburg aufgesucht.
Johannesburg (5600 engl. Fuß = 1706 m über dem
Meere) liegt in einer öden, offenen, baumlosen Niederung. Im
Winter ist es oft bitter kalt. Nicht selten fällt Schnee, und Frost
während der Nacht kann man sehr häufig beobachten. Da es
sehr hoch und frei liegt, wird es oft von Sandstürmen überfallen, selbst im Winter, trotzdem wird es von Lungenkranken
häufig aufgesucht. In der Regenzeit ist die Stadt schrecklich
schmutzig, und die Straßen sind häufig fast unpassierbar.
Pretoria (4500 engl. Fuß = 1371 m über dem Meere) ist,
wie bereits oben bemerkt, weniger gesund als Johannesburg,
da es in einem Thale liegt. Es hat den Vorzug guten und reichlichen Trinkwassers. Im Sommer ist die Hitze sehr beträchtlich, und der starke Regenfall verursacht häufig Nebel. Dagegen
ist das Klima im Winter ausgezeichnet frisch und stärkend.
Da es aber an den gewöhnlichsten sanitären Einrichtungen
mangelt, ist die Sterblichkeit verhältnismäßig bedeutend. Sie
betrug in der ersten Hälfte des Jahres 1891: 4,4 % auf
das Jahr und ausschließlich die weiße Bevölkerung gerechnet.
Die alte Hauptstadt Potschefstroom liegt nicht weit
vom Vaalfluß entfernt und ist reichlich mit gutem Wasser
versehen. Die Straßen werden von prächtigen Bäumen
beschattet, und der Gesundheitszustand in der Stadt ist gut.
Barberton wurde früher schwer vom Fieber heimgesucht,
gilt aber jetzt für ziemlich gesund, obwohl in den benachbarten Thälern noch Fieber vorkommt.

Seidel, Transvaal. 11

Im Staats-Almanak voor de Zuid-Afrikaansche Republik, 1897, sind über 200 Ärzte verzeichnet, von denen 15 in Pretoria, 55 in Johannesburg, 5 in Potschefstroom wohnhaft sind; die übrigen verteilen sich über das ganze Land. Die meisten sind Engländer oder Deutsche. Da die Republik eine Universität nicht besitzt, so haben die zugelassenen Ärzte natürlich ihre Studien sämtlich im Auslande gemacht und sind von deutschen, englischen, amerikanischen, französischen und holländischen Universitäten approbiert.

Wenn jemand als Arzt in der Republik zugelassen werden will, so hat er sich unter Vorlegung seines Originaldiploms an den Sekretär des Examinatorenrats zu wenden, der ein Gutachten der medizinischen Kommission (Geneeskundige Commissie) einholt und danach beschließt. Die Kommission besteht aus 4 Ärzten unter dem Vorsitz des Dr. G. B. Messum und hat die ärztlichen Angelegenheiten des Landes zu überwachen. Sie tritt am letzten Montag jedes Monats zusammen.

In Pretoria besteht ein Volkshospital, das im Jahre 1888 gegründet wurde. Die ärztliche Leitung desselben liegt in den Händen des Dr. G. W. S. Eingbeck.

Auch in Johannesburg ist in demselben Jahre ein Hospital gebaut worden. Barberton besitzt ein solches schon seit 1886. Andere Hospitäler bestehen oder sind im Bau in Haenertsburg (seit 1889), Alexdorp (seit 1890), Potschefstroom, Lydenburg, Heidelberg, Krugersdorp, Houlboschberg, in den Klein-Lebota-Minen und in Leydsdorp.

Zu Pretoria besteht auch eine Anstalt für Aussätzige und eine Irrenanstalt. Johannesburg besitzt außerdem in einem „Gesundheits-Comité" eine Art Sanitätspolizei.[147]

15. Kapitel.
Die Bewohner.

Die Zählung vom 1. April 1890 war leider insofern un-
vollständig, als sie nur die weiße Bevölkerung nach
Geschlecht, Alter, Geburtsland, Beschäftigung und Stimm-
berechtigung umfaßte. [111]) Dieselbe ergab eine weiße Bevölkerung von 119 128 Seelen. Von diesen Weißen stammten
104 393 aus Afrika, 14 344 aus Europa und 451 aus
Amerika, Australien und Asien. Die angestrebte Berufs-
statistik erscheint als vollständig mißlungen, da 70% der
Bevölkerung mit der Bemerkung „ohne Beruf" gezählt
wurde. Da der Flächeninhalt der Republik 294 320 qm
beträgt, so ergiebt sich eine Dichtigkeit der weißen Bevölkerung von 0,4 für den Kilometer.

Die Zahl der in Transvaal geborenen betrug 59 334;
die übrigen Afrikaner stammten teils aus der Kapkolonie
(29 384), teils aus dem Freistaat (11 527) oder aus anderen
Teilen Südafrikas (4148). Von den Nichtafrikanern nehmen
die Engländer mit 8930 die erste Stelle ein; Deutsche wurden
nur 1943, Niederländer nur 1420 gezählt. Die gesamte
Zahl der Ausländer betrug damals bereits 59 794.

Auf die einzelnen Diſtrikte verteilt ſich die Bevölkerung
wie folgt:

Diſtrikte	☐ km	Weiße Afrikaner	Weiße aus anb. Erdt.	Summe der Weißen
Bloemhoef	7 985	2 237	123	3 618
Ermelo	8 666	1 616	147	3 866
Heidelberg	7 692	9 863	7 129	22 150 [1]
Lichtenburg	14 414	1 858	56	4 417
Lydenburg	37 947	2 416	1 598	7 726
Marico	7 935	1 496	240	4 935
Middelburg	15 710	2 125	190	7 315 [1]
Piet Retief	4 574	385	52	893 [1]
Potcheffſtroom	15 252	8 064	1 447	18 213
Pretoria	16 207	4 668	2 346	14 614
Ruſtenburg	27 565	2 042	210	9 602 [1]
Standerton	6 785	2 073	152	5 399
Utrecht	4 569	814	100	2 067 [1]
Wakkerſtroom	6 358	1 748	172	4 261
Waterberg	37 805	431	89	2 016
Joutpansberg	65 071	1 426	560	4 668 [1]

| Summa | 294 320 | 45 059 | 14 785 | 119 128 [1] |

Faſt 20 % (20 993) der weißen Bevölkerung lebte in
den Goldfeldern, darunter nur 2951 eingeborene Transvaaler und 18 042 Fremde. Hiervon kamen auf die Witwatersrand-Goldfelder allein 13 114 (981 Transvaaler und
12 133 Fremde).

Die neueſte Ausgabe (1897) des offiziellen Staats-
Almanak enthält eine, wie es ſcheint, auf Schätzung beruhende
Statiſtik der weißen Bevölkerung, die gegen den Cenſus von
1890 einen erheblichen Zuwachs zeigt. Gleichzeitig zeigt ſie
das Verhältnis der Geſchlechter zu einander:

---

[1] Der Additionsfehler findet ſich im Original.

Distrikte und Minenfelder	Männer	Frauen	Zusammen
Barberton	3 500	2 900	6 400
Bloemhof	2 000	1 600	3 600
Bolsburg	3 200	2 100	5 300
Carolina	2 500	1 200	3 700
Ermelo	2 700	1 850	4 550
Heidelberg	5 776	2 050	7 820
Johannesburg (Stadt)	32 387	18 520	50 907
„ „ (Umgebung)	4 000	2 500	6 500
Krugersdorp	10 500	9 950	20 450
Lichtenburg	3 500	3 000	6 500
Lydenburg	1 500	1 250	2 750
Marico	3 500	3 000	6 500
Middelburg	5 500	4 000	9 500
Piet Relief	600	560	1 160
Potchefstroom	12 600	12 300	24 900
Pretoria	15 700	14 600	30 300
Rustenburg	5 600	5 000	10 600
Standerton	3 800	3 750	7 550
Utrecht	1 750	1 100	2 850
Ermelo	2 640	2 520	5 160
Wakkerstroom	6 000	5 700	11 700
Waterberg	2 600	2 300	4 900
Wolmaransstad	1 600	1 500	3 100
Zoutpansberg	4 500	4 200	8 700
Summa	**137 947**	**107 450**	**245 397**

Darnach hat sich seit der Zählung von 1890 die weiße Bevölkerung mehr als verdoppelt, was hauptsächlich auf die starke Einwanderung zurückzuführen ist. Ein erheblicher Teil der Zunahme entfällt auf den Heidelberger Distrikt mit Johannesburg.

Diese Statistik ergiebt auch die Thatsache, daß das weibliche Geschlecht bedeutend in der Minderheit ist.

Die schwarze Bevölkerung soll im Jahre 1879 774930 betragen haben. Eine Zählung, die im Jahre 1886 vorgenommen wurde, ergab indessen nur 299749, was indessen wohl auf Mängel der Statistik zurückzuführen ist, wenn auch eine Abnahme der farbigen Bevölkerung

anderweitig festgestellt wurde.[145]) Eine im Anfang der 90er
Jahre vorgenommene Schätzung, bei der die Hüttentage zu-
grunde gelegt ist, ermittelte 115589 Männer, 144045
Frauen und 300430 Kinder, zusammen 560064 Seelen.
Dabei sind indessen einige der größten Stämme des Nordens,
die keine Hüttensteuer zahlen, nicht mit einbegriffen, andererseits die inzwischen neu erworbenen Gebiete mit berücksichtigt.

Der neueste Staats-Almanak stimmt in seiner Schätzung,
die allerdings manche Lücken aufweist, hiermit so ziemlich
überein. Danach betrug die Zahl der Eingeborenen in den
einzelnen Distrikten:

Distrikte	Männer	Frauen	Kinder
Joutpansberg (Klipdam, Malboni und Spelonken	17 877	22 521	48 169
Waterberg	5 598	8 828	29 287
Rustenburg	6 591	9 332	8 706
Utrecht (Berichte fehlen)	—	- -	
Marico	3 030	1 796	2 704
Piet Retief	4 583	5 488	11 800
Middelburg	6 335	8 325	17 600
Lustenburg	5 484	5 466	13 173
Bloemhof, Kreis Vaalfluß . . .	359	367	915
Standerton	1 181	1 431	3 395
Ermelo	1 313	2 132	4 819
Vrijheid	5 984	9 066	13 753
Wakkerstroom (Kreis 3) . . .	1 081	1 541	2 910
Pretoria (Kreis Krol. Fl. & W. W. Rand)	2 132	2 466	5 584
Lichtenburg	1 357	1 494	3 080
Heidelberg	1 622	1 564	2 612
Potschefstroom	2 687	2 523	7 810
Carolina	1 028	1 420	2 528
Krugersdorp	387	373	1 031
Summa	68 629	86 100	180 069

Hierzu kommen noch nach oberflächlicher Schätzung in
Joutpansberg:

59 691 Männer, 73 806 Frauen und 154 159 Kinder, so daß die gesamte Zahl der Eingeborenen sich nach dieser Aufstellung auf:
128 320 Männer, 159 966 Frauen und 334 258 Kinder, also 622 544 Seelen beläuft.

TRANSVAAL.
Verteilung der Bevölkerung.

Die Weißen betragen über 50 Prozent der Bevölkerung.

Die Weißen betragen 25-30% der Bevölkerung

Die Weißen betragen weniger als 25% der Bevölkerung.

Die Gesamtbevölkerung der südafrikanischen Republik beträgt also 867 941 Seelen; Ungarn zählt auf einem ziemlich gleich großen Areal 18 337 944 Einwohner, also mehr als das 21 fache der Bevölkerung von Transvaal.

Das vornehmste Bevölkerungselement, die Buren, die die Herren und die Großgrundbesitzer des Landes sind, zeigt im allgemeinen den Typus seiner holländischen Abstammung. Der Bur ist das Abbild unseres mittel- und süddeutschen Bauern,[148]) dessen Eigenschaften namentlich der Landbur in unverkennbarer Weise besitzt, während der Stadtbewohner mehr dem Bürger unserer thüringischen Städtchen zu gleichen scheint. An Körpergröße wird er im Durchschnitt seine Stammesgenossen in Europa übertreffen, denn das südafrikanische Klima begünstigt die Entwicklung von Stärke und Massigkeit des menschlichen Körpers, und man begegnet daher selten Buren, die nicht wenigstens sechs Fuß hoch wären. Bezüglich ihrer schlichten Sitten, in denen sie ihren Vorvätern vollständig gleich geblieben, schreibt Ernst von Weber, daß man sich bei einem Besuche der einfachen Burenfarmhäuser um ein paar Jahrhunderte zurückversetzt fühle. Auf dem großen runden Tische im Hauptwohnzimmer liegt beständig die dicke alte Familien- bibel, aus welcher jeden Abend nach geschlossenem Tagewerk vom Hausvater der Familie einige Kapitel vorgelesen werden. Die Männer sind im Durchschnitt imposante Leute und erinnern mit ihren energischen, markierten und ausdrucksvollen Köpfen an die Porträts eines Rubens, Teniers, Ostade und van Eyk. Die Buren sind sämtlich vorzügliche Schützen und in allen Arbeiten und Handwerken wohl erfahren. Die Hausfrau, welche ihren 8 bis 12 Sprößlingen Mutter und Lehrerin in einer Person ist, thront gewöhnlich in einem großen Lehnstuhl, den sie ihrer außerordentlichen Körperfülle wegen fast den ganzen Tag nicht verläßt. Sie ist eine besondere Freundin des

Kaffees, der überhaupt zu den Lieblingsgetränken der Buren zählt.

Was den Charakter der Buren anlangt, so lassen sich die Hauptzüge desselben trotz der Beimischung französischen Blutes und der Anpassung an afrikanische Verhältnisse leicht auf den der holländischen Bauern zurückführen.[147] Speziell holländische Charakterzüge sind offenbar ihre

Transvaalburen.

Vorliebe für die Viehzucht, ihr Verständnis für Wasserbauten, das in ihrer neuen Heimat ein so reiches Bethätigungsfeld fand und findet, ihre Neigung zu wirtschaftlichen Monopolen, ihre Kunst in der Beherrschung der Eingeborenen, die sie trotz guter Behandlung in strenger Geschiedenheit von sich halten. Bäurisch ist ihr wirtschaftlicher und religiöser Konservatismus, ihr individualistischer Widerwille gegen das Eingreifen des Staates in das Leben des Privatmannes, ihre Anspruchslosigkeit in der Lebensführung, ihre

Zähigkeit in der Durchführung wirtschaftlicher Aufgaben,
sowie endlich die Langsamkeit ihrer Denk- und Handlungsweise und im Zusammenhange damit ihr gering
entwickelter Unternehmungsgeist. Den Holländer
und den Bauern kennzeichnen ein starker politischer
Freiheitssinn und ein kläglicher — Geiz. Dagegen
haben die Buren unter den Verhältnissen ihrer afrikanischen
Heimat zwei Eigenschaften entwickelt, die ursprünglich ihrer
ererbten Eigenart fremd sind, nämlich die territoriale
Leichtbeweglichkeit, die Neigung und den schnellen
Entschluß zum Trekken, sowie ein starkes Rassengefühl.
Wir haben weiter oben dargelegt, wie der Widerwille der
Buren gegen die auf die Gleichstellung der farbigen Eingeborenen mit den Weißen gerichteten Bestrebungen der
Engländer auf die Entwicklung der Geschichte der Buren
wiederholt von entschiedenem Einfluß gewesen ist, und ein
guter Kenner Südafrikas hat vollkommen Recht, wenn er
sagt: „Die Buren würden sich eher Mann für Mann ab-
schlachten lassen, als daß sie in ihrem Staate die Gleich-
berechtigung der Farbigen mit den Weißen anerkennen
würden."

Aus den dargelegten Grundzügen setzt sich der Burencharakter zwanglos zusammen. Im Transvaal, sagt F. L.
Cachet, herrscht Ehrfurcht vor Gott und allem, was zum
Gottesdienste Beziehung hat. Frömmigkeit gilt gewisser-
maßen als Wohlerzogenheit, und ein nicht gottesfürchtiger
Mensch wird einem schlechterzogenen gleichgeachtet. Trunk
wird verabscheut. Die Volksmoralität steht noch auf einem
beträchtlich hohen Standpunkte. Fälle von illegitimen Geburten sind selten. Arbeitsam in der holländischen Bedeu-

tung des Wortes sind die Buren kaum.[14] Wie wenn sie
noch in der patriarchalischen Zeit lebten, beschäftigen sie sich
hauptsächlich mit ihren Herden, sind mit dem Notwendigen
zufrieden und sehen keinen Nutzen darin, sich selber zum
Sklaven zu machen, um das Überflüssige zu erlangen.

Es muß dem Buren Zeit übrig bleiben, um das Leben
genießen zu können dadurch, daß er bei Freunden oder Verwandten „gaat kuiren" (Besuche macht) oder deren Besuche
empfängt, um mit Ruhe eine Extrapfeife zu rauchen und
etwas mehr Kaffee zu trinken, als unumgänglich nötig wäre.

Für die Armen, für Witwen und Waisen wird ohne
Vermittlung des Staates gesorgt. Bei Verkäufen besteht
man auf dem letzten Pfennig, aber wo es nötig ist, giebt
der Bur auch mit offener Hand, und ein Appell an seine
Mildthätigkeit bleibt selten unerhört. So sehr man aufeinander angewiesen ist und sich gegenseitig unterstützt, so
wird doch ängstlich darauf gesehen, daß sich nicht etwa ein
Abhängigkeitsverhältnis daraus entwickle. Ein Bur wird
nie der Knecht eines andern. Standesunterschiede giebt es
unter den Buren nicht; dem ärmsten Volksgenossen weigert
man weder einen Platz bei Tische, noch wird ihm die gebräuchliche Anrede (Oheim, Neffe, Tante, Nichte) vorenthalten.
Der ärmste Junge darf um die Hand der reichsten Buren-
tochter mit allen Chancen für den Erfolg anhalten, vorausgesetzt, daß er von guter Familie d. h. von unvermischter
Abkunft ist.

Schnell beleidigt, sind die Buren noch schneller bereit,
die Hand zur Versöhnung anzunehmen, wenn man ihnen
entgegenkommt. Gegen den politischen Widersacher sind sie
gerecht und gegen den Überwundenen beinahe schwach. An

Ehrlichkeit und Treue fehlt es dem Buren sicher nicht, aber
an dem schnellen Entschluß, im gegebenen Falle für seine
Gefühle sofort einzutreten. Man sagt lieber ja als nein,
aber beides nicht schnell und endgültig. Besonders wenn
nein gesagt werden muß, wird es so lange wie möglich
hinausgeschoben und soviel wie möglich umgangen. Im Um-
gang ist der Bur höflich zurückhaltend, manchmal mit einem
Schein von oberflächlicher Offenherzigkeit, aber stets vorsichtig
und mißtrauisch. Ein großes Maß gesunden Verstandes
kann niemand den Buren absprechen. Ihre frühere Gast-
freiheit hat in neuerer Zeit starke Einschränkungen erlitten,
während vordem ihre Thür für jedermann, gleichviel ob arm
oder reich, vornehm oder gering, offen stand.

Selten trifft man einen Buren, der für die Regierung
des Landes kein Interesse zeigt. Jeder will wissen, was zu
Pretoria im Volksrat verhandelt wird, und der Staats-
anzeiger wird häufig von Leuten zur Hand genommen, die
sonst nur die Bibel lesen.

Interessant ist das Verhältnis des niederdeutschen Ele-
ments in Transvaal wie überhaupt in Südafrika zu der
englischen und deutschen Bevölkerung. Angesichts des Wett-
streites, der unter den drei Nationen über die Vorherrschaft
in Südafrika entbrannt ist, lohnt es sich, hierauf etwas
näher einzugehen.[149])

„Die unleugbare soziale Ueberlegenheit der Engländer
läßt sich in erster Linie darauf zurückführen, daß dieser Teil
der Bevölkerung in enger materieller und daher auch geistiger
Verbindung mit dem Mutterlande und dessen hoher Kultur
geblieben ist, die Buren aber diese Verbindung so gut wie
verloren haben. Das hat zur Folge, daß das englische

Element fortdauernd durch neuen Zufluß materiell und ideell
gestärkt und dadurch auf dem platten Lande vor dem Herab-
sinken auf ein geistig und gesellschaftlich niedriges Niveau
bewahrt wird, während der Bur, will er sich eine Position
in der Gesellschaft verschaffen, unbedingt auf den Anschluß
an das englische Element angewiesen ist.

Wenn daher auch in den kapländischen Schulen holländisch gelehrt wird, der Charakter der kapländischen Schule
ist englisch. Englisch ist die Unterrichtssprache, englisch ist
die Unterrichtsmethode, englisch sind die Schulbücher, und
englisch gefärbt sind die Unterrichtsgegenstände, im besonderen die Geschichtslehre. Das aber, sowie der Umstand,
daß wo irgendwo sich auch nur eine Spur städtischen Lebens
findet, der englische Kaufmann und Gewerbetreibende die
maßgebende Rolle spielt, hat zur Folge, daß auch die
Verkehrsformen und insonderheit die Verkehrssprache englisch sind.

Wohl findet man im Kaplande noch jetzt hin und wieder
einen Farmer, der kein Englisch versteht, aber in der Nähe
der Städte doch nur selten, und einen jüngeren Kapburen
ohne diese Kenntnis dürfte man nur noch in den entlegensten
Winkeln der nordwestlichen Karroo ausfindig machen können.
In den beiden Burenstaaten liegt die Sache ja vorläufig
noch etwas anders. Aber der Eisenbahnbau und der Goldbergbau führen auch hier mit unfehlbarer Sicherheit zu einem
stetigen Vorwärtsbringen der englischen Kultur. Wie lange
der zähe Burencharakter ihr widerstehen wird — ob 10 oder
100 Jahre — läßt sich schwer voraussagen, da in diesen
Staaten der Umstand, daß die Regierung und die amtliche
Landessprache holländisch sind, einen nicht zu unterschätzen-

den Faktor im Kampfe des Burentums gegen die Ver=
engländerung bildet.

Was die Engländer in diesem Kampfe aber noch be=
sonders unterstützt, das ist ihre wirtschaftliche Überlegenheit
über die Buren, die ja für die soziale stets den stärksten
Unterbau bildet.

Der wirtschaftliche Fortschritt in Südafrika geht fast
ausschließlich von den Engländern, und höchstens noch von
anglisierten Buren aus. Nur an einigen Punkten, so ins=
besondere in den Kapschen Hafenstädten und in Pretoria=
Johannesburg sind auch Deutsche seine Träger. Engländer
waren es, die zuerst den kühnen und unternehmenden Ge=
danken ausführten, den wilden Strauß zu zähmen und die
damit einen neuen menschlichen Erwerbszweig ins Leben
riefen. Engländer haben unter den unglaublichsten Schwierig=
keiten die Angorajiege aus Vorderasien eingeführt, deren
Jucht gegenwärtig 191/2 Millionen engl. Pfund an Haaren
liefert. Im Ackerbau ferner ist es die englische Maschinen=
industrie, die eine allmähliche Hebung der Kultur hervorruft.
Englischem Unternehmungsgeist und englischem Gemeinsinn
ist es zu danken, daß die individualistisch zersplitterte und
darum technisch unbrauchbare und wirtschaftlich infolge von
Überprodultion zum sicheren Ruin führende Diamanten=
gewinnung in Kimberley vereinheitlicht wurde — die erste
große That von Rhodes — und Engländer im Verein mit
Deutschen waren es, die die Goldgewinnung am Witwaters=
rand (Johannesburg) auf die soliden Fundamente eines nach
allen Regeln der Technik betriebenen Bergbaues gründeten
und damit — denn das bißchen Goldkratzen einzelner Gold=
gräber hätte das nie vermocht — ein wirtschaftliches Zentrum

für ganz Südafrika schufen, dessen Herzschlag in den Adern
der entferntesten Ecke des großen Gebietes deutlich gespürt
wird.

Wenn auch die Engländer es bis jetzt noch nicht ver=
mocht haben, ihre Kolonie im ganzen auf die Höhe der
wirtschaftlichen Entwicklung zu bringen, so bleibt es nichts=
destoweniger wahr, daß wer von Farm zu Farm wandert,
die wirtschaftlich fortgeschrittensten unter ihnen stets in den
Händen von Engländern oder anglisierten Afrikanern findet.
Das hat seinen Grund nicht nur im größeren Unternehmungs=
geist der Engländer, sondern auch im Geize der Buren.
Allzu eifrige Burenverehrer und Engländerfeinde behaupten
nun zwar, daß der Vorzug der Engländer in dieser Hinsicht
in ihrem größeren Kapitalbesitz bestehe. Das ist aber ent=
schieden ein Irrtum. Denn auch die Buren, die ganz
enorme Reichtümer erworben haben, wie insbesondere die
Vorbesitzer der Gold= und Diamantenfelder, haben es niemals
verstanden, diese zu groß angelegten wirtschaftlichen Unter=
nehmungen zu verwenden, während der Engländer, wenn
er etwas hat, es auch auszugeben versteht und dabei nicht,
wie es der Bur nach echter Bauernweise macht, bei jedem
Pfund mehr, das ihm eine Neuanlage kostet, ängstlich mit
sich zu Rate geht, ob die Sache denn auch wirklich lohnen
wird.

Die größere Bereitwilligkeit der Engländer, etwas
„springen zu lassen,“ hat auch zur Folge, daß diese bei
weitem nicht so oft an Arbeitermangel leiden wie der be=
sonders in dieser Hinsicht als äußerst geizig bekannte Bur.
Es giebt dem Bur stets einen Stich ins Herz, wenn er einem
Schwarzen bares Geld einhändigen soll, und darum giebt

er ihm seinen Lohn am liebsten in Naturalien — oder
gar nicht.

Die Stellung gegenüber der Eingeborenen-Frage ist der
Kardinalpunkt, der die politische Anschauungsweise der beiden
Nationen unterscheidet. Der Engländer behandelt den Ein=
geborenen grundsätzlich als gleichberechtigten Bürger, der Bur
als ein durch seine Rassenzugehörigkeit dauernd zu einer
niederen und dienenden Stellung verurteiltes Geschöpf. In
den Kapkolonien und Natal hat der Eingeborene daher bei
einem Minimalsatze an Einkommen aktives und — man höre
und staune — auch passives Wahlrecht, in den beiden Buren=
staaten ist davon keine Rede. Hier existiert eine Klassen=
gesetzgebung, die dem Farbigen beispielsweise den Erwerb
von Grundeigentum untersagt und ihn in seiner Freizügig=
keit stark beschränkt; in den beiden englischen Staaten giebt
es, mit Ausnahme eines gewissen Paßzwanges in Natal,
eine solche nicht.

Daß die wirtschaftlichen und sozialen Folgen dieser
verschiedenen Gesetzgebung für die burische sprechen, darin be=
steht für einen vorurteilsfreien Menschen auch nicht der leiseste
Hauch eines Zweifels. Zu diesen vorurteilsfreien Leuten
gehört übrigens die Mehrzahl der in Südafrika selbst leben=
den Engländer auch, und es ist daher kaum zu zweifeln,
daß im Falle eines politischen Zusammenschlusses der süd=
afrikanischen Staaten die Eingeborenen-Frage im Sinne der
Buren entschieden werden wird.

Ein ganz anderes Schicksal wie die Eingeborenen=Frage
würde bei einer zukünftigen engeren politischen Verbindung
der südafrikanischen Staaten die in Transvaal jetzt herrschende
monopolistische Wirtschaftspolitik haben. In diesem Punkte

würden sich sicherlich die englischen Anschauungen als stärker
erweisen, zumal da auch jetzt schon unter den Buren selbst
eine starke Opposition gegen die von Paul Krüger befolgte
Politik, in einzelnen Gewerbezweigen Monopole an Gesellschaften oder Kapitalisten zu erteilen, einen immer höheren
Grad erreicht und bei der letzten Präsidentenwahl beinahe
zum Sturze Krügers und der Wahl des General Joubert
geführt hätte."

„Über die Stellung der Deutschen in Südafrika, sagt
Kärger, lassen sich nicht die gleichen allgemeinen Angaben
machen, wie über die der Buren und Engländer, einmal
weil ihre Anzahl im Verhältnis zur übrigen weißen Bevölkerung nur gering ist, und zweitens, weil die Elemente,
aus denen die dortige deutsche Bevölkerung sich zusammensetzt, sehr verschieden sind. Am einflußreichsten unter ihnen
sind die Kaufleute, am zahlreichsten die Klein- Grund-
besitzer. Außer diesen beiden Berufen sind aber auch einerseits die Handwerker, andererseits gelehrte Berufsarten,
namentlich in der Hauptstadt der Kapkolonie vertreten. Für
den Wirtschaftsgeographen und Kolonialpolitiker am inter-
essantesten sind zweifelsohne die Klein-Grundbesitzer. Von
der Regierung der Kapkolonie sind solche zweimal ins Land
gerufen worden. Die einen sollten, indem sie in größeren
Massen möglichst nahe bei einander angesiedelt wurden, eine
seßhafte, dichte Bevölkerung im Kaffernland bilden und damit
als Puffer zwischen den altbesiedelten Teilen der Kolonie
und den unruhigen Kaffern dienen, nachdem die zu dem
gleichen Zweck angesiedelten, übrigens zum überwiegenden
Teil auch aus Deutschen bestehenden Offiziere der Krim-
Legion sich zu zerstreuen angefangen hatten. Die anderen

sollten all ihren Fleiß und ihre Arbeitskraft dazu hergeben, um aus den öden Sandflächen der Kap-Halbinsel ein Kultur- land zu schaffen. Beide Aufgaben haben unsere Landsleute redlich erfüllt, obwohl sie, namentlich die im Kaffernlande angesiedelten, recht wenig Unterstützung seitens der Kap- Regierung erhalten haben. Die Fähigkeit deutscher Land- arbeiter — und solche waren es ausschließlich, die dahin gezogen waren und zwar Knechte, Gutstagelöhner und Heuer- linge — auf der eigenen Scholle Landes unter Einsetzung der eigenen und der ganzen Familie Arbeitskraft sich langsam aber sicher in die Höhe eines behäbigen Wohlstandes empor- zuarbeiten, hat sich hier wieder einmal aufs glänzendste bewährt; dagegen hat sich das deutsche Element in politischer Beziehung bisher stets schmiegsam und unselbständig bewiesen.

Ganz das Gleiche gilt von den Deutschen, die in Natal sich angesiedelt haben und die teils von einer deutschen Ko- lonialgesellschaft, teils von der Hermannsburger Mission hinübergebracht worden sind.

So anerkennenswert nun auch diese Fähigkeit der Deutschen ist, politisch hat sie, wenn in fremden Kolonien entwickelt, doch ihre starken Schattenseiten. In den Augen der in den Kolonien herrschenden Völker erlangen die Deutschen dadurch den Ruf eines fleißigen und sparsamen und darum als wirtschaftliche Mitarbeiter sehr gern gesehenen und hoch- geachteten, aber eines — politisch minderwertigen Volkes.

Der innere Grund für ihre geringe Anteilnahme an der Politik ist klar. Die harte Arbeit des selbst mit Hand anlegenden Kleinbauern läßt diesem keine Zeit, sich eine höhere Bildung anzueignen und seinen geistigen Horizont zu er- weitern. Weder gewinnt er daher an politischen Fragen

allgemeiner Natur ein lebhafteres Interesse, noch ist er im
Stande aus seiner Mitte heraus Personen hervorzubringen,
die zur politischen Vertretung seiner Interessen geeignet
wären. Die deutschen Kaufleute und Gelehrten andererseits,
die hierzu die geeignete Qualifikation wohl hätten, haben
keine Beziehungen zu den Kolonisten und ost auch kein
richtiges Verständnis für ihre Interessen und würden es in
den meisten Fällen mit ihren geschäftlichen und politischen
Interessen kaum vereinbar finden, ihr Deutschtum bei den
Wahlen und im Parlament allzu scharf hervortreten zu lassen.
So kommt es denn, daß die Deutschen nur einen einzigen
Vertreter, Herr Schermbrucker, einen ehemaligen Legionär,
der sich auch im Kassernkriege als Kolonel ausgezeichnet hat,
ins Kap-Parlament entsenden.

Die allzu große Anpassungsfähigkeit des Deutschen an
seine Umgebung macht es auch erklärlich, daß, während
zwischen Engländern und Buren noch immer ein starker
Gegensatz der Empfindungen herrscht, die Deutschen von den
beiden anderen Nationalitäten wohl gelitten sind."

Schon im Jahre 1893 wurde vom Bergrat Schweißer
die Thatsache festgestellt, daß sehr viel deutsches Kapital in
den Transvaalminen angelegt sei, daß aber trotzdem die
Leiter der betreffenden Bergwerke vorwiegend Engländer
und Nordamerikaner seien und daher die meisten großen
Ordres in England bezw. den Vereinigten Staaten von
Nordamerika begeben werden.[150]) Etwas besser als vor
zwei Jahren ist es bereits geworden, aber bei weitem nicht
in dem Maße, wie das daselbst investierte deutsche Kapital
zugenommen hat. Die noch immer ungenügende Zunahme
der Einfuhr deutscher Waren läßt dies erkennen. Nichts

kann das Verhältnis der Deutschen zu den Engländern wie auch zu den Buren besser veranschaulichen. Die ankommenden Deutschen sehen sich einem unburchbrechbaren Ringe von Engländern und Amerikanern gegenüber, welcher Deutsche grundsätzlich zurückweist und einem Nicht-Großkapitalisten die größten Hindernisse in den Weg legt. Die Stellungnahme der Deutschen gelegentlich der letzten Unruhen hat hierin noch eine erhebliche Verschärfung eintreten lassen.

Es ist hier noch ein Wort über die Sprachenverhältnisse in der Republik hinzuzufügen.[151]) Die Sprache der Buren ist ein korrumpiertes Holländisch; sie ist entstanden durch eine Vermischung verschiebener Dialekte und Sprachen. Von dem eigentlichen heutigen Holländischen, das in den Burenstaaten nur im amtlichen Verkehr Anwendung findet, ist die Burensprache recht erheblich verschieden. Die Gründe für die abweichende Entwicklung dieser Tochter des Holländischen liegen sehr nahe. Die ersten Kolonisten am Kap rekrutierten sich vorzugsweise aus Seeleuten und Bauern der niederländischen und niederdeutschen Gegenden, und so mußten in ihrer Sprache sich die verschiedenen Dialekte widerspiegeln. Schließlich bildete sich ein mehr einheitlicher Dialekt heraus, in welchem aber noch holländische, friesische, vlämische und andere niederdeutsche Elemente wiederzuerkennen sein mögen. Durch den Einfluß der eingewanderten Hugenotten hat die Sprache dann später auch französische Elemente aufgenommen (z. B. elle für „sie" der Mehrzahl, das auf das französische ils zurückzuführen sein dürfte), ferner englische und sogar malayische (z. B. banje, viel = banjak im Malayischen, amper, ungefähr = ampir, sjambok für die kurze Nilpferdpeitsche u. s. w.). In neuerer

Zeit sind mitunter Versuche gemacht worden, die Buren-
sprache zum Range einer Schriftsprache zu erheben und dem
Holländischen seine offizielle Stellung streitig zu machen.
Ob diese Bestrebungen mit der nationalen Stärkung und
Entwickelung des Burentums durchdringen werden, muß die
Zukunft lehren.

Die Eingeborenen
von Transvaal gehören
zum größten Teile zu dem
Stamme der Betschu-
anen. Das Gebiet der
Betschuanen erstreckt sich
nach Fritsch[112]) vom
Oranje-Fluß bis hinauf
zum Sambesi, den inner-
sten Teil des Kontinents
einnehmend, indem sie östlich die Quathlambakette
von den Zulu und Swazi,
im Westen die Kalahari
von den Wohnplätzen der
Nama scheidet. Nördlich
von 22° südlicher Breite

Ein Mosuto im Besuchsstaate.

werden die Grenzen unsicherer, indem sich östlich die Matabele zwischen die Betschuana-Stämme einklemmen, westlich das Ngami-Becken ein Gebiet gemischter Bevölkerung
bildet. Durch den Vaalfluß und den oberen Lauf des
Limpopo wird dieser große Völkerstamm in einen westlichen
und einen östlichen Teil geschieden. Die Ost-Betschuana, zu
denen der größte Teil der farbigen Einwohner von Trans-

vaal und dem Oranje-Freistaat gehört, sind der Oberherr=
schaft der Weißen fast vollständig unterworfen und haben
mit ihrer Selbständigkeit auch den größten Teil ihres
nationalen Lebens eingebüßt. Die hauptsächlichsten Stämme
der Ost-Betschuana, soweit sie für Transvaal von Bedeutung
sind, sind die Basuto, die Bapugeni in den Magalies=
bergen, die Bamapela, die Batlung, die Bapedi, die
Bassesse, Batlokoa u. s. w. Daneben wohnt in Nordost=
Transvaal das Volk der Bawenda, im Osten und Südosten
finden sich auch Kafferastämme.

Über die Basuto Transvaals — der größte Teil dieses
Stammes wohnt im Oranje-Freistaat — hat uns Merensky
in seinen Erinnerungen aus dem Missionsleben (Bielefeld
und Leipzig 1888) eingehende Aufschlüsse gegeben. Die
Basuto zerfallen ihrerseits wieder in zahlreiche Stämme, die
aber unter sich eng verwandt sind, obwohl sich, sagt
Merensky, ebensoviele Dialekte wie Stämme unterscheiden
lassen. Auch mit den eigentlichen Kaffern, Xosa, Sulu und
Swazi sind die Basuto nahe verwandt, wie die Verwandt=
schaft ausweist, welche die Wurzeln der meisten Wörter ihrer
Sprachen mit einander haben. Die südafrikanischen Kolonisten
nennen daher die Leute beider Volksgruppen „Kaffern".
Die in Transvaal wohnenden kleinen Stämme von Sulu=
Abkunft, Matabele genannt, haben viele Eigentümlichkeiten
der Basuto angenommen, und wieder lassen sich bei den öst=
lichen Basuto manche Besonderheiten in Sprache und Sitte
nur auf den Einfluß der östlichen Kaffern zurückführen.[151]
    Im körperlichen Habitus zeigen die Basuto ein sehr
verschiedenes Aussehen. Man sieht hoch aufgewachsene, kräftige
Gestalten, aber auch ziemlich viel schwächlich aussehende Leute.[154]

Auch die Hautfarbe variiert vom tiefsten Schwarz bis zu einem hellen Gelb, während die Zulu und die ihnen verwandten Stämme eine gleichmäßig schöne dunkelbraune Farbe aufzuweisen haben. Abgesehen davon, daß die Basuto ihren Körper mit rötlicher Pomade salben, verunzieren sie ihn auf keinerlei Weise. An den Backenknochen, in der Nähe der Schläfen, haben die meisten Erwachsenen Narben von Schröpfwunden, da das Schröpfen bei allen möglichen Krankheiten sehr beliebt ist. Der Haartracht wird, wie bei den meisten afrikanischen Völkern, große Sorgfalt zugewendet. Die Haare werden von beiden Seiten des Kopfes und aus dem Nacken hinweggrasiert; die in Form einer Schuhsohle oben auf dem Kopfe stehengebliebenen mit schwarzer

Ein Mosuto im Kriegsschmuck.

Pomade gesalbt und dann mit gepulvertem blitzenden Eisenglimmer gepudert. Ähnlich verfahren die Matabele des Landes.

Die Lederkleidung der Leute ist einfach und zweckmäßig. Die Männer tragen eine aus feinem, gut gegerbten Fell gefertigte lederne Bedeckung, die Weiber eine Lederschürze und eine Art ledernen Fracks. Der Oberkörper ist meist unver-

hüllt, doch sieht man manchmal sehr niedlich zubereitete
Antilopen- oder (bei Vornehmen) Panther-Felle mit vielem
Anstand etwa wie bei uns „Umhänge" tragen. Die Mädchen
tragen Schürzen aus Schnüren, größere Knaben die Tracht
der Männer, die kleineren Kinder gehen nackt. Die gegerbte
Kuh- oder Ochsenhaut, welche früher als Mantel oder Schlaf-
decke gebraucht wurde, hat jetzt bereits vielfach wollenen oder
baumwollenen Decken europäischen Fabrikates Platz machen
müssen. Perlengehänge und Ringe, aus Eisen- und Kupfer-
draht gefertigt, sind als Schmuck beliebt.

Die Basuto haben bereits eine gewisse Höhe der Kultur
erklommen. Sie sind durchaus seßhaft. Es giebt Städte
von mehreren tausend Einwohnern. Aus Furcht vor den
Angriffen der Sulu, Swazi und Buren haben sie ihre An-
siedlungen meist um Berge herum oder am Fuße von Gebirgen angelegt.[155] Die Städte bestehen aus verschiedenen
Komplexen von Gehöften, deren jedes einer Sippe gehört.

Die Gehöfte umgeben stets einen Hof, den Kchoro, der
als Versammlungsort dient und in dem auch Hürden für
Schafe und Ziegen sich befinden. Dieser Kchoro ist von
Stangenwerk umgeben. Der Zugang zu ihm wird nachts
oder beim Angriff mit Stangen versetzt. Auf dem Kchoro
ist an der Feuerstätte der Ort, wo sich der Häuptling nieder-
läßt, wenn er mit seinen Räten zu thun hat, wenn er Ge-
richt halten oder mit Fremden verkehren will.

Vom Kchoro aus betritt man die inneren Höfe, welche
von zierlichen Rohr- oder Reisigwänden eingefaßt sind und
einen Anstrich aus geschlagenem, geglättetem Lehm haben.
Hier sind sozusagen die Wohnräume der Leute; die Häuser,
welche in den Höfen stehen, dienen mehr als Schlafstuben

und Vorratskammern. Die Häuser sind stets ordentlich, oft niedlich gebaut; eine runde Lehmmauer trägt ein Dach, dessen Gestell aus sauber behangenen Stangen besteht und mit Stroh oder Sorghum-Stangen eingedeckt ist. Die Thür ist niedrig, Fenster fehlen ganz. Eine besondere Lagerstätte findet sich nicht; abends breitet man Matten aus, legt ein Stück Holz oder ein zu=
sammengerolltes Fell unter den Kopf und hüllt sich in die Decke.

Die Basuto treiben Ackerbau. Ihr Ackergerät ist die Hacke, welche ihre Schmiede geschickt herzu=
stellen verstehen. Meist ist die Feldarbeit die Sache der Weiber, nur gelegent=
lich helfen ihnen die Männer. — Außer dem Ackerbau wird Viehzucht getrieben. Die Besorgung des Viehs liegt allein den Männern ob. Eigentliche

Basuto - Mädchen.

Handwerker fehlen fast ganz, abgesehen von Schmieden und Erzschmelzern.

Über die Sitten und Gebräuche der Basuto, ihre geistige Begabung, ihre religiösen Vorstellungen u. s. w. können wir hier auf Merensky's lichtvolle und interessante Darlegungen verweisen. Hervorgehoben werden soll noch die große Rolle, die die Zauberer auch bei den Basuto spielen. Sie müssen

Regen herbeizaubern, im Kriege das Heer unüberwindlich machen, indem sie es mit Zauberwasser besprengen. Die Zauberrute (thupa), welche dem Heer als Wahrzeichen vorangetragen wird, birgt das Geheimnis des Erfolges. Zauberer machen das Dorf fest, seien das Gehöft und machen das Land fruchtbar. Das neugeborene Kind wird stark gemacht durch den Familienzauberer; nach Sterbefällen werden die Angehörigen des Verstorbenen gereinigt, und bei allen Unglücksfällen und Krankheiten wissen die Ngaka Rat. Ihre ärztliche Erfahrung ist nicht groß; wenn die Abkochungen von Wurzeln oder Kräutern, die sie durch Erfahrung als heilsam gegen manche Krankheiten kennen, nicht mehr helfen wollen, so müssen Zaubermittel mit ihrer Hilfe eintreten, welche die Zauberwürfel in unerschöpflicher Anzahl zu nennen wissen. Diese Würfel sind dem Basuto-Zauberer unentbehrlich.[156])

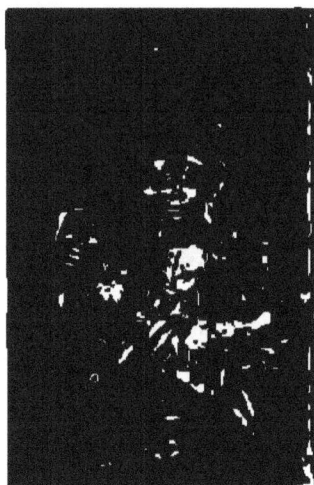

Ein Zauberer der Basuto.

Die Sprache der Basuto gehört zu den Bantu-Sprachen; für ihre geistige Begabung spricht die reich entwickelte Volkslitteratur. Einige von Merensky aufgezeichnete Geschichten, die frappante Ähnlichkeit mit unseren Eulenspiegeleien auf-

weißen, habe ich auch in meinen „Geschichten und Liedern
der Afrikaner" Seite 270 ff. abgedruckt. Über die Bapedi ist schon oben gelegentlich der Kriege
mit Sekukuni eingehender die Rede gewesen.

Über die Bawenda sind wir erst kürzlich eingehender
unterrichtet worden.[157]) Sie sind gleichfalls ein Zweig der
großen Völkerfamilie der Bantuneger, welche den breiten
Raum von der Südspitze Afrikas bis Kamerun im Westen
und der Seengegend im Osten einnehmen. Ihre schwarz-
braune Hautfarbe, ihr krauses Haar, ihre ans Semitische
erinnernde Gesichtsbildung, sowie ihr ganzer Körperbau und
ihre Sprache lassen sie zweifellos in die Zahl der Bantustämme einreihen. Aber sie treten unter denselben deutlich
als eine besondere Gruppe hervor. Weder mit den Kaffern
im Osten und Südosten, noch mit den Basuto im Süden
lassen sie sich enger zusammenfassen. Durch ihre Sitten und
Gebräuche, durch ihren sehr ausgebildeten Götzendienst, durch
das ursprüngliche Fehlen der Beschneidung sind sie von den
benachbarten Bantustämmen sehr erheblich verschieden. Ihre
Sprache, das Sewenda,[158]) hat so viel eigenartige Laute,
daß es ein Mosuto (d. h. ein einzelner Mann der Basuto)
in seinem ganzen Leben kaum lernt, dieselbe richtig zu hören
und zu sprechen.

Wie alle Bantustämme Südafrikas sind auch die Bawenda in ihre jetzigen Wohnsitze von Norden her eingewandert.
Ihr Stammsitz ist höchstwahrscheinlich am unteren Kongo zu
suchen. Dort wohnt noch jetzt ein Stamm der Bawenda,
dessen Sprache mit der unserer Bawenda auffallende Ähnlichkeit hat. Mit dieser Bestimmung der Ursitze dieses Volkes
reimen sich auch folgende Thatsachen. Verschiedene Sprich-

wörter und Redensarten deuten darauf hin, daß die eigenartigen Erscheinungen des Meeres ihnen in früheren Zeiten
nicht ganz unbekannt gewesen find. In ihrem jetzigen Lande
ist ihnen das Meer wie jegliche Art der Schiffahrt etwas
völlig Fremdes. An dem Unterlauf des Kongo dagegen
war die Verbindung mit dem Ozean leicht erreichbar. Als
ein wertvolles Erbgut aus früheren Zeiten werden uralte
Perlen, die sie noch jetzt besitzen, von ihnen heilig gehalten.
Sie selbst wissen über deren Ursprung keine Auskunft zu
geben. Anklänge an die Suahelasprache finden sich übrigens
besonders in Ortsnamen auch in Ostafrika, auffallend bei
den Völkern am Schire. Doch ist ein abschließendes Urteil
über den Zusammenhang dieser Völker zur Zeit noch nicht
möglich.

Ungefähr um das Jahr 1700 find die Bawenda in
ihr jetziges Gebiet eingedrungen. Sie fanden im Lande das
Volk der Bangona. Diese waren den Eindringlingen an
Zahl und Kriegskunst nicht gewachsen. Mit leichter Mühe
wurden. sie von denselben mit Hilfe ihrer vergifteten Pfeile,
die mit dem unfehlbar tödlich wirkenden Gift des Motulu-
strauches getränkt waren, besiegt. Ein Teil der Bangona
suchte sein Heil in der Flucht. Was im Lande blieb, wurde
alles niedergemacht. Nur die Priesterfamilien, welche am
Fluß Motschimbute den Göttern zu opfern hatten, wurden
aus Furcht vor dem Zorn der Götter geschont. Sie find
noch jetzt an diesem Fluß wohnhaft und üben ihr Amt aus.
Wenn die Wasserfälle dieses Flusses besonders weit ihr
Brausen hören lassen, so sagen die Leute: „die Götter ver-
kündigen Regen." In der Regel stellt sich einige Tage nachher Regen ein. Für. die Missionsstation Ha = Tschewasse,

welche eine Stunde von diesen Wasserfällen entfernt liegt,
sind dieselben ein ziemlich sicherer Wetterprophet.

Der König, der die Bawenda in ihre heutigen Wohnsitze geführt hat, trägt nach ihrer Überlieferung den Namen
Toho ea ndou, d. h. Elefantenhaupt. Er war ein mächtiger
Herrscher. Die Balhalanga im Norden waren ihm unterworfen, auch Basutojürften im Süden sind ihm unterthänig
gewesen. Aus Balhalanga kommend, ließ er sich im Lande
Djelele nieder. Dort hat er die sagenumwobene Stadt Dzada
in freier Ebene gebaut, ein sicheres Zeichen, daß die Bawenda
damals keinen mächtigen Feind zu fürchten brauchten.

Die Regierung des Toho ea ndou war das goldene
Zeitalter des Volkes. Alle Bawenda waren zu einem Reiche
vereinigt. Der Name dieses Königs lebt noch heute in den
Liedern des Volkes fort. Nach seinem von der Sage
poetisch ausgeschmückten Tode wurde das Reich unter seine
drei Söhne geteilt. Darauf folgten langdauernde, blutige
Kriege mit den benachbarten Bapedi und den Sulu. Nach
Wiederherstellung der Ruhe begannen innere Streitigkeiten,
in die sich auch die Buren einmischten. Aus dem infolgedessen entstandenen Abhängigkeitsverhältnis befreiten sich die
Bawenda durch die Schlacht bei Maichie im Jahre 1867.
Die drei mächtigen Reiche der Bawenda unter Makato,
Tschewasse und Pasubi wurden noch einmal durch einen
Anfall der Mabonja-Sulu unter dem mächtigen König Umu-
zila schwer bedrängt, aber durch Pasubis Sohn Makoarele,
der einen glänzenden Sieg über die Eindringlinge errang,
im Augenblick der höchsten Not gerettet.

Die Bawenda haben ein Gebiet inne, das kaum halb
so groß ist wie die Provinz Brandenburg.

In den Niederungen am Leouou berühren sie sich mit den Kraalen der Knopneufen oder Magwamba, eines Kaffernstammes, dessen Wohnsitze sich weit nach Osten bis an den Indischen Ozean erstrecken. In den sogenannten Spelonken, einem höhlenreichen Gebirgszug südlich vom Leouou, haben diese einen festen Mittelpunkt, von wo aus sie nordwärts streben, um den Bawenda die fruchtbaren Flußniederungen am Leouou und seinen linken Nebenflüssen streitig zu machen. Mitten unter den Bawenda zerstreut wohnt das arme, verachtete Völklein der Palemba oder Palambetu. Ihre Herkunft und Geschichte ist bis jetzt noch nicht aufgeklärt. Ihre Niederlassungen sind besonders im Osten und Norden des Landes zu finden. Sie halten sich von den Bawenda abgesondert und haben manche eigenartigen religiösen Gebräuche, die auf Berührung oder Verwandtschaft mit semitischen Völkern hindeuten. Die Zahl der Bawenda wird auf 100 000 Seelen geschätzt. Die Buren üben ihre Herrschaft bis jetzt nur dem Namen nach aus. Ihr Eingreifen beschränkt sich wesentlich darauf, daß sie jährlich Abgaben fordern, die bisher jedoch niemals regelmäßig und vollständig gezahlt sind. Neuerdings hat die Regierung begonnen, das Land vermessen zu lassen und dabei keinen erheblichen Widerstand mehr gefunden.

Somit leben die Bawenda in ziemlich schrankenloser Freiheit unter ihren drei Königen oder Häuptlingen, die nebeneinander selbstständige Reiche besitzen. Das Land jedes Königs ist in eine Reihe von Provinzen geteilt, an deren Spitze Häuptlinge stehen, die zum Teile früher selbständig waren, mit der Zeit aber sich der Macht des Stärkeren unterwerfen mußten. Jeder Provinzhäuptling hat ver-

Suluhäuptling.

schiedene Kreishäuptlinge und dieser wieder die Kraalhäuptlinge unter sich, welche als Dorfschulzen an der Spitze eines Kraals stehen. Alle diese Häuptlinge sind von dem König des Landes abhängig, der sie nach seinem Belieben absetzen und einsetzen kann. Doch gilt dieses Amt ohne das Eingreifen des Königs für lebenslänglich und erblich. Da die größeren Häuptlinge öfters große Selbständigkeits= gelüste haben und die Herrschaft des Königs ernstlich ge= fährden, lieben es die Könige, die angesehensten Häuptlings= posten mit Frauen aus der Zahl ihrer Weiber zu besetzen. Da sind sie gegen Aufstände gesichert.

Die Macht des Königs gilt als unumschränkt. Er ist Herr über Leben und Tod. In jedem Rechtsstreit hat er die letzte Entscheidung. Alle wichtigen Rechtsfälle müssen dem König vorgelegt werden. Über dieses Recht wird eifersüchtig gewacht. Die Häuptlinge, die es wagen, in wichtigeren Dingen selbst zu entscheiden, werden hart be= straft. Denn das Rechtsprechen ist eine ergiebige Ein= nahmequelle. Der schuldige, verurteilte Teil muß eine Strafe, bestehend in Vieh, Mais oder Korn, deren Höhe und Art je nach der Größe des Vergehens genau festgesetzt wird, an den Fürsten zahlen. Diese Strafabgaben sind für die Könige und Häuptlinge die wichtigsten Einkünfte. Daneben bringen die Unterthanen freiwillig Geschenke, um sich die Gunst ihres Herrn zu sichern. Arbeiter, die außer Landes bei den Weißen gearbeitet haben, müssen bei ihrer Rückkehr einen Teil ihres Verdienstes abliefern. Auf die Felle von Löwen und Tigern hat der Landesherr Anspruch. Neben diesen berechtigten Einkünften wird jede Gelegenheit gierig benutzt, um mit dem Schein des Rechts Abgaben von den Unterthanen zu erpressen. Schließlich sind die Unterthanen auch zu Frohndiensten verpflichtet.

Der Schöpfer der Welt ist nach dem Glauben der Barwenda Rosane. Der hat es gut mit den Menschen gemeint, hat viel Gutes und Schönes auf der Erde für sie geschaffen und sie viele Künste und Fertigkeiten gelehrt. Dann aber zog er sich zurück von der Welt, um sich trägem Nichtsthun zu überlassen. Bei seinem Scheiden von der Erde hat er zum Andenken an sein Werk seine Fußstapfen in einem großen Stein zurückgelassen. Er lebte zusammen mit einem andern. Eines Tages starb der Hund von Rosane. Er sprach zu dem andern, der stärker war als er: „Wecke doch meinen Hund wieder auf, er ist gestorben." Der aber antwortete: „Was nützt ein Hund? Wird er auch etwa gegessen? Er wird nicht gegessen, er mag nur tot bleiben, es ist weiter nichts." Bald darauf starb jenem ein Mensch, und er sagte zu Rosane: „Wecke mir doch meinen Menschen auf, er ist gestorben." Rosane wollte sich rächen und gab zur Antwort: „So wie du nicht gewollt hast, als ich sagte: Wecke doch meinen Hund wieder auf, so sage auch ich heute: Ein Mensch wird nicht gegessen, warum soll er wieder auferweckt werden? Er ist zu nichts nütze, mag er nur tot bleiben." So ist der Tod in die Welt gekommen.

Um den Menschen zu helfen, tritt nun ein anderer Gott ein, Thovele. Der sandte zuerst den Tausendfuß mit der Botschaft zu den Menschen: „Gehe und sprich: die Menschen sollen sterben und wieder auferstehen." Darnach sandte er das Chamäleon ab mit anderer Botschaft: „Gehe und sprich: die Menschen sollen sterben und vergehen." Der Tausendfuß ließ sich unterwegs Zeit, ging langsam, als

Früchte, so daß das Chamäleon ihm zuvor kam mit seiner
Botschaft: die Menschen sollen sterben und verderben. Als
dann der Tausendfuß kam, den Menschen zu sagen: die
Menschen sollen sterben und wiederauferstehen, da erwiderten die Menschen: „Wir haben den Vorgänger gehört, der
Nachfolger ist eine Kalabasse, d. h. wie die Kürbisschale
im Sturm nur einen heulenden, unverständlichen Ton von
sich giebt, so ist es auch mit deiner Rede. Wir verstehen
sie nicht." [159])

Es ist im Bewußtsein des Volkes nicht ganz klar, ob
dieser Thovele ein wirklicher Gott oder ein alter König ist.
Jedenfalls ist er der, auf den das Volk hofft. Es giebt
ein Sprichwort von ihm: „Thovele ndi ma, ea da line?
moana o behöa o ruwa a tsimbela, d. h. Thovele kommt.
Wann kommt er? Das Kind wird geboren und lernt laufen."
Eine Art unbestimmter Erlösungssehnsucht spricht sich in diesem
Wort aus. Der letzte Satz von dem Kind soll besagen, daß
die Erfüllung noch lange aussteht. Für den Missionar bietet
dies Sprichwort willkommene Anknüpfungspunkte. Übrigens
ergeben sprachliche Gründe das sehr hohe Alter dieses Sprich-
wortes.

An Mojanes Stelle in der Erhaltung und Regierung
der Welt ist Ralovimba, d. i. „Vater der Ruhe", getreten,
der bisweilen als ein Sohn Mojanes bezeichnet wird. Seine
demselben untergeordnete Stellung wird dadurch zutreffend
angegeben. Im Gegensatz zu Mojane ist er den Menschen
aber nicht günstig gesinnt. Er sendet Regen und fruchtbare
Zeiten, aber lieber hält er den Regen zurück und sendet
Heuschrecken und andere Plagen ins Land. Aus Vawenba-
land, wo er in alter Zeit wohnte, ist er über den Limpopo

Sulumädchen.

in das Land der Vathalanga gezogen, wo er auf dem Götterberg Morumela haust. Dorthin senden die Fürsten

13*

der Bawenda jährliche Opfer. Wunderfame Dinge werden
erzählt, die die Boten oder andere Wallfahrer auf dem
Götterberge erleben. Sie hören ein lautes Brausen und
Saufen, Rufen und Schreien, bisweilen verstehen sie einzelne Worte. Man fagt: „Man hört ihn reden und sieht
ihn doch nicht. Er redet aus einem Baum oder aus einem
Pfosten und wird doch nie gesehen." Wenn die Wallfahrer
für den Rückweg um Wegzehrung bitten, fagt er ihnen, wo
fie das Wild finden werden, das ihnen zur Speife dienen
foll. Stets finden fie das Wild an dem bezeichneten Orte.
Es flieht nicht. Sie erschlagen es mit dem Stabe. Andere berichten über Ralovimba und feinen Berg weniger
wunderbar. Die Boten mit den Opfern gehen an den
Fuß des Berges. Dort liegt ein großer Kraal, in dem
der Sohn Ralovimbas wohnt, der die Opfergaben für feinen Vater in Empfang nimmt.

Neben diefen Hauptgöttern giebt es noch eine große
Anzahl kleiner Götter oder Gefpenster, die fie Thibodoane
nennen. Das find die Geister der Verstorbenen, die nach
dem Tode mit einem halbierten Körper, alfo einem Fuß,
einem Arm, einem Auge fortleben und in der Luft umher-
streifen. Die Orte, wo fie fich aufhalten, find nicht ge-
heuer. Zu diefen Orten gehören befonders die heiligen
Wälder, in denen die Angehörigen und Vorfahren der
Häuptlinge ruhen. Eine befondere Ehre wird den abge-
fchiedenen Vorfahren dadurch zu teil, daß man ein Stück-
chen Eifen, das man am Hals trägt, einen glatten Stein
aus dem Fluß oder, wenn man Befitzer einer Viehherde ist,
ein Stück aus der Herde ihrem Andenken weiht, ihnen den
Namen des Verstorbenen giebt und diefe Andenken wie

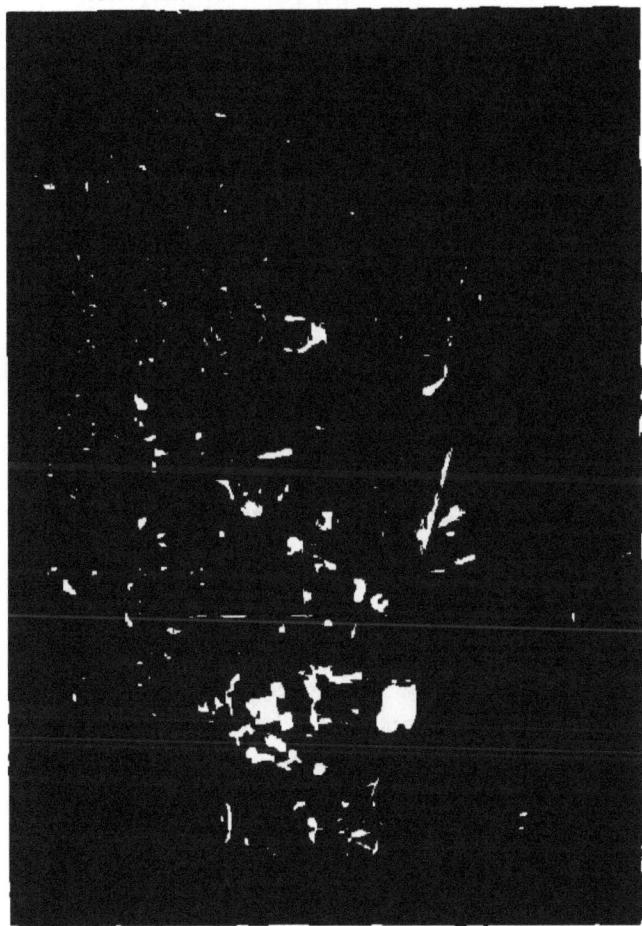

Salus vor dem Altar.

Götter verehrt. Missionar Kuhn traf einst einen Knaben,
der eine Viehherde weidete, weinend an. Als Grund seines

Weinens gab er an: „die Götter wollen mir nicht gehorchen."
„Wer sind denn deine Götter?" fragt der Missionar ver-
wundert. „Dieser Bulle und die Kuh" lautet die ernsthafte
Antwort.

Mit den Geistern stehen nun viele Menschen im Bund,
die vermöge dieser Gemeinschaft ihren Mitmenschen allerlei
Böses zufügen können. Um sie gegen diese geheimnisvollen
Einflüsse zu schützen, muß der Zauberer kommen. Der
Zauberer begleitet den Menschen von der Wiege bis zum
Grabe. Ist ein Kind geboren, so muß der Zauberer mit
seiner Medizin das Kind gegen die bösen Geister schützen
und es gesund und stark machen. Ist jemand krank, so ist
der Zauberer der Arzt, den man ruft. Soll ein Dieb entdeckt werden, der Zauberer weiß ihn zu finden. Seine
Haupttätigkeit tritt in Kraft, wenn es gilt, den Mörder
eines Verstorbenen zu suchen. Die Bawenda halten es für
unmöglich, daß ein Mensch eines natürlichen Todes stirbt.
Er muß von einem andern verhext oder vergiftet sein. Um
den Übeltäter ausfindig zu machen, wird der Zauberer ge-
holt. Er läßt nicht lange auf sich warten. Weiß er doch,
daß reicher Lohn ihm zu teil werden wird. Sein Leib ist
ganz mit allerlei seltsamen Dingen behängt, die als Amu-
lette ihn schützen und zur Zauberei stark machen sollen.
Kleine Knochen und allerlei Tierschwänze gehören dazu. In
der Hand trägt er ein kleines Säckchen, den Zauberbeutel,
der die Zauberwürfel birgt.

Durch Verfertigung kunstvoller Arbeiten zeichnen die
Bawenda sich aus. Vor allem sind sie Meister in der
Schmiedekunst. In den Eisenbergen am Levuvu gewinnen
sie Eisenerz. Holzkohlen brennen sie selbst aus dem Holz

ihrer Wälder. Aus Lehm haben sie Schmelzöfen gebaut. Diese sind ein Meter hoch und haben inwendig eine Grube, in die Kohlen und Eisenerz geschüttet werden. Nun wird die Kohle entzündet und mit Blasebälgen, die aus Fellen gefertigt sind, durch Löcher in der Ofenwand eine Weiß= gluthitze erzeugt und erhalten, bis der Eisenklumpen heraus= geschmolzen ist. Trotz ihrer einfachen Werkzeuge (ein Stein dient als Ambos, ein anderer als Hammer) wissen sie sehr geschickt Piden, Äxte, Messer, Pfeile u. dgl. zu schmieden. Die Bawenda sind auch Korbflechter. Körbe werden in den verschiedensten Formen und Größen hergestellt. Man verfertigt auch Matten aus Binsen in allen Breiten und Längen. Spazierstöcke und Assagaien werden zierlich mit Draht in abwechselnden Farben geflochten. Töpfe aus Thonerde werden meist von Frauen bereitet.

16. Kapitel.
Die Tierwelt der südafrikanischen Republik.

Wenn wir einen Blick auf eine tiergeographische Karte von Afrika werfen, wie sie z. B. in Sievers, „Afrika" nach den Forschungen des besten Kenners der Tiergeographie Wallace aufgestellt ist, so unterscheiden wir sogleich zwei große Regionen, die durch den Wendekreis des Krebses geschieden werden. Die südlich davon liegende, sogenannte äthiopische Region umfaßt die Hauptmasse des afrikanischen Kontinents und zerfällt ihrerseits wieder in vier Subregionen: Die westafrikanische, ostafrikanische, madegassische und die südafrikanische. Die letztere schließt das gesamte südafrikanische Gebiet südlich von einer Linie ein, die von Walfischbai im Westen ausgeht und dem Wendekreis des Steinbocks parallel läuft, bis sie auf den Oberlauf des Limpopo stößt. Von hier aus wendet sie sich nach Nordosten und erreicht die ostafrikanische Küste etwa bei Mosambik.

Das gesamte Transvaalgebiet gehört in diese südafrikanische Subregion.

Was den allgemeinen zoologischen Charakter der äthiopischen Region, d. h. des afrikanischen Kontinents südlich vom Wendekreis des Krebses anlangt, so zeichnet sich die-selbe nach Wallace[160]) durch neun eigentümliche Familien von Säugetieren aus, welche sämtlich altertümlichen Charak-ter tragen, ferner durch sieben besondere Gattungen von Affen und zwei Unterfamilien von Affen, Lemuren, von denen sechs Gattungen auf Madagaskar beschränkt sind. Auch sind erwähnenswert eigentümliche Formen von Ele-fantenspitzmäusen (Macroscelibidae), von Zibetkatzen, wiesel-artigen Tieren, sowie besonders von Nagern aus der Familie der Mäuse.

Endlich sind die kolossalen Dickhäuter, Elefanten und Rhinozerosse, sowie eine Reihe von Raubtieren, Löwen, Hyänen u. s. w., für diese Region bezeichnend. Südamerikanischen Einfluß verraten die Schrotmäuse und die Achtzahner (Octodontiden). Dagegen fehlen eine Reihe von paläarktischen Typen, wie die Bären, Hirsche, Maulwürfe, Kamele, Ziegen und Schafe in der ursprüng-lichen Fauna. Die Vögel sind weniger eigentümlich als die Säugetiere. Unter den Reptilien sind einheimisch drei Schlangen- und eine Eidechsen-Familie. Unter den Insek-ten sind die Käfer reichlich, die Schmetterlinge verhältnis-mäßig spärlich vertreten.

Kehren wir nun zu der eingangs erwähnten Karte zu-rück, so bemerken wir zunächst, was die großen Tiergattungen anlangt, daß Transvaal ganz außerhalb des Verbreitungs-gebietes des Elefanten fällt. Er kommt erst nördlich vom oberen Limpopo und im mittleren Kalahari-Gebiete vor. Ebenso fehlen Kamele und die menschenähnlichen Affen,

Gorilla und Schimpanse. Strauße giebt es nur im Westen und Südwesten von Transvaal. Dagegen sind die Krokodile in den größeren Flüssen viel verbreitet. „In den stillen Stellen des Limpopo", schreibt Mohr, „liegen auf dem Grunde die Krokodile; oft sehen wir sie um die heiße Mittagsstunde aus dem Wasser herauskommen, wo sie ihre riesigen Leiber regungslos auf den Sandbänken ausstrecken, um sich zu sonnen. An diesen Stromufern, sowie an der Tugela in Natal gehört es keineswegs zu den Seltenheiten, daß selbst trinkende Ochsen von diesen unächtigen Amphibien ins Wasser gerissen und fortgeschleppt werden. Von Wildsorten trifft man hier noch einige Büffel, Gnus, Giraffen, Wasserböcke und in gewissen Monaten große Herden der Melampas-Antilope, dem Rooibock der Buren, an, auch hörten wir fast allnächtlich das Brüllen der Löwen."

„Vor kaum 40 Jahren", erzählt Heitmann, „war das Land noch voll von Löwen, Elefanten, Giraffen und Büffeln; nach Tausenden zählende Antilopenherden belebten die unabsehbaren Grasflächen am Vaalflusse, während Hartebeest und Gnu, Zebra und Strauß im Buschfeld weideten." Dies große Wild ist jetzt meistens verschwunden, von Löwen, Giraffen, Elefanten hört man nur noch erzählen; sie haben sich meist an den Zambesi zurückgezogen. Doch berichtet Schmeißer, daß der Löwe, vom Lebonggebirge herüberschweifend zwischen dem Sabie-Revier und dem Groot Letaba, gefolgt von der Hyäne, immer noch nächtlich auf Raub ausziehe. Nach demselben Gewährsmann ist die Giraffe im östlichen Tiefland zuweilen noch zu finden. In den unzugänglichen Bergen, z. B. im Magalies-Gebirge und am Fuß der Drakensberge findet sich der Leopard, hier Tiger ge-

nannt, der Schakal und die Wildkatze. Affenfamilien beleben
die Thäler der Drakensberge und des De Kaap=Distrikts;
verschiedene Antilopenarten, das Kudbu, die Säbelantilope,
der Wasserbock, der Geinsbock bergen sich in den Wäldern
des Buschfeldes und des Tieflandes.[161])

In den Ebenen trifft man zuweilen kleinere Spring=
bock= oder Bleßbockherden an. An wildem Geflügel giebt
es die stets paarweise zusammenlebenden Korane[167]) (eine
Art Trappe), Kraniche, Pfauen (mit grauem Gefieder), in
den Spruits und Sumpfniederungen wilde Enten, Gänse,
Schnepfen und verschiedene Wasservögel. Der Fischreichtum
der Flüsse ist nicht sehr bedeutend, was darin seinen Grund
hat, daß die meisten Flüsse und Spruits (Regenbäche) im
Winter zu laufen aufhören. Die Fische, die während der
Regenzeit zum Laichen in die oberen Spruits ziehen, bleiben
dort oft in tiefen Löchern — sogenannten Zeloegaaten —
(Nilpferdlöcher) zurück und gehen entweder aus Mangel
an Nahrung zu Grunde oder werden mittelst Netzen be=
quem gefangen. Für gewöhnlich finden sich darin zwei
Arten, der Silberfisch und der Barber, der unserm Wels
ähnlich ist und zubereitet nicht übel schmeckt. Aale kommen
nur in denjenigen Flüssen vor, die dem indischen Ozean
zufließen.

Giftige Schlangen, wovon Puff=Abber und Schwarzer
Ringhals die gefährlichsten sind, trifft man noch häufig,
obwohl viel Mühe darauf verwendet wird, sie auszurotten.
Auch eine Art giftiger Spinnen findet sich zuweilen. Amei=
sen und Termiten giebt es eine Menge, besonders auf den
roten, fruchtbaren Gründen stößt man alle 20 bis 30
Schritt auf einen 1 bis 5 Meter hohen, manchmal spitz=

kegelförmigen und manchmal mehr halbkugeligen Termiten-
haufen, und gewöhnlich findet sich dann auch in der Nähe
ein Loch, in dem das größte der Ameisen fressenden Tiere,

Ein Straußenneft.

das Erdferkel, seine Heimat hat. Diese Termiten sind infolge ihrer Zerstörungslust besonders in den östlichen Landes-
teilen eine große Plage. Ein größeres Gebiet der östlichen
De Kaap-Berge und des östlichen Tieflandes bis zu den Kasteel-
Koppjes in der Murchison-Bergkette und den Birthday-Gold-

gruben am Klein-Letaba hin ist nach Schneißer von der giftigen
Tsetse-Fliege bewohnt, welche allen Zugtieren gleich gefährlich ist.

Wir schließen diese kurze Darstellung mit einer Schilderung Livingstones, die den Einfluß der belebenden Regenzeit auf die Tierwelt veranschaulicht:

„Myriaden wilder Bienen sind vom Morgen bis zum
Abend geschäftig. Manche Akazien besitzen eine besondere
Anziehungskraft für eine Käferart, während die Palme andere lockt, sich in ihren geräumigen Blättern zu versammeln. Insekten aller Gattungen sind jetzt in voller Kraft;
glänzende Schmetterlinge flattern von Blume zu Blume
und scheinen nebst den kleinen, reizenden Sommervögeln,
welche die Kolibris Südamerikas und Westindiens vertreten,
nie milde zu werden. Mengen von Ameisen sind emsig
beschäftigt, nach Futter zu jagen oder es im Triumphzuge
heimzutragen. Die Winterzugvögel, wie die gelbe Bachstelze
und der braune Drongo-Würger, sind fortgezogen und andere Gattungen sind angekommen; der braune Milan läßt
sich mit seinem Pfeifen, wie eines Bootsmanns-Pfeife, der
gefleckte Kuckuck mit einem Rufe wie „Pula" und die
Mandelkrähe nebst dem Nashornvogel mit ihren lauten
hohen Tönen von Zeit zu Zeit deutlich hören, obgleich die
rauhe Musik eigentümlich gedämpft wird in der Masse
lieblicher Töne die aus mancher schlagenden Kehle strömen,
sodaß ein südafrikanisches Weihnachten wie ein englisches
Mal erscheint. Manche Vögel aus der Wintergattung haben
ihr Wintergewand von ernstem Braun bei Seite gelegt und
erscheinen in einem helleren Sommeranzuge von Scharlachrot
und Pechschwarz; andere sind vom Grün zum Hellgelb
übergegangen mit Flecken gleich schwarzem Sammet."

17. Kapitel.
Die Pflanzenwelt.

Wenn wir die Floren-Karte in Berghaus' physikalischem
Atlas mit der Wallace'schen Tierkarte von Afrika
vergleichen, so stellen sich auf der ersten einige große Abschnitte heraus, die sich mit denen der Fauna-Karte terri-
torial beinahe decken. Durch die Nord- und Südgrenze
des Vorkommens des Affenbrotbaums wird mit geringen
Abweichungen, besonders im Süden, das Gebiet gekennzeichnet, das auf der Fauna-Karte als die ostafrikanische
Subregion angesehen wird. Die Ölpalme ist in einem
Bezirk vertreten, der sich mit der westafrikanischen Subregion deckt. Das ist natürlich kein zufälliges Zusammen-
treffen und hängt vielleicht mit der Einwanderung der afrikanischen Bevölkerung zusammen.

Die Südgrenze der Region, innerhalb welcher der
Affenbrotbaum, dieser Riese unter den Bäumen, sich in
Afrika vorfindet, fällt, wie aus dem nebenstehenden Kärtchen
erhellt, noch innerhalb der südafrikanischen Republik und reiht
daher den ganzen Norden derselben der großen mittelafrika-

nischen Savannen-Region an. Alles Übrige, mit Ausnahme
des Ostens, gehört zum Gebiet der Hooge Veld-Flora, die
durch das Vorkommen des Anbrapogon, des Bartgrases,

Aloe dichotoma.

einer Gattung aus der Familie der Gramineen charakterisiert wird. Was den Osten anlangt, so reicht die sogenannte tropische Küstenflora noch über den Unterlauf des
Limpopo hinaus, wird aber bald von der Flora der Natal-
Küste abgelöst, für die das Vorkommen einer Palmenart,

ber Phoenix reclinata, charafteriftifch ift, bie fich in ben
Rüftengegenben bis Port Elifabeth finbet, während fonft
bas füblice Borfommen ber Palmen im allgemeinen an

Aloe.

eine Linie gebunben ift, bie von Moffamebes nach Sofala
an ber Oftfüfte gezogen wirb.

Nach ben Unterfuchungen von H. Bolus [163] finb im

allgemeinen für die südafrikanische Flora die folgenden
Momente charakteristisch:

1. Sie ist im höchsten Grade verschiedenartig gestaltet.
2. Mit Ausnahme der Tropengegenden mangelt es ihr
an Üppigkeit des Wachstums.
3. Jede Spezies hat nur ein geringes Verbreitungsgebiet.
4. Es fehlt an Bäumen.
5. Nutzpflanzen sind gering vertreten.
6. Sie widersteht dem Angriff fremder Eindringlinge.

Nach diesen allgemeinen Vorbemerkungen gebe ich
Schmelzer das Wort zu einer gedrängten, aber lichtvollen
Charakterisierung der Vegetation in den so abgegrenzten
Floren-Gebieten der Republik; seine Mitteilungen ergänze
ich, wo es notwendig erscheint, durch die Beobachtungen
von Bolus, Heitmann u. a. Die Karroo-Ebene und die
Hochfelder im Norden des Landes erscheinen in der Regenzeit als üppig grünende — von Blumen ist freilich nicht
viel zu sehen — im Winter als dürre, weithin sich aus-
dehnende Grassteppen, in denen der Blick durch keinen
Baum, keinen Strauch gefesselt wird, nur zahllose, fast
meterhohe Termiten-Hügel die Einförmigkeit der Landschaft
eher erhöhen als unterbrechen. Nur da, wo eine Sprult,
einer der Sammelarme der Flüsse, durch die Hochebene sich
windet oder eine sumpfige Flächennederung sich erstreckt,
stehen Mimosen; die einzelnen höheren Baumgruppen dagegen, welche dem Auge des Reisenden zuweilen sich bieten,
beschatten die einsame Heimstätte eines Farmers. Es fehlt
der endlosen Hochebene meist das belebende Element,
größere Flußläufe oder Seen. Trotzdem ist die Karroo

Übrigens keineswegs unfruchtbar. Der jetzige Charakter derselben ist vorwiegend auf die alljährlich stattfindenden

Euphorbie.

Grasbrände zurückzuführen, welche größere Bäume und Sträucher nicht aufkommen lassen.

Der östlichste, höher gelegene Teil des Hochfeldes be-

sieht nach Heitmann nur aus kahlen Ebenen und Hügel-
ländern. Nach Westen hin, sowie in den Gebirgsthälern des
Zuckerbuschrandes, Galsrandes und des Maquasie-Berges
findet man häufig Mimosen-Wäldchen. Doch stehen die
Bäume weit auseinander und sind meist nicht höher als
20 Fuß. Es giebt aber auch wirkliche Wälder, wie z. B.
in der überraschend schönen Gegend von Harlebeestfontein.
Baumanpflanzungen, welche insgesamt etwa 10—12
Millionen Bäume umfassen, sind in jüngster Zeit in der
Umgebung von Johannesburg angelegt worden und gedeihen in üppigster Weise. Die umfangreichste derselben
liegt auf Farm Braamfontein nördlich von Johannesburg.
Sie ist von einem Deutschen ins Leben gerufen, steht unter
der Leitung eines deutschen Forstmannes und ist dem Fürsten Bismarck zu Ehren „Sachsenwald" genannt worden.
Vorwiegend Eucalyptus-, Pinus- und Akazien-Arten wurden
angepflanzt, deren Wachstum so außerordentlich ist, daß gewisse Eucalyptus-Arten in 3 Jahren bis zu 10 Meter Höhe
und 16 Centimeter Stammburchmesser erreicht haben. Anders als auf der Hochebene ist die Vegetation in den tief
einschneidenden Thälern der Dralensberge, der Houtboschberge, der Groot- und Klein-Spelonken und der anderen
Gebirge, ferner im Buschfeld und im Tiefland. Dichtes,
mannshohes oder höheres, vieldorniges Strauchwerk, dem
viele Mimosen sich zugesellen, steht im Buschfeld auf gras-
reichem Untergrund, zuweilen von ausgedehnten Gras-
niederungen, wie der Springbockvladie zu Pretoria und
Warmbad, oder moorigen Niederungen bei Moordrift, unterbrochen.

Strauchwerk, baumartige Akazien, eigenartig gestaltete

14*

Aloes bedecken in den Gebirgsthälern Berghang und Thal-grund; Sträucher, Bäume mehr tropischer Art wachsen im Tiefland; mehr als mannshohes Riedgras erstreckt sich weit-

Affenbrotbaum.

hin; hochstämmige Farrne, niedere Palmarten umsäumen die Flüsse; baumartige Euphorbiaceen, in ihrer steifen Ge-stalt wie große Armleuchter erscheinend, und der riesige Affenbrotbaum gesellen sich vereinzelt hinzu. Von der Höhe der Trakensberge, von dem Kamme der Murchison-

Bergkette und vom Shamabungo-Kop gesehen, erscheint das ganze weite Tiefland einschließlich der durchsetzenden Höhen= züge von Waldung bedeckt.

Bei der Reise durch dasselbe hindurch findet man ört= lich Baum und Strauch zum undurchdringlichen Gewirre

TRANSVAAL

Allgem.Florenkarte.

(nach Bergham.)

zusammentretend oder vielfach derartig sich lichtend, daß es möglich ist, Waldbestände selbst ohne Pfad mit vierspännigem Reisewagen ohne sonderliche Schwierigkeiten zu durchkreuzen.

Die Wälder im Buschfeld bestehen nach Heitmann größtenteils aus Dornenbüschen, unter denen sich der Wacht= eenbitse (wart ein wenig, asparagus capensis) durch seine Hartnäckigkeit, die Kleider der Vorübergehenden festzuhalten

und zu zerreißen, besonders hervorthut. Die Buren teilen
die verschiedenen Dornenforten ein in Hakendornen, Stechdornen und Halen- und Stechdornen. Wenn auch im
Buschfeld vielfach Nutzholz vorkommt, fo hat man die eigentlichen Nutzholzwälder doch im Banfenfeld, am Pongolo und
Komati, fowie am Houtboschkop öftlich von Marabaſtad zu
ſuchen. Dort gedeiht Aſſagaiholz (Curtisia faginea), Rot-
birnenholz (Phoberos), Nießholz (Pteroxylon utile) und
Stinkholz (Ocolea bullala), welche als harte Hölzer zum
Wagenbau Verwendung finden. Am häufigſten jedoch iſt
das Gelbholz (Podocarpus), das bisweilen eine Dicke von 7
bis 8 Fuß erreicht und zu Balken und Dielen geſchnitten
wird. Es wird erzählt, daß einmal ein Exemplar im Pon-
golo-Busch 13 Wagenladungen Bauholz ergeben habe.
Fritſch fagt vom Gelbholzbaum: „Die Höhe dieſer Stämme
iſt erſtaunlich, ihr Umfang am Boden übertrifft zuweilen
den der ſtärkſten Eichen, die ich je geſehen, und dabei iſt
das Holz gefund von der Rinde bis zum Kern.“

An den Flüſſen findet ſich der wilde Weidenbaum, der
oft 60 Fuß hoch wird, fowie der Karreebaum.[164]) In dem
Diſtrikte von Zoutpansberg findet ſich Eiſenholz (Olea),
Ebenholz und Mahagoni von beträchtlicher Höhe und ſtarkem
Durchmeſſer. Die bedeutendſten Nutzholzwälder ſind der
Pongolobuſch in Utrecht und der Woodbuſch im Diſtrikt
von Zoutpansberg.

In den Houtboschbergen und in den Spelonten, an
einzelnen Stellen, wo feuchter Untergrund ein üppiges
Wachstum geſtaltet, trifft man gar echte urwaldartige Aus-
geſtaltung der Vegetation, hochragende, mit Lianen vielfach
verbundene, mit Farrnen und anderen Schmarotzerpflanzen

bewachsene Bäume, zu welchen wilde Bananen, dichtes, dorniges Gestrüppe, hohes Gras in wirrem Durcheinander sich drängen.

Das Buschfeld, die Flußthäler und die Tieflandsniederungen sind sehr fruchtbar: erstere eignen sich vorwiegend zum Anbau von Nutzpflanzen der gemäßigten Zone, das Tiefland hingegen für den Anbau tropischer Nutzpflanzen.

18. Kapitel.
Das Mineralreich.

Transvaal ist berühmt wegen seines Mineralreichtums.[165] Doch ist derselbe, abgesehen vom Goldvorkommen, nur erst sehr oberflächlich bekannt. Diamanten sind bei Klerksdorp, nördlich von Pretoria, im Waterbergdistrikt und in der Nähe des Blaauwberg-Gebirges gefunden worden. Gute Kohlen werden südwestlich von Klerksdorp gefördert. Weiter östlich bei Vereeniging hat die Transvaal= und O. F. St. Association ihre Kohlengruben, die hauptsächlich die Kap-Eisenbahnen und den Rand mit Kohlen versorgen. Die Kohle liegt dort 80 englische Fuß unter der Oberfläche. Der darunter liegende Thon wird zum Ziegelbrennen benutzt. Die Hauptmasse seiner Kohlen bezieht indessen der Rand aus dem Distrikt zu Volksburg und den Springs. Dort arbeiten acht Gesellschaften und fördern jährlich 650000 Tons. Die Verbindung mit Johannesburg wird durch eine Eisenbahn hergestellt. Die Lager bei den Springs gehören der Nether= lands Railway Co. Sie schwanken in der Mächtigkeit zwischen 40 und 50 englischen Fuß. Unweit der Springs

liegt Bratpan, bei weitem das größte Kohlenlager in ganz
Südafrika, wo die Coal Trust Company ihre Gruben hat.
Die Kohle ist sehr rein, 20 englische Fuß mächtig, und das
Lager wird auf 2400 Acres geschätzt. Täglich können 1000
Tons gefördert werden. Auch die nahegelegenen Kohlengruben in Cassel geben guten Ertrag. Ein sehr aussichtsreiches Feld liegt in der Nähe von Middelburg; die Kohle
soll von vorzüglicher Qualität und das Lager von großer
Ausdehnung sein, aber die Ausbeute ist noch gering. Auch
bei Pietersburg soll Kohle vorkommen.

Silber findet sich in reichlichen Lagern an vielen
Stellen des Landes, hauptsächlich bei Pretoria, wo „Albert"
und „Transvaal Silver" die ergiebigsten Gruben sind, im
Lilje=Rivier=Gebiet des Middelburger Distriktes und bei
Jeerust in den Marico=Gruben. In den ersteren beiden ist
das Silber hauptsächlich mit Blei verunreinigt, doch kommen
auch Kupfer, Antimon, Eisen u. dgl. vor. In der Albert=
mine ist es besonders stark mit Hämatitelsen verbunden;
dieselbe Mine giebt einen Ertrag von 10 pCt. Kupfer.
Magneteisenerz steht nach Schmeißer in großen Mengen im
Middelburg= und im Waterberg=Distrikt an.

Kupfer wurde früher auch von den Eingeborenen am
Limpopo gewonnen. Große Lager sind neuerdings am Fuß
der Murchison=Kette gefunden worden. Am Rooiberg und
dem Polabora befinden sich alte verlassene Kupferminen.
Bleiglanz ist gleichfalls häufig, so z. B. am Pisang=Kop
im Zoutpansberg=Distrikt. In den Marico=Silberminen
wird Blei als Nebenprodukt gewonnen. Bei Pretoria und
Middelburg kommen im Granit große Lager silberhaltiger
Bleiglanz= und Kupfererze vor.

Graphit ist gleichfalls nicht selten. Zinf findet sich in den Distrikten von Malmani und Watersberg. Da es zum Zweck der Golbgewinnung viel gebraucht wird, so gehen diese Minen einer großen Entwicklung entgegen. Auf den Golbfeldern der Murchison-Kette wird Antimon als Nebenprobukt gewonnen. Bei Steynsborp im De Kaap-Distrikt sind gleichfalls Lager von Antimon entbeckt worden. Zinn scheint in größerer Menge nur im benachbarten Swaziland vorzukommen, doch wird es nach Schmeißer auch im Komati-Distrikt gefunden. Dagegen ist Eisen reichlich vorhanden und kommt besonders in fast reinem Zustande am Bjerberg bei Cersteling vor. Im Leydenburger und Joutpansberger Distrikt wird es von den Eingeborenen gewonnen und zu Waffen und anderen Artikeln verarbeitet. In Marico und Barberton und bei Pretoria wird auch Zinnober geförbert, Asbest und Glimmer sind gleichfalls nicht selten. Ein Glimmerlager soll sich im Distrikte Joutpansberg zwischen dem Selati und dem Groot-Letaba befinden. Schwefellager sind bei Nylstrom und Amsterbam entbeckt worden. Bei Pretoria kommt endlich Kalk und Tolomit in reicheren Lagern, in einiger Entfernung von Amsterbam Kieselguhr vor. Mangan-Erze sind ziemlich verbreitet. Seltenere Mineralien sind Wismuth (bei Lydenburg und Watersberg), Kobalt (in großer Menge bei Middelburg), Molybbän (zu Pretoria und Middelburg), Nickel (am Salonsflusse bei Middelburg), Platin (bei Klerksborp), schwefelsaures Strontium (bei Pretoria), Uranium (anscheinend abbauwürbig bei Pretoria).

Quarz, Bergkrystall, Felbspath sind fast überall

anzutreffen; Calcedon, Achat, Beryll, Korund, Granate und andere Edelsteine kommen hier und da vor.

Salz, Soda, Salpeter, Alaun und Kalkspath finden sich meist in beckenförmigen Niederungen, sogenannten Pfannen, besonders im Zoutpansberger Distrikt. Ein wenig nördlich von Pretoria existiert gleichfalls eine solche Pfanne; die Salze inmitten derselben bedecken eine Oberfläche von 400000 Quadrat-Yards.

Sandstein ist reichlich im Lande vertreten; in den Staatsbrüchen bei Pretoria wird ein schönes und dauerhaftes Material für Bauzwecke gewonnen.

Von den Mineralquellen ist Warmbad, zwischen Pretoria und Nylstrom gelegen, besonders hervorzuheben. Es wird von den Buren wegen seiner heilkräftigen Eigenschaften viel besucht, und ihre Zelte und Wagen bilden oft ein großes Lager in der Umgebung. Die Quelle ist lithiumhaltig.

Nach einer Analyse von Dr. Hahn enthält eine Gallone:

Kohlensaures Natron .	16,84	Gran.
Salz	9,168	„
Kohlensaures Lithium . .	0,12	„
Kohlensaurer Kalk . . .	1,82	„
Eisen	0,29	„
Schwefelsaure Magnesia .	0,36	„
Kieselerde	2,45	„

Eine andere beliebte Quelle befindet sich in Hartingsburg, südlich von Nylstrom.

Das wichtigste Mineral der Republik ist aber das Gold.

Schon im Jahre 1854 wurde Gold in der Nähe von Johannesburg entdeckt, aber die Buren verhinderten die Ausbeutung, weil sie in ihrer Existenz durch den Zuzug von Goldgräbern bedroht zu werden fürchteten. Später machte C. Mauch (1865—70) auf die Goldschätze aufmerksam, die Transvaal allem Anscheine nach bergen müsse. Aber erst im Jahre 1872 begann man bei Eersteling im Tiefland auf Gold zu bauen, und im nächsten Jahre wurden auch die Leydenburger Goldfelder in Angriff genommen. In demselben Jahre fand man Gold im Alluvium im Komati-Distrikt und zwei Jahre später im De Kaap-Thal in der Nähe der heutigen Stadt Barberton; aber erst im Jahre 1882 begann man den letzteren Fundort ernstlich auszubeuten. Im November 1884 wurde ein Teil des De Kaap-Distriktes als Goldfeld erklärt und Moodie's Farm den Goldsuchern freigegeben.

Zwei Jahre darauf wurde das Sheba-Riff entdeckt, und nun begann das Goldfieber. Hierauf werden wir unten im Kapitel 27 noch näher einzugehen haben. Das Goldvorkommen in der südafrikanischen Republik ist zuletzt von dem Königl. preußischen Bergrat Schmeißer zum Gegenstand eingehender Untersuchungen gemacht worden,[168] seinen Feststellungen werden wir im folgenden hauptsächlich nachgehen.

Die Hauptgebirgsglieder Transvaals sind, wie bereits früher erwähnt, nach den Untersuchungen des Privatdozenten Dr. A. Schenk in Halle a. d. S., denen sich auch Schmeißer anschließt:

I. Die südafrikanische Primär-Formation.
II. Die Kap-Formation.
III. Die Karroo-Formation.
IV. Rezente Bildungen.

Im Norden und Osten der Republik steht die südafrikanische Primär-Formation an. Sie besteht in
ihrem Unterbau hauptsächlich aus Granit, der an vielen
Stellen zu Tage tritt. Diesen Granit-Sockel überlagert in
weiter Verbreitung eine Schichtenfolge von Thonschiefer,
Quarziten, quarzitischen Sandsteinen, Magnetit-Quarzschiefer
und anderen Gesteinen, ein System, welches von Schenk als
Swazi-Schichten bezeichnet wird. Wo diese Swazi-Schichten
zur Entwicklung gekommen sind, treten fast überall gold=
führende Quarzgänge auf. Das Gold ist teils so fein im
Quarz verteilt oder mit Schwefelkies und anderen Minera=
lien vermischt, daß es mit dem Auge nicht wahrgenommen
werden kann, teils ist es örtlich angehäuft zu deutlich sicht-
baren, etwa linsengroßen Partien, oder auf Ablösungs-
flächen des Quarzes zu mehrere Quadratcentimeter Fläche
umfassenden dünnen Beschlägen. Zu dieser Formation gehört das De Kaap-Goldfeld. Durch die Berge, welche im
Süden und Osten den De Kaap-Thalkessel umschließen, setzt
eine Anzahl goldführender Quarzgänge. Hier ist das sogenannte Moodie's-Goldfeld gelegen. In den Bergen bei Eureka
City werden die Gänge zahlreicher, mächtiger und reicher;
in dem berühmten Sheba-Berge erreicht das Gangvorkommen in der Sheba-Goldgrube eine großartige Entwicklung.
Auch in der weiteren Umgebung dieser Hauptfundorte stehen
noch viele minder ertragreiche Gänge an.

Mehrere Lagergänge von nicht unbedeutender Mächtigkeit, aber geringerem Goldgehalt, liegen bei Steynsdorp,
südlich vom Komati-Flusse. Nördlich vom Selati-Flusse er=
streckt sich vom östlichen Steilabsturz der Drakenberge ab
in einer Breite von 6—8 Kilometer in nordöstlicher Rich-

lung etwa 80 Kilometer weit eine Zone krystallinischer
Schiefer u. dgl., in welcher das sogenannte Goldbelt des
Selati-Goldfeldes liegt.

Die dieses Goldbelt durchziehenden, zumeist im Strei-
chen der Gebirgsschichten liegenden Gänge treten zu zwei
langgestreckten Gangzügen zusammen, von denen der eine
die nördliche, die eigentliche Murchison-Bergkette, der andere
die südliche, die Spitzkop-Bergkette durchsetzt.

Das die Sutherland Hills und den Mabzimbanombe
umschließende Gebiet der Swazi-Schichten bildet den Be-
reich des Klein-Letaba-Goldfeldes. Zwischen dem Groot-
und dem Klein-Letaba liegt das Molototñ-Goldfeld, das
aber keine wesentliche Bedeutung hat, da die im Granit
anstehenden Gänge in der Teufe verarmen. Teils im Granit,
teils im quarzitischen Sandstein aufsetzend, durchziehen
goldführende Quarzgänge in den verschiedensten Richtungen
das Woodbush-Gebirge, den nordwestlichen Ausläufer der
Drakensberge südlich Haenertsburg und das sogenannte Hout-
boschberg-Goldfeld. Endlich sind in der Nähe von Marabastad
und Smilsdorp mehrere Lagerstätten erschlossen worden.

Die Primär-Formation wird discordant überlagert
von der Kap-Formation. Letztere besteht aus Thon-
schiefern, Grauwacken, Sandsteinen, Quarziten, Conglomera-
ten, einem eigenartigen, blauschwarzen, dolomitischen Kalkstein
und mehrfachen Gliusteineinlagerungen. Die Kapschichten
erstrecken sich fast über das ganze südliche, westliche und
mittlere Transvaal und zwar nach Osten bis zu den
Drakensbergen und nach Norden über die Magaliesberge
hinaus; sie umfassen namentlich die Distrikte Potschefstroom,
Marico, Rustenburg, Pretoria und Lydenburg. Hierher ge-

hört zunächst das Wilwatersrand-Goldfeld. Die dort vorkommenden Conglomeratflöße sind die Träger eines mehr oder
minder großen Goldgehaltes. Schmeißer unterscheidet acht
solcher Flöß-Gruppen.[167]) Die Zwischenmittel zwischen den
einzelnen Flößen bestehen in der Regel aus Sandstein.
Von allen Gruppen ist bisher nur die Hauptflöß-Gruppe
näher bekannt geworden. Im Sommer 1893 wurde diese
Gruppe von über 50 Bergwerken ausgebeutet.

Östlich von Klerksborp treten einige Conglomeratflöß-
züge und westlich von demselben Ort eine Flößmulde auf,
die das Klerksdorp-Goldfeld bilden. Wahrscheinlich sind die
hier auftretenden Conglomerate für Ausläufer der Wit-
watersrandflöße zu halten. Auch bei Pryheid, 290 Kilometer südöstlich Johannesburgs im Flußgebiet des Umvolosi-
Riviers gelegen, sind Conglomeratflöße gefunden worden.
Im Leydenburg-Distrikt sind einige goldführende Sand-
steinflöße festgestellt. Gleichartige Vorkommen finden sich
auf den Höhenzügen, welche den De Kaap-Thalkessel im
Süden und Osten umschließen. Auf den Farmen Frankfort
und Walerval, sowie an anderen Orten des Leydenburger
Distrikts treten in den Kapschichten mehrfach auch goldführende Quarzadern auf. In gleicher Weise finden sich
schmale Quarzgänge im Dulvels-Kantoor, stellenweise nördlich des Wilwatersrandes, sowie endlich auf dem Malmani-
Goldfeld im Marico-Distrikt. Doch sind diese Gangvorkommen wenig bedeutend.

Als oberste und jüngste Schichtenfolge ist die Karroo-
Formation an der Bildung der südafrikanischen Hochebene
beteiligt gewesen.[168]) Vom Oranje-Freistaat aus, dessen Flächen,
sowie die der übrigen weiter südlicheren Karroo-Ebene sie

größtenteils überdecken, ziehen sich die Karroofchichten in breiter, flacher, discordanter Überlagerung der Kapschichten in die südafrikanische Republik hinein, das ganze obere Sammelgebiet des Olifantriviers bis nach Middelburg hin einnehmend und bei Bodsburg eine in der Richtung von Ost nach West langgezogene Insel bildend. In den Schichten der KarrooFormation Transvaals liegen mächtige, weithin sich erstreckende Steinkohlenflöße; letztere sind an den steilen Berghängen der tief eingeschnittenen Thäler des Olifant- und des Wiljeriviers, sogar im Bette des Olifantriviers selbst bloßgelegt und führen Gas-, Kok-, Schmiede- und Kessellohle, oft mehrere dieser Sorten in verschiedenen Bänken desselben Flötes. Die oben erwähnten Kohlenlager gehören sämtlich in diese Formation; dagegen führt dieselbe lein Gold, das anbrerseits wieder in den rezenten Bildungen, wenn auch nur in unbedeutendem Maßstabe vorkommt.

Übersicht der
und d
hauptsächlichste

19. Kapitel.

Wappen und Flagge.
Einteilung in Distrikte.
Die hauptsächlichsten Ortschaften.

Das Wappen der Republik zeigt den Wahlspruch: Een-
dragt maakt Magt, Eintracht macht stark. In der
Mitte des Wappenfeldes ist das Sinnbild der Hoffnung,
der Anker, angebracht, zugleich ein Hinweis darauf, daß die
Buren über See aus der alten Heimat gezogen sind. Links
oben befindet sich ein Löwe, rechts ein Mann in Buren-
tracht mit dem Gewehr bewaffnet, die untere Hälfte nimmt
das Bild eines Ochsenwagens, des südafrikanischen Beförde-
rungsmittels, ein als Symbol der Wanderlust des Buren-
volkes. Die Landesfarben sind blau, weiß, rot.

Für die Zwecke der Verwaltung ist das ganze Land in
20 Distrikte eingeteilt, deren Namen samt ihren Haupt-
städten und den zugehörigen Kreisen, sowie die Zahl der
Volksraadsmitglieder, zu deren Entsendung sie berechtigt
sind, aus der folgenden Zusammenstellung ersichtlich sind.

Name des Distrikts (und Hauptort).	Zugehörige Wijken (Kreise)	Volksraadsm. erste Volks- raadsm.	zweite Volks- raadsm.
Bloemhof (Christiana)	Benewijk-Baalrivier Onderwijk-Baalrivier Hartsrivier	1	1
Carolina (Carolina)	Wijk No. 1 „ „ 2 „ „ 3	1	1
Ermelo (Ermelo)	Wijk No. 1 „ „ 2 „ „ 3	1	1
Heidelberg (Heidelberg)	Rondekoppen Suikerboschrand Roodpoort Allerivier	1	1
Krugersdorp (Krugersdorp)	Wijk No. 1 „ „ 2 „ „ 3	1	1
Lichtenburg (Lichtenburg)	Wijk No. 1, Boven Hartsrivier „ „ 2, Onder Hartsrivier „ „ 3, Zoutpannen	1	1
Lijdenburg (Lijdenburg)	Stadt Chrißtadsrivier Roßtariviet Sormlampsberg	2	2
Marico (Zerrust)	Groot Marico Roodepb Malopo Klein Marico	1	1
Middelburg (Middelburg)	Stadt Coplosrivier Rawschgruben Sterrnkoolspruit Olifantsrivier	1	1
Piet Retief (Piet Retief)	Klein Briskant ob. Wijk No. 1 Assegairivier „ „ „ 2	1	1
Potchefstroom (Potchefstroom)	Stadt Baalrivier Mooinifse Onder-wijk-Schoonspruit Gatsrand Boven-wijk-Schoonspruit Boven-Baalrivier	2	2

Name des Distrikts (und Hauptort).	Zugehörige Wijken (Dörfer)	Volksraadsm. erste Volks- raadsm.	zweite Volks- raadsm.
Pretoria (Pretoria)	Stadt Kapirivier Broukbersspruit Elandsrivier Bruksbldrivier Bitwaterrand	2	2
Rustenburg (Rustenburg)	Elandsrivier Hegrivier Hoogeveld Zwartruggens	2	2
Standerton (Standerton)	Blesboschspruit Alyrivier Balerpal	1	1
Utrecht (Utrecht)	Wijk No. 1 „ „ 2 „ „ 3	1	1
Brijfeld (Brijfeld)	Wijk No. 1 „ „ 2 „ „ 3 „ „ 4	2	2
Wakkerstroom (Martinus-Wakkerstroom)	Wijk No. 1 „ „ 2 „ „ 3	1	1
Wakkerberg (Wakkerstroom)	Wakkerstroom Zwagershoek Piet-Potgietersrust	1	1
Bolmaransstad (Bolmaransstad)	Wijk No. 1 „ „ 2	1	1
Zoutpansberg (Pietersburg)	Stadt Pietersburg Spelonken Marabastad Albasterpoort Houtboschberg Onderveld	1	1
Für die Altwatersrand-Minenbezirke		1	1
„ „ De Kaap-Minenbezirke		1	1

Die geographische Lage der Distrikte erhellt aus der beigehefteten Karte; wie sich die Bevölkerung auf diese

Distrikte verteilt, ist oben auf Seite 166 dargethan worden. Die alte Hauptstadt des Landes ist Potchefstroom, der gegenwärtige Sitz der Regierung Pretoria, die volkreichste Stadt Johannesburg.

Über die einzelnen Hauptorte sei hier Folgendes im allgemeinen bemerkt: [169])

„Durch den Grondwet ist Potchefstroom, ein im Westen des Landes im Mooi-

Wappen der Republik.

Rivier, 20 Kilometer nördlich des Vaal-Riviers gelegenes freundliches Landstädtchen, in dem die erste konstituierende Versammlung tagte, zur Hauptstadt des Landes bestimmt worden. Der Sitz der Regierung aber ist Pretoria, eine Stadt mit etwa 6000 Weißen und ebensoviel farbigen Bewohnern. Diese Stadt besitzt breite, rechtwinklig sich schneidende Straßen, große öffentliche Gebäude, darunter den umfangreichen Regierungspalast, welcher die Bureaux der Centralverwaltung und die Sitzungssäle der gesetzgebenden Körperschaften umfaßt, die große reformierte Kirche, die Nationalbank, die Münze und die Post. Viele Häuser liegen in anmutig gelegenen Gärten. Eine Centralanstalt versieht Straßen und Häuser mit elektrischem Licht. Große, gut eingerichtete Gasthöfe und Klubs, bedeutende Gasthäuser sind vorhanden. Nicht allein unter den

Städten Transvaals, sondern sogar unter den Städten ganz
Südafrikas ist die Stadt Johannesburg, südlich des Witwatersrands, zur Zeit die wirtschaftlich bedeutendste. Sie
besitzt eine Einwohnerschaft von 40—50000 Seelen ausschließlich der Negerbevölkerung, und zwar neben verhältnismäßig wenig Buren, Angehörige vieler europäischer Nationen, besonders Engländer, Deutsche und Holländer, ferner
Amerikaner, Araber, Malayen, Hindus, Chinesen, Japaner
u. s. w. Ein seltsames Völkergemisch! Ein babylonisches
Sprachengewirr! Die Geschäftssprache ist englisch; daneben
hört man oft die deutsche Zunge, weniger die holländische,
obgleich holländisch die Sprache der Behörden ist. Johannesburg hat breite Straßen, große, freie Plätze, viele
stattliche Geschäftshäuser, eine Börse, mehrere Theater, gute
Gasthöfe, Pferdebahn, elektrische Beleuchtung in vielen
Häusern, in den Vorstädten schöne Landhäuser in wohlgepflegten Gärten. Dort konzentriert sich bekanntlich der
ganze geschäftliche Verkehr der Goldbergwerke im Witwatersrand.

Wie Pretoria, so ist auch Johannesburg, abgesehen
von den gebotenen Kunstgenüssen, im stande alle Ansprüche
selbst der verwöhntesten Europäer zu befriedigen, wenn auch
nur mit einem für europäische Begriffe bedeutenden Geld-
aufwand."

Die übrigen in der Zusammenstellung der Distrikte bezeichneten Ortschaften wie Klerksdorp, Middelburg, Heidelberg, Barberton u. s. w. sind in Umfang und äußerer Erscheinung Landstädtchen mehr oder minder freundlichen
Aussehens. Alle anderen Ortschaften sind kaum mehr als
Dörfer oder Dörfchen.

„Außerdem giebt es aber viele ſogenannte Goldgräberniederlaſſungen (Mining-camps), beſtehend aus Tagesanlagen
eines Bergwerkes und den zugehörigen Geſchäftsräumen,
Beamten= und Arbeiterwohnungen und den unvermeidlichen
Kantinen. Zahlreiche Wohnſtätten der Farmbeſitzer liegen
einzeln zerſtreut im ganzen Land.

Die Regierungsgebäude, Kirchen, bedeutenderen Geſchäftshäuſer Pretorias und Johannesburgs, viele Landhäuſer
oder die älteren Häuſer der kleineren Städte oder der ein=
zelnen Farmen ſind in Ziegel=, Sandſtein= oder Bruchſtein=
mauerwerk unter Anwendung von Wellblechbedachung errichtet;
die meiſten Häuſer aber, beſonders Grubenbetriebsgebäude, Be=
amten= und Arbeiterwohnungen, Kantinen, viele Farmer=
Wohnſtätten beſtehen aus Holzkonſtruktion in Verbindung
mit Wellblech.

Die Eingeborenen wohnen im ganzen Land zerſtreut,
hauptſächlich im Buſchfeld, im Leydenburg= und De Kaap=
Diſtrikt, ſowie im Tiefland von Zoutpansberg. Ihre nie=
deren, von Kliebgras oder Baumzweigen errichteten, mit
Lehm verſchmierten cylindriſchen Rundhütten mit flachem,
kugelförmigen Strohdach findet man bald auf Bergeshöhen,
bald am Bergeshang oder tief im Thal auf kleiner Rodung.
Gewiſſe Ländergebiete, ſogenannte Locatien ſind ihnen von der
Regierung zur Anſiedelung ausſchließlich überwieſen worden.“

Genauere Angaben über die bedeutendſten Ortſchaften
der Republik enthält die folgende Überſicht:

1. Potſcheſſtroom.[170]

Die alte im Jahre 1839 gegründete Hauptſtadt des
Landes. Es liegt am Mool=Rivier, einige Meilen ober=

halb der Mündung desselben in den Vaal, 1250 Meter über dem Meeresspiegel in malerischer Situation und gilt für sehr gesund. Die Straßen werden von schattigen Weidenbäumen eingefaßt, was in Verbindung mit den vielen Gärten der Stadt ein angenehmes, blühendes Aussehen verleiht. Besonders berühmt ist es wegen seines reichlichen und guten Wassers. Die Hauptgebäude sind das Regierungsgebäude, drei Kirchen, eine Filiale der Nationalbank und das Gebäude der Nied. Bank- und Kreditvereinigung.

Die Stadt zählt zur Zeit etwa 5000 Einwohner.

Es bestehen drei Hotels (Royal, Crown, Phönix), ferner erscheinen drei Zeitungen: Der Potschefstroiner und das Budget, wöchentlich je einmal und zwar die erstere in holländischer, die letztere in englischer Sprache.

Im Jahre 1862 war Potschefstroom der Schauplatz des Bürgerkrieges unter Snyman und Schoemann (vergleiche Seite 34). Im Unabhängigkeitskriege war es von 250 Briten unter dem Kommando des Colonel Winsloe besetzt, der sich nach Verlust fast eines Drittels seiner Mannschaften ergeben mußte. Die Überreste der Erdwerke und Verschanzungen sind noch zu sehen.

Einen neuen Aufschwung erhielt die Stadt durch die Entdeckung der Goldfelder in ihrer Nähe. Auch Diamanten sollen dort gefunden sein. Die Goldfelder wurden im Jahre 1887 „proklamiert". Im Jahre 1893 betrug die Förderung 24406 Unzen. In der Nähe liegen auch die Goldfelder von Klerksdorp und von Venterskroon, letztere dicht am Vaal.

2. Pretoria.

Die Stadt wurde im Jahre 1855 begründet und erhielt ihren Namen von Pretorius, dem ersten Präsidenten der Republik, deren Hauptstadt sie bis zum Jahre 1863 war. Sie liegt am nördlichen Abhange eines Gebirgsthales, das von dem Aapjes River, einem kleinen Zufluß des Krokobil-Flusses, gebildet wird, etwa 1375 Meter über dem Meeresspiegel, rings umgeben von den Hügeln des Witwatersgebirges. Von dem im Süden der Stadt gelegenen Signal-Hill, der das Thal um etwa 120 Meter überragt, hat man einen schönen Überblick über die Stadt. Das Plateau am Fuß des Hügels war der Standplatz des englischen Lagers im Unabhängigkeitskriege. Links liegen die Artillerie-Kasernen und Magazine, gerade aus das Gefängnis, von einer roten Ziegelmauer eingeschloffen, mit einem alten Rundturm an der Ecke. Seit 1896 hat man mit dem Bau eines Ringes von 6 Forts rund um die Stadt begonnen. Das Land um Pretoria besitzt wenig Naturschönheiten, mit Ausnahme des Weges nach „The Fountains". Das Thal, durch welches dieser Weg führt, ist zugleich das Eingangsthor für die Eisenbahnen von Delagoa-Bai und Johannesburg. Drei englische Meilen von der Stadt, rechts von der nach Norden führenden Chaussee steht ein uralter Baumriese, der unter dem Namen Wonderboom jedem Besucher von Pretoria bekannt ist.

Pretoria ist eine für Südafrika charakteristische Stadt, unter grünenden Hecken und schattigen Alleen halb versteckt, mit breiten, sich rechtwinklig schneidenden Straßen. Doch büßt es seinen ländlichen Charakter immer mehr ein. In

PRETORIA

Holländisch-reformierte Kirche in Pretoria.

den letzten Jahren sind zahlreiche palastähnliche Gebäude
errichtet worden, darunter hauptsächlich das dreistöckige

Regierungsgebäude oder der „Raabzaal", von dem Regie-
rungs-Architekten Wierda erbaut, mit einer Front von 175
englichen Fuß = 53½ Meter. Die Statue der Freiheit
krönt die Façade.

Das Gebäude enthält die Amtszimmer des Präſidenten,
des Staatsſekretärs, des ausführenden Rats, des General-
ſchatzmeiſters, des General-Auditeurs, des Regiſtrators der
Akten, der Waiſen-Kammer, des General-Landmeſſers, des
Unterrichts- und Bergwerks-Miniſteriums, ſowie die mit Gal-
lerien für das Publikum verſehenen Sitzungsſäle für die
beiden Volksraads. In den unteren, feuerſicheren Räum-
lichkeiten wird das Staats-Archiv aufbewahrt.

Im Jahre 1889 ſtand au derſelben Stelle ein ärm-
liches, mit Schindeln bedecktes Haus, in dem damals der
Volksraad tagte. Welch ein Kontraſt!

Das Regierungsgebäude liegt am Church Square
(holländiſch: Kerkplein), dem Kirchplatz, deſſen Mitte die
holländiſch-reformierte Kirche einnimmt. An demſelben
Platze ſind auch die Transvaal Loan and Mortgage's
Buildings, die Lewis and Mark's Buildings, die Lys Buildings und die Nationalbank mit der Münze gelegen. An
der Weſtſeite des Church Square liegt das Poſtgebäude.
Hier, in der Mitte der Stadt, befinden ſich auch ſämtliche
Bankinſtitute, wie die Filialen der Standard Bank of South
Africa Lim., der Bank of Africa Lim., der American
Banking Corporation Lim., der Natal Bank Lim., De
Nationale Bank de Z.-A. Republiek u. ſ. w., und in den
benachbarten Straßen, der eigentlichen Geſchäftsgegend, ſind
zahlreiche glänzende Läden und Kaufhäuſer an Stelle der
früheren einfachen Stores errichtet worden. Zum Beiſpiel die

Großhandelsfirmen Mosenthal Bros. & Wolff, Agenten der Londoner Alliance-Assurance Co., der deutschen Ost-Afrika-Linie, die Buch- uab Musikhandlung von J. H. de Bussy (in der Kerkstraat), die Agentur von Baerveldt & Heyblom, die Maschinenfabrik der Gebr. Delfos & Coe und viele andere.

Die Hauptgeschäftsstraße ist die Church Street (Kerkstraat), an deren westlichen Ende das Haus des Präsidenten gelegen ist. Die Church Street mündet auf den Marktplatz, wo sich eine große überdeckte Markthalle befindet, deren Bau 700000 Mk. gekostet hat. Daneben soll ein Theater errichtet werden.

Neben der holländisch-reformierten Kirche auf dem Church Square weist Pretoria noch eine ganze Reihe anderer Kirchen auf.

Im oberen Teile der Stadt liegt die englische Kathedrale. Mit der römisch-katholischen Kirche sind ausgedehnte Schul- und Klosterbaulichkeiten verbunden. In der Church Street liegt die Wesleyanische Kirche. In der Dopper-Kirche pflegt der Präsident zuweilen zu predigen. Außerdem existiert eine Deutsche Kirche, eine Baptisten-Kirche ꝛc. — Unterrichtszwecken dienen das Staats-Gymnasium, die Staats-Modelschool und die Staats-Metsjeschool (Mädchenschule).

Die gegenwärtige Staatsbibliothek ist durch die Verbindung einer früheren Einrichtung dieses Namens mit der Public Library entstanden; sie liegt an der nordöstlichen Ecke des Church Square, ist dem Publikum kostenlos geöffnet und wird viel benutzt; der Durchschnitt der täglichen Besucher beträgt 113. Nach einer Aufstellung vom 14. Oktober 1896 enthielt die Bibliothek etwa 8850 Bücher, meist

In holländischer und englischer Sprache. Die Benutzung wird durch einen großen Lesesaal erleichtert, der aber nur den Abonnenten geöffnet ist

Noch reichlicheren Zuspruchs erfreut sich das öffentliche Museum, für das eine Durchschnitts-Ziffer von 180 Besuchern auf den Tag ermittelt ist. Es ist im Mai 1894 eröffnet worden und enthält hauptsächlich naturkundliche Sammlungen, aber auch z. B. eine vom General-Postmeister begründete Sammlung von Briefmarken. Die Anlage eines botanischen und eines zoologischen Gartens ist bereits geplant. Theater-Liebhaber finden ihre Rechnung im Präsidenten-Theater. Mehrere Klubs pflegen Geselligkeit, Sport und landsmannschaftliche Gesinnung, z. B. der Pretoria-Klub und der Deutsche Klub.

Es erscheinen 7 Zeitungen: Der Staatscourant, The Preß, Transvaal Advertiser, Land en Volk, Volksstem, Observer, Volksraad. Am häufigsten erscheint die Volksstem, die 4 Mal wöchentlich ausgegeben wird und jährlich 30 s. kostet; am Montag und Donnerstag erscheint sie in holländischer, am Dienstag und Freitag in englischer Sprache. Die übrigen erscheinen in holländischer Sprache mit Ausnahme des Advertiser und des Observer, die nur englisch, und des Volksraad, der zweisprachig gebruckt wird. Der Staatscourant ist das offizielle Regierungsblatt, erscheint jeden Mittwoch um 12 Uhr und wird in der Staatsbruckerei (an der Koch- und Vermeulenstraße) hergestellt. Das Handels-Advertenteblab (Mercantile Advertiser) wird in 3500 Exemplaren gratis in der Republik verteilt.

Eine ganze Reihe von Hotels bietet den Reisenden Unterkunft. Das eleganteste ist das Grand Hotel, denn

Regierungs-Gebäude gegenüber, daneben existieren das Transvaal-Hotel, das Fountain-Hotel, das Central-Hotel, das Commercial-Hotel u. s. w.

Im Süden der Stadt liegt der prächtige Gouvernements-platz, Groenkloof genannt, und reichlich mit Bäumen bepflanzt. Hier entspringt der Aapjes Rivier aus der großen „Fonteln", woraus auch Pretoria und sämmtliche Vorstädte durch die Waterwerken-Maatschappij mit Wasser versehen wird.

An der Südseite der Stadt liegt auch der Bahnhof. Pretoria hat heute zwischen 11- und 12000 Einwohner. Die Hälfte davon sind Eingeborene und Kulis. Den Far-bigen sind Lokationen in den Vorstädten angewiesen. Aber auch viele Weiße ziehen es vor, ihre Privatwohnung in die Vorstädte zu verlegen, und in der Nähe von Heys Park, Arcadia und Sunnyside finden sich zahlreiche Villen.

Über die klimatischen und Gesundheits-Verhältnisse Pretorias ist bereits weiter oben die Rede gewesen. In geringer Entfernung von der Stadt hinter dem Krugers-park ist bereits im Jahre 1888 von der Regierung ein Volkshospital errichtet worden, das von dem Arzt Dr. G. W. S. Lingbeek geleitet wird. Die Pension beträgt 12, 8 und 5 s in drei Klassen. Auf Verwendung des Hospital-arztes, des Landdrosten oder der Mitglieder des Kuratoriums können auch Patienten kostenlos aufgenommen werden. Die im Hospital benötigten Steinkohlen werden vom Transvaal Coal Trust gratis geliefert und von der Eisenbahn-Gesellschaft gratis befördert. Am Marktplatz befindet sich die Holländische Apotheke von T. C. C. Gläser, „Apotheker van J. Heb. den Staatspresident". Gegenüber dem Regierungsgebäude halten die Herren J. P. Jones & Co. eine zweite Apotheke.

Die neuen Wasserwerke, die im Jahre 1891 eröffnet wurden und reichliches, gutes Wasser liefern, werden zur Verbesserung der gesundheitlichen Verhältnisse sicher sehr viel beitragen. Für die Unterhaltung der Straßen und die Kanalisation sind bereits reichlich zwei Millionen Mark ausgegeben worden. Die ganze Stadt ist elektrisch beleuchtet; nachts brennen über 100 Bogenlampen. Auch in Privathäusern hat sich das Glühlicht vielfach Eingang verschafft.

Der Fahrverkehr innerhalb der Stadt wird durch Droschken, Omnibus und Landauer bewerkstelligt. Die Grundtaxe der Droschken für Erwachsene ist 1 s für die englische Meile oder nach der Zeit 5 s für die Stunde.

Die Eisenbahn verbindet Pretoria einerseits mit Middelburg, Barberton, Komatipoort und Lourenço Marques, andererseits mit Johannesburg (Krügersdorp, Boksburg) und den hauptsächlichsten Häfen der Südspitze des Kontinents. Mit anderen Ortschaften wird die Verbindung durch regelmäßigen Post- und Wagenverkehr vermittelt.

Zweifellos steht Pretoria erst am Anfang einer großen Entwicklung. Wenn einmal die schwebenden oder bereits in Angriff genommenen Bahnprojekte vollendet sein werden, so wird es schon als das Centrum eines großartigen Verkehrsnetzes erhebliche Bedeutung erlangen. Dazu kommen die in der Nähe gelegenen Mineralschätze an Kohlen, Eisen, Zinnober, Silber und dergleichen, ein Fundament, auf dem sich eine ausgedehnte Industrie entwickeln kann und wird. Augenblicklich sind hauptsächlich einige Dynamit- und Pulverfabriken, sowie eine Cementfabrik in Betrieb. Die letztere (Eerste Cement-Fabrieken, Beperkt) ist die einzige Cementfabrik in Süd-Afrika überhaupt. Der „General Manager"

ist ein Deutscher aus Offenbach am Main. Unweit von
der Stadt liegt auch die Hatherley Distillery, wo Spirituosen in großem Umfange hergestellt werden.

3. Barberton.

Barberton liegt an der Grenze des Lydenburger
Distrikts am Abhange des De Kaap-Thales, am Endpunkt
der Bahn, die sich bei Kaapmuiden von der Linie Delagoabai-Pretoria abzweigt, etwa 900 Meter hoch. Die
Bevölkerung beträgt etwa 1000 Seelen. Das Klima galt
früher als sehr ungesund, und die Malaria trat in den
Sommermonaten oft so stark auf, daß sie das Verweilen
unmöglich machte; aber das Fortschreiten der Kultur hat
diese Plage erheblich eingedämmt. Auch die Tsetse-Fliege
macht sich hier zum Schaden des Zugviehs unangenehm be-
merkbar. — Es bestehen mehrere Hotels (Granville, Horse-
shoe, Crown, Phoenix) und drei Zeitungen: The Goldfield
News, The Goldfield Times und The Barberton Herald, die
zweimal wöchentlich in englischer Sprache erscheinen. Ob
die beiden letzten noch bestehen, kann ich indessen nicht bestimmt sagen. Drei Banken und eine Börse vermitteln das
Geldgeschäft.

Barberton ist das Centrum der De Kaap-Goldfelder.
Schon im Jahre 1875 wurde in der Nähe der jetzigen
Stadt Gold gefunden; erst im Jahre 1882 begann indessen
die Ausbeute.

Im Jahre 1884 waren in Moodie's Reef ungefähr
100 Digger thätig. Moodie's Reef ging bald darauf an
eine Gesellschaft über, und die Goldgräber suchten zum
größten Teile ihr Glück in der näheren Umgebung. Große

Goldfunde waren die Folge, Geld und Menſchen ſtrömten
ins Land. Wie durch Zauberei entſtand eine Stadt, Barberton, die in kurzer Zeit 8000 Bewohner zählte. (Siehe
die Bilder auf S. 110 u. 111.) Zahlreiche Minen, unter
denen beſonders das Sheba-Reef zu erwähnen iſt, wurden
eröffnet. Aber der Rückſchlag blieb nicht aus. Der Mangel
geeigneter Verbindung und die dadurch entſtehenden hohen
Unkoſten in Verbindung mit der geringen Ergiebigkeit vieler
Minen und der gleichzeitigen Entdeckung der Witwatersrand-
ſelber führten ſchon wenige Jahre ſpäter zu einem förmlichen
Krach, von dem ſich die Stadt und die Goldfelder nur ſchwer
erholen. Nachdem jetzt eine vorteilhafte Eiſenbahn-Verbin-
dung geſchaffen und für gutes Trinkwaſſer Sorge getragen
iſt, auch ſonſt das Klima ſich gebeſſert hat, wird die ſchwere
Kriſis mit der Zeit wohl überwunden werden.

Heute zählt Barberton etwa 2000 Einwohner. Die
hauptſächlichſten Gebäude ſind das Regierungsburreau, das
Landdroſtbureau, das Gerichtsgebäude, die Gendarmerie-
Kaſerne, das Gefängnis, die Freimaurercloge, vier Kirchen
(eine holländiſche, engliſche, wesleyaniſche, römiſch-katholiſche),
die Börſe, das Klubhaus und das Heim der Baugenoſſen-
ſchaft. Das Hoſpital wird von der Regierung unterſtützt.
Alle Hauptbanken haben Zweignieberlaſſungen in Barberton.
Schon im Jahre 1885 wurde eine Handels- und Minenkammer (Kamer van Koophandel en Mijnwezen) begründet,
die jetzt unter der Präſidentſchaft des Herrn W. H. Brown
ſteht. Unter dem Vorſitze des Minenkommiſſars ſorgt ein
„Geſundheitskomitee" für ſanitäre Einrichtungen und Maßregeln, ferner eine Wildbeſchermings-aſſociatie für den
Wildſchutz. Die hauptſächlichſten Handelsfirmen ſind:

F. B. Robinson & Co., Harvey Greenacre & Co., Buchanan und Forsith, A. L. Murray & Co.

4. Carolina.

Ein kleines Dorf im gleichnamigen Distrikt mit etwa 260 Einwohnern, das in Folge von Gold-, Kohlen-, Zinn-, Eisen- und Asbest-Funden sich schnell zu entwickeln verspricht. Unter den Gebäuden sind nur das Regierungs- und das Postgebäude hervorzuheben, sowie eine holländisch-reformierte Kirche. Das einzige Hotel ist The Republic.

5. Christiana,

nicht Christiania, wie auf manchen Karten zu lesen ist, — der Hauptort des Distriktes Bloemhof, am Vaal gelegen, mit etwa 250 Einwohnern. Neuerdings sind in der Nähe Diamanten im Alluvium gefunden worden. An einer großen Verkehrs-straße gelegen, hat es zwei Hotels. Im Regierungsgebäude sind die Bureaus der Landdroste, der Post, der Telegraphen-Verwaltung und der Steuer untergebracht. Christiana hat ferner zwei Kirchen, ein Gefängnis und Kasernen für die berittene und die Fußpolizei.

6. Eersteling.

Der Ort liegt unweit der Smitsdorp-Goldfelder und ist besonders dadurch bemerkenswert, daß an dieser Stelle der erste Goldminen-Betrieb in der Republik im Jahre 1872 eröffnet wurde, aber wegen großer Transportschwierigkeiten und Unruhen mit den Kaffern bald wieder eingestellt werden mußte.

7. Ermelo.

Der Hauptort des gleichnamigen Distrikts mit etwa 450 weißen Bewohnern, südwestlich vom Chrissie-See ge-legen. Ermelo ist nur ein kleines Dorf mit einer hübschen

Kirche, das dadurch ſeine Bedeutung erhält, daß es im Centrum eines Kohlen-Diſtrikts liegt. In der Nähe ſind warme Mineralquellen. Es wird erſt zu ſchnellerer Ent- wicklung gelangen, wenn die geplante Anſchlußbahn nach Belfaſt an die Linie Delagoabai-Pretoria hergeſtellt iſt. Die Natalbank und die Nationalbank haben hier Zweignieder- laſſungen. Auch ein Hotel (das Phoenix-Hotel) iſt vorhanden.

8. Heidelberg.

Oft fälſchlich Heidelburg geſchrieben, beſonders von Engländern. Der Hauptort des gleichnamigen Diſtrikts, am Blesbol-Spruit und der Natal-Bahn, etwa 1525 Meter über dem Meeresſpiegel gelegen. Das Klima iſt geſund. Die Bevölkerung beträgt etwa 2500 Seelen.*) Die hübſche kleine Stadt hat eine Kirche und 4 Hotels (Royal, Alexan- dra, Waverley und Central). Mehrere Banken (National-, Standard-, Natal-) ſind durch Filialen vertreten. Die Aus- läufer der Witwatersrand-Goldfelder erſtrecken ſich noch bis hierher (Nigel Reef, Elsburg Reef, Black Reef). Auch ab- bauwürdige Kohlenlager ſind gefunden worden. Die Stadt ſieht daher einer ſicheren Entwicklung entgegen.

9. Johannesburg.[111]

Inmitten der weltberühmten Goldminen von Witwaters- rand liegt Johannesburg, die größte und betriebſamſte Stadt in Süd-Afrika. Noch vor etwa 19 Jahren ein unanſehn- liches Lager von Minenarbeitern und Goldſuchern wie auch von Spekulanten der verſchiedenſten Art und der verſchie- denſten Nationalität, iſt es heute eine Stadt, die mit ihren

---

*) Nach dem Staats-Almanak nur 1000. Dabei ſind aber wohl die Farbigen nicht mitgezählt.

zahlreichen Vorſtädten auf runb 50 000 weiße Einwohner geſchätzt werben kann. Sie bebeckt ein Areal von ca. 15½

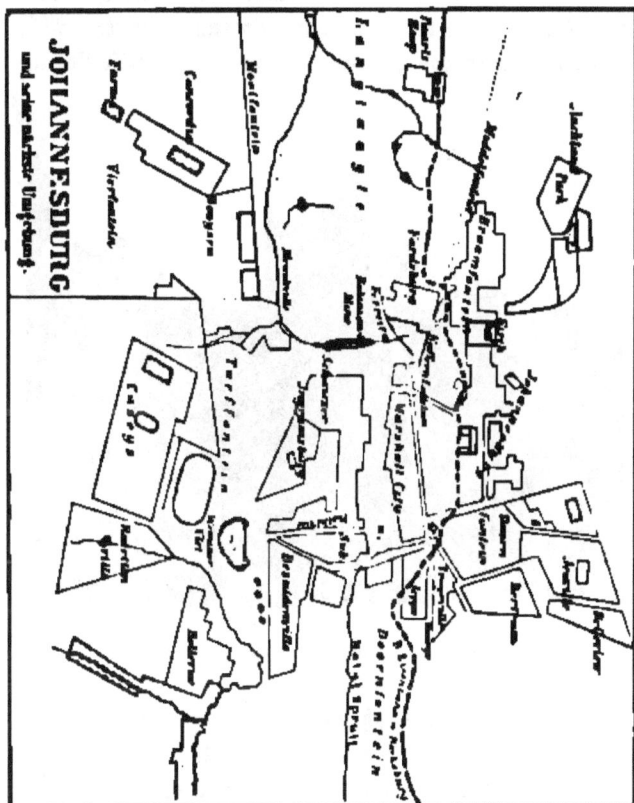

Quabratkilometer, bie Straßen unb Wege haben eine Geſamt- länge von über 130 Kilometer. Im Juli 1896 wurben 17 159 Gebäube gezählt.

Das Klima von Johannesburg, das etwa 1620 Meter über dem Meere liegt, kann geſund genannt werden trotz der berüchtigten Wirbelwinde oder Staubſtürme, von denen die Stadt zuweilen heimgeſucht wird. Nicht ſelten hört man von Perſonen, die in Europa beiſpielsweiſe

General-Hoſpital in Johannesburg.

an Aſthma litten und ſich hier ſeit geraumer Zeit ganz ge- ſund fühlen. Die Luft iſt trocken. Die mittlere höchſte Tages- temperatur iſt im Sommer 54° C, im Winter 40° C; die mittlere höchſte Nachttemperatur im Sommer 30° C, im Winter 25° C. Die Nächte ſind kühl, zuweilen kalt. Nach Sonnenuntergang tritt eine ſehr ſchnelle Abkühlung der Luft ein.

Über die Höhe des Regenfalles findet sich im offiziellen
Staats-Almanach eine Tabelle für einen Zeitraum von
8 Jahren, die sehr große Schwankungen aufweist:

	1889		1890		1891		1892		1893		1894		1895		1896	
	mm	Tage	mm	Tage	mm	Tage	mm	Tage	mm	Tage	mm	Tage	mm	Tage	mm	Tage
Januar	18	10	15.6	9	25.9	12	16.8	17		—	11.7	14	9.7	15	4.1	5
Februar	8	7	8.8	8	20.5	12	18.0	11		—	16.2	14	11.6	9	9.4	10
März	5.1	5	4.1	5	14.1	17	9.7	12		—	12.4	13	17.8	11	5.0	8
April	8.6	5	5.5	5	13.1	11	8.5	4		—	8.8	7	5.1	9	4.1	7
Mai	—	—	—	—	3.8	7	2.8	6		—	7.0	9	0.6	3	8.0	7
Juni	—	—	—	—	1.8	2	0.9	1		—	0.4	3	0.8	1	—	—
Juli	—	—	1.9	8	—	—	—	—		—	—	—	—	—	—	—
August	—	—	—	—	1.4	1	—	—		—	2.9	8	—	—	—	—
September	2.5	5	0.8	2	0.1	1	5.2	9	7.0	6	5.9	10	—	—	—	—
Oktober	0.6	3	0.5	3	2.7	9	9.5	18	6.7	12	1.1	5	0.2	2	—	—
November	12.8	16	9.9	14	5.9	18	5.6	10	20.5	14	12.5	14	10.1	13	—	—
Dezember	6.1	10	19.4	14	14.3	15	8.8	12	14.0	16	14.7	18	17.8	12	—	—
	59.4	59	80.0	69	103.8	99	70.0	94	47.7	46	99.8	107	73.2	75	35.6	37

Lassen wir die beiden Jahre mit mangelhaften Beobachtungen außer Betracht (1893 u. 1896), so ergiebt sich
ein Mittel an Regentagen von 83 1/2 aufs Jahr. Der
größte Teil davon fällt auf die Monate November bis März,
auch der April und der Mai sowie der September und
Oktober sind oft noch ziemlich regenreich, während Juni,
Juli und August gewöhnlich ganz trocken sind.

Eine besondere Behörde, das Gesondheits-Comité, das
aus 5 Mitgliedern unter dem Vorsitze des Minen-Kommissars
von Johannesburg unter Zuziehung des Distrikts-Arztes und
eines Bürgers von Johannesburg besteht, hat die sanitären
Verhältnisse der Stadt zu regeln, die Reinigung zu veranlassen, die Baupolizei zu handhaben und dergl. mehr.

Johannesburg ist sehr regelmäßig gebaut. Die meist ge-

pflasterten Straßen sind gerade und schneiden sich rechtwinklig,
die Hauptstraßen sind die Commissioner Street, die Pritchard
Street und die Presibent Street. Eine der schönsten Partien der Stadt ist die Promenabe über die Eisenbahnbrücke
auf dem Wege nach Doornfontein, wo die Trambahn[172]) unter

Pritschard Street in Johannesburg.

einer breiten schattigen Baumallee dahinrollt, geradenwegs
nach den Hospitalgärten und dem Hospital im Norden der
Stadt, das mit einem Kostenaufwande von ca. 1 Million
Mark errichtet worden ist. In der Nähe befindet sich ein
Gefängnis, eine Polizeikaserne und ein Fort, das den Weg
nach Pretoria beherrscht.

Die hauptsächlichsten Gebäube sind das Regierungsgebäude

auf dem Gouvernementsplein (Regierungsplatz), worin der Gerichtshof für den Rondgaand Hof (vergl. Kapitel 20), der Speciale Landdroſt, der Landdroſt für Kriminalſachen und deſſen Aſſiſtent und die ſpeziellen richterlichen Kommiſſare ihren Sitz haben, ſowie die Bureaus für den Minen-Kom⸗ miſſar und die öffentlichen Ankläger untergebracht ſind.

Dörfe. Commiſſioner Street in Johannesburg.

Früher gehörte das Gebäude dem Goldfields Club, wurde aber von der Regierung angekauft und umgebaut. Es war von Anfang an nicht im ſtande, alle oder auch nur die hauptſäch⸗ lichſten Abteilungen der Civilverwaltung aufzunehmen, ſo daß z. B. die Steuereinnahme, die Kriminalpolizei, die Minen⸗ und Keſſel⸗Inſpektoren, ſowie außerdem die Poſt⸗ und Tele⸗ graphen⸗Bureaus anderwärts untergebracht werden mußten. Augenblicklich befinden ſie ſich ſämtlich am Regierungsplatz.

Auf dem Marktplatz, dem größten in Südafrika (er ist über 400 Meter lang), befindet sich die Markthalle, die von 6—10 und Sonnabends von 6—1 geöffnet ist.

Die Börse, wo täglich große Umsätze in Anteilen der Goldminengesellschaften vorgenommen werden, befindet sich in der Commissariestraal (Commissioner Street). Noch lebhafter geht es aber im Freien „zwischen den Ketten" zu, wo Hunderte von Maklern und Spekulanten sich nachmittags zwischen 4 und 6 Uhr umherbrängen. In der Nähe der „Ketten" liegen auch die Bureaus der Castle Mall Packets Co.

Der neue Saal der Freimaurer-Loge in der Jeppestraat wird für Konzerte, Bälle, Vorträge und Zusammenkünfte mehrerer Logen verwendet. Das Gebäude ist innen und außen sehr geschmackvoll ausgeführt, aber die Akustik ist schlecht.

An der Ecke des Marktplatzes und der Simmondsstraal liegt die Nationalbank.

Johannesburg zählt 13 Kirchen, darunter die holländische, anglikanische, deutsche, jüdische (zwischen der Telephonbörse und der Parkstreet-Station) und römisch-katholische (St. Mary's Hall, die anglikanische faßt über 1000 Personen) in der Kerkstraat.

Das Tehuis (Heim) ist ein Asyl für Arbeitsuchende und Bedürftige; es steht unter der thatkräftigen Leitung des mennonitischen Predigers Kelly.

Eine öffentliche Bibliothek, die zur Zeit umgebaut wird, befindet sich in der Kerkstraat (Kirchstraße).

Auf fiskalischem Terrain, dem sogenannten Krügerspark, liegen die Gebäude des Randclubs, des jüdischen Clubs, des christlichen Jünglings-Vereins, ferner die Gospel Hall, die

St. Jan's Ambulance Vereeniging, die ihren Mitgliedern Gelegenheit giebt, sich praktisch in der Behandlung Kranker und Verwundeter zu unterrichten, und der Wanderers Club. An Clubs ist in Johannesburg überhaupt kein Mangel, es bestehen noch der Turf Club, der Jockey Club, der Pony and

Telephonbörse und Synagoge in Johannesburg.

Galloway Club, der Nand Polo Club, der Golf Club, die Caledonische Vereinigung und der Radfahrer-Club.

Unter den philantropischen Bestrebungen verdienen ge-nannt zu werden der deutsche „Krankenverein" und die „Neederlandsche Vereeniging", die vieles für den Unterricht thut. Unlängst ist auch ein Thierschutzverein gegründet worden. Ein „Damen-Wohlthätigkeits-Verein" wird von der wesleyanischen und presbyterianischen Gemeinde unterſtüßt. Ein hebräiſcher Verein gewährt ſeinen Mitgliedern in Fällen der Not Unterſtüßung.

Vereine mit ganz oder teilweiſe wiſſenſchaftlichen Zwecken ſind z. B.: „der Verein für Geologie und Mineralogie von Süd-Afrika" und „die Witwatersrand-Landbaugenoſſenſchaft."

Die Witwatersrand Kamer van Mijnwezen hat ſich die Aufgabe geſtellt, die Mineninduſtrie und ihre Intereſſen in der ſüdafrikaniſchen Republik und inſonderheit am Witwaters- rand zu fördern und zu ſchüßen. Das Gebäude dieſer Kamer, eine Zierde der Stadt, befindet ſich am Marktplaß neben der Nationalbank. Im Jahre 1896 wurde außerdem die Aſſociatie van Mijnen (Minen-Geſellſchaft) unter dem Vor- ſiße von J. W. S. Langermann gebildet.

Die Handelskammer (Kamer van Koophandel) wird von H. F. E. Piſtorius geleitet.

Die Genootſchap voor Scheikunde en Metallurgie (che- miſche und metallurgiſche Geſellſchaft) ſucht durch Vorträge und Diskuſſionen Intereſſe für Chemie und Metallurgie zu erweden.

Andere Vereine ſind endlich der Mijnbeſtuurders-Bond (Mine Managers Aſſociation, Bund der Minenleiter) und der Bond van Belaſtingbetalenden (Tarpapers Aſſociation, Bund der Steuerzahler).

An Zeitungen erſcheinen The Star, Diggers' News, Johannesburg Times, Transvaal Independent, Transvaal Critic, Südafrikaniſche Zeitung.

Die beſten Hotels ſind u. a. das Grand National, Long's, Queen's, Bree, Victoria, Maſonic, Gold Fields, Central, Heath's Hotel.

An Reſtaurants ſind zu erwähnen The Continental und

252   Diftrifte und Ortschaften.

Frascati's. Besonders reich ist die Stadt an niedern Kneipen und öffentlichen Häusern, die viel Unheil stiften.

Theaterliebhaber finden ihre Rechnung im Standard-, Empire- oder Royal-Theater oder im Amphitheater. Ein neues Theater wird in der Marktstraße gebaut; auch in der Commissioner Street soll ein großes Gebäude für Theater- und Hotelzwecke errichtet werden. Ein zoologischer Garten ist gleichfalls angelegt und wird zunächst hauptsächlich mit Vertretern der südafrikanischen Fauna ausgestattet.

Wanderer's Rcecreation Grounds in Johannesburg.

Für Sportzwecke ist mancherlei geschehen. Im Krügers-park ist ein Cricketplatz, eine Rabfahrarena u. dergl.; in Joubertspark und den Hospitalgärten, in Doornfontein und Jeppesdorp 7 Lawntennisplätze u. a.

Zwei englische Meilen südlich von der Stadt liegt der Rennplatz.

Was die Beleuchtung anlangt, so sind alle Haupt-straßen und die besseren Stadtteile elektrisch beleuchtet. Die Gasgesellschaft, deren Fabrik an der nach Fordsburg führen-den Straße gelegen ist, liefert gleichzeitig elektrisches Licht. Wasserleitungen sind in vielen Häusern vorhanden, doch treten infolge mangelhafter Zufuhr nicht selten Stockungen ein, ein Mißstand, an dessen Abstellung eifrig gearbeitet wird. Die Anzahl der Vorstädte hat in den letzten Jahren stark zugenommen. Zu den schönsten Vorstädten, die mit vielen Villen geschmückt sind, gehören z. B. Doornfontein, das von der Eisenbahn durchschnitten wird, Jeppesdorp mit reizendem Park, Hospitaalheuvel mit dem schönen Jouberts= park und den ausgedehnten Gärten vom Krügerspark. Diese Vorstädte sind durch eine Trambahn mit Johannesburg ver= bunden, ebenso Fordsburg am westlichen Ende der Stadt. Gleichfalls im Westen, dicht an der Eisenbahn, liegt Lang= laagte. Wegen ihrer gesunden Lage werden Troye=ville und Lorenz=ville sehr geschätzt, die beide am Südrand des Be= suidenhout=Thales gelegen sind.

Andere Vorstädte sind endlich Bertramsville, Bezuiden= ville, Rosebank, Jubith=Paarl, Mayfair, Houghtons, Albert= ville, Rouxville, Belgravia, Jeoville in der Nähe des großen Reservoirs der Wasserleitungsgesellschaft, Bellevue, Parktown, das ebenso wie Sachsenwald nördlich von Hospitaalheuvel liegt, und Rosettenville im Süden. Marshallsdorp und Ferreiras= dorp werden dagegen zur eigentlichen City gerechnet, ebenso wie Booysensdorp und Caseystownschip eigentlich dazu gehören.

Nördlich von der Eisenbahn, auf einem von der Re= gierung dafür bestimmten Gelände, ist ein ganz neues Dorf, Namens Bredcdorp, entstanden, das nur von Weißen bewohnt wird, die nicht in der Lage sind, eigenen Grund und Boden zu kaufen. Es besteht bereits aus ungefähr 600 Häusern und Häuschen. Von den Folgen der entsetzlichen Dynamit= explosion, die hier vor kurzem stattfand, ist wenig mehr zu verspüren.

Zwischen Jeppesdorp und Marshallsdorp ist seit dem November 1894 auf brachliegenden Claims der City und Suburban Gold M. Co. ein Dorf entstanden, das infolge seiner Lage sich zu einem Geschäftsplatz entwickelt.

Auf dem alten Wege nach Pretoria liegt das sehr beliebte Orange Grove, wo sich ein ziemlich großer Tiergarten befindet. Auslands Park, im Nordwesten des jetzt vollständig bebauten Nieuwe Braamfontein, kann sich rühmen, einen der schönsten Parks in ganz Transvaal zu besitzen. Das unweit davon gelegene Sandsoucl mit seinem kühlen Weiher hat mehr ländlichen Charakter.

Einen sonderbaren Anblick gewähren am Wege nach Auslands Park die 600 Wäscher, sämtlich Sulus, die, dem Küchen- und Minendienst abhold, sich hier ein Wäschereimonopol geschaffen haben. Sie stehen unter strenger Polizeiaufsicht, geben aber selten Anlaß zu Klagen.

Der Wert des Grundeigentums ist noch immer im Steigen begriffen. Von der Bauthätigkeit kann man sich einen Begriff machen, wenn man sich vergegenwärtigt, daß nach der Angabe des Staats-Almanak wöchentlich etwa 150 bis 170 Neubauten abgenommen werden. Trotzdem herrscht immer noch Wohnungsnot. Die Hausagenten haben im Mittel 15 Abnehmer auf ein Angebot.

Die Bevölkerung betrug im Juli 1896: 48 331, worunter 35 868 Weiße. Der ganze Minendistrikt (72½ Quadratkilometer) zählte 102 078 Einwohner, darunter 50 907 Weiße. 93 % der gesamten Bevölkerung sind Ausländer, und zwar meistens britischer Herkunft; Buren wurden nur 6205 gezählt.

Der Verkehr in der inneren Stadt und mit den Vorstädten wird durch Trambahnen, Troschken, Omnibusse und Zinrikschas (von Menschen gezogenen, zweirädrigen Wagen) bewerkstelligt.

Mit der nach Pretoria führenden, von Süden kommenden Eisenbahnlinie ist es durch die nach Boksburg und Krakpan laufende Querbahn verbunden, welche die erstere

Ulford-Street in Johannesburg.

bei Elandsfontein Junction in einer Enfernung von 18 Kilometern von Johannesburg schneidet.

Eine zweite Linie geht über Fordsburg nach Krügersdorp. Der Bahnhof (die sog. Park Station) ist ein schönes Gebäude mit elektrischer Beleuchtung. Das Post= und Telegraphenamt ist interimstisch am Regierungsplatz untergebracht, bis das neue Gebäude am Marktplatz vollendet sein wird.

So zeigt Johannesburg ſich auf dem Wege, ſich zu einer modernen Stadt zu entwickeln, und der große Reichtum der Goldfelder wird für dieſe Entwicklung, wie er ſie herbeigeführt hat, auch in Zukunft das hauptſächlichſte treibende Moment ſein. Heute kann man in Johannesburg alles haben, freilich oft nur mit ſehr bedeutenden Koſten. Auch die dringendſten Lebensbedürfniſſe, wie Wohnung, Kleidung und Nahrung, ſind ungewöhnlich teuer. Eine Wohnung von 4—5 Räumen in einer mit Ziegeln gefütterten Hütte von Eiſenblech koſtet in einem beſſern Viertel 100—300 Mark für den Monat. Ein Junggeſell braucht für Koſt und Wohnung monatlich mindeſtens 160 Mark. Indeſſen iſt zu hoffen, daß die durch die Eiſenbahn geſchaffene Verkehrserleichterung auch auf dieſe Verhältuiſſe in nicht zu langer Zeit einen ſanierenden Einfluß ausüben wird.

10. Klerksdorp.

Klerksdorp liegt am Schoonſpruit, einem Nebenfluß des Vaal, der die Stadt in zwei Teile ſchneidet, die als Alt und Neuſtadt unterſchieden werden. Es gehört zum Potcheſſtroomer Diſtrikt. Ziemlich hoch gelegen (ca. 1400 Meter), hat es ein angenehmes, geſundes Klima. Die alte Stadt auf dem rechten Ufer des Schoonſpruit wird mit der Neuſtadt durch eine Brücke verbunden. Der neue Stadtteil verdankt ſeine Entſtehung, die noch ziemlich jungen Datums iſt, ausſchließlich der Entdeckung der Klerksdorp-Goldfelder. Die Stadt zählt heute bereits gegen 6000 Einwohuer,[173]) und wenn ihre Entwicklung nicht durch übermäßige Spekulation und Mißwirtſchaft aller Art aufgehalten worden wäre, ſo würde ſie heute mit Johannesburg wetteifern. Auch Diamanten und

besonders Kohlen von guter Beschaffenheit und mächtiger
Tiefe sind neuerdings entdeckt, ein Umstand, der in Ver-
bindung mit der in nicht zu langer Zeit zu erwartenden
Fertigstellung der Bahnverbindung mit Potschefstroom und
Johannesburg zweifellos geeignet erscheint, der Entwicklung
von Klerksdorp einen neuen Impuls zu geben.

Unter den Gebäuden ragt besonders das Regierungsgebäude hervor, ein lang gestrecktes, niedriges Haus mit
schönem griechischen Portikus, in dem die Bureaus der Ge-
richts-Verwaltung, die Post und die öffentliche Bibliothek
untergebracht sind. Die Kirche, das Gefängnis, ein gut ein-
gerichtetes Hospital, sowie eine blühende, vom Staat unterstützte Schule verdienen gleichfalls hervorgehoben zu werden.
Von größeren Banken sind hier die Standard Bank und
die Nationalbank der südafrikanischen Republik vertreten.
Das vornehmste Hotel ist das Palace-Hotel, doch existieren
noch zwei weitere. Auch eine Zeitung, The Record, erscheint
seit einiger Zeit.

Mit Potschefstroom, Kroonstad, Wolmaranstad, Bloemhof, Cristiana ist Klerksdorp durch regelmäßigen Postkutschen-
Verkehr verbunden.

Das Klerksdorp-Goldfeld umfaßt nach Schmelzer einige
östlich Klerksdorps auftretende Konglomeratflötzzüge und eine
westlich Klerksdorp auftretende Flötzmulde. Es steht unter
der Aufsicht eines besonderen Landdrosten und unter Verwaltung eines Minen-Kommissars, die beide ihren Sitz in
Klerksdorp haben.

11. Krügersdorp,

von den Buren Krugersdorp geschrieben, ist die Hauptstadt des gleichnamigen Distrikts, der erst im Jahre 1894

aus Teilen der Diftrikte Pretoria, Potschefftroom, Ruften-
burg und Heidelberg gebildet worden ift. — Die Stadt liegt
nordwestlich von Johannesburg am Endpunkt einer Bahn,
durch welche fie mit diefem Orte verbunden wird. Sie ift
nur klein, doch knüpfen fich manche hiftorifche Fakta an ihren
Namen. Am 15. Dezember jedes Jahres ift fie das Ziel
einer Art nationaler Pilgerfahrt zur Feier der Siege, die
von den Buren im Jahre 1836 über die Kaffern und 1881
am Majuba=Berge über die Briten davon getragen wurden.
Hier war es auch, wo Jamefon und feine Genoffen fich am
2. Januar 1896 den Buren ergeben mußten.

Krügersdorp ift der Siß eines Minenkommiffars, des
Diftrikts-Landbroften, des Landbroften für die hier belegenen
Goldfelder und eines Juftizkommiffars.

Unter den Regierungsgebäuden find zu nennen das
Minenkommiffariat, das Landbroftamt, das Poft- und Tele-
graphen-Amt, die Steuerbehörde und das Gefundheits-
Infpektorat. Ein Hospital ift vor kurzem fertig geftellt
worden.

Die hauptfächlichften kirchlichen Genoffenfchaften haben
Kirchen in Krügersdorp. Die Standard Bank und die
Nationalbank find durch Zweigniederlaffungen vertreten.
Nicht weniger als 5 Hotels forgen für die Aufnahme der
Fremden (Swan-, Central-, Krugersdorp-, Royal- und
Varleys Hotel). Ferner erfcheinen 3 Zeitungen: Ons Volk,
The Krugersdorp Times und The Sentinel.

12. Lichtenburg,

von den Engländern auch Lichtenberg genannt, die Hauptftadt des gleichnamigen Diftrikts, der eine Oberfläche von

ungefähr 1½ Millionen Morgen [174]) und eine weiße Bevölke-
rung von nur 6500 Seelen hat. Der Hauptort liegt im
Norden des Diftrikts und ift Nachftation des Pofikutfchen-
Verkehrs auf der Route Potfchefftroom-Venteröborp-Malmani-
Goldfeld-Zerufl.

Lichtenburg hat nur eine Bevölkerung von 700 Seelen,
3 Kirchen, ein Regierungsgebäude, Poft, eine Schule und
ein Gefängnis.

Eine Zeitung erfcheint nicht; ein Hotel wird von
W. J. Whittall gehalten.

Die bedeutendften Handelshäufer find H. Dubfield und
C. Friöby.

13. Lydenburg.

Der Lydenburger Diftrikt ftößt im Often an Portu-
giefifch-Oftafrika, im Norden an den Diftrikt Joutpanöberg,
von dem er durch den Olifants-Fluß getrennt wird, im
Süden an Swaziland und den Diftrikt Carolina und im
Weften an den Diftrikt Middelburg. Auch diefer Diftrikt
ift fehr fchwach bevölkert; man berechnet die weißen Einwohner nur auf ungefähr 3000 Seelen, wovon 800 auf die
Hauptftadt Lydenburg kommen. Die Stadt Lydenburg ift
bereits im Jahre 1847 von einer Burenfchar begründet
worden und war fpäter 11 Jahre lang die Hauptftadt einer
unabhängigen Republik, die mit der Republik Utrecht im
Jahre 1858 verfchmolzen wurde. Es liegt auf einem Hochplateau, malerifch zwifchen den Bergen.[175]) Neben dem Regierungsgebäude ift das Poftgebäude hervorzuheben. Außerdem beftehen 4 Kirchen, eine holländifche, fubventionierte Schule
und mehrere Privatfchulen. Die Standard-Bank und die

17*

Nationalbank der südafrikanischen Republik haben auch hier Filialen.

Die besten Hotels sind The Royal, The Standard und Austins' Hotel.

Es erscheinen dermalen 2 Zeitungen: The Transvaal und De Lijdenburger. Die hauptsächlichsten Handelshäuser sind J. L. Schurink, F. B. Robinson & Co., J. L. Schurink jr., Butcher & Sons, A. G. Anbrews, H. Archer & Co. und M. L. de Souza.

Die Stadt hat durch Entdeckung der nahe gelegenen Goldfelder eine gewisse Bedeutung erhalten; einen größeren Aufschwung wird sie indeßen erst nehmen können, wenn sie mit der einige Meilen südwärts gelegenen Delagoa-Eisenbahn durch eine Zweiglinie verbunden sein wird.

14. Middelburg.

Middelburg, eine Station der Delagoa-Bahn, liegt am Klein-Olifantrivier, einem der Quellflüsse des Olifantrivier. Es ist hübsch gelegen, 1550 Meter über dem Meeresspiegel, und hat ein sehr gesundes Klima. Es zählt 1200 weiße Einwohner, entwickelt sich aber in neuester Zeit ziemlich schnell, was hauptsächlich der neugeschaffenen Eisenbahn-Verbindung zuzuschreiben ist. Es ist von ausgedehnten Kohlenlagern umgeben, die eine sehr hochgeschätzte Kohle liefern.

Neben den öffentlichen Gebäuden sind besonders die vier Kirchen, die öffentliche Schule, die Filialen der Standard- und der Nationalbank und die beiden Hotels (Middelburg-Hotel und Transvaal-Hotel) hervorzuheben. Die hauptsächlichsten Handelshäuser sind J. W. Henwood, Store Bros.,

Die Commissioner Street, die Hauptstraße von Johannesburg.

H. D. Eckſtein & Co., Mc. Donald & Klet, J. B. de Rock,
J. Chamberlain, R. Sack, J. Williamſon und J. E. R.
Williams.

15. Nijlſtroom.

Nijlſtroom, der Hauptort des Diſtrikts Waterberg,
hat erſt in neuerer Zeit wieder eine gewiſſe Bedeutung gewonnen, nachdem es wegen ſeines ungeſunden Klimas — die
ſumpfige Niederung des Nijl begünſtigt die Entſtehung von
Fiebern — längere Zeit hindurch ziemlich verlaſſen war. Es
liegt in einem langgeſtreckten weiten Thal zwiſchen zwei oſt-
weſtlich ſtreichenden Höhenzügen.

Die Einwohnerzahl wird auf 35 Familien angegeben.
Die Regierung unterhält das Landdroſt-Amt, die Poſt, ein
Gefängnis und ein Pulver-Magazin. Außerdem beſtehen
2 Kirchen, ein Hotel (Nijlſtroom-Hotel) und eine Zeitung
(De Boerenfriend).

16. Ottoshoop.

Ottoshoop iſt der Hauptort der Malmani-Goldfelder
und liegt auf der Weſtſeite des Malmani-Fluſſes am Marico-
Diſtrikt kaum 1½ Stunde von der Grenze entfernt.

Trotzdem es an der großen Poſtſtraße zwiſchen Mafeking und Krügersdorp gelegen iſt, und alle für den Diſtrikt
beſtimmten Güter die dort errichtete Zollſtation paſſieren
müſſen, entwickelt es ſich nur langſam. Für die Bedürfniſſe
der Reiſenden ſorgen zwei Hotels, das Malmani-Hotel und
das Central-Hotel. Die Ausbeutung der Goldminen iſt
durch die außerordentlich harte Beſchaffenheit des Quarzes
und den großen Waſſerreichtum des Bodens bisher ſehr
gehindert geweſen; neuerdings ſind indeſſen öſtlich vom

Malmani-Fluß goldführende Gänge entdeckt worden, die sich leichter bearbeiten laffen werden.

Die Gefamt-Bevölkerung des ganzen Minen-Diftrikts befteht aus ungefähr 600 Seelen.

17. Pietersburg.

Pietersburg [176]) ift die Hauptftadt des Diftrikts Zout-pansberg. Es ift fehr hübfch gelegen, ein wenig öftlich vom Sand-Fluß, am Nordende der Smitsdorp-Goldfelder und zählt 1400 (nach dem Staats-Almanak fogar 2000) Ein-wohner. Hervorzuheben find die Amtsgebäude des Land-droften, des Minenkommiffars fowie das Poft- und Tele-graphen-Amt. Es beftehen ferner 3 Kirchen und 2 Hotels (Transvaal-Hotel und Café Royal). Sowohl die National-bank der Republik wie die Natalbank haben Zweigftellen in Pietersburg. Für den Unterricht forgen 2 Schulen. An Zeitungen erfcheinen die Joutpansberg Review, der Northern Diftrict Advertifer und der Zoutpansberg Wächter.

Pietersburg ift überhaupt die bedeutendfte Stadt im ganzen Norden von Transvaal. Eine befondere Wichtigkeit erhält es durch den Umftand, daß es eine der Hauptftationen auf dem Wege nach den Goldfeldern von Leydsdorp, den Klein-Letaba-Minen, fowie den nördlichen englifchen Be-fitzungen ift. Im Zoutpansburger Diftrikt liegen außerdem noch die Dörfer Smilsdorp, Marabaftad, Haenertsburg, Leydsdorp, Paulsruit und Agatha.

18. Piet-Retief.

Der Diftrikt Piet-Retief, deffen Hauptort die Stadt gleichen Namens ift, ift ungefähr 300000 kapfche Morgen [177])

groß und hat nur eine weiße Bevölkerung von etwa
1600 Seelen. Er grenzt an das ſüdliche und ſüdweſtliche
Swaziland. Der Hauptort zählt etwa 100 Einwohner,
hat aber neben den Regierungsgebäuden auch ein Gefängnis
und eine Kirche. Mit Volksruſt, der Zollſtation für den
Verkehr von Natal, ſowie mit Ermelo und Utrecht iſt es
durch regelmäßigen Poſtverkehr verbunden.

19. Ruſtenburg.

Ruſtenburg, der Hauptort des gleichnamigen Diſtrikts,
liegt nordöſtlich von den Magaliesbergen und hat etwa 700
weiße Einwohner. Das Klima iſt heiß und ſoll beſonders
für rheumatiſche Leiden zuträglich ſein. Der Ort iſt hauptſächlich wegen ſeines Obſt- und Tabakbaues bekannt. Außer
den Regierungsgebäuden hat Ruſtenburg mehrere Kirchen
und Hotels (Maſonic- und Grand Hotel) aufzuweiſen. Eine
Zeitung erſcheint noch nicht. Die Nationalbank der Republik
hat eine Zweigniederlaſſung eingerichtet. Auch beſtehen eine
Anzahl angeſehener Handelshäuſer, wie Schoch & Co.,
Somers & Co., Bourke & Co., J. Samuel & Co., E.
Mundel ꝛc. Mit Pretoria, Johannesburg und Zeeruſt beſteht ein regelmäßiger Poſtverkehr.

20. Standerton.

Standerton, die Hauptſtadt des gleichnamigen Diſtrikts,
liegt auf dem Hochfelde in einer Seehöhe von ungefähr
1525 Metern. Die Stadt liegt am Vaalfluſſe, der hier
von einer ſchönen Brücke überſpannt wird. Daneben iſt
die Brücke zu erwähnen, auf welcher die Eiſenbahnlinie
Charlestown-Johannesburg den Fluß überſchreitet. Die
Eiſenbahnſtation liegt im Weſten der Stadt auf dem höchſten

Punkte der Umgegend (1530 Meter über dem Meeresſpiegel). An Baulichkeiten ſind zu erwähnen das Amtsgebäude des Landdroſten, die Poſt, das Bureau der Filiale
der Nationalbank, das Gefängnis, 2 Kirchen, eine engliſche Schule und 2 Hotels (National- und Standerton-
Hotel).

Bethel (im Almanak auch Bethal genannt), im Norden
des Diſtrikts am Blesbokſpruit gelegen, hat etwa 100 Einwohner (2 Kirchen). Sonſt iſt noch der Ort Trigaardsfontein
zu erwähnen (1 Kirche).

21. Utrecht.

Utrecht, das größte Dorf im Diſtrikt desſelben Namens,
liegt am Fuße des Belelasberges, hat etwa 500 Einwohner,
ein Regierungsbureau, Poſt- und Telegraphenanſtalt, ein
Gefängnis und eine Kirche. Mit Newcaſtle in Natal iſt es
durch einen guten Weg und eine Furt durch den Büffelfluß
verbunden; mit Vryheid ſteht es in regelmäßigem Poſtverkehr. Der Rolle, die es in der früheſten Geſchichte der
Transvaalburen geſpielt hat, iſt oben auf Seite 30 gedacht
worden.

Etwa 10 Stunden von Utrecht liegt Paul-Pietersburg
(100 Einwohner, ein Hotel).

22. Vryheid.

Der einzige Ort im gleichnamigen Bezirk mit einer Bevölkerung von 8—900 Seelen, von Utrecht nur 6 Reitſtunden
entfernt. Es liegt im Centrum eines Kohlendiſtriktes; auch
goldführende Quarze ſind mehrfach gefunden worden. Neben
den Regierungsgebäuden ſind die 3 Kirchen zu erwähnen.
Auch beſteht eine gute Schule, die Nieuwe Republiek School,

eine Freimaurer- und eine Good Templars-Loge, Filialen der
Nationalbank und der Bank von Afrika, eine Bibliothek mit
Leſezimmer, eine große Zahl von Handelshäuſern, eine
Kamer van Landbouw en Koophandel, eine Landbouwgenoot-
ſchap, eine Waſſer- und eine Dampfmühle, ſowie eine
Zeitung: „De Nieuwe Republikein". Die hauptſächlichſten
Handelsartikel ſind Wolle, Häute, Wagen= und Zimmerholz
und Steinkohlen.

23. Wakkerſtroom.

Wakkerſtroom liegt in den Drakensbergen, 1915
Meter über dem Meeresſpiegel, rings von Bergen umgeben, in einer weiten Hochebene. Die weiße Bevölkerung
beläuft ſich auf etwa 800 Seelen. Es hat neben dem Regierungsgebäude 2 Kirchen und ein Hotel aufzuweiſen. An
der Grenze des Diſtrikts gegen Natal liegt Volksruſt mit
400 Einwohnern, wie oben bereits erwähnt wurde. Im
Norden des Diſtrikts iſt ſonſt nur noch das unbedeutende
Dorf Amersfoort zu nennen (2 Kirchen).

24. Wolmaransſtad.

Der Diſtrikt Wolmaransſtad iſt erſt am 15. Januar
1896 geſchaffen worden. Er beſteht aus früheren Teilen der
Diſtrikte Potcheſſtroom, Bloemhof und Lichtenburg.

Der Hauptort gleichen Namens liegt am Malwaſie-
ſpruit. Ein Regierungsgebäude fehlt noch, dagegen ſind
2 Kirchen vorhanden. Neun Meilen davon liegt Witpoort,
wo etwa 20 Familien wohnen.

25. Zeeruſt.

Zeeruſt iſt der Hauptort im Diſtrikte Marico. Es hat
ungefähr 800 Einwohner. Da es in einer für die Ent-

wicklung der Landwirtschaft aussichtsreichen Gegend liegt
und in der Umgegend Mineralschätze vorhanden zu sein
scheinen, so geht die Stadt vermutlich einer schnellen Entwickelung entgegen. Sie hat außer den Regierungsgebäuden
4 Kirchen, 2 Schulen, ein Gefängnis und 2 Hotels (Ma-
rico- und Centralhotel). Auch bestehen 2 Logen.*)

*) Von einigen anderen Plätzen wird in dem Kapitel über den
Bergbau eingehender die Rede sein. — Weitere Einzelheiten über alle
diese Orte finden sich hauptsächlich im officiellen Almanak, aber auch
in den Handbüchern von Silver und Noble.

20. Kapitel.
Die Regierung und die Volksvertretung.

Die gesetzgebende Gewalt soll nach Artikel I des Gesetzes vom 23. Juni 1890 in den Händen einer Volksvertretung ruhen, welche aus einem ersten und einem zweiten Volksraad besteht. Der erste Volksraad, der bis dahin allein bestand, verkörpert die höchste Gewalt im Staat. Die Zahl der Mitglieder beider Körperschaften ist die gleiche und wird für beide durch den ersten Volksraad näher bestimmt. Aus der Tabelle auf Seite 226 ist ersichtlich, wieviel Mitglieder die einzelnen Distrikte zur Zeit zu entsenden berechtigt sind.

Die Mitglieder des ersten Volksraads [176]) werden durch die stimmberechtigten Bürger gewählt, die das Bürgerrecht entweder vor dem Inkrafttreten des eingangs erwähnten Gesetzes oder nachher durch Geburt erlangt und das Alter von 16 Jahren erreicht haben. Die Mitglieder des zweiten Volksraads [179]) werden durch alle stimmberechtigten Bürger gewählt, die das Alter von 16 Jahren erreicht haben.

Stimmberechtigt sind nur Bürger der Republik. Zu dem Zwecke gelten folgende Bestimmungen (Gesetz vom 23. Juni 1890):

a) Um Bürger zu werden muß man in der Republik geboren sein oder naturalisiert worden sein.

b) Personen, die nicht in der Republik geboren sind, sondern von auswärts herein kommen, können das Bürgerrecht erlangen und Bürger werden, wenn sie eine Naturalisations-Urkunde erwirkt und den Unterthaneneid geleistet haben.

Doch werden sie hierzu erst zugelassen, wenn sie sich mindestens zwei Jahre im Lande wohnhaft niedergelassen und während dieser Zeit den Gesetzen des Landes gehorsam und treu gezeigt haben, sich auch mindestens zwei Jahre lang in die Feldkornetschaftslisten haben einschreiben lassen.

Das passive Wahlrecht ist durch die Artikel 11—16 des Gesetzes vom 23. Juni 1890 umschrieben (Anhang II). Die Mitglieder der Volksraaden werden auf 4 Jahre gewählt. Eine Einschränkung siehe im § 9 des Gesetzes vom 23. Juni 1890 (Anhang II).

Die dem zweiten Volksraad zur Erledigung überwiesenen Angelegenheiten sind im Artikel 27 desselben Gesetzes aufgeführt. Jeder Beschluß desselben ist, um Gültigkeit zu erlangen, von der Zustimmung des Präsidenten bezw. des ausführenden Rates abhängig.

Der Sekretär[10]) des ersten Volksraads ist zur Zeit W. J. Jockens, sein Vertreter L. F. Goldman, der Sekretär des zweiten Volksraads G. F. L. Bohlmann, sein Stellvertreter D. E. van Velden.

Die vollziehende Gewalt ruht in den Händen des Staats-
präsidenten, der dem ersten Volksraad verantwortlich ist.[181])
Er wird durch die Mehrheit der Bürger, welche für den ersten
Volksraad wahlberechtigt sind, gewählt, und zwar auf die
Zeit von 5 Jahren. Nach Ablauf seiner Regierungszeit ist er
wieder wählbar. Der gegenwärtige Präsident Stephanus
Johannes Paulus Krüger wurde im Jahre 1882 mit
3431 Stimmen gegen General Joubert gewählt, der 1189
Stimmen erhielt. Die Wiederwahl im Jahre 1888 erfolgte
mit 4483 Stimmen. Damals wurden für Joubert nur 834
Stimmen abgegeben. Im Jahre 1893 stimmten 7881 Bürger
für Krüger und 7009 für General Joubert, und man hatte
hinsichtlich der im Jahre 1898 stattfindenden Neuwahl starke
Befürchtungen, die sich indessen glücklicherweise nicht ver-
wirklicht haben. Auch aus den letzten Wahlen ist Krüger
siegreich hervorgegangen.[182])

Es ist hier der Ort über diesen merkwürdigen Mann
einige Worte zu sagen. (Vergl. das Bild auf Seite 69).

Krüger wurde am 10. Oktober des Jahres 1825 im
Distrikt Colesberg in der Kap-Kolonie geboren und schloß
sich als zwölfjähriger Knabe mit seinen Eltern dem großen
Burentrek an, der die Buren nach Natal, dem Oranje-
gebiet und später nach Transvaal führte. Im Alter von
16 Jahren war er bereits Assistent eines Veldkornets, bald
darauf wurde er zum Veldkornet befördert, und es gelang
ihm, sich Ansehen unter seinen Mitbürgern zu verschaffen.
Unter Burgers war er bereits Mitglied des Ausführenden
Rats. Unmittelbar nach der Annexion ging er mit Jorissen
nach London, um Einspruch gegen dieselbe zu erheben und

sie womöglich rückgängig zu machen, ein Schritt, der, wie oben dargelegt, damals ohne Erfolg bleiben mußte. Trotzdem sehen wir ihn bereits im Jahre 1878 zusammen mit Joubert und E. Bok wiederum auf dem Wege nach London, um den englischen Machthabern in Downingstreet die Beschlüsse der Volksversammlung in Doornfontein vorzulegen. Aber Downingstreet, sagt eine englische Quelle, was still in the arms of Morpheus; auch dieser Versuch war fruchtlos.

In den Vorgängen, die sich nunmehr bis zur Eröffnung der Feindseligkeiten abspielten, hat Krüger eine hervorragende Rolle gespielt. Als die Buren sich erhoben, um die Unabhängigkeit ihrer Republik mit Waffengewalt wieder zu erkämpfen, wurde Krüger mit Joubert und Pretorius an die Spitze der Bewegung gerufen und nach glücklicher Beendigung des Krieges zum Präsidenten erwählt. Über seine Thätigkeit während des Freiheitskrieges hat uns Joriffen in seiner kürzlich erschienenen, von dem Verfasser des vorliegenden Buches ins Deutsche übertragenen Schrift „Erinnerungen an Transvaal" (Berlin 1898) interessante Aufschlüsse gegeben. Derselbe Autor, der Jahre lang in genauem Verkehr mit Krüger gestanden hat, äußert sich über die Persönlichkeit des Präsidenten folgendermaßen:

„Herr Krüger war und ist ein Mann von tiefer Religiosität (er gehört der streng-kirchlichen Sekte der Dopper an), und er hatte, was sich von selbst versteht bei jemandem, dem jegliche wissenschaftliche Erziehung nach europäischem Muster fehlt, für den die Bibel die einzige Quelle sowohl für die Erkenntnis wie für religiöse Begriffe ist, ungefähr dieselbe Lebensanschauung, wie sie den Protestanten aus den Tagen des 16. Jahrhunderts anklebte. Für ihn drehte sich die Sonne um die Erde. Das alte Volk Gottes fand in ihm, in seinem Geschlecht, in seinen Stammesgenossen seine geordnete Fortsetzung, wobei der neue Bund den alten allmählich erfüllte.

In seinem Gemüte lag ein tiefer Zug von Schwermut, der ihn, wie man erzählt, in die Einsamkeit trieb, als er noch ein sehr junger Mann war, gleich einem der alten hebräischen Propheten oder einem der Klausner des zweiten Jahrhunderts, die in der Wüste fasteten und beteten.

Glücklich in seinem Glauben, läßt er andern die Frei= heit anders zu denken, ist auf seine Art ganz verträglich und verlangt nur, daß man ihn nicht störe."

Seine Verdienste um die Republik können nicht hoch genug veranschlagt werden. Die ersten Eisenbahnen danken ihre Fertigstellung seiner energischen Fürsorge. Seine kräftige Finanzpolitik machte den Aufschwung des Goldbergbaues zu Gunsten des Staatsschatzes nutzbar, mit dem Deutschen Reich schloß er einen Handelsvertrag ab, weigerte sich aber ebenso entschieden, den auf Begründung eines südafrikanischen Zoll= vereins gerichteten Bestrebungen von englischer Seite nach= zugeben. Von seiner Haltung gegenüber den Ausländern und den Wirren der letzten Jahre wird im Schlußkapitel noch eingehender die Rede sein.

Seine Bedeutung kann nicht besser geschildert werden, als es der bekannte Afrikareisende H. Stanley in seinem neuesten Buch, in der Absicht, ihn herabzusetzen, gethan hat. Es heißt da:

„Hätte man mich ersucht, Krügers Charakter zu schildern,
wie ich ihn mir vorstellte nach dem, was ich über ihn ge-
lesen hatte, so würde ich mich im Stile eines klassischen
Autors folgendermaßen ausgedrückt haben: Was kann es
außergewöhnlicheres geben, als daß ein Mann ohne Erziehung,
Vermögen oder hervorragende körperliche Eigenschaften, den
Mut hat zu dem Versuch, dieses herrliche Land dem festen
Griffe einer der größten Mächte der Erde zu entreißen, und
daß dieser Versuch von Erfolg gekrönt ist? Daß er die
Unerschrockenheit und die Geschicklichkeit besitzt, einen brill-
schen General im Felde zu schlagen, und zwar in dem Augenblick, wo dieser sich schmeichelt, ein erfolgreiches Manöver
ausgeführt zu haben; die britische Regierung zur Aufgabe
ihrer Beute zu zwingen und die Unabhängigkeit seines Landes
durch einen Vertrag wiederherzustellen; bei näherer Erwägung
diesen Vertrag wiederaufzugeben und an seine Stelle einen
anderen zu setzen, der sein Land beinahe zu einem souveränen
Staat macht; dann im Widerspruch mit den Bestimmungen
des Vertrages seine Rachsucht gegen die britische Rasse zu
entfesseln, in deren Mitte er geboren war und der er so oft
gedient hat; viele Tausende seiner Mitbürger zu unterdrücken,
ihre verbrieften Rechte zu verkürzen und sie nach Belieben
mit Füßen zu treten und diejenigen, die nicht nach seinem
Geschmack waren, verächtlich bei Seite zu schieben; jeden
Diplomaten, der sich ihrer anzunehmen wagte, durch seine
Mißerfolge zum Gespött zu machen; der, während er so hart
mit denen umging, die er als seine Feinde bezeichnete, seinen
Freunden, den über seine Erfolge verwunderten Bürgern,
den Herrn zu zeigen verstand, gleichzeitig Freunde und
Feinde zu willigem Glauben an die Versicherungen seiner

Das Regierungsgebäude in Pretoria.

Gerechtigkeitsliebe und seines Wohlwollens zu bewegen wußte,
drei der mächtigsten Nationen in Europa abwechselnd an
der Nase herumführte und jede einzelne mit gleicher Leichtigkeit in der gehörigen Entfernung hielt; der seine ungebildeten
und rohen Bürger zum Gegenstande der Furcht und der
Schmeichelei für die Gouverneure der umliegenden Kolonien
macht und die Gouverneure und gesetzgebenden Körperschaften dieser Kolonien dazu zu bringen weiß, daß sie ihm
demütig danken und Glück wünschen; der einen souveränen
Staat veranlaßt, eine nähere Verbindung mit seinem eigenen
Lande zu suchen; der der Diktator in dem Lande ist, wo
er geboren wurde, während dessen Regierung seinen leisesten
Wünschen entgegenkommt, und den endlich — denn es ist
kaum ein Ende des Rühmens zu finden — geistreiche und
talentvolle Männer von Welt besuchen, über seine Aus-
lassungen entzückt, von seinem Humor und seiner Frömmigkeit bezaubert sind und von Bewunderung für seine Größe
und seine hervorragenden Charaktereigenschaften überfließen;
der es durchgesetzt hat, zum vierten Male sich zum Präsidenten wählen zu lassen, seine Minister, Generale und Neben-
buhler gezwungen hat, in ihren Wahlreden sein Lob zu
singen und seine Bürger in dem festen Glauben zu erhalten,
daß er der Retter seines Landes und der einzige wahre
Vaterlandsfreund sei, auf den sie sich verlassen können —
wenn einer alles das fertig bringt, so ist das auf
jeden Fall außergewöhnlich."

Der grimmige Haß der Engländer, die ihren Meister
gefunden haben, blickt überall durch die Zeilen dieser Ausführungen hindurch und ist das schönste Zeugnis, das dem
greisen Präsidenten der südafrikanischen Republik ausgestellt

werden kann. Der Präsident bezieht ein Jahresgehalt von
7000 Pfund und einen Wohnungszuschuß von 300 Pfund.*)
Dem Staats-Präsidenten steht ein Ausführender
Rat zur Seite, dessen Vorsitzender er ist und der aus dem
Staatsselretär, dem General-Kommandanten und
2 stimmberechtigten Bürgern**) besteht, die gleiche Stimmen
haben und den Titel von Mitgliedern des Ausführenden
Rates führen. Der Superintendent für das Eingeborenenwesen ist ex officio Mitglied des Ausführenden Rates. Dem
Staatspräsidenten steht es frei, in vorkommenden wichtigen
Angelegenheiten die Oberbeamten, zu deren Departement der
zu behandelnde Gegenstand unmittelbar gehört, zu veranlassen, im Ausführenden Rat gegenwärtig zu sein. Der betreffende Oberbeamte hat alsdann eine Stimme, ist für die
gefaßten Beschlüsse mit verantwortlich und gehalten, sie mit
zu unterzeichnen. Als Oberbeamte im Sinne dieser Bestimmung werden der Staatsprocurator, der Schatzmeister, der
Auditeur, der Superintendent des Unterrichts, der Waisen-
vorstand, der Registrator des Aktenwesens, der Generallland-
messer, der Generalpostmeister und der Chef des Minenwesens
angesehen.

Gegenwärtig ist Dr. Wilhelm Johannes Leyds
Staatssekretär der Republik. Er bekleidet dieses Amt bereits zum zweiten Male. Das letzte Mal wurde er am
7. Juni 1892 gewählt. Er empfängt ein Jahresgehalt von
2300 Pfund. Generalkommandant ist Petrus Jacobus

---

*) Ein Bild von dem Hause des Präsidenten in Pretoria s.
bei Stanley, Through South Africa, London 1898, S. 92.
**) Ueber die Wahl desselben vergl. Artikel 69 des Grondwet
im Anhang 2.

Joubert. Er bekleidet seine Stellung bereits zum dritten Mal und erhält ein Jahresgehalt von 2500 Pfund. Joubert ist zugleich Vicepräsident der Republik und als solcher am 13. Mai 1896 gewählt.

Als fernere Mitglieder des Ausführenden Rates fungieren zur Zeit die Bürger Jacobus Martinus Andreas Wolmarans (zum vierten Mal gewählt am 25. Mai 1896) und Schalk Willem Burger (gewählt am 6. Mai 1886). Jeder von ihnen bezieht ein Jahresgehalt von 2000 Pfund.

Die hauptsächlichsten Beamten und Departementschefs sind:

1. Der Unterstaatssekretär für auswärtige Angelegenheiten z. Zt. Cornelius van Boeschoten.
2. Der Unterstaatssekretär des Inneren z. Zt. Theunis Johannes Krogh.
3. Der Generalkommandant z. Zt. Petrus Jacobus Joubert.
4. Der Superintendent für das Eingeborenenwesen z. Zt. Pieter Arnoldus Cronjé.
5. Der Staatsprokurator z. Zt. Dr. Hermanus Jacob Coster.
6. Der Generalschatzmeister z. Zt. Jacobus Nicolaas Boshoff.
7. Der Generalauditeur z. Zt. Johannes Stephanus Marais.
8. Der Superintendent für das Unterrichtswesen z. Zt. Dr. Nicolaas Mansvelt.
9. Waisen-Vorsteher und Meister vom hohen Gerichtshof, z. Zt: François Pieter Jacob van Nikkelen Kuyper.

18*

10. Regiſtrator der Akten, z. Zt: Johannes Chriſtoffel Minnaar.
11. General-Landmeſſer, z. Zt: Johann Riſſik.
12. General-Poſtmeiſter, z. Zt: Iſaac van Alphen.
13. Chef des Minenweſens, z. Zt: Chriſtian Johannes Joubert.
14. Chef des Telegraphenweſens, z. Zt: Chriſtian Karel von Trotſenburg.
15. Chef der öffentlichen Arbeiten, z. Zt: Syze Wierda.
16. General-Inſpektor der Einfuhrzölle, z. Zt: Eduard Hugo de Waal.
17. Regierungs-Kommiſſar für das Eiſenbahnweſen, z. Zt: Jacobus Stephanus Smit.
18. Chef des Gefängniswesens, z. Zt: Adolf Schiel.
19. Polizei-Kommiſſar, z. Zt: Daniel Egnatius Schutte.
20. Direktor der Staatsdruderei, z. Zt: Pieter Wilhelmus Theodorus Bell.
21. Ober-Büreauinſpektor, z. Zt: David Pieter Joubert.
22. Regierungs-Eſſayeur und Kontroleur der Staatsmünze, z. Zt: Jules Perrin.
23. Regiſtrator der Patente, Geſellſchaften und Handelsmarken, z. Zt: Carl Uedermann senior.
24. Ober-Richter, z. Zt: Petrus Johannes Kotzé.[183])
25. Civilkommiſſar, z. Zt: Eduard van Manen.

Alle Staatsbeamten ſind dem Präſidenten untergeordnet; nur diejenigen, welchen die Ausübung der richterlichen Gewalt zuſteht, ſind in dieſer Eigenſchaft ganz und gar frei und unabhängig. Alle Staatsbeamten werden vom Präſidenten ernannt und vom Volksrat beſtätigt.

Die Adminiſtrationsgewalt ſteht unter den Befehlen des Staatspräſidenten und der Mitglieder des Ausführenden

Rates. Für die Zwecke der inneren Verwaltung ist die
ganze Republik, wie in Kapitel 19 ausgeführt, in Distrikte ein=
geteilt, die wieder in Kreise oder Abteilungen zerfallen.
Jeder Distrikt wird von einem Landdrost verwaltet. Wo
die Bevölkerung es verlangt, können Distriktsraben errichtet
werden, deren Vorsitzender der Landdrost ist und denen die
Sorge für die öffentlichen Wege oder andere öffentliche
Arbeiten im Distrikt anvertraut ist. An der Spitze jeder
Stadt= und Dorfverwaltung, die durch das Gesetz als solche
anerkannt ist, steht ein Bürgermeister und ein Raad von
6—8 Mitgliedern. Die Kosten der Distriktsverwaltung wie
der Gemeindeverwaltung werden von den Distrikten be=
ziehungsweise den Gemeinden getragen. Das Einwohner=
Meldewesen ist den Veldkornetten, die ebenso wie die Kom=
mandanten den Landdrosten in Sachen der inneren Verwal=
tung zur Verfügung stehen, übertragen.

Im Jahre 1896 ist ein Gesetz beschlossen worden, durch
welches für die Verwaltung von Johannesburg ein aus
höchstens 24 Mitgliedern bestehender Stadtrat eingesetzt ist,
von denen die Hälfte stimmberechtigte Bürger der Republik
sein müssen. Der vorsitzende Bürgermeister wird auf die
Dauer von fünf Jahren vom Staatspräsidenten ernannt.[104])
Dies Gesetz ist eine ziemlich erhebliche Konzession gegenüber
dem Drängen der Ausländer, die auf diese Weise wenigstens
an der Entscheidung der Johannesburger Angelegenheiten
ebenso stark beteiligt werden wie die eingeborenen Bürger.
Indessen hat sich die Regierung vorbehalten, den Zeitpunkt
zu bestimmen, wo dieses Gesetz in Kraft treten soll.

Im allgemeinen sind die Funktionen der einzelnen Re=
gierungs=Departements ohne weiteres aus ihrer Ernennung

zu ersehen; hier seien nur noch einige Einzelheiten angeführt.
Verträge oder Bündnisse mit auswärtigen Mächten oder
Völkern dürfen nur mit Genehmigung des Volksraads ab=
geschlossen werden. Bekanntlich beanspruchen die Engländer
auf Grund der Konvention von Pretoria das Recht, die
auswärtigen Beziehungen zu kontrollieren; es ist oben bereits
dargelegt worden, daß dieses Verlangen jeder rechtlichen
Unterlage entbehrt.

Die Republik hat einen ständigen Gesandten in 's=Graven=
hage in Holland, den außerordentlichen Gesandten und be=
vollmächtigten Minister Dr. (G. J. Th. Beelarts van Blod=
land; in Amsterdam, London, Berlin, Lissabon, Brüssel
unterhält sie Generalkonsuln, in Hamburg, Frankfurt a. M.,
Funchal, Lureuço Marques, Durban und Neapel Konsuln.
Außerdem sitzt je ein Vizekonsul in London und Berlin.[185])
Andererseits haben Deutschland, England, Frankreich, Belgien,
die Schweiz, Italien, Holland, Portugal und der Kongo=
staat Konsulate in Pretoria eingerichtet; die Holländer haben
außerdem einen Vizekonsul, Frankreich und die vereinigten
Staaten von Nordamerika je einen Konsularagenten in
Johannesburg. Eines der wichtigsten Momente in den aus=
wärtigen Beziehungen der Republik ist der vor kurzem er=
folgte Abschluß eines Schutz= und Trutzbündnisses mit dem
Dranje=Freistaat.

Im Bureau des General=Landmessers sind im Jahr 1895
3207 Karten geprüft worden. Die Anzahl der Landmesser,
die in der Republik thätig sind, betrug nach den letzten Be=
richten 65. Für den Distrikt Zoutpansberg und einen Teil
von Waterberg besteht eine sogenannte Okkupationskommission,
die Staatsländereien an Bürger und Freunde vergiebt.

Das Departement der öffentlichen Arbeiten hat in den letzten Jahren eine sehr ausgebehnte Thätigkeit entfaltet.[186]) In den meisten Distrikten unterhält basselbe auch Wege-Inspektoren.

Die richterliche Gewalt ist durch Artikel 15 der Verfassung in die Hände eines hohen Gerichtshofes, der Landdrosten, Geschworenen und solcher Beamten gelegt, die durch das Gesetz mit richterlicher Befugnis ausgestattet worden sind.[187]) Im Artikel 127 ist bies näher ausgeführt. Die Rechtsprechung ruht banach zur Zeit

a) beim hohen Gerichtshof in Pretoria,

b) beim Roonbgaanbhof (dem umherziehenden Hof),

c) bei den Landbroftenhöfen,

d) bei solchen anderen Personen, die durch das Gesetz mit richterlicher Befugnis ausgestattet sind, nämlich: Spezial-landbroften, Minenkommissaren, Resident - Friedens-richtern, richterlichen Kommissaren, Landbroftenassistenten, Eingeborenen-Kommissaren und Velbkornetten,

e) bei den Landkommissionen.

Die Oberrichter und Strafrichter müssen übrigens nach der Verfassung im Recht gehörig promoviert sein.

Die öffentliche Verfolgung ruht bei dem Staats-prokurator[188]) und unter seiner Aufsicht bei den öffentlichen Anklägern der verschiedenen Distrikte.

Der hohe Gerichtshof besteht aus 6 Richtern. Die Kriminalsachen werden von je einem Richter unter Beistand einer Jury von 9 Personen behandelt.

Gegen die Urteile des hohen Gerichtshofes giebt es keine Appellation. Von bemselben sind seit 1877: 173 Staats-anwälte zugelassen worden, 13 allein im Jahre 1895, ferner

57 Advokaten, davon 3 im Jahre 1896, ferner 156 Notare, davon 12 im Jahre 1895, endlich zahlreiche Dolmetscher u. s. w. [189])

Der rundgehende Hof hält Sitzungen in den verschiedenen Distrikten ab und besteht aus einem Richter des hohen Gerichtshofes, dem in Kriminalsachen eine Jury von 9 Personen zur Seite steht. Jährlich finden zwei Sitzungen in jedem Distrikt statt, nur in Johannesburg wird allmonatlich eine Sitzung abgehalten.

Die Landdrostenhöfe haben die Jurisdiktion in liquiden Sachen bis zum Betrag von 500 Pfund, in illiquiden Sachen bis zu 100 Pfund; in Kriminalsachen können sie bis zu 6 Monat Gefängnisstrafe mit oder ohne harte Arbeit und 25 Peitschenhieben und Geldstrafen bis zum Betrage von 75 Pfund verhängen. Nach einem Gesetz vom Jahre 1894 sind sie jedoch für Fälle von Viehdiebstahl mit größerer Machtvollkommenheit ausgestattet worden. [190])

Wie in ganz Südafrika so ist auch in der südafrikanischen Republik das römisch-holländische Gesetzbuch in Kraft, soweit es nicht durch örtliche Gesetzgebung oder den Gebrauch in Südafrika abgeändert ist.

Die gesamte Zahl der in den ersten 6 Monaten des Jahres 1896 zur Anzeige gebrachten Strafsachen betrug 26822. Das ergibt eine durchschnittliche Kriminalität von 616, eine sehr günstige Ziffer, wie sie bei uns etwa in Mecklenburg-Schwerin vorkommt, wobei allerdings berücksichtigt werden muß, daß unter den Eingeborenen in den nördlichen Bezirken zahlreiche Verbrechen und Vergehen überhaupt nicht zur Anzeige kommen werden, trotzdem die Polizeimacht der Republik über das ganze Land verteilt ist.

Der Republik steht eine **Polizeimacht** von 1292 Mann zur Verfügung, die aus 2 Hauptleuten, 16 Leutnants, 1 Hauptkonstabler, 92 Unteroffizieren, 411 reitenden Poli-zisten, 606 weißen Polizisten zu Fuß und 164 schwarzen Polizisten besteht; außerdem stehen 160 Mann in Swazi-land.[191]

Gefängnisse bestehen in allen größeren Orten; die An-lage eines Zentralgefängnisses wird geplant; für Kleidung und Nahrung wurden im Jahre 1895: 37 785 Pfund aus-gegeben.

21. Kapitel.
Die Landesverteidigung.

Schon im Artikel 25 der Verfassung vom 13. Februar 1858 verlangt das Volk, daß in Friedenszeiten entsprechende Maßregeln getroffen werden, um einen Krieg zu führen und einem solchen widerstehen zu können. Im Fall eines feindlichen Einfalls soll jeder ohne Ausnahme verpflichtet sein, bei Erlaß des Kriegsgesetzes seine Unterstützung anzubieten. Der Staatspräsident erklärt mit Zustimmung des ausführenden Rates Krieg und Frieden; doch soll die Regierung, wenn möglich, vor der Kriegserklärung erst den Volksrat versammeln.

Das stehende Heer der Republik besteht lediglich aus einem Artilleriekorps, dem 29 Offiziere und 342 Mann (einschließlich der Unteroffiziere, des Musikkorps, der Schmiede, Krankenpfleger u. s. w.) angehören, doch sind zur Zeit nur 15 Offiziersstellen besetzt. Den Oberbefehl führt der Generalkommandant, dem 1 Oberstleutnant, 1 Major und 3 Hauptleute unterstellt sind.

In Kriegszeiten wird die gesamte wehrfähige Mannschaft im Alter von 16—60 Jahren zu den Waffen gerufen,

wenn nötig auch die Farbigen innerhalb des Landes, deren
Häuptlinge der Republik unterworfen sind. Nach dem letzten
Census beträgt die gesamte weiße waffenfähige Bevölkerung
26 500 Mann, davon 14 259 im Alter von 18—34 Jahren,
8 152 im Alter von 34—50 Jahren und 4 089 im Alter
unter 18 oder über 50 Jahren.[192]

Zur Eintheilung der Kriegsmacht ist das Land in
Veldkornetschaften und Distrikte geteilt. Die Mannschaften
stehen unter dem Befehl folgender Offiziere (in aufsteigender
Reihe): der Veldkornet-Assistenten, der Veldkornetten, Kommandanten und eines Generalskommandanten. Der letztere
wird auf 10 Jahre, die Kommandanten auf 5 Jahre, die
Veldkornetten und Veldkornet-Assistenten auf 3 Jahre gewählt, und zwar der Generalkommandant durch die Bürger
der Republik, welche das Recht haben, die Mitglieder für
den ersten Volksrat zu wählen, die Kommandanten (nicht
mehr als 2 für jeden Distrikt) durch die stimmberechtigten
Bürger[193] der Distrikte, die beiden anderen Kategorien durch
die stimmberechtigten Bürger[194] der Bezirke. Den Veldkornet-
Assistenten und den Veldkornetten ist nach Artikel 104 der
Verfassung die Aufrechterhaltung der Ordnung[195] übertragen, den Kommandanten die Kommandos bei inneren
Aufständen der Farbigen, dem Generalkommandanten die
Unterdrückung von Unruhen unter der weißen Bevölkerung,
die Vertheidigung des Landes und die Bekämpfung fremder
Feinde. Die Veldkornetten sind verpflichtet, eine Liste der
Dienstpflichtigen ihrer Bezirke zu führen. Gegenwärtig
fungieren 19 Kommandanten. In Friedenszeiten beziehen
dieselben kein Gehalt,[196] in Kriegszeiten dagegen und im
Fall eines Kommandos erhalten sie täglich 15 s.

Infolge eines Gesetzes vom Jahre 1894 sind in Pretoria, Johannesburg und Krugersdorp freiwillige Korps errichtet worden.

Die neuerlichen Reibungen mit Engländern und die
immer deutlicher hervortretende Absicht derselben, sich unter
Umständen mit Gewalt der Republik zu bemächtigen, haben
dahin geführt, daß man mit der Befestigung der bedeutendsten
Städte begonnen hat. Die Hauptstadt Pretoria wird durch
eine Kette von Forts gesichert werden, von denen eins bereits
fertig gestellt ist.[197]) Auch auf dem Hospitalhügel bei
Johannesburg ist ein starkes Fort errichtet worden, welches
die Stadt beherrscht.

Der Kriegsschatz betrug im Jahre 1893: 800 000 M.

22. Kapitel.

Die Staatsfinanzen.

Die Einnahmen und Ausgaben der letzten Jahre betrugen:

		1890	1891	1892
Einnahmen	M.	24 581 200	18 343 820	25 116 580
Ausgaben	M.	30 629 220	27 001 460	23 775 300
		1894	1895	1896 (bis I. VII.)
Einnahmen	M.	44 954 560	70 799 100	41 520 600
Ausgaben	M.	34 694 560	53 581 900	29 801 360

Aus diesen Zahlen geht hervor, daß die finanzielle Lage des Staates von Jahr zu Jahr sich günstiger gestaltet. Noch im Jahre 1887 betrugen die jährlichen Einkünfte nur 13 368 660 M.; seitdem haben sie sich, soweit bis jetzt bekannt, mehr als versechsfacht. Während bis zum Jahre 1892 das Staatsbudget nur zwei Mal einen kleinen Überschuß aufzuweisen hatte, bleiben seitdem die Ausgaben hinter den Einnahmen erheblich zurück.

Die Einnahmen setzen sich hauptsächlich zusammen aus Einfuhr-Zöllen (im Jahre 1894 = M. 16 258 240), Licenz-

Gebühren (in bemselben Jahre M. 2 386 960), Post- und Telegrammgebühren (in bemselben Jahre M. 2 531 580), Prospecting-Licences (1894 = M. 2 844 920), Zinsen (1894 = M. 4 084 520) u. s. w.[198])

Die Ausgaben bestehen hauptsächlich in Gehältern der Staatsbeamten (1894 = M. 8 395 500), Aufwendungen für öffentliche Arbeiten (1894 = M. 5 219 240), Zinsen (1894 = M. 2 972 740), Purchasers of Properties (1894 = M. 6 603 620) u. s. w.

An Staatsschulden waren im Jahre 1893 vorhanden:[199])

1. Die Amsterdamer fünfprozentige Eisenbahnanleihe aus dem Jahre 1874 im Betrage von 93 833 Pfund Sterling (rückzahlbar bis zum Jahre 1903), bis bahin noch rückständig 51 417 Pfd. Sterl.

2. Die Nationalschuld an Großbritannien aus dem Jahre 1885 in Höhe von 250 000 Pf. Sterl. (rückzahlbar in 25 Jahren in Jahresraten von 6³/₄₀ %), noch rückständig 192 270 Pfd. Sterl.

3. Die Rothschild-Anleihe aus dem Jahre 1892 in Höhe von 2 500 000 Pfd. Sterl., zu 5% verzinslich und rückzahlbar nach 50 Jahren, noch rückständig 2 500 000 Pfd. Sterl.

Diesem Schuldenbestand stand folgendes Staatsvermögen gegenüber:

1. Die Kassenbilanz pro 31. Dezember 1892 mit 237 331 Pfd. Sterl.; pro 31. März 1893 mit 458 064 Pfd. Sterl.

2. Aktien der Niederländisch-Südafrikanischen Eisenbahn-Gesellschaft im Betrage von 400 000 Pfd. Sterl.

3. Aktien der Nationalbank in Pretoria im Betrage von 100 000 Pfb. Sterl.

4. Pfandbriefe der Niederländisch-Südafrikanischen Hypo- thekenbank im Betrage von 50 000 Pfd. Sterl.

5. Restbetrag des Darlehns an die National-Boeren- Handels-Vereeniging in Pretoria in Höhe von 9 655 Pfd. Sterl.

6. Darlehn an Schulkommissionen im Betrage von 4 350 Pfd. Sterl.

7. Darlehn an das Johannesburger Hospital im Betrage von 83 000 Pfd. Sterl.

8. Darlehn an das Gesundheitskomitee in Barberton im Betrage von 750 Pfd. Sterl.

9. Kriegsschatz im Betrage von 40 000 Pfd. Sterl.

10. Darlehn der früheren Republik Vrijheid im Betrage von 1 300 Pfd. Sterl.

11. Grundeigentum (etwa 4 000 Farmen).

Der Generalschatzmeister hat im Januar jedes Jahres einen Voranschlag der Einnahmen und Ausgaben auf Grund der ihm von den Abteilungschefs eingereichten Voranschläge aufzustellen und dem ersten Volksrat zur Genehmigung vor- zulegen. Ausgaben und Einnahmen werden allmonatlich dem General-Auditoriat nebst den Belegen mitgeteilt und von diesem auf ihre Berechtigung geprüft. Der General-Auditeur hat alle drei Monate einen Bericht über die Einnahmen und Ausgaben des Landes herzustellen, die im „Staats- courant" veröffentlicht werden.

23. Kapitel.

Rechte und Pflichten der Eingeborenen und der Ausländer.

—

Die Rechte und Pflichten der Bürger, der Eingeborenen und der Ausländer sind zum größten Teil bereits durch die Verfassung geregelt, auf welche hier im allgemeinen verwiesen werden kann. Was im einzelnen das Verhältnis der schwarzen und weißen Bevölkerung anlangt, so ist zwar im Artikel 10 des Grondwet Sklavenhandel und Sklaverei verboten, andererseits aber auch durch Artikel 9 ausdrücklich festgestellt, daß „das Volk keine Gleichstellung der farbigen mit den weißen Angesessenen zugestehen will". Farbige Personen können daher niemals die Bürgerrechte ausüben, sie haben weder ein Stimmrecht, noch können sie Land erwerben; dabei sind sie in ihrer Freizügigkeit stark beschränkt. Dies gilt auch für halbbürtige Personen bis einschließlich zur vierten Generation, ebenso wie für Kulis, Araber, Malaien und mohamedanische Türken. Wenn sie zu Handelszwecken oder dergleichen ins Land kommen, müssen sie sich sogleich eintragen lassen, wofür sie eine Gebühr von 3 Pfund zu erlegen haben. Ferner ist es Farbigen untersagt, Minen-Konzessionen zu erwerben und mit Gold oder Edelsteinen Handel zu treiben. In der Minenindustrie können sie nur als Ar= beiter im Dienste anderer verwendet werden.

Die Aufsicht über das Eingeborenenwesen führt der Superintendent von Naturellen, dem eine Reihe von Kom= missaren, Klerks und Dolmetschern zur Verfügung steht. Der Superintendent bildet zugleich mit dem Kommandanten und dem Kommissar des Distrikts sowie einem Sekretär die sogenannte Lokationskommission, welche die Aufgabe hat, den Eingeborenen Ländereien anzuweisen. Die Kommission ist infolge einer Bestimmung im Artikel 19 des Vertrages mit Großbritannien vom 27. Februar 1884 eingerichtet worden. [200]

Im allgemeinen ist die Stellung der Buren zur Ein= geborenenfrage bereits oben (S. 18 und 176) wiederholt auseinandergesetzt worden. „Der Farbige, sagt Kloeffel[201]) sehr richtig, wird von dem Buren sehr streng und ohne die bekannte Simpelei behandelt; er bekommt vollauf Kost und fühlt sich beim Buren ganz wohl. Er vermietet sich für gewisse Zeit, z. B. auf 6 Monate; als Lohn erhält er ein Viehstück oder dergleichen und außerdem freie Kost. Ferner verdienen viele durch Transportreiten Geld oder durch an= dere Kontraktarbeiten, z. B. Bauen von Dämmen, Maurer= und Zimmermannsarbeiten ꝛc. Auch können sie, mit einem Paß versehen, auf dem auch das Vieh, welches sie mit sich führen, und der Bestimmungsort verzeichnet wird, hinziehen, wo sie wollen. Die Kaffern verdienen sich bei ihrer Arbeit manchmal bis zu hundert Stück Rindvieh."

In den Witwatersrandminen betrug der Lohn der ein= geborenen Arbeiter nach den letzten Berichten 60 Mark im

Monat, neben freier Station, in Barberton etwa 33 Mark; diese Lohnsätze bleiben ziemlich stabil und werden dem Einfluß von Angebot und Nachfrage durch Verträge mit den Häuptlingen entzogen, worin diese sich zu Arbeiterlieferungen unter bestimmten Bedingungen verpflichtet haben.

Die Hüttensteuer, die den Eingeborenen auferlegt ist, ergab im Jahre 1894 einen Gesamtbetrag von 1 445 540 Mark.

Alkoholische Getränke dürfen nach dem im Jahre 1892 revidierten Spirituosengesetz den Eingeborenen nur gegen einen Erlaubnisschein ihres Herrn verkauft werden. Wie notwendig eine solche Bestimmung war, kann man aus der Berechnung ersehen, daß von den in den Randminen arbeitenden 102 000 Eingeborenen stets ¼ infolge übermäßigen Alkoholgenusses arbeitsunfähig war. [707])

Erst mit dem 1. Januar 1898 ist ein vom Volksraad beschlossenes Gesetz in Kraft getreten, wodurch den Eingeborenen eine staatsrechtlich gültige Ehe zugestanden und sogar eine solche zwischen Schwarzen und Weißen gestattet worden ist. Dies Gesetz bedeutet eine bemerkenswerte Änderung in der Richtung der bisherigen Eingeborenenpolitik.

Ausländer sind durch ein mit dem 1. Januar 1897 in Wirksamkeit getretenes Gesetz verpflichtet, den Besitz genügender Subsistenzmittel oder die Möglichkeit zum Erwerb derselben durch Arbeit nachzuweisen. Sie bedürfen eines Wohnungspasses, der von Zeit zu Zeit zu erneuern ist, wodurch eine fortwährende Kontrolle ermöglicht wird. Im Jahre 1894 traf der hohe Gerichtshof in der Frage der Verpflichtung der Ausländer zum Kriegsdienst eine bemerkenswerte Entscheidung, die dahin ging, daß jeder Ausländer nach zwei-

jährigem Aufenthalt in der Republik im Kriegsfalle wehr-
pflichtig sei. Damals wurde eine größere Anzahl von Ausländern, die der Berufung zur Teilnahme an dem Kriegszuge gegen den aufrührerischen Kaffernhäuptling Malaboch
in den Zoutpansbergen nicht nachgekommen waren, mit einer
Strafe von 100 Mark oder 3 Tagen Haft belegt. Hiervon
wurden die Deutschen und die Holländer so gut wie die
Engländer betroffen. Die Angehörigen der ersteren beiden
Nationen vermochten sich indessen durch Berufung auf
bestehende Verträge von der ihnen auferlegten Verpflichtung
zu befreien. Infolge der durch die Engländer angerufenen
Intervention des Gouverneurs der Kapkolonie, Sir H.
Loch,[203]) wurde die Militärpflicht der Ausländer allgemein
in der Weise geregelt, daß sich dieselben durch Entrichtung
einer jährlichen Steuer vom persönlichen Dienst befreien
können.

Jedem Ausländer steht es unter gewissen Bedingungen,
die bereits oben erwähnt sind, zu, sich naturalisieren zu
lassen. In der Zeit von 1890 bis zum 15. November 1896
haben von diesem Rechte 2 087 Personen Gebrauch gemacht,
davon im Jahre 1896 allein 500.[204])

Die den Ausländern durch das Gesetz auferlegte, durch
die Verhältnisse mehr als gerechtfertigte Karenzzeit von zwei
Jahren ist einer der hauptsächlichsten Beschwerdepunkte derselben. Am liebsten möchten sie diese Bestimmung ganz
aus der Welt schaffen, weil damit ihre Macht bei den
Wahlen erheblich wachsen würde. Der Brennpunkt der
darauf gerichteten Bestrebungen der Ausländer ist natürlich
der Witwatersrand und in erster Linie Johannesburg. Bisher
haben sich die Buren mit Recht gegen größere Konzessionen

19*

nach dieser Richtung hin gesträubt. Doch hat der Volksraad bereits im Jahre 1890 der Regierung das Recht gegeben, unter besonderen Verhältnissen für einzelne Personen die Karenzfrist abzukürzen.

Übrigens sind Ausländer, die sich weniger als zwölf Monate im Lande aufhalten, auch gehindert, eine gültige Ehe zu schließen, sofern sie nicht eine Bescheinigung seitens eines Beamten oder Geistlichen beibringen, aus der hervorgeht, daß der geplanten Eheschließung gesetzliche Gründe nicht entgegenstehen. Hierbei mag auch erwähnt werden, daß überhaupt kein Witwer vor Ablauf von drei Monaten und keine Witwe vor Ablauf von dreihundert Tagen nach dem Tode des anderen Gatten eine neue Ehe eingehen kann. Wer außerhalb der Republik wohnt und unbewohnte Grundstücke innerhalb der Grenze derselben besitzt, muß für jeden Platz, so lange er unbewohnt ist, jährlich eine doppelte Steuer bezahlen.

Die Immanuelkirche in Johannesburg.

24. Kapitel.

Kirche und Schule. Geistige Kultur.

Die Landeskirche ist die niederländisch-reformierte, der der größte Teil der Bevölkerung angehört, nämlich 50 000, nach dem Census von 1891. Andere niederländische Kirchen zählen 18 100 Anhänger, die englische Kirche 6581, die Wesleyaner 3 866, die Katholiken 3 000, andere christliche Kirchen 1 500; außerdem wurden 2000 Juden gezählt. Wohlgemerkt handelt es sich dabei nur um die weiße Bevölkerung. Dieses Verhältnis ist heute durch die starke englische Einwanderung etwas zu Gunsten der englischen Kirche verschoben, sonst aber im allgemeinen noch das gleiche. Der „Argus Annual and South African Gazetteer" (1896) enthält zwar auf Seite 445 ff. ein genaues Namensverzeichnis der in Transvaal thätigen Geistlichen der verschiedenen Kirchen, aber keine neuere Statistik über die Zahl der Gemeindemitglieder.

Von dem im allgemeinen streng religiösen, kirchlichen Sinn der Buren ist bereits weiter oben die Rede gewesen. Hier mag noch hinzugefügt werden, daß nach den

Bestimmungen der Verfassung die Versammlungen des Volksraads mit einem angemessenen Gebet eröffnet und geschlossen
werden. Sowohl der Staatspräsident wie auch die Mitglieder
der Volksraaden müssen übrigens einer protestantischen Kirche
angehören.

Schon im Jahre 1888 wurde ein Gesetz betreffend die
äußere Heilighaltung der Sonntage erlassen, das später
mehrere Abänderungen erfahren hat.[203] Alle Handelsgeschäfte,
Feld- und Garten-, Dampf- und Maschinenarbeiten, Schießen
und Jagen, sind am Sonntag mit geringen Ausnahmen
streng verboten.

Für deutsche Kreise wird es besonders interessant sein,
daß die Deutschen in Johannesburg im Jahre 1897 einen
Antrag gestellt haben, eine deutsch-evangelische Gemeinde
begründen zu dürfen. Der evangelische Oberkirchenrat hat
sich diesem Vorhaben geneigt erklärt und den Pastor Graß-
mann aus Pommern zum Geistlichen in Johannesburg bestimmt. Der Stärkung des deutschen Elementes in Johannesburg wird dieser Schritt zweifellos sehr förderlich sein.
Seit 1888 wird übrigens in Johannesburg bereits all-
sonntäglich eine deutsche Predigt gehalten. Die deutsche
„Friedenskirche" wurde am Trinitatisfest des Jahres 1890
eingeweiht. Die Kosten für den Bau beliefen sich auf
40 000 Mark, die von der Gemeinde selbst aufgebracht
werden mußten. Große Verdienste hat sich der Missionar
Ausche um diese Angelegenheit erworben. Auch in Pretoria
besteht eine deutsch-evangelische Kirche, dort wirkt der Pastor
Grünberger. Eine starke deutsche Gemeinde besteht auch in
Lüneburg, kleinere in Utrheid und Rustenburg.

Die katholische Kirche in Transvaal steht unter dem

apostolischen Präfekten, der in Johannesburg residiert. Mit der Johannesburger Kirche sind auch zwei Schulen und ein Hospital verbunden. Andere Kirchen bestehen in Pretoria (mit zwei Schulen und einem Kindergarten) in Fordsburg, Potchefstrom (mit einer Schule), Barberton und Lydenburg. Die Gemeinden in Johannesburg, Potchefstrom und Pretoria sind bereits im Anfang der 80er Jahre entstanden. Jüdische Gemeinden bestehen in Johannesburg und Barberton.

Die Mission unter den Eingeborenen wird durch folgende Gesellschaften betrieben: [206])

1. die **Hermannsburger Mission**, seit 1857 thätig, mit 24 Hauptstationen und zahlreichen Filialen;

2. die **Berliner Missionsgesellschaft**, seit 1859 thätig, mit 20 Hauptstationen, unter denen besonders das von Merensky begründete Botschabelo (mit einem Schullehrerseminar) hervorzuheben ist;

3. die **Londoner Wesleyanische Missionsgesellschaft**, seit 1875 thätig, mit 13 Hauptstationen;

4. die **Mission der Anglikaner**, seit 1878 thätig; sie haben ein Bistum in Pretoria errichtet und arbeiten hauptsächlich in Zeerust;

5. die **kapsche holländisch-reformierte Kirche**, mit 4 Stationen;

6. die **Mission der französischen Schweizer** im Distrikt Zoutpansberg;

7. die **Apostolische Präfectur Transvaal**. [207])

Schon aus dieser Zusammenstellung geht hervor, daß die deutsche Mission bei weitem am meisten zur Christianisierung der Eingeborenen gethan hat. Botschabelo wird ein ewiges Denkmal hingebender und erfolgreicher Missions= und Kulturarbeit sein.²⁰⁹)

Große Verdienste hat sich auch der bereits erwähnte Missionar Kuschke in Johannesburg erworben. Die dortige Immanuelskirche wurde im Jahre 1895 eingeweiht. Am Tage der Einweihung sammelten sich über 2000 Schwarze in und an der Kirche, und seitdem ist sie Sonntag für Sonntag in erfreulicher Weise besucht gewesen. In der ersten Hälfte des Jahres 1895 wurden in Johannes= burg von der Berliner Mis= sion allein 57 Erwachsene und 5 Kinder getauft. Die gesamte Zahl der in Trans= vaal durch die Thätigkeit der Missionare dem Christentum zugeführten Eingeborenen, soweit sie bereits getauft sind, beträgt über 16 000.

A. Merensky.

Was den Schulunter= richt anlangt, so geht die Regierung nach dem Gesetz Nr. 8 vom Jahre 1892 von dem Grundsatz aus, daß es Aufgabe der Eltern ist, für die Erziehung ihrer Kinder zu sorgen. Der Staat beschränkt seine Bemühungen darauf, die Privatinitiative der Bürgerschaft durch Geldbeträge zur Unterstützung der Schulen anzuregen und den Unterricht zu beaufsichtigen, insofern er sich berufen fühlt, darüber zu wachen, daß seine zukünftigen Bürger eine protestantisch-christliche Erziehung empfangen.

Der Elementarunterricht umfaßt biblische Geschichte, Lesen, Schreiben, Rechnen, Singen einschließlich der Kirchenmusik, die Anfangsgründe des Holländischen und der Geschichte von Transvaal sowie im letzten Schuljahr eine fremde Sprache nach Wunsch der Eltern.

Auf der Mittelstufe wird die Kenntnis dieser Fächer ausgebreitet und vertieft, eine gründliche Kenntnis der holländischen und auf Wunsch auch einer anderen lebenden Sprache vermittelt, die Anfangsgründe der Geschichte, Geographie und der Geometrie gelehrt. Daneben werden Zeichnen, Naturkunde, Turnen und allerlei Handarbeiten betrieben.

Wenn eine Schule den gesetzlichen Bestimmungen genügt, so hat sie Anspruch auf eine Unterstützung seitens der Regierung, deren Betrag gesetzlich festgelegt ist.

Nach dem erwähnten Gesetz vom Jahre 1892 soll aller Unterricht in den staatlich unterstützten Schulen in holländischer Sprache erteilt werden. Nun die Verbreitung des Holländischen zu fördern, hat der Volksraad später beschlossen, auch solchen Schulen Unterstützung zu teil werden zu lassen, deren Schulsprache eine andere ist als die holländische, sofern sie sich verpflichtet, den Unterricht im Holländischen in ihren Schulplan aufzunehmen.[209])

Was die Goldfelder anlangt, so hat die Regierung für diese den im Gesetz vom Jahre 1892 aufgestellten Grundsatz durchbrochen und ist mit Begründung eigener Schulen vorgegangen.

Das gesamte Schulwesen untersteht dem „Superintendent van Onderwijs", zur Zeit Herrn Mansvelt, der früher im College in Stellenbosch im Kapland thätig war, im Jahre 1891 die Leitung des Schulwesens in Transvaal übernahm und sich um die Verbesserung desselben große Verdienste erworben hat.

Der Umfang der Unterstützungen, die vom Staate seit 1888 den bestehenden Schulen gewährt worden sind, erhellt aus folgender Aufstellung:[210]

Jahr	Stadtschulen	Dorfschulen	Mittlere Schülerzahl	Gesamtbetrag der Unterstützung rund Mark
1888	20	139	4 016	284 000
1889	28	197	5 475	500 000
1890	34	262	6 990	712 000
1891	99	453	8 170	876 000
1892	62	422	7 932	70 000
1893	59	353	5 909	54 000
1894	61	358	6 626	62 400
1895	55[211]	367[211]	7 217	79 600

Über die bestehenden englischen Schulen sind ganz zuverlässige Daten schwer zu erlangen. In Silvers Handbuch vom Jahre 1891 werden für Pretoria die folgenden erwähnt:

a) im Anschluß an die englische Kathedrale die beiden Schulen St. Etheldreda und St. Birinus,

b) eine Schule der Wesleyaner,

c) drei Schulen und ein Kindergarten der römisch-katholischen Gemeinde.

In Johannesburg hatte die englische Gemeinde damals

zwei höhere Schulen und eine Elementar-Schule; eine weitere
Schule bestand in Rustenburg, die römisch-katholische Ge-
meinde besaß zwei Schulen in Johannesburg. In neuerer
Zeit wurden durch Sammlungen unter den Ausländern
etwa 140 000 Mark zur Vermehrung und Verbesserung der
Schuleinrichtungen aufgebracht.

Im Jahre 1897 bewilligte die Regierung 600 000 M.
für Unterricht auf den Goldfeldern. [212])

Nach einer Statistik, welche 35 934 Europäer über
15 Jahre umfaßt, waren 1 271 davon Analphabeten; die
Bevölkerung unter 15 Jahren kann zur Hälfte weder lesen
noch schreiben. [213])

Besondere Schwierigkeiten machte lange Zeit die Lehrer-
frage. Es war nicht leicht, geeignete Persönlichkeiten in aus-
reichender Anzahl zu bekommen, und auch heute noch sollen
viele untaugliche Leute an den Schulen thätig sein.

In Pretoria ist vor kurzem das Staatsgymnasium
eingerichtet worden, das aus zwei Abteilungen besteht. Die
Zöglinge der ersten oder klassischen Abteilung werden auf
das Studium an einer europäischen Universität, die der
zweiten für die Bergwerksschule, den elementaren Lehrberuf,
oder den Betrieb der Landwirtschaft vorbereitet. Der Rektor
und zugleich der Dozent für die klassischen Sprachen ist
Dr. H. Reinink. Mit dem Gymnasium ist ein Alumnat
(Jehuls) verbunden.

Auch eine höhere Töchterschule (Staats-Meisjesschool)
ist im Jahre 1893 in Pretoria eröffnet worden.

Examina werden vor dem Raad van Examinatoren
abgelegt, der aus dem Oberrichter, dem Staatsprokurator,
dem Superintendenten des Unterrichtswesens, dem General-

landmesser, dem Vorsitzenden der medizinischen Kommission und weiteren fünf vom Staatspräsidenten berufenen Mit- gliedern besteht und zweimal im Jahre zusammentritt.

In diesem Zusammenhange mag auch eines anderen Faktors der allgemeinen Bildung gedacht werden, der Presse. Durch die Verfassung ist die Preßfreiheit gewährleistet. Der „Argus Annual" verzeichnet (1896) 27 Zeitungen, die in Transvaal erscheinen; doch ist diese Liste sehr unvoll- ständig. Die hauptsächlichsten Zeitungen sind oben bei der Beschreibung der bedeutenderen Örtlichkeiten angegeben. Für die Deutschen in Transvaal ist von einer gewissen Bedeutung, daß die Südafrikanische Zeitung, ein angesehenes deutsches Blatt, vor einiger Zeit von Kapstadt hierher, und zwar nach Johannesburg, verlegt worden ist.

Von der Staatsbibliothek in Pretoria ist oben (Seite 236) schon die Rede gewesen. Auch in Johannesburg besteht bereits seit mehreren Jahren eine öffentliche Bibliothek, die seit dem Jahre 1893 einen Regierungszuschuß von jähr- lich 4500 Mark mit der Verpflichtung erhält, ²/₃ dieser Summe zum Ankauf holländischer Bücher zu verwenden. Für ein neues Bibliotheksgebäude sind durch Privatsamm- lungen neuerdings bereits über 150 000 Mark zusammen- gebracht worden.

25. Kapitel.

Allgemeine Übersicht über die natürliche Produktion des Landes.

Zur Beurteilung der wirtschaftlichen Fähigkeiten des Landes, soweit dieselben bisher bekannt geworden sind, mögen die folgenden allgemeinen Angaben über die einzelnen Distrikte dienen.[214]

1. Bloemhof.

7 985 qkm. 3600 Weiße. — Der Distrikt liegt auf dem Hochfelde.

Ackerbau und Viehzucht wird infolge Wassermangels verhältnismäßig wenig getrieben. In neuerer Zeit hat man angefangen Weingärten anzulegen, die, wie es scheint, gut gedeihen.

Bei Christiana sind Diamantenfelder, deren Ausbeutung neuerdings gute Ergebnisse liefert.

Die Kaufleute in Christiana befassen sich besonders mit der Ausfuhr von Brennholz.

2. Carolina.

1 000 000 Morgen.[215] 3 700 Weiße.

Der westliche Teil ist Hochfeld, der nordöstliche Lage-veld (Tiefebene).

Ackerbau wird besonders im Lageveld betrieben, das sich für tropische Gewächse und Früchte eignet. Hier ist bereits mit der Anlage von Plantagen begonnen worden. Die Hauptprodukte sind z. Zt. Weizen, Hafer, Gerste, Mais, Roggen, Kafferkorn, Tabak. An Früchten werden gewonnen: Pfirsiche, Aprikosen, Limonen, Feigen, Nüsse, Äpfel, Birnen, Pflaumen, Trauben.

Das Hochfeld des Westens eignet sich vortrefflich für die Zucht von Groß- und Kleinvieh sowie von Pferden. Die Paardenstekte soll hier nur sehr selten vorkommen.

Im ganzen Bezirk finden sich Steinkohlen. Im nördlichen Teile, nahe bei dem Hauptorte des Distrikts, kommt Gold vor. Zinn findet sich im Nordosten u. z. sowohl im Alluvium wie im Gangvorkommen.

3. Ermelo.

1 087 500 Morgen. 4 500 Weiße.

Der auf dem Hochfelde gelegene Distrikt ist für Acker-bau gut geeignet, es werden hauptsächlich Getreide, Mais und Kartoffeln gezogen; aber die Viehzucht gewinnt mehr und mehr das Übergewicht. Besonders wird Schafzucht getrieben.

Steinkohle wird vielfach gefunden, auch Gold und Kieselguhr sind entdeckt worden.

4. Heidelberg.

7 690 qkm. 74 000 Weiße.

Für Ackerbau ist der Distrikt, der zum Hochfelde gehört, sehr geeignet; es werden Getreide, Gemüse und mancherlei Früchte geerntet. Auch für die Viehzucht ſind im allgemeinen günſtige Vorbedingungen vorhanden; aber ſtarker Regenfall im Sommer und Kälte im Winter ſind dem Vieh ſchädlich.

Gold und Steinkohlen werden in großer Menge gefunden. Zur Ausbeutung derſelben iſt bereits eine erheblliche Anzahl von Geſellſchaften gebildet.

5. Krügersdorp.

350 Burenplätze. Eine Bevölkerung von etwa 20 000 Seelen.

Hier wird hauptſächlich Bergbau getrieben.

6. Lichtenburg.

1 500 000 Morgen. 6 500 Weiße.

Was Ackerbau und Viehzucht betrifft, ſo wird angenommen, daß der auf dem Hochfelde gelegene Diſtrikt einer ſchönen Entwicklung entgegengehe. Schon jetzt baut man mit gutem Erfolg Korn, Hafer, Gerſte, Kaffernkorn, Mais, Manna, Kartoffeln, Tabak und allerlei Gemüſe, wofür der Boden außerordentlich geeignet iſt.

Auch der Viehzucht (Groß- und Kleinvieh) bieten ſich gute Ausſichten. Beſonders werden Schafe und Ziegen gezogen.

Die Mineralſchätze ſind noch wenig unterſucht. Es wird Goldquarz von 5½ und ſelbſt 6 Unzen Gehalt auf die Tonne gefunden. Auch Blei und Salpeter kommen vor.

7. Lydenburg.

31 080 qkm. 3000 Weiße.

Der Norden und Oſten gehören zum Lagevelð, der mittlere Teil iſt hauptſächlich ſogenanntes Bankens oder gebrochenes Feld. Der südwestliche Teil gehört zum Hochfelde. Das Lagenfeld eignet sich besonders für die Anlage von Tropenplantagen; im Bankenfeld werden alle Arten Getreide gebaut, wie der Distrikt mit seinem fruchtbaren Boden und seinem Wasserreichtum überhaupt als der „grain district" gilt. Die hauptsächlichsten Erzeugnisse des Ackerbaus sind z. B. Weizen, Hafer, Gerste, Mais, Kafferkorn, Tabak; Pfirsiche, Aprikosen, Limonen, Feigen, Äpfel, Birnen, Trauben.

Das Hochfeld im Südwesten eignet sich besonders zur Viehzucht (Groß- und Kleinvieh).

Im Osten, im Stadtbezirk Lydenburg, auf den de Kaap-, den Komati-Feldern, bei Pilgrimsrust und Barberton wird Gold gefunden, im Südosten Steinkohlen, im Südwesten Quecksilber.

8. Marico.

7 985 qkm. 6 300 Weiße.

Der ganze im Buschfelde gelegene Distrikt ist für Ackerbau sehr geeignet, der Kreis Boschveld auch vorzüglich für Viehzucht. Produkte des Ackerbaus sind z. B. Korn, Hafer, Gerste, Mais, Kartoffeln und fast alle Arten Obst und Gemüse.

An Mineralien ist der Distrikt besonders reich; er liefert Gold, Silber, Kupfer, Blei, Zinnober, Zink, Steinkohlen, Salpeter und Schwefel.

9. Middelburg.

15 710 qkm. 10 000 Weiße.

Der Distrikt wird in Hochfeld (im Süden), Bankenfeld und Buschfeld eingeteilt.

Für Ackerbau eignet sich besonders das Bankenfeld,

Holz und Wasser sind in großer Menge vorhanden. Auch das Buschfeld oder Lageveld bietet dem Ackerbau gute Vorbedingungen, das Hochfeld aber nur an einzelnen Stellen. Die Haupterzeugnisse des Ackerbaus sind Korn, Mais, Kafferkorn, Hafer, Manna, alle Arten Gemüse und Früchte, die üppig gedeihen und in reichem Maße geerntet werden. Andererseits ist das Hochfeld für die Viehzucht wohlgeeignet, während das Buschfeld hierfür nur in den Wintermonaten und das Bankenfeld so gut wie gar nicht in Betracht kommt.

Hochfeld und Buschfeld sind reich an Mineralien, das erstere besonders an Steinkohlen. Da die Qualität der Kohle vorzüglich ist, hat sich bereits eine lebhafte Kohlenminen-Industrie entwickelt. Im Buschfeld wird reichlich Gold und Silber gefunden.

10. Piet-Retief.

300 000 Morgen. 1 600 Weiße.

Der Distrikt liegt auf dem Hochfelde und ist für Baumzucht und Plantagenanlagen, die wenig kosten, besonders geeignet. Der Ackerbau begegnet Schwierigkeiten. Es werden nur Mais und Kartoffeln angebaut; das Getreide wird oft durch Rost vernichtet.

Auch die Viehzucht findet nur zu gewissen Zeiten des Jahres günstige Bedingungen. Die Paardensiekte kommt übrigens hier nur sehr selten vor.

Zwar ist in neuester Zeit an verschiedenen Stellen goldhaltiger Quarz entdeckt worden, aber noch nicht in abbauwürdiger Menge.

11. Potchefstroom.

15 250 qkm. 25 000 Seelen.

Der Diſtrikt, auf dem Hochfelde gelegen, eignet ſich gleich vorzüglich für Land- und Gartenbau. Auch wird viel Viehzucht getrieben.

An Mineralien werden Gold, Eiſen, Diamanten, Asbeſt, Kupfer und Kalk gewonnen.

Leider liegt der Diſtrikt zu weit von den Hauptmärkten.

12. Pretoria.

16007 qkm.   31000 Einwohner.

Der Boden iſt teils Buſch- (im Norden), teils Hochfeld (im Süden) und im allgemeinen fruchtbar. Waſſer und Holz ſind im Überfluß vorhanden. Acker- und Gartenbau haben in letzter Zeit große Fortſchritte gemacht. Es wird beſonders Weizen, Hafer und Mais gebaut. Auch der Viehzucht wird jetzt mehr Aufmerkſamkeit gewidmet als früher.

Neben Gold kommen auch andere Mineralien, beſonders Silber vor.

13. Ruſtenburg.

27597 qkm.   11000 Weiße.   25000 Eingeborene.

Dieſer Diſtrikt, zum Buſchfelde gehörig, gilt allgemein als die Korn- und Obſtkammer der Republik, und bietet dem Ackerbau die günſtigſten Ausſichten. Man baut nicht nur alle Arten Getreide, ſondern auch tropiſche Gewächſe. Der Magaliestabak iſt in ganz Südafrika bekannt und berühmt.

An Mineralien ſind bisher Gold, Silber, Kupfer und Blei feſtgeſtellt; wahrſcheinlich finden ſich aber noch andere.

14. Standerton.

742500 Morgen.   7750 Weiße (4000 Männer, 3750

Frauen); 2 800 Eingeborene (1 500 Männer, 1 300 Frauen). Der Distrikt liegt auf dem Hochfelde. Ackerbau und Viehzucht werden mit Erfolg betrieben; man baut besonders Hafer, Mais und Manna. Der Boden ist steinkohlenhaltig, doch sind seine Schätze noch nicht erschlossen. Auch Spuren von Gold sind entdeckt worden.

15. Utrecht.

260 Burenplätze. 2 850 Weiße.

Der Teil des Distrikts, welcher unterhalb des Belelasberges liegt und an der Westseite vom Büffelflusse, an der Ostseite vom Bloedrivier begrenzt wird, ist niebriges Winterfeld und mehr oder weniger flach. Ein großer Teil des Distrikts liegt aber auf dem Plateau des Belelasgebirges und anderer Berge und ist Hoch- oder Sommerfeld. Ein dritter Teil ist Buschfeld. Dazu gehört auch der Pongolabusch, ein ausgedehnter Wald, aus dem in früheren Jahren viel Holz für Bauzwecke entnommen worden ist. Der größte Teil des Distrikts ist gebirgig.

Zum Ackerbau eignet sich dieser Distrikt weniger, da an manchen Stellen Wassermangel herrscht. Der Boden ist indessen für Obstkultur nicht ungünstig, doch ist bisher nicht sehr viel dafür geschehen. Sonst wird Korn, Hafer, Mais und Tabak in beschränktem Maße gewonnen.

Steinkohlen sind in guter Beschaffenheit und abbauwürdiger Menge an verschiedenen Stellen gefunden worden.

16. Vrijheld.

1 200 000 Morgen. 5 200 Seelen.

Der Distrikt ist auf dem Hochfelde gelegen, sehr gebirgig und wasserreich. Der größte Teil ist für Ackerbau und

Viehzucht geeignet. Die Haupthandelsartikel sind z. Zt.
Getreide, Wagen= und Zimmerholz, Wolle und Häute.
Steinkohle von sehr guter Beschaffenheit ist im Überfluß vorhanden. Auch Gold, Silber, Eisen, Kupfer, Asbest
sind an verschiedenen Stellen entdeckt worden. Mit der Ausbeutung der Goldlager ist bereits begonnen worden.

17. Walkerstroom.
12 000 Weiße.

Der größte Teil des Distrikts liegt auf dem Hochfelde,
12—1900 m über dem Meeresspiegel. Das Klima ist sehr
gesund.

Für Ackerbau und Viehzucht sind die natürlichen
Verhältnisse sehr günstig. Das Land gilt für das wertvollste
der Republik. Es ist schade, daß sich bisher so wenig Bewohner auf den Landbau legen, obwohl alle Produkte
gewonnen werden können. Die Pferdezucht soll sehr lohnend sein.

An Mineralien birgt Walkerstroom unerschöpfliche
Reichtümer. Besonders wird Steinkohle gefunden; auch
Petroleum ist entdeckt worden.

18. Waterberg.

Etwa 3 000 Burenplätze von je 3 000 Morgen im Mittel.
5 000 Seelen.

Der Bezirk besteht aus Buschfeld. Für Ackerbau,
Baumzucht und Viehzucht sind gute natürliche Vorbedingungen vorhanden, doch fehlt Wasser und Verbindung mit
den Absatzgebieten. Zur Zeit werden hauptsächlich folgende
Produkte gewonnen: Roggen, Mais, Hafer, Gerste, Manna
und Tabak.

Von Mineralien werden Gold, Silber, Blei und Kupfer gefunden.

19. Wolmaransstad.

Der Distrikt ist nicht sehr wasserreich. Der Ackerbau liefert daher keine großen Erträgnisse; doch werden Korn, Hafer, Gerste, Mais, Kafferkorn und Trauben geerntet. Das Land eignet sich aber gut für Viehzucht. Die Tiere von Malwasse (echt afrikanische Rasse) gelten für die schönsten der Republik.

Gold ist an verschiedenen Stellen entdeckt worden; auch deuten manche Anzeichen auf das Vorkommen von Diamanten und Steinkohlen.

20. Zoutpansberg.

92 160 qkm. 8 700 Weiße.

Das Hochfeld (die Gegend von Pietersburg) sowie der mittlere Teil des Distrikts, der zum Buschfelde gehört, sind für Ackerbau und Viehzucht sehr geeignet. Im Norden, besonders im Kreis Spelonken werden Kaffee, Inder und Reis gebaut; hier trifft man bereits tropischen Pflanzenwuchs.

Auf dem Houtboschberge und im nördlichen Teile der Spelonken finden sich ausgedehnte, wertvolle Waldungen von Gelbholz, Weißbirnholz, Mahagoni u. s. w.

„Von der Fruchtbarkeit des Bodens im Zoutpansbergdistrikt vermochte ich, erzählt Schmeißer, selbst eines Tages mich zu überzeugen. Als ich am 1. September bei der Fahrt durch die Klein-Spelonken schon eine lange Wegesstrecke über öde, mit trocknem Grase bestandene oder durch Grasbrand schwarz gefärbte Höhen zurückgelegt hatte, war ich köstlich erquickt, als ich von der Höhe eines Berges an der andern

Seite des vor mir liegenden Thales die lachenden, grünen Fluren der Station Elim des Schweizer Missionars Rev. Creu erblickte. Ich fuhr hinüber, sah gut gehaltene Wohnungen, Schulen, Wirtschaftshäuser, Scheunen und Ställe, die von kräftigem Wasserstrom getriebene Mühle, umgeben von wohlgepflegten Gärten, in herrlich grünenden Fluren die verschiedensten Getreidearten, zwischen Bananen, Orangen-, Pampelmus-, Zuckerrohr-, Kaffee-, Maulbeerbaum- und Tabakspflanzungen. Derselbe Tag brachte mich zur Farm Roßbach des Eingeborenen-Kommissars Kaptain Schlel, eines geborenen Deutschen, wo ebensolche Pflanzungen im Entstehen waren."

An Mineralien ist der Distrikt sehr reich. Es finden sich Gold, Silber, Eisen, Kupfer, Zinnober, Bleiglanz, Schwefelkies, Turmalin, Graphit und selbst Diamanten. Bisher werden nur die Goldfelder von Marabastad, Houtboschberg, Selatie nod Klein-Letaba ausgebeutet. Im westlichen Teile befinden sich große Salzpfannen, von denen der Distrikt den Namen trägt. Es werden daraus jährlich etwa 1000 Sack gutes Salz gewonnen.

Aus dem Vorstehenden ergiebt sich, daß Transvaal von der Natur mit reichen Anlagen für eine großartige, wirtschaftliche Entwicklung ausgestattet ist. Mit Ausnahme der Distrikte Ermelo, Piet-Retief, Utrecht und z. T. auch Wolmaransstad ist das ganze Land für den Anbau von Nutzpflanzen der gemäßigten Zone hervorragend geeignet u. z. besonders das Buschfeld und die Flußniederungen. Das Hochfeld ist im allgemeinen schwach bewässert und eignet sich mehr zur Viehzucht. Im Tieflande, z. T. im Lageveld des Distrikts Leydenburg und im Distrikt Zoutpansberg sind auch die Vorbedingungen für den Betrieb tropischer Kulturen gegeben. Auch die Viehzucht findet mit wenigen Ausnahmen überall günstige Bedingungen. Die Mineralschätze sind geradezu unübersehbar, obwohl manche Distrikte in dieser Hinsicht noch sehr wenig erforscht sind, wie z. B. Lichtenberg, Piet-Retief, Standerton, Wolmaransstad. Bisher werden nur Gold und Steinkohle in größerem Maße ausgebeutet.

Vergleicht man mit diesen Anlagen den gegenwärtigen Stand der Entwicklung des Landes, so kann kein Zweifel daran sein, daß es erst im Anfange des glänzenden wirtschaftlichen Aufschwunges steht, zu dem es von der Natur berufen erscheint. „It is impossible to deny, heißt es in einem englischen Werke über Transvaal, that a wonderful and glittering future may be reserved for this extraordinary country which, twenty years ago, was scarcely known even by name."

26. Kapitel.

Die Landwirtschaft.

Transvaal — so heißt es in einem englischen Handbuch — sollte eigentlich die Kornkammer Südafrikas sein, denn kein anderes Land in der Welt hat besseren Boden und bietet für das Wachstum aller Cerealien vorteilhaftere Bedingungen dar. Aber die ackerbautreibende Bevölkerung ist zu klein und die Menge der zu Markte gebrachten Cerealien und anderer landwirtschaftlichen Erzeugnisse bleibt weit hinter der Nachfrage zurück, zumal, seit zahlreiche Goldgräberscharen sich ins Land ergossen haben. Obgleich das Land den schönsten Weizen der Welt hervorbringt, müssen deshalb trotzdem große Mengen von Brotstoffen (hauptsächlich aus Amerika und Australien) eingeführt werden. Ganz fraglos leidet Transvaal Mangel an landwirtschaftlichen Produzenten, und es wäre zweckmäßig, die Einwanderung Ackerbau treibender Ausländer zu begünstigen. Der größte Teil der Buren erzeugt nur eben das Nötige für den eigenen Bedarf.²¹⁶)

Der bei weitem größte Teil der Bevölkerung beschäftigt

Eine Burenfarm im Waterberg-Distrikt.

sich mit Aderbau und Viehzucht. Früher stand jedem Bürger
nach erlangter Großjährigkeit das Recht auf Überlassung
einer Farm zu, dieses Recht ist aber längst aufgehoben
worden.[217] Das Klima ist dem Betriebe der Landwirtschaft
im allgemeinen sehr günstig, besonders auf dem Hochfelde,
dessen gemäßigtes Klima dem Weißen jede Art landwirt-
schaftlicher Arbeit gestattet.[218] Welche Distrikte zum Hochfelde gehören, ist im vorigen Kapitel genau angegeben. In
den subtropischen Landstrichen, dem sogenannten Buschfelde,
dagegen ist infolge der höheren Temperatur die Thätigkeit
der weißen Bevölkerung naturgemäß mehr beschränkt; hier
und noch mehr im Lagevelb nimmt der Ackerbau mehr
den Charakter der Plantagenwirtschaft an. Fröste kommen
meist nur auf dem Hochfelde und den Bergen vor.

Die Karroo bietet dem Buren besten Grasboden zur
Viehweide; die in den Hochfeldbistrikten Potchefstroom,
Bloemhof, Lichtenburg, Heidelberg und Standerton ansässigen
Farmer pflegen daher meistens Viehzucht.[219] Doch suchen
sie in der kühleren Jahreszeit die Weideplätze des Busch-
feldes auf. In dieser mehr tropischen und baumreichen
Region, wo der Bur eine zur Viehweide dienende Farm
besitzt, wohnt er während des ganzen Winters in seinem
Ochsenwagen; im August erst kehrt er dann zur Farm im
Hochfeld zurück.[220]

Die Bodenverhältnisse sind je nach Distrikt und Lage
verschieden. Die Distrikte Marico, Rustenburg, Pretoria
und Lydenburg sollen den besten Boden für Kornbau haben.
Dieser Boden soll reich an Lehm sein, aber dessen ungeachtet
der Düngung und Überrieselung bedürfen.[221] Der ganze
mittlere, östliche und südliche Teil ist zum Weizenbau ge-

eignet. Im mittleren und nördlichen Teil des Landes können
Kaffee, Thee, Baumwolle und Tabak mit gutem Erfolge
angebaut werden. In den reichbewässerten, sehr geschützt
liegenden Distrikten nördlich von den Magaliesbergen würde
sich die Anlage von Kaffee- und Baumwollenplantagen sicherlich bezahlt machen. [222])

Im allgemeinen giebt das vorhergehende Kapitel bereits
eine Übersicht über die Nutzpflanzen, die zweckmäßig angebaut
werden können. An Früchten giebt die eine Jahreszeit
Äpfel, Birnen, Pflaumen, Pfirsiche, Aprikosen, Feigen,
Mandeln und Weintrauben, die andere Orangen, Man-
darinen, Ananas, Bananen und Datteln, alle Arten unserer
einheimischen Gemüse gedeihen vorzüglich. [223])

Besondere Erfolge verspricht die Kultur des Tabaks.
Tabak wird bereits in den Distrikten Carolina, Lichtenburg,
Lydenburg, Rustenburg, Utrecht, Watersberg, Joutpansberg und Potchefstroom gebaut. Besonders in den Distrikten
Potchefstroom und Pretoria wird der Tabakbau in großem
Maßstabe betrieben, wo man in den Magaliesbergen, in
Wonderfontein, im Schoonspruit- und Mooi-Flußthale die
großen Quellen und wasserreichen Flüsse zur Berieselung
ausgedehnter Ländereien verwenden kann. [224]) Der beste Tabak
wächst bei Rustenburg. In den wärmeren Teilen des Landes
sind auch Versuche mit Kaffee gemacht worden, ohne bisher
erhebliche Erfolge ergeben zu haben. [225])

Die Fruchtbarkeit des Landes ist sehr groß. Der
Weizen im Distrikt von Pretoria trägt 40—50fältig, und
der Lydenburger Weizen gewann durch seine Schwere und
weiße Farbe einen Preis auf der Pariser Weltausstellung.
Die „Times" schildern in einem Briefe aus Südafrika bei

Gelegenheit der Beschreibung der Farm Irene, die wenige
Meilen von Pretoria entfernt an der Eisenbahn liegt, die
Fruchtbarkeit des Landes mit folgenden Worten:[220])

„Die meisten europäischen Getreide- und Fruchtarten
haben mehr als eine Ernte. Weizen, Roggen und Gerste
werden im April, Mai, Juni und Juli gesäet und im Oktober und November geschnitten, Hafer wird im ganzen
Jahre ausgesäet. Kartoffeln werden in jedem Monat vom
August bis Februar gepflanzt. Die im August, September
und Oktober gepflanzten reifen derart, daß sie von Dezember
bis Januar wieder zur Aussaat verwendet werden können.
Schwedische Steckrüben, Runkelrüben, Möhren, Zwiebeln,
Erbsen und alle Kohlarten werden gesäet und reifen im
ganzen Jahre. Mais, Hirse, Kaffernhirse u. s. w. werden
von August bis Januar gesäet. Säen und Ernten finden
das ganze Jahr hindurch statt. Es giebt keine Ruhezeit
für den Erdboden. Das beste Bild hiervon giebt die
Aufzählung der verschiedenen Feldarbeiten, welche ich bemerkte, als wir einen Feldweg entlang fuhren; es war nahezu mitten im Winter. Dort waren Erbsen bereit zum
Brechen, grüner Hafer und Gerste in der Erde, Gerste in
den Ähren, schwedische Steckrüben bereit zum Einlagern und
Steckrüben eben aus der Erde hervorbrechend. Roggen in
der Ähre, junge Karotten und andere bereit zum Ausheben.
Kartoffeln in allen Altersstufen. Auf einem großen Felde
begegneten Schnitter und Säer einander buchstäblich. Am
ferneren Ende stand Mais; Schnitter waren beschäftigt die
Stauden zu schneiden, und Säer folgten ihnen auf dem
Fuß, Weizen zu säen, und am anderen Ende, wo, wie mein
Gastfreund erzählte, Mais noch vor 10 Tagen gestanden

hatte, ſchoſſen grüne Weizenſproſſen ſchon aus dem Boden
hervor. So ſchnell iſt das Wachstum, daß Waldbäume,
welche vor zwei Jahren gepflanzt wurden, ſchon groß genug
ſind, um Schatten zu geben. Apfel, welche im März ge=
pflanzt, im Oktober gepfropft worden ſind, werden in dieſem
Jahre Früchte tragen. Mit Ausnahme der Kirſchen, Stachel=
und Johannisbeeren gedeihen alle europäiſchen Früchte vor=
trefflich. Durch ganze Farmen hin waren die Waſſerläufe,
welche die Felder trennen, begleitet von Quitten=, Birnen=,
Apfel=, Pflaumen= und Pfirſichhecken. Die Gärten führten
europäiſche Gemüſearten und Fruchtbäume im Überfluß.
Roſen, Veilchen und Zierpflanzen umgeben das Haus; aber
nichts veranſchaulichte mir lebhafter die Schnelligkeit, mit
der die Anlagen gediehen waren, als die einzige Thatſache,
daß nach ſtundenlanger Fahrt durch Weinberge, Waldung
und Kornfelder ein Kind im Alter von 2½ Jahren mich
an der Schwelle der Wohnung begrüßte, welches älter war,
als alles das, was ich geſehen hatte."

Was die Technik des Ackerbaus anlangt, ſo hat
man, wie Heilmann berichtet,[227]) dabei zwiſchen ſolchen Feld=
früchten zu unterſcheiden, die auf naſſem Grunde, und ſolchen,
die auf trocknem Grunde gebaut werden, d. h. ſolchem, der
nicht berieſelt werden kann. Zu den erſteren gehören Weizen,
Gerſte, Hafer und beſonders Tabak; zu den letzteren Mais,
zwiſchen den man gewöhnlich Kürbiſſe und Waſſermelonen
ſäet. Wenn im September die erſten den Boden genügend
erweichenden Regen fallen, werden die zum Pflügen be=
ſtimmten Ochſen aus der Herde ausgetrieben, und man
beſtellt erſt das umfriedigte Ackerland, das man mit Tabak
bepflanzen will, und baun den gewöhnlich offen im Felde

gelegenen Maisäcker. Korn säet man gewöhnlich im April,
muß aber während des Winters, solange es nicht stark regnet,
den Acker fleißig bewässern. Je nach Gegend und Höhen=
lage findet die Ernte im Dezember und Januar statt, worauf
man, wenn die Ortslage günstig ist, noch Mais säet, der
schon im Mai geerntet werden kann. Das Dreschen des
Korns geschieht im Freien, auf vorher sauber geebneter Flur,
durch Pferde oder Ochsen; in neuerer Zeit hat man aber
auch bereits Dreschmaschinen eingeführt. Wassermühlen
finden sich hier und dort an den Flüssen und größeren
Spruiten; aber Windmühlen kennt man im Lande nicht.[227]

Eine rationelle Bearbeitung und Drainierung würde
größere Erträge liefern, als die Buren bei ihrer primitiven
Bearbeitungsweise erzielen. Gute Pflüge und der Gebrauch
wirtschaftlicher Maschinen würde viel Arbeitskräfte ersparen
und größere Erfolge ermöglichen. Die damit verbundenen
hohen Kosten sind die Ursache, daß nur Großkapitalisten im
stande sind, einen landwirtschaftlichen Betrieb nach europäi=
schem Muster zu führen.[228]

Der Staat ist Eigentümer aller nicht in den Händen
von Privatbesitzern befindlichen Landstriche. Nach Schmeißer
beläuft sich der Umfang des Kronlandes im ganzen auf über
36 500 qkm, darunter im Tieflande zweifellos sehr
kulturfähige, fruchtbare Gelände. Leider ist die Statistik
sonst in dieser Beziehung ziemlich veraltet. Die letzten An=
gaben stammen aus dem Jahre 1888. Damals bestanden
nach einem Bericht des Registrators der Akten 20 000[229]
Farmen, von denen 16 000 in Privatbesitz sind. Im ganzen
sollen 50 000 Acres Land unter Kultur sein. Der Wert
der Farmen wurde nach einem Bericht des Registrators der

Aften für 1895 auf 9 700 000 Pfb. Sterl. geschätzt. Die
Vermessung dieser Farmen wie des gesamten Kornlandes
macht gute Fortschritte.[231]
Nach einer Angabe des Guide to South Africa sollen
62,84 pCt. des Landes — abgesehen von den Minen-
Claims — in den Händen von Ausländern sein. Ob diese
Angabe irgend wie verläßlich ist, vermag ich nicht zu kontrollieren; Noble's Official Handbook konstatirt: The actual
occupation of the land of tho Republic is chiefly in the
hands of Uie Transvaal-born or Bure population and a
sprinkling of Africanders and others.

Schmeißer teilt mit, daß eine Menge blühender Farmen
sich im Besitze von Deutschen und Schollen befinde; namentlich
in den Distrikten Rustenburg und Lichtenburg würden weite
Landstrecken von deutschen Abkömmlingen bebaut, die sich
deutsche Sprache und Sitte unvermindert erhalten hätten.

Die Landpreise sind je nach der Bodenbeschaffenheit
und der Nähe der Eisenbahnen oder aufnahmefähiger Märkte
sehr verschieden. Die folgende Übersicht[232]) giebt einige
Durchschnittsziffern:

		£	s
Distrikt Pretoria	der Morgen[233]) =	1	—
„ Heidelberg	„ „ =	1	—
„ Potchefstroom	„ „ =	—	10
„ Lichtenburg	„ „ =	—	10
„ Rustenburg			
im Südosten	„ „ =	1	—
im Buschfeld	„ „ =	—	15
„ Waterburg[234])	„ „ =	—	2
„ Zoutpansberg[235])	„ „ =	—	2

£ s

Diſtrikt Wallerſtroom   „   „   = 2 —
„   Standerton   „   „   = 1 £ — 1 10
„   Ermelo   „   „   = 1 —
„   Lydenburg   „   „   = 1 —
„   Utrecht   „   „   = — 10
„   Prjheid   „   „   = — 10

Allerdings ſind auch ſchon 80 £ für 1 Acre in der Nähe der oben erwähnten Farm Irene gezahlt worden, und gutes Tabaksland in der Nähe von Ruſtenburg ſoll ſehr ſchwer zu erhalten ſein.

Die Rentabilität des Ackerbaus bewegt ſich bis jetzt in beſcheidenen Grenzen. Die Arbeitskräfte ſind zu ſchlecht und zu teuer. Die Löhne der weißen Arbeiter ſind viel zu hoch, als daß ſie von einem kleinen Grundbeſitzer bezahlt werden können. Selbſt die Kaffernlöhne haben infolge der Gold-felder eine unverhältnismäßige Höhe erreicht. Ein gewöhn-licher wilder Kaffer erhält 7—12 s. die Woche.236)

Ferner iſt die Waſſerfrage von großem Einfluß auf den Ertrag der Landwirtſchaft, da nur während der Som-mermonate Regen fällt. Liegt daher eine Farm nicht in der Nähe eines Fluſſes, der auch im Winter Waſſer führt, und iſt das Gelände nicht ſo gelegen, daß es ſich berieſeln läßt, ſo iſt eine Rentabilität meiſt völlig ausgeſchloſſen. Durch Anlage von Sperrdämmen haben die Buren an vielen Stellen des Landes die Möglichkeit einer Berieſelung des benachbarten Geländes geſchaffen und dadurch ſonſt unbrauch-bare Terrains für die Bodenkultur erſchloſſen.237) Doch ſind die ziemlich primitiven, durch Erdaufſchüttung hergeſtellten Anlagen leichter Zerſtörung ausgeſetzt.

Ein großes Hindernis ist auch der Mangel an Dünger. Dazu kommen die Schäden, die durch das Auftreten von Frost, Hagel, Stürmen und Heuschreckenschwärmen entstehen und die von einem Fachmanne auf 20 pCt. des jährlichen Ertrages geschätzt werden. Schmeißer erzählt, daß er einst im Tieflande durch einen Heuschreckenschwarm hindurchgefahren sei. Auf dem Boden habe er kein Gras, an den Bäumen kein Stück Rinde mehr wahrnehmen können, sondern nur Heuschrecken von je etwa 4 cm Länge und nichts als Heuschrecken, dicht neben- und aufeinander sitzend. Dagegen ist der Rost beim Getreide fast ganz unbekannt.[238]

Sehr ungünstig liegen im allgemeinen noch die Absatzverhältnisse. Der Mangel an schneller und billiger Verbindung schließt in sehr vielen Gegenden die Möglichkeit des Exports von vornherein aus. Aber auch der Absatz im Inlande hat große Schwierigkeiten zu überwinden. Die Minenbistrikte werden zum großen Teil vom Oranje-Freistaat mit Rohstoffen versehen. Überhaupt ist aber der Bedarf an landwirtschaftlichen Produkten noch nicht sehr erheblich; nur Weizen und ungedroschener Hafer finden einen größeren Markt, Kartoffeln und Korn sind dagegen wenig begehrt. Die Eingeborenen leben fast ausschließlich von Mais, der überall im Lande vortrefflich gedeiht, aber wegen der zeitweiligen Überfüllung des Marktes nicht in jedem Jahre gute Preise erzielt. Die weiße Bevölkerung ist für eine größere Produktion noch wenig aufnahmefähig. „Die natürliche Folge davon ist — heißt es in einem amtlichen Bericht[239] — daß die Marktpreise unverhältnismäßig heruntergehen, wenn eine größere Menge Kartoffeln, Weizen oder Korn auf den Markt geworfen wird. In noch größerem Maßstabe

gilt bies für die Verhältnisse des Gemüse- und Obstbaus.
Dazu kommt, daß in den letzten Jahren eine immer wachsende

Farm in den Magaliesbergen.

Anzahl von Grundbesitzern in der nächsten Nähe der Städte
sich damit befaßt, die für die europäische Bevölkerung nöti-

gen landwirtschaftlichen Erzeugnisse anzubauen." Freilich
tritt in Zeiten mangelnder Produktion oft auch eine uner-
hörte Steigerung der Preise ein, die zuweilen einer Hungers-
not ähnliche Verhältnisse hervorruft.

Alle diese Umstände haben aber natürlich nur die Folge,
den Betrieb des einen oder andern Zweiges der Landwirtschaft für manche Gegenden und für gewisse Zeiten unloh-
nend erscheinen zu lassen, ohne daß man deshalb berechtigt
wäre, überhaupt an der Einträglichkeit des Landwirtschafts-
betriebes in Transvaal zu zweifeln. Bei einigermaßen günstiger Konjunktur finden besonders Weizen und Hafer stets
schnellen und vorteilhaften Absatz. In Potchefstrom werden
die Felder regelmäßig zweimal bestellt und liefern nach dem
benachbarten Oranje-Freistaat große Mengen von Korn und
Mais. Außerdem kommen von Potchefstrom alljährlich vor
Weihnachten 100 Wagen mit selbst gezogenen Früchten,
Mais, Äpfeln sowie von den Magaliesbergen im April und Mai
viele Früchte, Orangen u. s. w. nach Kimberley zum Verkauf.[240])
Johannesburg ist stets ein vortreffliches Absatzgebiet von
Früchten aller Art, die auch aus dem übrigen Südafrika in
großer Menge dahin importiert werden, nachdem der frühere
hohe Einfuhrzoll durch einen Wertzoll von $7^1/_2$ pCt. ersetzt
worden ist.

Der Tabak endlich ist in ganz Südafrika beliebt. „Man
begegnet," sagt Heitmann, in Transvaal selten Europäern,
welche importierten Tabak dem einheimischen vorziehen, dann
aber immer, weil ihnen letzterer zu stark ist.[241]) In Kimberley,
Bloemfontein und den größeren Städten des Kaplandes
wird viel Transvaaltabak verbraucht, besonders da das in
andern Ländern Südafrikas gezogene Kraut nicht viel wert

ist." Die übrigen Plantagenkulturen wie Zucker, Kaffee, Thee und Reis haben sich bisher noch nicht bezahlt gemacht.[242]) Sehr lohnend dagegen würden vielleicht Versuche zur Aufforstung des Landes sein, da es an Holz mangelt.

Die Hauptbeschäftigung der Buren ist noch immer die Viehzucht, wofür sich besonders die Hochfeldbistrikte wie Polchefstroom, Bloemhof, Lichtenburg, Heidelberg, Standerton, Wakkerstroom, Utrecht, Bryheid, Piet Rellef, Ermelo, Middelburg, Süd-Pretoria und Zelle von Lydenburg und Joutpansberg eignen. Die Schafzucht insonderheit wird fast ausschließlich auf dem Hochfelde betrieben. Doch können die Viehherden nur im Sommer auf dem Hochfelde bleiben. Wenn der Winter, die kühle, trockene Jahreszeit hereinbricht, im Mai das Wetter rauh und der Boden wasserarm wird, so überläßt der Bur seine Farm der Obhut einer seiner Leute und wandert mit seiner Herde hinab ins Buschfeld, wo er auch im Winter genügend Wärme, Gras und Wasser findet. Hier lebt er dann in Wagen und Zellen und liegt der Jagd ob. „Die Herden, erzählt Schmeißer,[243]) sind an diese Züge so gewöhnt, daß sie von selbst aufbrechen würden, wenn etwa die Farmer beim Abzuge vom Hochfelde und vor der Rückkehr auf der Jagd sich verspäten sollten. Dem Reisenden begegnen bei Beginn des Winters und des Frühjahrs oft lange Herdenzüge, welche ohne menschliche Begleitung den gewohnten Weideplätzen zuziehen." Wer keine zweite Farm im Buschfelde besitzt, zieht einfach weiter hinein unter die Kaffern, wo der Boden noch nicht vergeben ist.[244])

Wenn der Bur das Hochfeld verläßt, hat er die Gewohnheit, das dürre Gras der Karroo-Ebene anzuzünden, wodurch dieſelbe zwar gleichſam neu gedüngt, aber auch ihre natürliche Aufforſtung verhindert und daher der Regenfall ungünſtig beeinflußt wird. Auch der Wildſtand des Hoch- ſelbes hat darunter ſtark gelitten.[345])

Das lange, ſaftige, blaugrüne, in trockenem Zuſtande rötliche Gras, das beſonders geſchätzt wird, nennt der Bur ſüß. Saures Gras iſt kurz, hart, dunkelgrün und wird ſchnell trocken und ſaftlos. Das ſüße Gras wächſt haupt- ſächlich im Buſchfeld und den niedrigſten Teilen des Hoch- ſelbes, während das ſaure auf den Bergen und Hochebenen vorkommt. Diſtrikte, wo beides nebeneinander ſteht, gelten als beſonders wertvolle Weideplätze, wie beiſpielsweiſe die meiſten Ebenen im Süden der Magaliesberge.[346])

Die Viehzucht beſchränkt ſich im allgemeinen auf Rind- vieh, Schafe, Ziegen und Pferde.

Die Rinder ſind in drei Raſſen vertreten: fries- ländiche, von den Buren „Moſſ" genannt, mit kurzen, gekrümmten Hörnern und ſtark milchend, afrikaniſche, eine hochbeinige, mehr abgehärtete Raſſe mit langen, weiten Hörnern und ſchwerem Leib, und die weniger häufigen, kleinen, wilden Zulurinder mit dünnen, ſpitzen Hörnern und geringer Milchabſonderung. Von den zahlreichen Kreuzungen dieſer drei Grundraſſen werden die Baſter- Afrikaner als gute Milch- und Zugtiere geſchätzt; für weite Reiſen werden die Baſter-Sulu vorgezogen. Als Hirten dienen Schwarze. Nachts wird das Vieh in einen ſogenannten Kraal getrieben, der von einer aus loſe aufeinander ge- ſchichteten Bruchſteinen hergeſtellten, etwa 6—7 Fuß hohen Mauer umgeben iſt. Das Melken wird von Kaffern und zwar nur von Männern beſorgt.[247]) Da man es haupt-

sächlich auf die Zucht von Schlacht- und Zugvieh absieht
und die Butter- und Käsebereitung für den Verkauf nur in
der Nähe größerer Städte sich lohnt, so lassen die Buren
gewöhnlich nur soviel Kühe melken, wie für den Haus-
gebrauch erforderlich ist. Die Butter ist daher sehr teuer,
im Sommer 1,50 bis 2 M. Da man Winterfütterung nicht
kennt, so hat man im Winter auf dem Hochfeld keine Milch.
Für zwei Liter Milch zahlte man (nach Heitmann) im
Sommer in Potchefstroom 25 Pf. Kondensierte Milch wird
in großen Mengen eingeführt, ebenso wie Butter. Käse
verstehen die Buren nicht zu bereiten.

Die Schafzucht soll besonders lohnend sein. In den
letzten Jahren haben daher viele Bauern ihre Farmen im
Buschfelde aufgegeben und sind aufs Hochfeld gezogen, um
Schafzucht zu treiben.[248] Das eingeführte Merinoschaf hat
das kapsche Fettschwanzschaf, welches nur Haare, keine
Wolle hatte, vollständig verdrängt. Kurzes, rötliches Gras
gilt als das beste Futter für Schafe; anf den Hügeln und
Hochflächen, wo sie am besten gedeihen, werden oft Strecken
für sie abgebrannt, damit sie stets kurzes, frisches Gras
haben.[249] Bei guter Weide wird auf jeden Morgen ($^9/_{10}$
Hektar) ein Schaf gerechnet. Infolge sorgloser Behandlung der Wolle erzielen die Buren selten gute Preise. Wie
groß der Umfang der Wollausfuhr ist, läßt sich mangels
geeigneter Statistik nicht feststellen.

Die Kapziegen findet man in Transvaal weniger häufig,
obwohl sie gute Milchtiere sind. Dagegen wird die Angora-
ziege wegen der größeren Einträglichkeit der Zucht viel gehalten.

Über das Pferd äußert sich Heltmann[250] folgender-

maßen: „Die landesübliche Rasse ist mittelgroß, aber schlank
gebaut, liefert gute, ausdauernde und mit wenig Futter zu
erhaltende Reit- und Karrpferde; aber zu schwerer Arbeit
sind die Tiere wenig brauchbar, weshalb sie auch nie zum
Ziehen von Lasten verwendet werden. Dazu hat man ja
den gebuldigeren Ochsen. Die Erhaltung kräftiger Pferde,
die man ja auch einführen könnte, wird wegen der hohen
Futterkosten zu teuer." „Man hat auf dem Hochselde in den
letzten Jahren kräftig mit der Pferdezucht begonnen, für
welche diese Ebenen sich gut eignen. Alljährlich werden
Rennen abgehalten, bei denen ziemlich bedeutende Preise zur
Verteilung gelangen." Im allgemeinen kann man ein gutes
Pferd schon für 140—160 M. kaufen. Im Winter werden
große Mengen aus dem Freistaat eingeführt und dadurch
die Preise gedrückt. Das Maultier ist noch wenig zu
finden.

Über die Geflügelzucht fehlt es an einigermaßen
sicheren Angaben. Die Bienenzucht wird noch wenig gepflegt, obwohl die stellenweise überaus üppige Pflanzenwelt
in ihrem Reichtum an Honigsäften und das Fehlen eines
eigentlichen Winters dazu einladen. Die wilde Biene ist in
großer Menge anzutreffen. Die wenigen Buren, die sich
mit der Hausbienenzucht befassen, betreiben dieselbe in der
einfachsten Weise.²⁵¹) Von Fischzucht ist so gut wie gar
keine Rede. Der Fischfang ist aus den bereits früher erwähnten Gründen nicht sehr ergiebig. Zur Schonung des
Fischbestandes ist das Fischen mittels Dynamits gesetzlich
verboten. Große Mengen von Seefischen werden von Port
Elisabeth in Kühlwagen nach Johannesburg gebracht, wo
sie sehr begehrt sind.

Alles in allem genommen, weist auch die Viehzucht
noch keine erhebliche Rentabilität auf, da sie nicht rationell
genug betrieben wird. Schlachtvieh, Zugvieh, Pferde, Häute,
Wolle und hier und da Milch sind die einzigen Produkte,
die auf den Markt kommen. Abgesehen von der Rindviehzucht
wird nicht einmal der Bedarf des Inlandes gedeckt. Dazu
kommen zahlreiche Krankheiten unter dem Vieh. Die
Rinder werden von der Lungenseuche heimgesucht, die bei
den sorglosen Kaffern mangels geeigneter Isolierung der
erkrankten Tiere eigentlich nie erlischt. Die Schafe haben
von der Gelbseuche, der Blauzungenseuche, der Klauenseuche
und anderen Krankheiten zu Zeiten stark zu leiden. Die
Paarbensiekte oder Pferdekrankheit ergreift in den Niederungen
von November bis Mai fast jedes Pferd. Nur wenige über=
stehen sie; diese gelten dann als sogenannte „gesalzene"
Tiere den fünf= bis sechsfachen Preis.[252]) Das Maultier soll
weniger darunter leiden. Da Tierärzte erst wenige vor=
handen sind, so ist die Wirkung dieser Seuchen um so ver=
derblicher.

Die Tsetsefliege, die früher der Viehzucht vielen
Schaden zufügte, hat sich mit der raschen Verminderung des
Wildes in die nördlichen Gegenden zurückgezogen.[253])

Die von den Engländern scab genannte Wollkrankheit
der Schafe und Ziegen hat in der Kapkolonie, in Natal
und in Freistaat zu gesetzlichen Vorschriften geführt, die
leider in Transvaal noch keinen Eingang gefunden haben.
Freilich hat die Scab Act vom Jahre 1894 auch im Kap=
lande an der Bequemlichkeit der Farmer starken Widerstand
gefunden.

Die Regierung unterstützt übrigens mit Geldbeiträgen

das bakteriologische Institut in Grahamstown, das haupt=
sächlich zur Unterfuchung der fübafrilanifchen Seuchen er=
richtet worden ist und unter der Leitung bes Mr.
Alexander Ebington, des früheren Oberarztes der Kaplolonie, steht.
Was die Jagd anlangt, so ist fie trotz der starken
Dezimierung des Wilbbestandes immer noch ziemlich er=
giebig. [254]) Nach dem Jagdgesetz Nr. 10 vom Jahre 1870
(amendiert durch Alt Nr. 6 vom Jahre 1891) dürfen Elefanten
und Flußpferde bei Strafe von 3000 M. nicht geschossen
werden. Die Schießzeit für große Vögel erstreckt sich vom
15. Januar bis zum 15. August, für Antilopen, Zebras,
Büffel, Nashörner, Giraffen, Strauße vom 1. Februar bis
15. September. Ein Jagdschein für Strauße, Büffel, Nas=
hörner, Giraffen loftet 200 Mark, für größere Antilopen,
Zebras u. f. w. 60 Mark, für kleine Antilopen 30 Mark,
für kleine Vögel 10 Mark. Eingeborene erhalten keine Jagb=
scheine. Es ist fogar bei einer Strafe von 500 Mark oder
Gefängnis bis zu drei Monaten verboten, an Eingeborene
Waffen oder Munition zu verlaufen oder zu verleihen.
Seitens der Regierung find befondere Wilbauffeher angestellt
worden.

Faffen wir alles Gesagte zusammen, so kommen wir
auch heute noch zu demselben Schluß, der bereits im Jahre
1893 in einer amtlichen Denkschrift des preußischen Mini=
steriums für Handel und Gewerbe gezogen wurde,[235]) daß
nämlich „zur Zeit nur Leute mit großem Kapital baran
denken können, Land= und eventuell Forstwirtschaft mit Er=
folg zu betreiben. Kleine Bauern und landwirtschaftliche
Arbeiter werden aber ihr Fortlommen nicht finden, wenn
ihnen nicht ganz bedeutende pekuniäre Erleichterungen, sei

es von Seiten der Regierung des Transvaal, sei es von
Privatgesellschaften, gewährt werden. Nach einem Okku-
pationsgesetze vom 14. Juli 1886 hat die Transvaalregierung
zwar die Macht, Regierungsländereien auch an Europäer zu
vergeben; bei der Verteilung von Okkupationsfarmen pflegen
aber in erster Linie die Transvaalbürger und dann die sogenannten Afrikaner, d. h. Leute von europäischer Abkunst,
die in Südafrika geboren sind, bevorzugt zu werden. Man
thut dies deshalb, weil man die direkt aus Europa kommenden Einwanderer nicht für geeignet hält, mit den oft unruhigen Kaffernstämmen im Norden des Landes zu verkehren;
eine regierungsseitige Unterstützung der Einwanderung aus
Europa ist somit ausgeschlossen.

Von den vielen Privatgesellschaften, welche sich die landwirtschaftliche Erschließung des Landes zur Aufgabe gemacht
haben, ist die „Transvaal Consolidated Land and Exploration Company" die bedeutendste. An der Spitze derselben
stehen die Firma Hermann Eckstein in Johannesburg und die
Firma Wernher, Beit & Co. in London. Diese Gesellschaft
geht mit der Absicht um, eine Reihe ihr gehöriger Farmen
längs der gebauten und noch zu bauenden Eisenbahnlinien
(denn nur Farmen in solcher Lage kommen überhaupt in
Betracht) für Einwanderungszwecke zu öffnen. Man will
jedem Ansiedler etwa 200 engl. Acres bebaubares Land und
entsprechende Weideplätze zunächst auf fünf Jahre kostenlos,
jedoch mit der Verpflichtung, Bäume zu pflanzen, überlassen.
Nach diesem Zeitraume sollen die Ansiedler das Land pacht-
weise auf weitere fünf Jahre gegen einen jährlichen Zins
von 5 Pfd. Sterl. erhalten und nach Ablauf dieser Zeit die
Wahl haben, entweder dasselbe zu einem Schätzungspreise

käuflich zu erwerben oder für fernere zehn Jahre zu pachten.
Die Ansiedler würden aber nicht nur die Reise bis zu ihrem
Bestimmungsorte in Transvaal zu bestreiten haben, sondern
auch genügende Mittel besitzen müssen, um mindestens während
eines Jahres zu leben, die erforderlichen landwirtschaftlichen
Geräte, sowie Ochsenwagen nebst zwölf Ochsen anzuschaffen
und sich ein Haus zu bauen. Dies alles ist sehr kostspielig,
allein ein Ochsenwagen mit Gespann und Zubehör ist auf
etwa 200 Pfd. Sterl. zu veranschlagen."

27. Kapitel.

Bergbau und sonstige Industrie.

Angesichts der erschöpfenden Darstellung, welche die Mineninbustrie Transvaals in Schmeißers öfter erwähntem Buche: „Über Vorkommen und Gewinnung der nutzbaren Mineralien der Südafrikanischen Republik," (Berlin, 1894, Geographische Verlagshandlung, Dietrich Reimer) gefunden hat, können wir uns hier auf einige kurze Bemerkungen beschränken, die hauptsächlich auch hervorheben sollen, was sich seit dem Erscheinen des Schmeißerschen Buches geändert hat.

Die Chamber of mines in Johannesburg, eine freie wirtschaftliche Vereinigung der Bergwerksgesellschaften ohne staatliche Autorität, hatte einen Entwurf für ein neues Berggesetz eingereicht, das im Jahre 1893 dem Volksraad vorgelegt, an eine Kommission überwiesen und danach im Jahre 1895 vom zweiten Volksraad genehmigt wurde.[256])

Hierdurch ist das Gesetz vom 27. Juli 1892, von dem Schmeißer noch ausgeht, außer Kraft getreten, ohne daß damit wesentliche materielle Änderungen in die bergrecht-

lichen Bestimmungen eingeführt worden wären. Wir ver=
zichten darauf, hier einen Auszug aus dem Gesetz zu geben,
der von allgemeinem Interesse nicht sein könnte, während
andererseits jeder, der irgendwie materiell an den Bestim=
mungen desselben interessiert ist, auf den Wortlaut desselben
wird zurückgehen müssen.

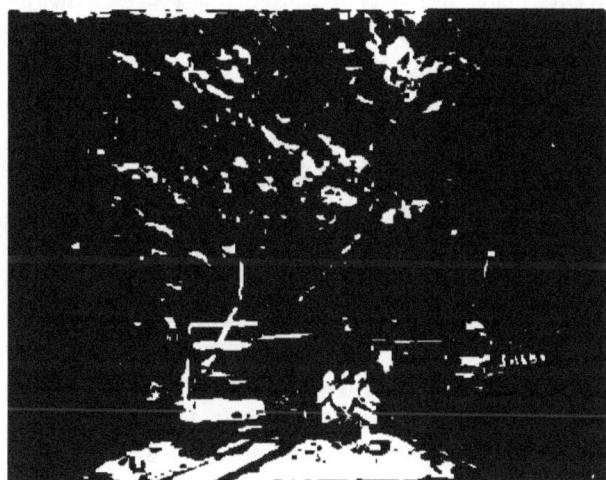

Einfahrt in die Sheba-Mine.

Mit dem 1. September 1893 ist auch ein Berg=Polizei=
gesetz in Kraft getreten. Die dadurch geschaffene Aufsicht
erstreckt sich auf die Sicherung der Oberfläche im Interesse
der persönlichen Sicherheit und des öffentlichen Verkehrs,
auf die Sicherheit der Baue und die Sicherheit des Lebens
und der Gesundheit der Arbeiter. Die Berg=Polizei soll von
staatlich angestellten Berginspektoren gehandhabt werden,

doch fehlt es noch an den zur Wahrnehmung der Berg-
inspektorenstellen geeigneten Personen, solchen nämlich, welche
mit guten wissenschaftlichen und technischen Kenntnissen längere technisch-praktische Erfahrung und geschäftliche Ausbil-
dung im Verwaltungsdienst verbinden. Derart geschulte
Persönlichkeiten aus dem Auslande heranzuziehen, kann sich
die Regierung noch nicht entschließen, obwohl das Polizei-
gesetz ohne geeignete Ausführungsorgane ein Schlag ins
Wasser bleiben muß.[257]

Der Goldbergbau nimmt sowohl hinsichtlich des
Umfangs wie hinsichtlich der Wichtigkeit für die Entwicklung der Republik den ersten Rang ein. „Von entscheiden-
der Bedeutung[258]) für die wirtschaftliche Zukunft des Landes
ist daher die übereinstimmende Ansicht aller Sachverständigen,
daß der Goldreichtum am Witwatersrand allein jedenfalls
auf Jahrzehnte hinaus gesichert ist. Zu dieser Überzeugung
sind die Sachverständigen auf Grund eingehender Untersuchungen und der praktischen Entwicklung der Minen gelangt. Es hat sich dabei herausgestellt, daß der Goldgehalt
des Gesteins zunimmt, je weiter man in die Tiefe vordringt.
Die Schwierigkeit, die anfangs darin lag, die in einer gewissen Tiefe vorkommenden sogenannten Pyrite (Schwefelkies)
zu behandeln,[259]) deren Goldgehalt auf den Amalgamations-
platten nicht festgehalten werden konnte, ist praktisch und
technisch gelöst, nachdem es gelungen ist, den Chlorations-
prozeß anzuwenden. Auch ist es möglich geworden, durch
Einführung des Cyankaliumprozesses nahezu den letzten Goldgehalt aus den bisher für wertlos gehaltenen tailings (bereits behandeltes Gestein) herauszuziehen. In der Einführung und erfolgreichen Durchführung dieser beiden Prozesse

liegt die große Bedeutung, welche das Jahr 1892 in minen-
technischer Hinsicht für die Ausbeutung der Goldfelder von
Transvaal gehabt hat. Die Kosten des Chlorationspro-
zesses belaufen sich freilich noch auf 70—80 Mark für eine
Tonne Pochschlieche. Die Shebagrube im De Kaap-Goldfelde

Pochwerk.

und die Rooitgedacht-Goldgrube im Lydenburg-Goldfelde ver-
schiffen ihre Pochschlieche noch nach England.[260])

Früher ging nach sachverständiger Ansicht etwa 50 pCt.
des Goldgehalts der zur Verarbeitung gelangenden Erze verloren. Da gelang es Mac Arthur und den Gebrüdern
Forrest ein Verfahren zu erfinden, welchem die Rückstände
zur Gewinnung ihres Goldgehaltes unterworfen wurden.
Dasselbe wurde 1889 in Barberton und bald nachher bei
Johannesburg versucht. Ende 1893 bestanden bereits über

30 Cyanidwerke. Die Gesamtkosten des Verfahrens betrugen durchschnittlich 75 Mark für 1 Tonne Pochrückstände. Die Bedeutung, welche die Einführung des Cyanidprozesses für den Goldbergbau beispielsweise der Witwatersrand=Gold= felder besitzt, ist, wie Schmeißer bemerkt, daraus ersichtlich, daß 1693 aus den Pochrückständen 20 pCt. der gesamten Erzeugung gewonnen wurden. Die Einführung dieses Pro= zesses hat die Rentabilität vieler Bergwerke überhaupt erst ermöglicht.

Übrigens ist das ursprüngliche Verfahren im Laufe der Zeit vielfach verbessert worden. Der Engländer Molloy hat die Ausfällung des Goldes durch Kalium oder Natrium an Stelle des bisher verwendeten Zinks empfohlen. Die Firma Siemens & Halske zu Berlin hat zu diesem Zwecke die Ver= wendung der Elektricität vorgeschlagen und zur Erprobung des Verfahrens eine Versuchsanstalt auf den Werken der Rand=Central=Ore=Reduction Company errichtet.[261]

Hinsichtlich des Goldvorkommens verweisen wir den Leser hier auf die Auseinandersetzungen im Kapitel 18; dort sind die hauptsächlichsten Goldfelder aufgeführt. Hier mö= gen nur noch einige Bemerkungen Platz finden.[262]

Die Witwatersrand=Goldfelder liegen auf dem leicht= gewellten Gelände etwa 30 englische Meilen südwestlich von Pretoria in einer Meereshöhe von circa 1700 Meter. Über 90 Gesellschaften sind dort thätig.[263] Die För= derung betrug im Jahre 1894: 2 024 163 Unzen. Im Jahre 1895 belief sich das Erträgnis auf 2 477 635, stellte sich also noch erheblich höher als im Vorjahre. In den ersten 6 Monaten des Jahres 1897 wurden 1 388 431 Unzen gewonnen. Seit 1887 bis Mitte 1897 haben die Witwatersrandminen 12 485 338 Unzen Gold ergeben.

Die hier interessierten Bergwertsgesellschaften haben zur Wahrung ihrer Interessen, wie oben erwähnt, eine „Chamber of mines" errichtet, deren Bestrebungen an dem Chef des

Eureka City.

Minen=Departements Christian Joubert eine feste Stütze finden.

Auch die De Kaap= und Komatt=Goldfelder zeigen eine fortschreitende Zunahme in den Erträgnissen; sie förderten im Jahre 1894: 92 577 Unzen.

Marabastad und Eersteling im Zoutpansberger Distrikt und die Klein=Letaba=Goldfelder haben mit manchen Schwierig= keiten zu kämpfen und geben nicht eben glänzende Erträge.

Nicht viel besser ergeht es den Gesellschaften, die die Ausbeutung der neuentdeckten Goldfelder der Murchisonkette
und am Selatifluß unternommen haben. Dagegen haben
sich die Sutherlandminen unfern von Leydsdorp in einer
Tiefe von 300 Fuß unerwartet reich erwiesen.

Der gesamte „Output" der Goldfelder von Transvaal
stellte sich im Jahre 1896 wie folgt:

Witwatersrand	2 280 884	Unzen,
(Johannesburg und Heidelberg)		
Klerksdorp ꝛc.	38 818	„
De Kaap-, Komatigoldfelder, Bar-		
berton, Swaziland	121 390	„
Lydenburg	50 387	„
Waterberg, Zoutpansberg, (Klein-		
Letaba, Murchifongebirge, Se-		
latigoldfelder ꝛc.)	5 602	„
Die übrigen Goldfelder (Mal-		
mani ꝛc.)	857	„
	2 497 938	Unzen.

Ganz Amerika hatte in demselben Jahre eine Produktion von 2 618 239 Unzen und Australien 2 217 874 Unzen.

Die reichen Steinkohlenschätze des Landes werden
zum größten Teile erst in ganz unvollkommener Weise, wenn
überhaupt, ausgebeutet. Am Olifant-Rivier [?] und am
Wilje-Riviergebiet ist zwar eine größere Anzahl Kohlenförder-
punkte vorhanden; manche Betriebe beschränken sich aber auf
die Förderung des Eigentümers für den Hausbedarf und
den der nächsten Nachbarschaft. Eine weitere Versendung
der Kohlen verbietet sich wegen der hohen Transportkosten.
Die Douglas-Steinkohlengrube auf Farm Goedvertrouw

etwa 8 km südöstlich des Einflusses des Wilje-Riviers in den Rhenoster-Rivier, hat bisher nur erst das Oberflöz in Abbau genommen. Auf der Halbe befindet sich eine kleine Koksofenanlage von einfachster Art, deren Betrieb auch in einfachster Weise geführt wird. Die Bahnlinie Lourenço Marques-Pretoria wird der Entwicklung dieser Bergwerke zweifellos einen größeren Aufschwung verleihen. Ähnlich wird die Kohle auf Holfontein-Colliery und einigen anderen kleineren Steinkohlenbergwerken des Distrikts Middelburg gewonnen.

Bei Bocksburg liegen zwei große Bergwerke, Brakpan (10 km östlich von Bocksburg), sowie sieben kleinere Gruben. Das Feld der Brakpan-Grube umfaßt 1 849 753 qm. Hier hat man wegen der Lagerungsverhältnisse zur Ausbeutung der Steinkohlenflöze mittelst Tiefbauanlagen schreiten müssen.

Die Kohlengrube Kassel und das Bergwerk bei Vereeniging sind bereits früher erwähnt worden.[285]

Der Verkaufspreis der Steinkohlen loco Brakpan betrug im Juli 1893 für 1 Tonne Stückkohlen 11,2 Mark, für 1 Tonne Nußkohlen 7,1 Mark.

Sämtliche Kohlengruben am Witwatersrand förderten im Jahre 1894: 679 337 Tonnen; davon kamen auf Brakpan allein 284 431 Tonnen, auf die Grube Kassel 135 169 Tonnen. Die gesamte Förderung in der Republik betrug im Jahre 1895: 1 152 206 Tonnen, im Jahre 1896: 1 471 189 Tonnen.

Von Blei- und Silbererz-Bergwerken war, als Schmeißer das Land besuchte, nur die Transvaal silver-mine im Betriebe. In diesem Bergwerk wird das Silber haupt-

sächlich in Verbindung mit Blei gefunden, obwohl auch
Kupfer, Antimon und Eisen vorkommen.

Nach einer freilich nicht ganz zuverlässigen amtlichen
Statistik sollen im Jahre 1892 im ganzen 3451 Weiße
und 26 288 Farbige im Bergbaubetriebe beschäftigt ge=
wesen sein.[266]

Nach einer Zusammenstellung des South African Mining
Journal (Heft 50 vom 9. September 1893) waren in den
Goldgruben am Witwatersrand, auf den Kohlengruben bei
Boksburg und in der Transvaal silver-mine im August
1893 3 250 Weiße und 21 950 Farbige thätig. Die Löhne
der weißen Arbeiter sind, an unseren Verhältnissen gemessen,
außerordentlich hoch; sie betrugen mindestens 80 Mark
wöchentlich bis zu 250 Mark für denselben Zeitraum.

Die weißen Arbeiter sind meist Engländer und Ameri=
kaner, die schon anderwärts im Bergwerksbetriebe thätig
gewesen sind. In ihren Händen liegt der gesamte niedere
Aufsichtsdienst und alle Arbeiten, bei denen ein gewisser
Grad von Kunstfertigkeit, Geschicklichkeit oder Zuverlässigkeit
erforderlich ist.[267] Wegen der hohen Löhne mangelt es nie
an Arbeiterangebot. Sämtliche Weiße müssen übrigens
einige Kenntnis der vorkommenden Negersprachen besitzen,
weil sie fast stets eine mehr oder minder große Anzahl von
Kaffern zu beaufsichtigen und anzuleiten haben.[267]

Die Eingeborenen gehören den verschiedensten Neger=
stämmen an, nur die Sulu verstehen sich selten dazu, selbst
im Bergwerk zu arbeiten. Da die Schwarzen nur zum
Zwecke der Gewinnung von Mitteln für die Befriedigung
eines bestimmten Wunsches arbeiten, so halten sie meistens
nur kurze Zeit aus; die Folge ist ein fortwährender Arbeiter=

22*

wechsel. Am Witwatersrand herrscht fast stets Arbeitermangel; die Schwarzen erhalten dort täglich 2 Mark neben
freier Wohnung und Nahrung. Sie wohnen im Witwaters-
rand-Goldfelde in Blech- oder Steinhütten, deren eine große
Anzahl innerhalb einer gemeinsamen Einfriedigung sich befindet, auf den übrigen Goldfeldern meist in Rundhütten,
die sie sich selbst errichten.²⁶⁸)

Die Betriebs-Oberleitung liegt nach Schmeißer im allgemeinen in den Händen hervorragender, im Bergbau anderer Weltteile schon erprobter Männer. Techniker ersten
Ranges sind als General-Direktoren größerer Bergwerke
angestellt oder sie stehen im Dienste einzelner Finanzfirmen
zur Beurteilung der Unternehmungen derselben und beeinflussen die technischen Betriebsleitungen derjenigen Bergwerke,
an denen die Finanzfirmen größere Anteile besitzen. Obwohl an theoretisch und praktisch gebildeten Berginspektoren
Mangel vorhanden sein soll, kann es derartigen Persönlichkeiten doch nicht empfohlen werden, nach Transvaal zu gehen,
ohne vorher Beziehungen nach dorthin angeknüpft zu haben
oder die Mittel zu besitzen, sich während mehrerer Monate
selbst unterhalten zu können.²⁶⁹)

Als Triebkraft finden Dampf, fließendes Wasser und
Elektrizität Verwendung.

Was die Steinkohle anlangt, so liegen nur die Witwatersrand-Goldfelder, das Klerksdorp- und das Vryheid-
Goldfeld in der Nähe größerer Steinkohlengruben, wodurch
die Anwendung des Dampfes, „der besten, bequem verwend-
baren, von Witterungseinflüssen unabhängigen und meist
auch billigsten Triebkraft" ermöglicht wird. Die übrigen

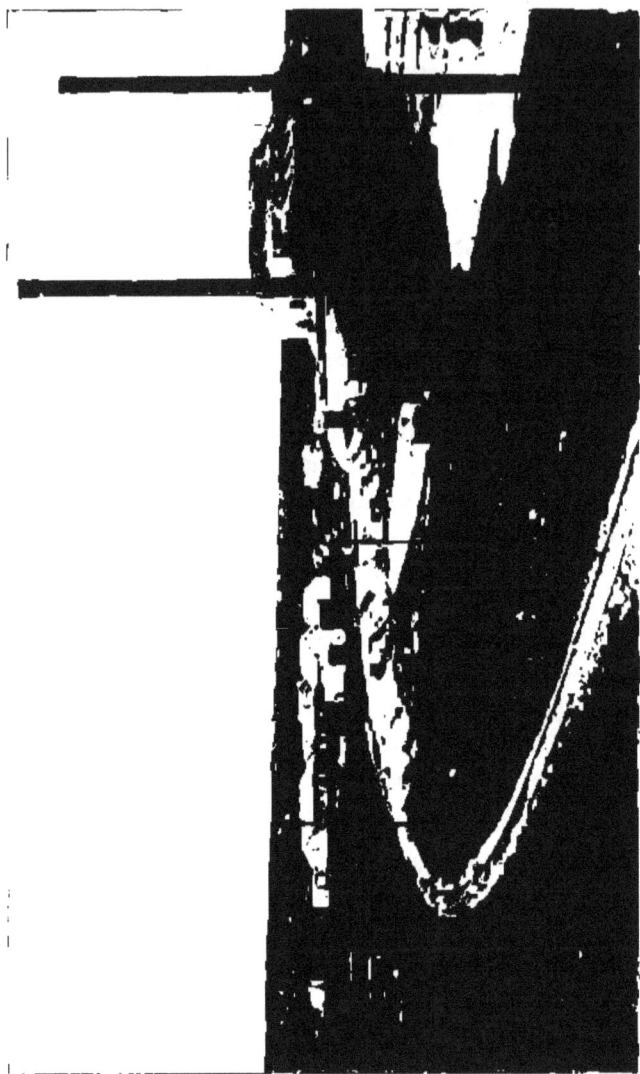

Die Hamb Central Electric Works.

Goldfelber haben daher mit außerordentlich hohen Kohlenpreisen zu rechnen.[270])

Im Distrikt Joutpausberg liefern ausgedehnte Waldungen reichliches Brennmaterial. Auf den von tiefen Thälern
durchzogenen de Kaap= und Lydenburg=Goldfeldern war man
in der Lage, sich die Kraft des fließenden Wassers dienstbar
zu machen. Die Verwaltung der Ehebagrube auf den de
Kaap=Goldfeldern ging zuerst dazu über, einen Teil der ihr
bei dem Pochwerk zu Avoca am großen Kaapfluß zur Verfügung stehenden Wasserkraft von 1000 Pferdekräften in
Elektrizität umzusetzen und diese nach Überleitung zu der
beinahe 5 km Luftlinie entfernten Schachtanlage im Figtree=
Creek bei Eureka = City zum Betrieb der Schachtfördermaschinen zu benutzen.[271])

Die Aktien=Gesellschaft Moodies=Gold Mining and Exploration Company hat am Queens=River westlich von
Barberton eine Wasserstau=Anlage zur Gewinnung von
500 Pferdekräften errichtet und beabsichtigt die dadurch zu
erzielende Elektrizität an die einzelnen Bergbau=Gesellschaften
auf Moodies=Goldfeld als Betriebskraft abzugeben.[272])

Auch am Witwatersrand, wo die Elektrizität von Anfang an zu Beleuchtungszwecken Verwendung gefunden hatte,
wird sie in neuerer Zeit mehr und mehr als Triebkraft in
Anspruch genommen. Die Firma Siemens & Halske in
Berlin hat in der Nähe von Vocksburg eine größere elektrische Centralanlage errichtet, welche den Gold=Bergwerken
am Witwatersrand die nötige Triebkraft zuführt. Inmitten
einer unfruchtbaren Steppe am Witwatersrand, etwa 29 km
von der Goldstadt Johannesburg entfernt, galt es, die
Kraftstation einer der größten bestehenden Kraftübertragungs=

anlagen unter den schwierigsten Verhältnissen zu errichten,
und die gelungene Ausführung und glückliche Überwindung
der mannigfachen entgegenstehenden Schwierigkeiten legt ein
ehrenvolles Zeugnis für deutsche Industrie und technische
Tüchtigkeit ihrer Ingenieure ab.[273]).

Den außerordentlich großen Maschinenbedarf, der durch
die starke Entwicklung des Bergbaus hervorgerufen worden
ist, decken zur Zeit fast ausschließlich englische und amerika-
nische Maschinenfabriken; nur wenige deutsche Fabrikanten
und Unternehmer haben Filialen in Johannesburg.[274]).

Schmeißer erzählt, daß die englischen und amerikanischen Firmen häufig so beschäftigt seien, daß sie die ihnen
erteilten Aufträge nicht selbst auszuführen vermochten, sondern deutsche Hilfe in Anspruch nehmen mußten. Und wie
die Republik in dieser Hinsicht ganz auf die Industrie des
Auslandes angewiesen ist, so ist es auch mit wenigen Ausnahmen auf anderen Gebieten des Gewerbefleißes der Fall.
Abgesehen von der Minenindustrie sind industrielle Betriebe
nur in sehr beschränktem Maße vorhanden.

In erster Linie ist die Branntweinbrennerei bei Pretoria
zu nennen, welche, durch ein Fabrikationsmonopol nebst ent-
sprechendem Schutzzoll geschützt, in der Lage ist, den Bedarf
der unteren Bevölkerungsklassen an gewöhnlichem Brannt-
wein zu decken; die besseren Sorten werden noch immer aus
Europa und der Kapkolonie eingeführt.[275]) Im Jahre 1894
belief sich die Einfuhr auf 5 249 320 Mark.

Außerdem bestehen noch Fabriken für die Herstellung
von Cigarren (in Pretoria und Johannesburg), Pulver,
Dynamit, Cement (bei Pretoria), Schleifsteine (bei Johannesburg), Sodawasser, Bier (Johannesburg), Fruchtkonserven

(Pretoria), Lederartikel, Wagen (Pretoria, Johannesburg), ferner Kalkbrennereien, Salzpfannen und Maschinenwerkstätten. Die Cigarrenfabriken erzeugen die geringeren und mittleren Sorten, die im Lande guten Absatz finden. In Johannesburg und Pretoria beschäftigt die Cigarren, Cigaretten und Tabakmanufaktur Hunderte von Händen. Cigarren und Cigaretten besserer Qualität werden jedoch noch immer von Europa und Amerika bezogen. Die Dynamitfabrik ist bisher noch nicht im stande, das für die Bergwerkindustrie erforderliche Dynamit zu fabrizieren; sie hat sich daher begnügt, Dynamit in losem Zustande, sogenannte imprägnierte Guhr, einzuführen und in Patronen zu formen. Der Dynamitverbrauch ist ziemlich erheblich. Am Witwatersrand allein wurden im Jahre 1895 nicht weniger als 96 000 Kisten zu je 50 engl. Pfund im Gesamtwerte von 9 562 800 M. und außerdem Patronen im Werte von 694 040 M. verbraucht. Was das eingeführte Dynamit anlangt, so kostet eine Kiste zu 50 engl. Pfund bei der Landung im Kapland etwa 40 M. Dazu kommen nun die Zölle, die in der Kapkolonie 3d für das englische Pfund, in Natal 15% und für den Durchgang 5% betragen. In Transvaal werden 8½ d für das englische Pfund und außerdem 7½ % vom Wert erhoben. Außerdem ist eine schriftliche Erlaubnis für die Einfuhr erforderlich. Der Preis in Johannesburg beträgt für die Kiste zu 50 engl. Pfund etwa 100 M. [776])

Die Cementfabrik hatte wegen der starken europäischen Konkurrenz zeitweilig geschlossen werden müssen, ist aber jetzt wieder in Betrieb. Die Schwefelsäurefabrik bei Johannesburg ist erst in neuerer Zeit angelegt worden und hat ihren

Hauptabsatz bei den verschiedenen Sodawasserfabriken im Lande. Die Bierbrauereien stellen ein einfaches obergäriges Bier her, können aber nicht mit dem aus Europa einge= führten untergärigen Biere konkurrieren. Maschinenwerk= stätten haben namentlich in Johannesburg, wo es sich um Herstellung einzelner Maschinenteile handelt, lohnenden Ab= satz. Ebenso sind die Kalkbrennereien und die Salzpfannen lebensfähig, da sie notwendige Massenartikel zu konkurrenz= fähigen Preisen liefern können. Die Leder= und Wagen= fabriken sind dagegen bislang ohne große Bedeutung.

In Aussicht genommen sind ferner Fabriken zur Her= stellung von Tuch, Zündhölzern, Zucker u. s. w. — Für diese und andere Artikel sind Konzessionen und Schutzzölle bereits gewährt oder werden angestrebt. Die Zeit für der= artige Fabriken scheint indessen noch nicht gekommen zu sein, da die Zahl der konsumfähigen Bevölkerung noch zu gering ist. Daher macht sich auch in der Volksvertretung eine Strömung gegen die weitere Erteilung von Fabrikkonzessionen geltend.[71])

Das Patent= und Markenschutzwesen ist gesetzlich ge= ordnet und untersteht nach der Verordnung vom Jahre 1893 dem Departement des „Registrators der Patente, Gesell= schaften, Handelsmarken und Urheberrechte". Doch ist die endgültige Beschlußfassung über die Verleihung von Patenten und Handelsmarken dem Staatsprokurator vorbehalten. Es ist zweckmäßig, sich zur Erlangung eines Patentes oder einer Schutzmarke der Vermittelung eines Anwalts zu bedienen. In der Zeit vom 1. Januar 1894 bis zum 15. November 1896 wurden 665 Erfindungen zur Patentierung angemeldet.[74])

28. Kapitel.

Der Handel.

Die Einfuhr belief sich im Jahre

1892 auf M. 69 976 020. —,
1893 „ „ 107 434 020. —,
1894 „ „ 128 804 300. —,
1895 „ „ 186 326 080. —,
1896 „ „ 281 762 600. —.

Die Einfuhrzölle, die noch im Jahre 1883 nur einen Ertrag von 600 780 M. ergaben, sind seitdem in rapidem Wachstum auf 21 708 380 M. im Jahre 1895 gestiegen, was hauptsächlich mit der Entwicklung der Goldindustrie zusammenhängt.

Die Haupt-Einfuhrartikel waren in den Jahren 1893 und 1894

Allgemeine Kaufmannsgüter:

1. Lebensmittel.

	1893	1894
a) Fleisch in Blechdosen M.	317 700	362 940
b) Eier . . . . . . „	203 700	283 380
c) Butter . . . . . . „	1 236 580	1 202 460

		1893	1894
d) Käse	M.	328 080	263 520
e) Mehl und Korn	„	3 292 520	381 040
f) Schinken, Speck ꝛc.	„	176 660	226 160
g) Zwieback	„	44 200	97 580

2. Genußmittel, Getränke ꝛc.

		1893	1894
a) Tabak	„	556 200	721 680
b) Zigarren	„	435 600	552 240
c) Kaffee	„	2 065 400	2 045 600
d) Cichorie	„	61 280	119 740
e) Thee	„	588 320	588 600
f) Zucker	„	2 090 840	1 980 180
g) Süßigkeiten	„	529 760	342 500
h) Bier	„	684 900	591 300
i) Destillierte Getränke	„	2 860 440	331 440
k) Champagner	„	264 660	30 940
l) Rapwein ꝛc.	„	1 045 360	1 317 760

3. Cerealien, Früchte, Fische ꝛc.

		1893	1894
a) Korn (siehe oben Mehl und Korn)			
b) Hafer	„	511 380	547 940
c) Malz	„	223 720	229 200
d) Mais u. Kafferkorn	„	2 021 080	2 131 920
e) Reis	„	367 560	420 460
f) Hopfen	„	52 680	79 540
g) Hanf	„	290 200	303 200
h) Grünzeug u. Obst	„	736 460	962 500
i) Fische	„	611 740	683 740
k) Haferstroh	„	200 020	197 000
l) Spreu und Kleie	„	211 580	206 780

4. Maschinen und Geräte

		1893	1894
a) Maschinerien	„	16 034 320	23 749 680
b) Wagen, Fahrzeuge	„	1 469 720	1 706 900
c) Eisenwaren	„	8 868 680	6 680 040
d) Werkzeuge	„	528 500	296 900
e) Eisenbahnmaterial	„	4 141 240	8 011 740
f) Telegraphenmaterial	„	5 240	—
g) Messerschmiedwaren	„	223 270	247 800

5. Waffen und Munition ꝛc.

a) Waffen	M.	154 460	203 020
b) Munition	„	648 840	750 340
c) Patronen	„	55 960	68 620
d) Schrot	„	11 000	—
e) Blei	„	11 420	12 460
f) Dynamit	„	2 024 360	5 205 100

6. Kleidung, Stoffe ꝛc.

a) Kleidung	„	9 514 420	16 977 940
b) Baumwollstoffe	„	5 044 320	5 066 320
c) Linnenstoffe	„	968 580	519 760
d) Seidenstoffe	„	195 120	—
e) Uniformen, Livreen ꝛc.	„	75 660	116 240
f) Korn u. Wollsäcke	„	657 740	—
g) Hüte	„	747 920	768 280
h) Lederstoffe	„	4 861 360	4 780 020

7. Mineralische Stoffe, Chemikalien ꝛc.

a) Kohle u. Koks	„	129 740	224 720
b) Cement	„	106 920	211 980
c) Kupferdraht	„	19 900	26 740
d) Schwefelsäure	„	28 920	27 260
e) Chemikalien, Droguen	„	2 720 880	1 489 320
f) Diamanten (roh)	„	80 280	39 240
g) Quecksilber	„	87 940	—
h) Steine	„	60 120	73 560

8. Verschiedenes.

a) Bücher, Karten, Drucksachen	„	205 020	172 820
b) Papier	„	708 280	619 660
c) Kurzwaren	„	5 916 100	—
d) Spezereiwaren	„	2 366 600	2 622 080
e) Wollwaren	„	2 662 280	2 507 520
f) Flechtwerk	„	15 220	72 520
g) Holz, bearbeitet	„	2 125 040	2 201 680
unbearbeitet	„	2 059 860	1 776 600
h) Besen u. Bürsten	„	130 880	128 760
i) Lichte	„	1 576 600	1 698 940
k) Irdene Waren	„	50 600	412 900

318 Der Handel.

l) Möbel	. . . . .	M. 2 515 940	2 216 180
m) Glaswaren	. . . .	„ 228 560	553 040
n) Öl rc.	. . . . .	„ 1 823 780	2 032 300
o) Sellerwaren	. . .	„ 400 960	398 060
p) Schmereien	. . . .	„ 23 060	27 100
q) Regierungswaren	. .	„ 129 040	1 009 300.[279])

In dieser Übersicht sind im allgemeinen nur diejenigen Einfuhrgegenstände verzeichnet, die der Verzollung unterliegen. Nach der amtlichen Statistik sind an der Einfuhr von 1894 und 1895 folgende Länder beteiligt gewesen:

	1894	1895
	mit Waren im Werte von M.	
Natal	12 525 940	14 946 060
Kapkolonie	22 708 180	18 661 020
Europa	78 766 380	63 726 680
Amerika	1 852 180	1 310 700
Australien	65 000	41 800
Delagoabai	23 200	17 640
Oranje-Freistaat	9 081 020	6 060 340
Indien	113 000	120 760.[280])

Da aller Wahrscheinlichkeit nach die Goldproduktion des Landes in den kommenden Jahren noch weiter zunehmen wird, so ruht die Kaufkraft des Landes auf einer sollden und entwickelungsfähigen Grundlage.[281]) Auch ist sie entschieden noch einer erheblichen Steigerung fähig, da, wie oben ausgeführt, die übrigen Mineralschätze des Landes wie auch seine landwirtschaftlichen Fähigkeiten nur erst in verschwindend geringem Maße ausgebeutet werden.

Über die pekuniäre Leistungsfähigkeit der verschiedenen Bevölkerungsklassen, heißt es in einem amtlichen Bericht, läßt sich Zuverlässiges nicht sagen, da der durchschnittliche

Verdienst derselben infolge der allgemein verbreiteten Speku=
lation in Goldaktien sich jeder Schätzung entzieht. Der
Handel mit den Weißen erfordert daher große Vorsicht.
Genaue Kenntnis des Charakters, der Lebensweise und der
Art des Geschäftes der Kunden ist geboten, wenn der
Lieferant zu seinem Gelde kommen will. Auch ist es für
den Exporteur nützlich zu wissen, ob und in welchem Um=
fange sich die betreffenden Firmen, mit welchen in Geschäfts=
verbindung getreten werden soll, mit Aktienspekulationen be=
fassen, und wie hoch sich deren Kredit bei den hiesigen
Banken beläuft. Die letzteren pflegen auf direkte Anfrage
keine Auskunft zu geben. Es empfiehlt sich daher, die
nötigen Informationen im kaufmännischen Wege einzuziehen,
eventuell durch Vermittelung eines in Deutschland domizi=
lierten Bankhauses.

Als relativ sicher gilt der Handel mit den Kaffern.
Derselbe vollzieht sich gegen Barzahlung, während sonst
monatliche Kreditgewährung üblich ist.

Da die weiße Bevölkerung hauptsächlich aus Angehörigen
der niederländischen und britischen Nationalität besteht, so
ist es selbstverständlich, daß ihr Geschmack und ihre Lebens=
gewohnheiten vorwiegend ein niederländisch=britisches Ge=
präge tragen. Dem zufolge sind die einzuführenden Waren
nach Art und Aufmachung, Maßen und Gewichten den
britischen und niederländischen Gewohnheiten anzupassen.
Deutsche Exporteure sollten hierauf Rücksicht nehmen und
darauf verzichten, Artikel, deren Absatz das Vorhandensein
deutscher Eigentümlichkeiten zur Voraussetzung hat, in Trans=
vaal einführen zu wollen.[2~2]

Die Sitten und Gebräuche der weißen Bevölkerung

haben auch einen bestimmenden Einfluß auf die Bedürfnisse der Farbigen ausgeübt.²⁹³)

Was die Ausfuhr der südafrikanischen Republik anlangt, so ist es mangels einer Statistik schwer, sich davon ein einigermaßen zuverlässiges Bild zu machen. Der Haupt-Exportartikel ist natürlich Gold. Die Wertziffern der Ausfuhr in den letzten Jahren giebt die folgende Tabelle:

1892: M. 92 777 580
1893: „ 112 723 440
1894: „ 141 691 120
1896: „ 179 510 580

Außerdem werden nur Wolle und Häute ausgeführt; der Umfang dieser Ausfuhren läßt sich aber nur ganz oberflächlich schätzen. Aus dem Kaplande wurden im Jahre 1894 54 540 787 Pfund Wolle im Werte von 31 992 640 M. ausgeführt, außerdem Mohair im Betrage von 10 003 173 Pfund und 4 997 847 Schaaf- und Ziegenfelle. Die Ausfuhr aus Natal ist gleichfalls ziemlich bedeutend, wenn sie auch nicht die Höhe der kapländischen Ausfuhr erreicht. In diesen Ausfuhren sind die aus Transvaal kommenden Häute und Wollen mit enthalten. In unterrichteten Kreisen wird angenommen,²⁹⁴) daß der Anteil der südafrikanischen Republik an der Ausfuhr dieser Produkte im Jahre 1891 nicht mehr als 5 Millionen Mark betrug, und in diesem Verhältnis ist eine erhebliche Änderung bisher wohl nicht eingetreten. Die Gesamtausfuhr der Republik kann daher im Jahre 1896 bestenfalls auf 185 Millionen geschätzt werden. Obwohl sie bisher in steter Zunahme begriffen gewesen ist und auch in dem erwähnten Jahre gegen das Jahr 1894 eine Zunahme von etwa 40 Millionen aufweist, so ist doch insofern im

Jahre 1896 eine bemerkenswerte Veränderung eingetreten,
als die Ausfuhr im Gegensatz zu dem bisherigen Verhält=
niſſe von der Einfuhr an Umfang z. Zt. ganz bedeutend
überflügelt worden iſt.

Die Durchfuhr hat durch den geſteigerten Verkehr
zwiſchen den Häfen der Kapkolonie, Natal uud Delagoabai
mit dem nördlich von der Republik gelegenen Maſchonalande
eine erhebliche Steigeruug aufzuweiſen, hält ſich aber immer
noch in beſcheidenen Grenzen.

Die Einfuhr wie die Ausfuhr bewegen ſich hauptſäch=
lich in drei Routen, über die Kapkolonie, Natal und Delagoa=
Bay. Die kapländiſchen Häſen haben infolge der Weiter=
führung der Kapbahn nach dem Transvaal einen bedeutenden
Vorſprung vor Durban gewonnen, was ſich in der
Statiſtik wiederſpiegelt.²⁸⁵) Die amerikaniſche Zufuhr läßt
natürlich den Weg über Delagoa=Bal unbeachtet.

Es beſtehen Handelsverträge mit Portugal, Frankreich,
der Schweiz und dem deutſchen Reich.²⁸⁶) Der Vertrag
mit dem deutſchen Reiche ſtammt bereits aus dem Jahre
1885 und hat den Charakter eines Meiſtbegünſtigungsver=
trages.

Was den Handel Deutſchlands mit der ſüdafrikaniſchen
Republik betrifft, ſo führte Deutſchland im Jahre 1897 nach
der amtlichen Statiſtik folgende Gegenſtände aus:

Ausfuhrgegenſtände	Tonnen	Mill. M.
Eiſenbahuſchienen	6 165	0,4
Federn, Achſen, Räber ꝛc.		
Eiſenbahnſchienen . . .	2 228	0,6
Grobe Gußwarcu	1 031	0,7
zuſaummen:	9 424	1,7

Ausfuhrgegenstände	Tonnen	Mill. M.
übertrage:	9 424	1,7
Gewehre	44	0,6
Patronen, Zündhütchen . .	272	0,8
Lokomotiven, Lokomobilen .	1 617	1,5
Maschinen und Maschinenteile aus Gußeisen	892	0,6
zusammen:	12 249	5,2

Freilich sind in dieser Statistik nur die wichtigeren Waren aufgeführt.[297])

Die gesamte Ausfuhr nach Transvaal hatte nach dem statistischen Jahrbuch für das deutsche Reich im Jahre 1896 einen Wert von 13,70 Millionen Mark und betrug daher 0,4 pCt. der gesamten deutschen Ausfuhr. Im Jahre 1895 betrug sie 0,3 pCt. und im Jahre 1894 nur 0,2 pCt. Der Gesamtwert der Einfuhr aus der südafrikanischen Republik nach Deutschland ist in der amtlichen Statistik nicht angegeben. Es wird nur erwähnt, daß 3 333 Tonnen Erze im Werte von 0,6 Millionen Mark aus Transvaal nach Deutschland gekommen seien. Im allgemeinen kann die Lage der Handelsbeziehungen zwischen Deutschland und der südafrikanischen Republik nicht treffender gekennzeichnet werden, als dies im Oktoberhefte des Jahrgangs 1893 des deutschen Handelsarchivs geschieht. Es sind goldene Worte, die hier an die deutsche Geschäftswelt gerichtet werden und heute noch ebenso ihre Berechtigung haben wie zur Zeit ihrer Veröffentlichung. Es heißt da:

„Der Handel Deutschlands mit der Südafrikanischen Republik ist nicht unbedeutend, hat aber bis jetzt noch nicht diejenige Stellung zu erringen vermocht, welche ihm zufolge seiner Leistungsfähigkeit im Wettbewerb mit anderen Nationen zukommen sollte. Wenngleich deutsche Waren überall im Transvaal Eingang gefunden haben und das „made in Germany" wie anderswo so auch hier zur Reklame für gute Waren geworden ist, so begegnet man doch auf dem weiten Gebiete des Handels einer großen Anzahl von Artikeln, welche ebenso gut aus Deutschland wie aus Großbritannien und Amerika eingeführt werden könnten. Es liegt dies vor allem daran, daß der britische Handel in Transvaal zuerst am Platze war und durch Kapital, Energie und Sachkenntnis es verstanden hat, sich festzusetzen und eine dominierende Stellung einzunehmen. Diesen bedeutenden Vorsprung Großbritanniens wird der deutsche Handel nur allmählich und nur dann einholen können, wenn die deutschen Geschäftsleute und Industriellen sich eingehend mit den allgemeinen wirtschaftlichen Verhältnissen des Transvaal vertraut machen, die Finanz-, Verkehrs-, Handels-, Industrie- und landwirtschaftlichen Verhältnisse des Landes näher kennen lernen und sich über Geschmack, Bedürfnisse und pekuniäre Leistungsfähigkeit der Bevölkerung orientieren wollten. Dieser Zweck wird am besten durch Entsendung sachkundiger, geschäftsgewandter Vertrauenspersonen erreicht, welche sich an Ort und Stelle über die besonderen Bedingungen zu informieren haben, unter welchen der Handel mit dem Transvaal mit Erfolg betrieben werden kann. Einige größere deutsche Ausfuhrfirmen haben dies auch gethan. Dabei sind aber nicht immer geschäftsgewandte Leute mit der Einziehung der notwendigen Informationen betraut worden, und es ist auch vorgekommen, daß ein hervorragendes deutsches Haus

einen Mann nach dem Transvaal entsandt hat, der nicht
einmal der englischen Sprache mächtig war.

Der europäische Handel mit der südafrikanischen Republik
bedient sich zur Zeit noch immer in bedeutendem Umfange
der Vermittelung britischer Geschäfte. Es gilt dies speziell
auch für Deutschland, das noch nicht im stande war,
sich von dieser Vermittelung zu emanzipieren. Die Ursache
hiervon liegt in dem Umstande, daß die Geschäfte in Transvaal entweder ganz in englischen Händen sind oder doch,
und dies gilt für die meisten deutschen Geschäfte, von London
aus geleitet und mehr oder weniger mit britischem Kapital
betrieben werden. Die Einkäufe der für den Transvaal
benötigten Waren und die Begleichung der Fakturen geschieht in der Regel in London, wohin die im Transvaal
domizilierten Firmen, sei es direkt oder durch ihre Häuser
in den südafrikanischen Hafenplätzen, ihre Orders zu über-
mitteln pflegen. Nur ausnahmsweise werden Orders direkt
nach Deutschland gesandt, und in solchen Fällen pflegt die
Fakturenregulierung seitens der Verkäufer durch Begebung
dreimonatlicher Tratten bei Verschiffung der Waren in
Europa ausgeführt zu werden. Nützlich ist es, sich dabei
der Vermittelung von Banken in Transvaal zu bedienen
und ihnen Tratten und Konnossemente zu übersenden. Die
nationale Bank der südafrikanischen Republik steht mit deutschen Banken in Verbindung und hat in vielen Fällen die
Fakturenregulierung in der gedachten Weise übernommen.
Es ist nicht üblich, Orders an Agenten zu geben, welche im
Auftrage deutscher Firmen den Transvaal bereisen (Ge-
schäftsreisende für auswärtige Firmen haben übrigens einen
Erlaubnisschein gegen Erlegung von 400 M. zu lösen).

Auch haben die Musterkollektionen solcher Agenten erfahrungs-
gemäß keinen Erfolg. So lange nicht der deutsche Handel
von England unabhängige Geschäftshäuser in größerer Anzahl und von mehr Bedeutung als bisher im Transvaal
besitzt, empfiehlt es sich für deutsche Fabrikanten, die nicht
eigene Vertreter in der Republik unterhalten können, die
Anknüpfung von Geschäftsverbindungen in London zu suchen
und sich hierzu eventuell der hanseatischen Exporthäuser zu
bedienen. Größere Industrielle, namentlich der Maschinen-
branche, sollten aber, wie dies schon zum Teil der Fall ist,
durch eigene Filialen in Transvaal und insbesondere in
Johannesburg, dem Zentrum des Minenbetriebes, vertreten
sein. Es ist dies geboten, wenn die deutsche Industrie nicht
für immer von dem bedeutenden Absatzgebiete des Transvaal
für Pochwerke und andere für den Betrieb der Goldminen
benötigte Maschinerien ausgeschlossen bleiben soll. Außer-
gewöhnliche Anstrengungen sind für Deutschland notwendig,
um in das gewinnbringende Maschinengeschäft hineinzu-
kommen, das jetzt fast ausschließlich in britischen und amerikanischen Händen liegt. Die vorhandenen und eventuell noch
zu errichtenden Filialen sollten mit ganz hervorragend tüchtigen
Leuten besetzt werden, die nicht nur volles Vertrauen verdienen, sondern auch durch technische Kenntnisse und Welt-
erfahrung ausgezeichnet sind. Auch wäre es zweckmäßig und
Erfolg versprechend, wenn die in Frage kommenden deutschen
Industriellen sich vereinigen und durch Aufstellung eines
Musterpochwerkes in Johannesburg beweisen würden, daß
die deutsche Maschinenindustrie der britischen und amerikanischen Konkurrenz ebenbürtig ist. Ein solches einheitliches
und zielbewußtes Vorgehen würde in hervorragender Weise

23 *

dazu beitragen, den Transvaalmarkt für die deutsche Maschinenindustrie zu erschließen, und indirekt auch für andere deutsche
Artikel bahnbrechend wirken."

Der binnenländische Handel liegt in den Händen der
Traber, umherziehender Händler, die von den großen Ge-
schäftshäusern ausgerüstet werden, um mit ihrer aus vier
oder fünf Wagen bestehenden Karawane Farmen und Eingeborenen ihre Waren zu bringen. Manche dieser Händler
treiben das Geschäft auch auf eigene Faust. Ihre Bezahlung
müssen sie besonders im Verkehr mit den Eingeborenen,
meist in Naturalien entgegennehmen. Rinder, Felle, Strauße,
Elfenbein, die sie für ihre Waren eingetauscht haben, werden
dann an den größeren Warenplätzen gegen Bargeld abgegeben.[244])

Zölle werden nach dem Tarif vom Jahre 1894 erhoben.
Danach beträgt der Einfuhrzoll für alle aus Südafrika
kommenden Waren 7 1/2 pCt. ad valorem. Dem Werte der
über See kommenden Waren werden zunächst 20 pCt. zu-
gerechnet und davon 7 1/2 pCt. als Einfuhrzoll erhoben.

Maschinen zahlen ohne Ausnahme 1 1/2 pCt. vom Werte.

Freie Einfuhr genießen lebendes Vieh aus dem Oranje-
Freistaat, frische Früchte aus den benachbarten Staaten und
Kolonien, Banknoten und sonstiges Papiergeld, Münzen,[245])
Schulbücher, Liederbücher, Karten und Drucksachen zum
Schulgebrauch, Zeitungen und Zeitschriften, die außerhalb
des Staates gemachte Jagdbeute der Bürger, die Erzeug-
nisse des Oranje-Freistaates und der portugiesischen Kolonie
Mozambique, sofern .sie von einem Ursprungszeugnis be-
gleitet sind, Wagen und sonstige Fahrzeuge, die von fremden

Besuchern benutzt werden, Sämereien und Werkzeug von Handwerkern, die sich in der Republik niederlassen wollen.²⁰⁰) Dagegen sind eine Anzahl von Artikeln außer dem allgemeinen Einfuhrzoll mit Spezialzöllen belegt und zwar:

		£	s.	d.
1. Drucksachen (mit Ausnahme von Lesebüchern, Lieder-büchern, Karten und Drucksachen zum Schulgebrauch, Zeitungen, Broschüren und Zeitschriften)	100 pCt.			
2. Destillierte Getränke über 56° . . . à Gallone	1		..	
3. Champagner und Schaumweln . . . à Gallone		—	10	
4. Destillierte Getränke, soweit sie Erzeugnisse der benachbarten Staaten oder Kolonien sind, mit einem Alkoholgehalt von 11 56° (nach Tralle) einschließ-lich des Weines . . . . à Gallone		—	6	—
5. Destillierte Getränke von Übersee, 11—26° à Gallone		—	10	-
6. Hafer, Gerste und Malz . . . . . à 100 Pfd.		5	—	
7. Zwiebad und Süßigkeiten . . . . à 100 Pfd.	1	5	—	
8. Perlen . . . . à Pfd.	1	—		
9. Bier . . . . à Gallone		—	3	—
10. Butter, Butterin, Margarine und Ghi à 100 Pfd.	. .	5	—	
11. Lebendes Großvieh (soweit es nicht frei ist) à 100 Pfd.		10	—	
12. Lebendes Kleinvieh (soweit es nicht frei ist) à 100 Pfd.	.	1	—	
13. Patronen . . . . 1000 Stück	. .	5	—.	
14. Cement . . . . 100 Pfd.	. .	3	—	
15. Cigarren . . . . 100 Stück	.	15	—	
16. Cigarretten . . . . 100 Stück	—	1	6	
17. Getreide oder Mehl . . . . . . 100 Pfd.	.	7	6	
18. Käse . . . . 100 Pfd.	--	5	—	
19. Cichorie . . . . 100 Pfd.	—	7	6	
20. Kaffee . . . . 100 Pfd.	—	2	6	
21. Steinkohlen . . . . 100 Pfd.	. .	7	6	
22. Dynamit und andere explodierbare Stoffe à Pfd.	.	—	8½	
23. Eier . . . . à Dtzb.	—	—	6	
24. Frische Gemüse . . . . 100 Pfd.	1	5	—	
25. Eingemachtes Obst . . . . 100 Pfd.	1	5	—.	
26. Gold, Silber und Juwelierwaaren	12½ pCt.			
27. Gewehre und Patronen . . . . . . 1 Faß	—	10	—	
28. Pulver . . . . 1 Pfd.	—		6	

		£	s.	d.
29. Biel, Schrot	1 Pfd.	—	—	3
30. Mals und Raffertorn	1 Pfd.	—	2	6
31. Malz	100 Pfd.	—	5	—
32. Fleisch in Büchsen			5	pSt.
33. Hafer in Bündeln oder Ballen	100 Pfd.	—	5	—
34. Rafferpiden	Stüd	—	1	—
35. Schweine	Stüd	4	10	—
36. Schweinefleisch, Sped, Schinken, Wurst	100 Pfd.	4	10	—
37. Reis	100 Pfd.	—	1	6
38. Gewöhnliche Haushaltungsseife	100 Pfd.	—	5	—
39. Parfümierte Toilettenseife	100 Pfd.	—	10	—
40. Schnupftabat		—	2	6
41. Schwefelsäure	1 Pfd.	—	—	1
42. Juder	100 Pfd.	—	3	6
43. Thee	100 Pfd.	—	5	—
44. Tabal, roh, aus Südafrila	1 Pfd.	—	—	6
45. Tabal, roh, anderswoher	1 Pfd.	—	2	6
46. Tabal, bearbeitet, gleichviel woher	1 Pfd.	—	2	6
47. Uniformen und Livrren, Mäntel, Westen, Hosen	1 Pfd.	—	1	6
48. Essig	1 Gallone	—	3	—
49. Kupfer- und Messingbraht		—	—	6

Unter dem 6. November 1896 hat der erste Volksraad behufs Förderung der einheimischen Industrie eine Verord-nung[791]) genehmigt, wonach die Bewilligung besonderer Schutzzölle auf Ansuchen von Personen in Aussicht gestellt wird, welche Fabriken zu errichten und ihre Erzeugnisse gegen die Konkurrenz des Auslandes geschützt sehen wollen.

Das gesamte Zollwesen unterstellt dem Inspecteur-Generaal von Invoerrechten.

Durch eine Proklamation des Präsidenten vom 28. No-vember 1892 sind eine Anzahl Einfuhr- und Zollstationen festgestellt worden.[792])

Die Einfuhrzölle beliefen sich im Jahre 1895 auf

Pfd. Sterl. 1 085 420. In den erſten neun Monaten des Jahres 1896 wurden Pfd. Sterl. 986 383 verelnnahmt.

Für den deutſchen Exporteur kommen außer den Trans= vaalzöllen noch die Durchfuhrzölle in Betracht, welche in der Kapkolonie, Natal und Lourenço Marques zu zahlen ſind. Solche Waren, welche in den Häfen und in D'Urban einem höheren Zolle als 5 pCt. vom europäiſchen Werte unter= liegen, werden mit Vorteil über Delagoabai befördert, da dort nur ein Durchfuhrzoll von 3 pCt. vom europäiſchen Werte der Waren erhoben wird. Die in Betracht kom= menden Waren ſind vornehmlich: Bier in Flaſchen, Kerzen, Butter, Käſe, Schweineſchmalz, Kakao und Chokolade, Thee, Tabak, Schießpulver, Kaffee, Schinken und Speck, Zucker= waren, eingemachte und getrocknete Früchte, Gemüſe, Fiſche, Fleiſchwaren, Cichorien, Zündhölzer, Kafferplden, Kaffer= perlen, Gewehre und Piſtolen.²⁰³)

Die Banken in der ſüdafrikaniſchen Republik ſind:

De Nationale Bank der Zuid=Afrikaanſche Republik, Beperkt. — Pretoria.

Die Konzeſſion wurde am 5. Auguſt 1890 an Labouchère, Oljens & Co., Amſterbam, und Dr. Wilhelm Knappe, Berlin, ver= liehen. Im Jahre 1891 trat die Bank ins Leben. Nominalkapital: Pfd. Sterl. 4 002 000. Erſte Emiſſion: Pfd. Sterl. 1 002, 000. Ge= zeichnet: Pfd. Sterl. 502 000. Reſervefond: Pfd. Sterl. 8 000. — Die Regierung iſt mit Pfd. Sterl. 100 000 beteiligt.

Zweigſtellen in Barberton, Ermelo, Heidelberg, Johannesburg, Alerſoborp, Krügersdorp, Lydenburg, Pietersburg, Pilgrims Reſt, Volcheſſtroom, Ruſtenburg, Standerton, Brghelb, Wakkerſtroom, Jeeruſt ſowie in Lourenço Marques und eine Agentur in London.

2. Standard Bank of South Africa, Ltd. — Kapſtadt= London.

Gegründet 1863. Kapital: Pfd. Sterl. 4 Millionen. Eingezahlt: Pfd. Sterl. 1 Million. Reservefond: Pfd. Sterl. 700 000.

Zweigstellen in der Republik: Barberton, Boksburg, Heidelberg, Johannesburg, Klerksdorp, Krügersdorp, Lydenburg, Middelburg, Potchefstroom, Pretoria.

3. **Bank of Africa, Ltd. — London.**

Gegründet 1879. Kapital: Pfd. Sterl. 750 000. Eingezahlt: Pfd. Sterl. 250 000. Reservefond: Pfd. Sterl. 135 000.

Zweigstellen in der Republik: Barberton, Johannesburg, Pretoria, Brakeld.

4. **African Banking Corporation, Ltd. — London.**

Gegründet 1891. Nominalkapital: Pfd. Sterl. 2 Millionen, gezeichnet: Pfd. Sterl. 595 200. Eingezahlt: Pfd. Sterl. 297 645.

Zweigstellen in der Republik: Johannesburg, Pretoria.

5. **Natal Bank, Ltd. — Pietermaritzburg-London.**

Gegründet 1854. Gezeichnetes Kapital: Pfd. Sterl. 878 110. Eingezahlt: Pfd. Sterl. 284 257. Reservefond: Pfd. Sterl. 53 000.

Zweigstellen in der Republik: Barberton, Ermelo, Heidelberg, Johannesburg, Pretoria, Pietersburg.

6. **Nederlandsche Bank en Crediet Vereeniging — Amsterdam.** [204])

Kapital: Pfd. Sterl. 200 000.

Zweigstellen: in Pretoria, Johannesburg und Potchefstroom.

Die hinsichtlich der Aktiengesellschaften bestehenden gesetzlichen Vorschriften sind im Argus Annual für 1896 S. 196 ff. zusammengestellt. In demselben Werke findet sich auch (S. 526) ein Verzeichnis sämtlicher zur Zeit bestehenden Gesellschaften; um den Umfang des vorliegenden Buches nicht über Gebühr anschwellen zu lassen, müssen wir hier darauf verweisen.

Handelskammern (Kamer van Koophandel) bestehen in mehreren größeren Städten, z. B. in Pretoria, Potchefstroom u. s. w. —

In Transvaal besteht Goldwährung. Der Münzfuß ist dem britischen Münzsystem entnommen. Die Transvaal-münzen, die seit einigen Jahren von der Nationalbank in Pretoria geprägt werden, stehen den entsprechenden britischen Münzen dem Werte nach gleich, die Goldmünzen gelten so-gar als etwas besser. Die britischen Münzen sind nicht gesetzliches Zahlungsmittel, doch werden sie im Geschäfts-verkehr ohne Anstand angenommen.[293]

An dieser Stelle mögen auch die Maße und Gewichte[296]) erwähnt werden.

1. Längenmaße: 1 mijl = 1760 yard; 1 yard = 3 voet[297]); 1 voet = 12 dnim. — 1000 yard = 914,39 m. 1000 m = 1093,62 yard.

2. Flächenmaße: 1 vierkante mijl := 640 alter; 1 alter = 4 vierkante roeden; 1 vierkante roebe = 1 210 vierk. yard; 1 vierk. yard = 9 vierk. voel.

Dazu kommen die kapschen Flächenmaße, die meist beim Landmessen gebraucht werden: 1 Morgen = 60 vierk. roebe; 1 vierk. roebe = 144 vierk. voel; 1 vierk. voel = 144 vierk. dulm. 1 kapscher Morgen[298]) = ungefähr 8 564 qm; 1000 kapsche Mor-gen = 2 116½ alter.

3. Hohlmaße: 1 bushel = 4 ped; 1 ped = 2 gallon; 1 gallon = 4 kwart; 1 kwart = 2 pint; 1 pint = 4 gill. — 63 gallon = 1 okshoofd; 2 okshoofd = 1 legger. 1 gallon = 4,54 l.[299])

4. Gewichte: 1 pond = 10 ons; 1 ons = 16 dram. 1 000 lbs (Pfund) = 453,5 kg.

29. Kapitel.

Der Verkehr.

Die Häfen, durch deren Vermittelung die südafrikanische Republik mit dem Weltverkehr in Verbindung steht, sind die Delagoabai, ferner Durban in Natal, sowie im Kaplande East London, Port Alfred, Port Elizabeth, Knysna und Kapstadt.

Die Delagoabai wird von den die afrikanische Ostküste entlang laufenden Dampfern der deutschen Ostafrika-Linie angelaufen, die dann auch noch in Durban, East London und Port Elizabeth anlegen. Die Fahrzeit beträgt von Hamburg bis Delagoabai 47 Tage.

Von England aus gehen zwei Linien an der Westküste Afrikas entlang, die Union-Linie und die Castle-Linie. Sie laufen nach einer Fahrt von 19 Tagen, von Southampton ab gerechnet, Kapstadt an und besuchen danach die Häfen der südlichen und südöstlichen Küste in folgender Reihenfolge: Mossel Bay, Knysna, Port Elizabeth, Port Alfred, East London, Durban, Delagoabai, Inhambane, Beira, Zambesimündung, Quelimane, Mozambique.

Soweit der Warenverkehr in Betracht kommt, ist bereits im vorigen Kapitel darauf hingewiesen worden, daß Delagoabai im Jahre 1894 nur eine Einfuhr im Werte von 464 827 Pfd. Sterl. aufwies, während Durban eine Einfuhr im Werte von 1 017 317 Pfd. Sterl. und die Häfen der Kapkolonien eine solche im Werte von 4 505 020 Pfd. Sterl. zu verzeichnen hatten. Noch 2 Jahre früher war das Verhältnis zwischen Durban und Kapstadt bei weitem weniger ungünstig für den erstgenannten Hafen; im Jahre 1892 importierte Durban Waren im Werte von 443 143 Pfd. Sterl., während auf die Kaphäfen 458 274 Pfd. Sterl. entfielen. Daß der früher vorzugsweise benutzte Einfuhrweg über Natal mehr und mehr zu Gunsten der Kaphäfen verlassen wird, hängt hauptsächlich mit der Weiterführung der Kapbahn nach Transvaal zusammen. Die Kaphäfen haben infolge des hierdurch herbeigeführten Zeitgewinnes einen erheblichen Vorsprung erlangt.

Vor dem Ende des Jahres 1890, sagt ein englischer Schriftsteller, beschränkten sich die südafrikanischen Eisenbahnen auf die englischen Kolonien, wenn man von einer kurzen, von Delagoabai ausgehenden Linie im portugiesischen Gebiet absehen will. An vier Stellen endete die Eisenbahn dicht vor der Grenze der holländischen Republiken, die während mehrerer Jahre ein unübersteigliches Hindernis für ihre Weiterführung zu sein schienen. Dieses Vorurteil gegen das Eisenroß ist indessen überwunden worden, und an seine Stelle ist eine Gegenbewegung getreten, die fast in eine Eisenbahnmanie ausgeartet ist und die Republiken in wenigen Jahren mit einem Eisenbahnnetz zu überziehen verspricht.

Die von den Südhäfen mit Ausnahme von Kapstadt

nach Norden laufenden Eisenbahnlinien vereinigen sich säm-
lich bei Smithfield im Oranje-Freistaat. Von hier aus geht
eine direkte Eisenbahnverbindung über Jagersfontein, Bloemfontein, Ventersburg, Kroonstad, den Vaal bei Vereeniging
schneidend, nach Pretoria.[300] Die von Durban ausgehende
Natalbahn erreicht Transvaal in der Nähe von Charlestown
und führt dann über Standerton und Heidelberg gleichfalls
nach Pretoria.[301] Mit der Delagoabai endlich ist Transvaal durch eine Bahn verbunden,[302] die bei Komati-Poort
in das Gebiet der Republik eintritt. Neben diesen Hauptlinien bestehen auch bereits eine Anzahl Zweigbahnen.

Bei Elandsfontein wird die Bahnlinie Vereeniging-
Pretoria von der alten Volksburg-Tram geschnitten, die
jetzt in eine wirkliche Bahn umgewandelt worden ist.[303]
Der östliche Zweig derselben führt über Volksburg nach den
früher erwähnten Kohlenlagern von Springs (34 km), der
westliche über Johannesburg (10 engl. Meilen), Krugersdorp
(32 engl. Meilen) und Poldchestroom (66½ engl. Meilen)
bis Klerksdorp (102 engl. Meilen) mit einer Zweiglinie
nach Buffelsdoorn. Eine zweite Linie wird südlich von Johannesburg zu dem Zwecke gebaut, die Kohlenzufuhr zu
erleichtern.

Von der Station Kaapmuiden der Delagoa-Eisenbahn
(248 engl. Meilen von Pretoria) führt eine 35 engl. Meilen lange Zweiglinie nach Barberton. Eine zweite Linie
zweigt sich in der Nähe von Komati-Poort von der Haupt-
linie ab und führt durch den Lydenburger Distrikt nach Leydsdorp; doch ist diese Bahn erst zum Teil vollendet.[304] Geplant ist ferner eine Linie, die von Belfast oder Machado-
dorp über Carolina nach Ermelo gehen soll. Am 7. Oktober

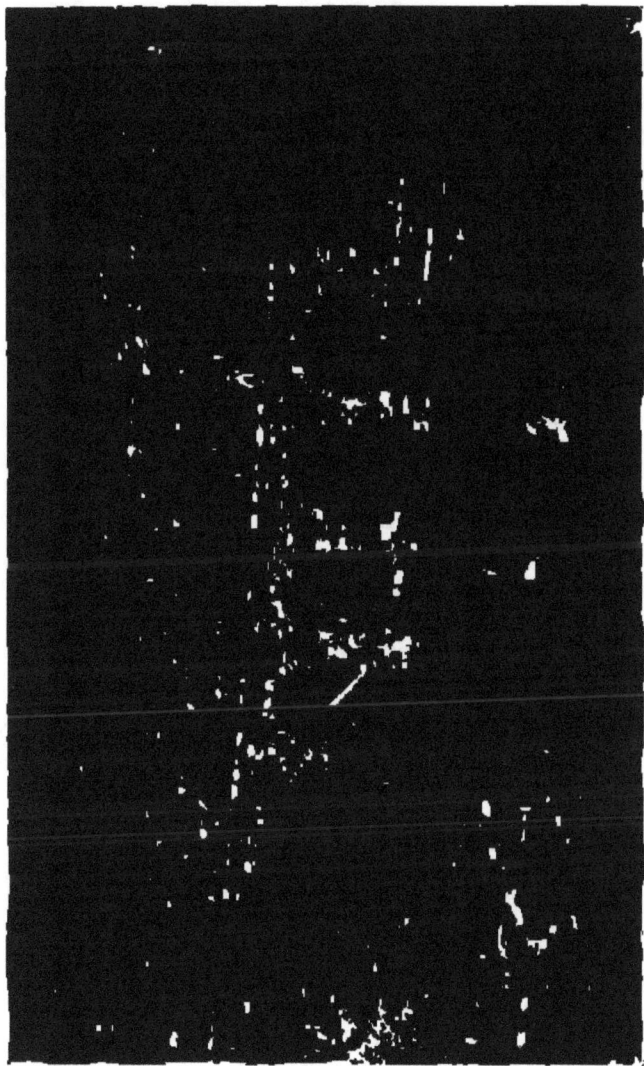

Eisenbahn-Viadukt bei Waterval Boven am Krokodilfluss.

1895 hat der erste Volksraad einem Herrn H. J. Schoeman eine Konzession auf den Bau einer Bahn von Pretoria über Nylstroom nach Pietersburg gewährt; an der auf Grund dieser Konzession gebildeten Gesellschaft ist die Regierung mit 300000 Pfd. Sterl. beteiligt. Die Bahn muß 2½ Jahre nach Beginn des Baues vollendet sein.[305] Eine kleinere Linie, von Dryhelb nach Jagersdrift, ist noch Projekt. Im ganzen waren Ende 1896 in Betrieb:

1. Ostlinie, Pretoria — portugiesische
   Grenze . . . . 474,75 km.
   Zweiglinie Kaapmuiden — Barberton 56,33 „
2. Südlinie, Pretoria —
   Elandsfontein . . . . 59,55 km.
   Elandsfontein—Johannesburg . . . . 17,70 „
   Elandsfontein — Vaalfluß 65,98 „
   _____
   143,23 „
3. Randbahn, Springs —
   Elandsfontein . . . . 33,80 km.
   Johannesburg — Krugersdorp . . . . 32,19 „
   _____
   65,99 „
4. Südost-Linie, Elsburg — Natal-
   grenze . . . . 254,27 „
5. Krugersdorp — Klerksdorp, Krugersdorp — Raabfontein . . . . . 12,87 „
   insgesamt 1007,44 km.

Unter den Hauptlinien ist die Delagoabai-Bahn besonders hervorzuheben, weil sie das Bestreben der Buren zum Aus-druck bringt, sich von der englischen Vermittelung zu be-

freien und womöglich direkt mit dem Weltmarkt in Verbindung zu treten, ein Bestreben, das durch die neuesten
Abmachungen zwischen England und Deutschland immer
weniger Aussicht auf Verwirklichung enthält, da die Zeit
schon jetzt abzusehen ist, wo auch die Delagoabai in britische
Abhängigkeit fallen muß. Schon im Jahre 1880 hatte sich
die portuglesische Regierung zu einem Vertrage mit England
bewegen lassen, worin sie in die Abtretung der Delagoabai
willigte. Der heftige Widerstand des portugiesischen Volkes
verhinderte die Ratifizierung dieses Abkommens.

Bekanntlich schlug der Präsident Burgers bereits im
Jahre 1873 dem Volksraad vor, in Europa eine Anleihe
zum Zwecke der Herstellung einer Schmalspurbahn von
Lourenço-Marques bis zu den Drakensbergen aufzunehmen.[306]
Burgers ging zu diesem Zwecke im Jahre 1875 nach Europa,
wie früher bereits mitgeteilt worden ist (S. 39).

In England gelang es dem Präsidenten nicht, die Anleihe aufzubringen. Er begab sich darauf nach Portugal
und schloß daselbst einen Handelsvertrag ab, in dem unter
anderem festgesetzt wurde, daß, falls die Einnahmen der
Eisenbahn zur Deckung der Kosten der notwendigen Hafen-
anlagen 2c. nicht ausreichen sollten, ein Einfuhrzoll von
3 % erhoben werden solle, der unter Umständen bis auf
6 % erhöht werden könne. In Holland gelang es ihm
dann, wenigstens einen Betrag von 1 582 720 zusammen
zu bringen. Bei der Sociéts Anonyme des Ateliers de la
Dyle bestellte er darauf Eisenbahn-Material im Werte von
1 264 000 Mark, das zur Hälfte nach der Delagoabai ver-
schifft wurde, zur Hälfte in holländischen und belgischen
Häfen zurückblieb und später von der englischen Regierung

übernommen wurde. Der portugiesische Teil der Bahnlinie wurde der von der Transvaal-Regierung gebildeten Lebombo-Eisenbahn-Gesellschaft zur Ausführung übertragen, die aber ihre Thätigkeit aus Mangel an Mitteln bald einstellen mußte. Die Annexion besiegelte das Schicksal dieses Projekts.

Erst im Mai 1879 wurde der Eisenbahn-Inspektor Farrell von der neuen Regierung wiederum mit der Ausarbeitung eines Projekts beauftragt; er empfahl eine Linie durch Swajiland.

Da alle bisherigen Konzessionen resultatlos geblieben und außer Kraft getreten waren, verlieh die portugiesische Regierung am 14. Dezember 1883 eine neue Konzession auf die Dauer von 19 Jahren für den Bau einer Linie von Delagoabai nach Komati-Poort. Im Jahre 1897 gelang es dem Kolonel Mc. Murdo auf Grund dieser Konzession in London eine Gesellschaft mit einem Kapital von 10 Mill. Mark zu bilden. Die portugiesische Regierung verpflichtete sich in der erteilten Konzession, innerhalb eines Abstandes von 60 englischen Meilen zu beiden Seiten der Bahn keine andere Eisenbahn zu bauen oder zu konzessionieren, und übertrug der Gesellschaft eine ganze Reihe wertvoller Rechte. Der Bau der Linie wurde im Jahre 1887 begonnen. Schon im November des nächsten Jahres wurde ein Teil derselben eröffnet, 2 Jahre später die Strecke bis zur Grenze der Südafrikanischen Republik (ca. 75 km) fertig gestellt. Im Jahre 1892 begann darauf die von der Transvaal-Regierung mit einer Konzession ausgestattete Netherlands Railway Co. den Bau der Anschlußbahn Komati Poort — Pretoria, die zu Beginn des Jahres 1895 eröffnet wurde.[307]

Das Kapital der Gesellschaft belief sich Ende 1894 auf

6 743 375 Pfd. Sterl. Der Gewinn fällt zu 85 % der Regierung, zu 10 % den Inhabern der Anteilscheine und zu 5 % der Gesellschafts-Leitung zu. Die Baukosten sollen für die englische Meile 9990 Pfd. Sterl. betragen haben. Im Jahre 1895 betrug die Brutto-Einnahme 1 550 071 Pfd. Sterl., davon waren 881 775 Pfd. Sterl. Reingewinn.

Deutsche Versender, welche ihre Waren zunächst mit der deutschen Ostafrikalinie nach Lourenço Marques und von da mit der Delagoa-Eisenbahn befördern wollen, wenden sich zweckmäßig direkt an die Verwaltung der Ostafrikalinie und der Eisenbahn-Gesellschaft in Amsterdam, um mit diesen Durchfuhrtarife zu ermäßigten Preisen zu vereinbaren.[308]

Das gesamte Eisenbahnwesen untersteht dem „Regierungs-Kommissar für Eisenbahnen", eine Stellung, die im Jahre 1887 zuerst von Dr. W. J. Leyds, seit November 1892 von J. S. Smit, dem Landdrosten zu Pretoria, bekleidet wird.

Die Fahrpreise betragen durchschnittlich 3, 2⁴/₁₀ und 1⁴/₁₀ d. für die englische Meile je nach der Klasse; farbige Passagiere dürfen nur die dritte Klasse benutzen. — Rückfahrkarten kosten etwa das 1²/₃fache der einfachen Fahrkarte; es giebt aber keine Rückfahrkarten dritter Klasse. Im Lokalverkehr werden 50 Pfd. Freigepäck gewährt, in Fernzügen 100, 50 und 20 Pfd. je nach der Klasse.[309]

Da, wo noch keine Eisenbahnverbindung besteht, wird die Personenbeförderung durch Postwagen bewerkstelligt.[310] Für die Beförderung der Waren dient der bekannte südafrikanische Ochsenwagen. Die Frachtsätze variieren je nach

der Jahreszeit und können durchschnittlich auf 6 sh. 6 d.
für je 100 engl. Pfd. angenommen werden. [311])

Ein hervorragender Kenner südafrikanischer Verhältnisse
beschreibt den Ochsenwagen folgendermaßen: [312])

„Man kann einen südafrikanischen Ochsenwagen passend

Ochsenwagen auf der Fahrt.

mit einem Hause auf Rädern vergleichen, denn alles an
und in dem Fuhrwerk ist auf eine lange dauernde Benutzung
eingerichtet, so daß ihn der Bewohner auch unter ungünstigen
und schwierigen Verhältnissen in der Regel nicht im Stiche
zu lassen braucht. Die Bauart eines solchen Wagens zeigt,
welchen Schwierigkeiten er gewachsen sein muß. Auf einem
außerordentlich festen Unterbau, an dem besonders Achsen
und Räder ganz andere Stärke besitzen müssen als bei euro=
päischen Fuhrwerken, ruht ein Wagenkasten von ziemlicher

Ein Ochsenwagen.

Größe. Hinten springt dieser ein wenig vor, und dort fin=
den zwei Wasserfäßchen ihre Aufstellung, ein unentbehrliches
Erfordernis während des Marsches auf sogenannten Durst=
strecken. Kästen an beiden Seiten dienen zur Aufnahme
von Handwerkszeug und dergleichen, und in der Vorderkiste,
gleichzeitig vom Treiber als Sitz benutzt, werden Dinge auf=
bewahrt, die man auf dem Marsche gern gleich bei der Hand
hat. Über dem aus dicken Bohlen gearbeiteten Boden wölbt
sich das Wagenzelt in reichlich bemessener Manneshöhe.
Wird der Wagen als Reisewagen benutzt, so wird häufig
eine Latte über den vorderen Teil des Wagenkastens ge=
schoben, auf dem man dann vor Wind und Wetter genügend
geschützt ist. Bei den eigentlichen Frachtwagen ragen häufig
an den Längsseiten zwei Bockgestelle schräg hervor, die die
Aufnahme größerer Lasten und umfangreicherer Frachtstücke
gestatten.

Die Bespannung ist höchst eigenartig. An der Deichsel
ist ein aus Ochsenriemen gedrehtes Tau oder eine lange
Kette befestigt, an welcher in bestimmten Abständen kräftige
hölzerne Querjoche angebracht sind. In diesen gehen zu
zweit die Ochsen, und je nach der Last, der Beschaffenheit
des Weges, dem Alter und der Entwickelung der Tiere bil=
den ihrer zwölf bis zwanzig ein Reisegespann. Die Tiere
ziehen auf dem Nacken und werden, wenn sie gut eingefahren
sind, mehr durch Zurufe als durch gelegentliche Hiebe mit
der riesenhaften Bambuspeitsche des Treibers regiert. Bei
jedem Gespann wird besonderer Wert auf gut eingefahrene
Vorder= und Hinterochsen gelegt, und bei gleichmäßigem
Ziehen legt selbst ein schwer beladener Wagen auf gutem
Wege etwa vier Kilometer in der Stunde zurück. Von
24*

zwei zu zwei Stunden Fahrt wird nach Möglichkeit eine
längere Pause gemacht, und diese Fahrtabschnitte bezeichnet
man als „Trek". So ist es möglich, selbst unter Berechnung von Ruhetagen nach unseren Begriffen sehr große Ent-
fernungen in verhältnismäßig wenigen Wochen mit großen
Lasten zurückzulegen."

Post in Pretoria.

Schon aus der weiter oben gegebenen Beschreibung der
größeren Ortschaften geht hervor, daß in denselben meistens
Hotels für die Unterkunft und Verpflegung der Reisenden
bestehen. An den größeren Poststraßen trifft man überall
gute Wirtshäuser. Fleisch von allerdings nicht hervorragender Beschaffenheit ist dort stets zu haben, Gemüse und
Obst aber nur gegen schweres Geld. In kleinen Dörfern
und auf entlegenen Poststationen ist die Verpflegung nicht

selten mit erheblichen Schwierigkeiten verknüpft, da der Reisende auf die Geneigtheit der Farmer zur Überlassung von Lebensmitteln angewiesen ist.[313]

Das Post- und Telegraphenwesen der Republik ist gut organisiert. Die meisten Städte, Dörfer und Flecken sind mit Post- und Telegraphenanstalten versehen. Übrigens gehört die Republik zum Weltpostverein. Innerhalb des Landes (einschließlich Swazilanb) werden Briefe im Gewicht einer halben Unze (etwa 14 Gramm) für 1 d, nach anderen Teilen Südafrikas für 2 d befördert, mit Ausnahme von Britisch-Betschuanaland und Rhodesia, wohin 4 d berechnet werden.[314] Mit allen umliegenden Staaten steht die Republik in telegraphischer Verbindung. Innerhalb des Staates waren am 3. Dezember 1894: 1952 engl. Meilen Telegraphenleitung vorhanden, und es bestanden 92 Telegraphen-ämter. In Pretoria und in Johannesburg sind auch bereits Telephonanstalten eingerichtet. Der Telephondienst in Johannesburg wurde am 1. September 1894 eröffnet; am 31. Dezember desselben Jahres waren bereits 239 Personen angeschlossen.

30. Kapitel.

Aus der neuesten Geschichte der Südafrikanischen Republik.

Jm Mai 1891 trat der neugeschaffene zweite Volksraad zum ersten Male zusammen. Durch das Gesetz vom 23. Juni 1890 war ihm die Befugnis zugesprochen worden, auf dem Wege des Gesetzes oder des Beschlusses in Zukunft zu regeln: Das Minenwesen, die Herstellung und Unterhaltung von Fahr- und Poststraßen, das Postwesen, das Telegraphen- und Telephonwesen, den Schutz der Erfindungen, Muster, Fabrikmarken und des Urheberrechts, die Ausbeutung und Unterhaltung des Buschwerkes und der Salzlager, die Bekämpfung ansteckender Krankheiten, den Staub, die Rechte und die Verbindlichkeiten von Gesellschaften, Insolvenzen, den Civilprozeß und den Strafprozeß. Dazu kommen dann noch die Gegenstände, die der erste Volksraad der Kompetenz des zweiten ausdrücklich überweist. Alle Beschlüsse des zweiten Volksraads bedürfen indessen zu ihrer Gültigkeit der Zustimmung des Präsidenten bezw. des Ausführenden Rates.

Zunächst zeigte sich die neue Körperschaft freilich ihrer
Aufgabe durchaus nicht gewachsen. Sie verkannte offenbar
die wachsende Bedeutung der Republik und fühlte sich daher
in kleinbürgerlicher Kurzsichtigkeit bemüßigt, die Anwendung
der Staatsüberschüsse für Zwecke der öffentlichen Wohlfahrt, Bauten, Repräsentation u. s. w. für unstatthaft zu
erklären.[316])

Die finanzielle Lage der Republik besserte sich im
nächsten Jahre erheblich. Die Einnahmen überstiegen die
Ausgaben im Jahre 1892 um 1 241 280 Mark, während
sie im Vorjahre um 7 647 640 Mark dahinter zurückgeblieben
waren. Die Zolleinnahmen steigerten sich um 540 000 Mark.
Es gelang dem Präsidenten nach einigem Widerstande die
Zustimmung des ersten Rates zu einer Anleihe zu gewinnen,
die von dem Hause Rothschild in London im Betrage von
2½ Millionen Pfund übernommen und zwanzigfach überzeichnet wurde. Hierdurch wurde die schnelle Entwicklung
des Eisenbahnnetzes ermöglicht, die für die Rentabilität des
Bergbaues von größter Bedeutung war. Die Linie Komati = Poort — Pretoria wurde bereits im Juli bis Nels-
pruit eröffnet. Auch gab der Volksraad seine Zustimmung
zu einer fliegenden Aufnahme der geplanten Anschlußlinie
an die Natalbahn.

Das neue Jahr 1893 wurde mit der Neuwahl des Präsidenten begonnen. Neben dem bisherigen Präsidenten traten
der General = Kommandant P. J. Joubert und der Oberrichter Kotze als Kandidaten auf. Der letztere hatte keine
ernstlichen Aussichten und erhielt auch nur 89 Stimmen.
Joubert erhielt 7009 Stimmen, und seine Freunde waren
redlich bemüht, ihren Kandidaten gegen Krüger, der 7854

Stimmen erhalten hatte, durchzubringen, indem sie über unzulässige Wahlbeeinflussung lärmten, das Ergebnis der Stimmzählung anzweifelten und eine Nachprüfung durch eine Kommission des Volksrates durchsetzten, die allerdings an dem Ergebnis der Wahl nichts änderte.

Im August des Jahres 1893 erreichte der mit der britischen Regierung geschlossene Swaziland-Vertrag vom Jahre 1890 sein Ende (vergl. Seite 119). Nach einer einleitenden Konferenz zu Colesberg kam der High-Commissioner für Südafrika als Vertreter der britischen Regierung mit dem Präsidenten in Pretoria zur Besprechung über die zukünftige Gestaltung der Dinge im Swazilande zusammen. Von englischer Seite wird die enthusiastische Aufnahme gerühmt, welche der High-Commissioner bei diesem Anlaß besonders in Johannesburg und Pretoria gefunden habe. Die Engländer in Johannesburg überreichten ihm eine Adresse mit 5000 Unterschriften, die in wenigen Tagen zusammengebracht waren. Es kam eine vorläufige Vereinbarung zu stande, die aber bereits im folgenden Jahre abgeändert wurde.

Von besonderer Wichtigkeit war die Ausarbeitung eines Berggesetzes durch die Johannesburger Chamber of mines, das im Jahre 1893 dem Volksraad vorgelegt und 2 Jahre später mit geringen Abänderungen genehmigt wurde (vergl. Seite 331).

Schon Ende 1892 war die Transvaal-Union gegründet worden, eine Vereinigung von Ausländern, die den Zweck hatte, auf gesetzlichem Wege die politische Situation der eingewanderten und nicht naturalisierten Bewohner Transvaals zu verbessern. Die Volkszählung vom Jahre 1890 hatte

Ochsenwagen, durch einen Fluß fahrend.

ergeben, daß die Zahl der Ausländer der der Bürger beinahe
gleichsam und sie voraussichtlich in kurzer Zeit übertreffen
würde. Die Buren trieben meist Viehzucht und Ackerbau,
der Bergbau hingegen lag hauptsächlich in den Händen der
Ausländer.

Den Erträgnissen des Bergbaues verdankte aber der
Staat seine Erhaltung und sein Aufblühen. Ohne die
Thätigkeit der Ausländer würde es im Staate am Besten
gemangelt haben, nämlich an Geld. Das ist zweifellos
richtig, und es lag sicher eine Härte darin, daß die Ausländer durch die bestehende Verfassung von der Einwirkung auf
die Staatsangelegenheiten so gut wie ausgeschlossen wurden,
insofern als die Erwerbung des Bürgerrechts an Bedingungen
geknüpft war, denen zu genügen die wenigsten sich in der
Lage sahen. Andererseits hatten und haben die Buren das
geschichtliche Recht für sich. Sie waren die Gründer des
Staates; ihre Eigenart hatte der Republik die nationale
Prägung gegeben; ihnen gehört das Land und seine Schätze,
und es war genug, wenn sie duldeten, daß die fremden
Eindringlinge sich daran bereicherten. Niemand kann ihnen
verargen, daß sie sich gegen die drohende Gefahr der Er-
stickung des burischen Charakters der Republik durch das
überwuchernde englische Element von Anfang an energisch
wehrten. Die von den Unionisten im Laufe der 1893 er
Tagung dem Volksraad überreichten Denkschriften, in denen
die Wünsche der Ausländer zum Ausdruck gebracht wurden,
blieben denn auch unberücksichtigt.

In demselben Jahre erwies sich eine Strafexpedition
gegen einige Häuptlinge im Joutpansberger Distrikt als
notwendig. Der Feldzug wurde durch Einnahme der festen

Stellung des Hauptes der Aufrührer, Malaboch, beendet. Malaboch entkam mit einigen seiner Leute ins Gebirge. Es ist bereits weiter oben davon die Rede gewesen, wie die bei diesem Anlaß geschehene Kommandierung britischer Unterthanen zur Teilnahme an dem Kriegszuge zu Streitigkeiten über die Verpflichtung der Ausländer zum Kriegsdienste führte, die indessen durch Intervention des High-Commissioner, Sir Henry Loch, beigelegt wurden. Seine Ankunft in Pretoria gab der englischen Partei Gelegenheit zu einer Reihe von Demonstrationen, die auf das Nationalgefühl der Buren verstimmend wirken und ihre geringe Geneigtheit, den Forderungen der Ausländer entgegen zu kommen, völlig in das Gegenteil verwandeln mußten. Sir H. Loch wurde in Pretoria stürmisch bewillkommnet. Der Bahnhof war überfüllt, die Straßen gedrängt voll von Engländern, die ihre Nationalhymne sangen und jeden Versuch der Musikkapelle, das „Volkslied" anzustimmen, vereitelten. Der Wagen des Präsidenten, der den High-Commissioner zu seinem Hotel führen sollte, wurde der Bespannung entledigt und von der enthusiasmierten Menge durch die Stadt gezogen. Eine ruchlose Hand holte die Staatsflagge von dem Wagen herunter und brachte an ihrer Stelle die britische Flagge an. Abwechselnd die britische Nationalhymne und das „Rule Britannia" singend, wälzte sich die Prozession durch die Straßen der Stadt. Der Präsident der Republik wurde mit Schreien und Johlen empfangen, die für den High-Commissioner bestimmte Ehrenwache beiseite gestoßen, und der Tumult wurde so groß, daß Sir H. Loch sich schließlich genötigt sah, selbst die Unbesonnenen aufzufordern, seiner Lage als Gast des Präsidenten Rechnung zu tragen. Die Unionisten in Johannesburg überreichten dem High-Commissioner eine Adresse mit 15 000 Unterschriften, worin sie ihre Beschwerden darlegten und ausführten, daß alle an die Regierung gerichteten Anträge auf Berücksichtigung ihrer begründeten Ansprüche unbeachtet geblieben wären, und eine dem Volksraad unterbreitete, von 13 000 Bewohnern von Johannesburg und Umgegend unterzeichnete Denkschrift von diesem mit Spott und Hohn aufgenommen worden sei.

Inzwischen erreichte der Swaziland-Vertrag, der im Jahre vorher um 6 Monate verlängert worden war, mit dem 30. Januar 1894 seine Endschaft. Nach langen Verhandlungen gelang es den Buren, einen Vertrag mit den Engländern abzuschließen,[316]) wodurch Swaziland, wenn man auch die formelle Einverleibung nicht zugestand, doch thatsächlich an die Südafrikanische Republik abgetreten wurde.

Die Rückkehr der zum Kriegsdienst gezwungen gewesenen Engländer gab der National-Union einen erwünschten Anlaß zur Veranstaltung einer Massenversammlung im Amphitheater zu Johannesburg, wo über 5000 Personen anwesend waren und der Advokat Leonard die Forderungen der Ausländer aufs neue formulierte. Die Versammlung befleißigte sich einer gemäßigten Haltung, um den behördlichen Maßregeln zu entgehen, die sie andernfalls zu gewärtigen gehabt hätte. Die Regierung hatte es nämlich mit Rücksicht auf die immer heftiger auftretende Agitation kurz zuvor für passend gehalten, das Versammlungsrecht zweckmäßig einzuschränken. Es wurde eine Resolution angenommen, in der es hieß: „Die gegenwärtige Versammlung der National-Union weist den unbegründeten Vorwurf zurück, daß sie die Unabhängigteil des Staats zu untergraben suche, und protestiert hiermit gegen das neuerliche Vorgehen des Volksraads

1. hinsichtlich der Petition von 13 000 Einwohnern des Witwatersrands, die um die Gewährung eines vernünftigen Stimmrechts baten

und

2. hinsichtlich des Ausschlusses der Ausländer und ihrer Kinder von dem Besitz der bürgerlichen Rechte für alle Zeiten, obwohl sie hauptsächlich die Lasten des Staates tragen.

Die Versammlung erklärt, daß ein solches Vorgehen darauf berechnet ist, die Verschmelzung der alten und neuen Bewohner des Staates, die für den Fortschritt und die Wohlfahrt der Republik wesentlich ist, zu verzögern, und fordert daher alle, welche auf die Bürgerrechte Wert legen, auf, die Union in ihren Bemühungen zu unterstützen, die darauf gerichtet sind, die Rechte zu erlangen, welche sie mit Rücksicht auf ihre erprobte Treue gegen den Staat (!) und ihre Verdienste um die Entwicklung desselben zu seinem jetzigen Reichtum und seiner machtvollen Stellung zu fordern berechtigt sind. Die Versammlung verpflichtet sich endlich, alles daran zu setzen, um von der Regierung eine auf demokratischen Grundsätzen basierte Verfassung zu erhalten und nicht früher ihre Bemühungen einzustellen, als bis dieser Wunsch Erfüllung gefunden hat."

Als die erste Abteilung der Bewohner von Pretoria von dem Feldzuge gegen den Häuptling Malaboch zurückkehrte, sprach der Präsident seine Absicht aus, allen Ausländern, die mit den Bürgern Schulter an Schulter gefochten hätten und würdig seien, gleiche Rechte wie diese

zu genießen, die Bürgerrechte zu verleihen. Dem erſten
Volksraad wurde in der That ein dahingehender Geſetzentwurf
vorgelegt, der aber zunächſt nicht zur Annahme gelangte,
da man darin ein Unrecht gegen diejenigen Ausländer erblickte, die früher ſich in gleicher Weiſe um das Land verdient gemacht hatten. Die Regierung wurde daher aufgefordert, dem Volksraad in der nächſten Seſſion eine Liſte
der auch aus früheren Zeiten in Betracht kommenden Per-
ſönlichkeiten vorzulegen. Die Antwort der altburiſchen
Partei auf den Geſetzesvorſchlag des Präſidenten war ein Antrag, alle diejenigen für immer von den Bürgerrechten aus-
zuſchließen, die im Unabhängigkeitskriege auf britiſcher Seite
geſtanden und britiſche Staatsämter angenommen hatten.
Mit elf gegen zehn Stimmen wurde dieſer unkluge Vor-
ſchlag glücklicherweiſe beſeitigt. Bald nach der Niederwerfung
Malabochs empörte ſich übrigens ein anderer Eingeborenen-
häuptling im Norden des Landes, Magato, der ſchon ſeit
Jahren keine Hüttenſteuer gezahlt hatte und ſich auch in
anderer Beziehung widerſpenſtig zeigte. Er verbündete ſich
mit verſchiedenen anderen Stämmen, wurde aber nach har-
tem Kampfe vollſtändig beſiegt.

Im Jahre 1893 wurde eine Kommiſſion mit dem Auftrage ernannt, alle auf die Verfaſſung bezüglichen Geſetze zuſammen zu ſtellen und in der nächſten Sitzung dem Volksraad
eine revidierte Verfaſſung vorzulegen. Die Mehrheit des
erſten Volksraads war indeſſen, als die Kommiſſion ihren
Bericht vorlegte, der Meinung, daß ſie ihre Vollmacht über-
ſchritten habe; ihre Vorſchläge wurden beiſeite gelegt und die
Regierung beauftragt, einen neuen Entwurf vorzulegen.

Die Wahlen zum Volksraad im Jahre 1895 ergaben

eine Stärkung der Fortschrittspartei in beiden Körperschaften.
Dem neuen Volksraad wurde wiederum eine Petition der
Ausländer, diesmal mit 32 500 ³¹⁷) Unterschriften vorgelegt,
natürlich mit demselben Erfolge wie früher. Kennzeichnend
für die Stellungnahme der Bürger gegenüber dieser Petition
ist die Äußerung eines so besonnenen Mannes, wie es der
früher erwähnte Joriffen ist: „Darf ich Sie einladen, schreibt
er an den englischen Staatsfekretär Chamberlain, einmal
untersuchen zu lassen, wieviel von diesen Tausenden der Vor-
schrift genügt haben, welche anordnet, daß jeder Fremde
binnen 14 Tagen nach seiner Ankunft sich bei dem Veld-
fornet seines Distrikts einschreiben lassen muß? Ist es ein
Wunder, daß eine Volksvertretung, die sich selbst achtet,
wenig Rücksicht auf eine Massenpetition von Leuten nimmt,
die sich an die Landesgesetze nicht kehren? Glauben Sie mir,
es ist Schein und nichts als Schein. Solche vom Volk
unterzeichneten Denkschriften werden vorsätzlich mit dem klaren
und bewußten Zweck verfaßt, eine Abweisung zu erleiden,
woraus man politisches Kapital schlägt."

Die formelle Eröffnung der Delagoabai-Eisenbahn gab
den Anlaß zu einer Reihe von Festlichkeiten, wie sie in Südafrika bisher in diesem Maße nicht stattgefunden hatten.
Die Gouverneure und viele sonstige Würdenträger der umliegenden Kolonien waren herbeigeeilt, um den Feierlichkeiten
beizuwohnen. Der Präsident nahm die Glückwünsche der
Erschienenen entgegen; von der deutschen und von der britischen Regierung waren besondere Botschaften eingelaufen.
Der deutsche Kaiser hatte dem Präsidenten in einem Telegramm die Glückwünsche zur Vollendung des so überaus
wichtigen Werkes ausgesprochen.

Die Swazi schienen nicht geneigt, sich in die Bestim=
mungen des Vertrages zwischen der Republik und England zu
fügen. General Joubert unternahm daher im März des
Jahres 1895 mit bewaffneter Macht einen Zug nach Swazi=
land, und es gelang ihm, die Swazi zur Anerkennung der
Oberhoheit Transvaals zu bewegen. Der bisherige König
Uburu wurde zum Chief=Kapitain eingesetzt. Für die Nieder=
lage, die die englische Diplomatie in der Swaziland-Frage
erlitten hatte, rächte sie sich durch die Annexion des Pongola=
und des Tonga-Landes, die in Pretoria mit sehr scheelen
Augen betrachtet wurde, da damit die Möglichkeit einer
direkten Verbindung mit dem Meere ein für allemal ver=
sperrt war. Ein Protest, den die Transvaal=Regierung
gegen die Annexion verlautbarte, blieb wirkungslos.[316])

Die Verhältnisse im Innern hatten sich inzwischen immer
mehr zugespitzt. Die Reformer hatten die Hoffnung auf=
gegeben, in der nächsten Zeit auf gesetzlichem Wege ihre
Wünsche bei der Burenregierung durchzusetzen. Nun be=
schlossen sie, es mit Verrat zu versuchen. Das Johannes=
burger Reform=Komitee trat mit dem Premierminister der
Kapkolonie und Direktor der Britisch=südafrikanischen Ge=
sellschaft Cecil Rhodes in Verbindung, dem die in Trans=
vaal bestehende Gärung unter den Ausländern eine will=
kommene Handhabe zur Verwirklichung seiner auf die Aus=
dehnung des englischen Machtbereichs in Südafrika gerichteten
Pläne bot. Verrat paarte sich mit skrupelloser Gewalt=
politik. Rhodes hatte schon vorher Sorge getragen, daß der
Befehlshaber der Truppen der Britisch=südafrikanischen Ge=
sellschaft Dr. Jameson unauffällig mit 800 Mann an der
Westgrenze der Republik Aufstellung nahm, um im gegebenen

Augenblick ins Land einzubrechen, dem Johannesburger Reform-Komitee die Hand zu reichen und vereint mit ihm die Burenregierung zu stürzen.[319]) Aber der Plan wurde vereitelt. Zwar überschritt Jameson am 29. Dezember 1895 die Grenze der Republik, aber die Buren, die nicht ganz ungewarnt gewesen waren, handelten energischer als die Verschwörer in Johannesburg. Bei Krügersdorp traten sie am 1. Januar 1896 dem unglücklichen Opfer der Rhodesschen Gewaltpolitik entgegen, schlugen Jamesons Streitmacht vollständig und nahmen ihn samt den Resten seiner Mannschaft am Tage darauf bei Blatjonlein gefangen.

Die Johannesburger hatten ein doppeltes Spiel gespielt. Die Burenherrschaft hatten sie wohl stürzen wollen, und dazu war ihnen die Unterstützung des kapschen Premierministers schon recht; aber Großbritannien sollte nicht unmittelbar die Früchte ihres Verrates ernten, sondern sie selbst wollten sich an die gedeckte Tafel der Regierung setzen. Eine unabhängige Republik von englischem Gepräge, das war ihr Traum. Zu spät fiel ihnen ein, daß sie sehr viel weniger Aussicht hatten, gegenüber den britischen Annexionsgelüsten für ihre persönlichen Interessen erhebliche Erfolge zu erreichen, als gegenüber der nicht so mächtigen Burenregierung. Darum ließen sie Jameson im Stich.

Meisterhaft war die weitere Behandlung dieser Angelegenheit auf Seiten der Buren, erbärmlich auf Seiten der Engländer. Die Buren verzichteten bedachtsam darauf, Jameson und die Mitgefangenen selbst zu bestrafen; sie lieferten sie der englischen Regierung aus. Dies war um so klüger, als es die englische Politik um so eklatanter ins Nachteil setzte. Die englischen Kreise, die um den Anschlag gewußt hatten, waren

höchlichst erbost über das Mißlingen desselben und verbargen
hinter ihrer Entrüstung den Rest von Schamgefühl, den
diese kolossale Blamage vor der ganzen Welt vielleicht
in ihnen auffteigen ließ. Man nahm eine äußerst brohende
Haltung an und wäre wahrscheinlich sehr froh gewesen, wenn
sich die Transvaal=Regierung zu Schritten hätte hinreißen
laffen, die einem gewaltfamen Einschreiten der Engländer
einen Schein von Recht verliehen hätten. Präsident Krüger
benahm sich aber mit dem feinsten Takt und großer Würde.
Die offene Stellungnahme des deutschen Kaisers, der den
Präsidenten zu dem Siege der Buren über Jamesons Truppen
beglückwünschte, steigerte zwar zunächst die thatenlose aber
redselige Wut der Engländer auf den Höhepunkt, hatte aber
doch das Gute, daß sie die Folgen voreiliger Schritte ruhiger
zu erwägen begannen.

Inzwischen wurde den Landesverrätern in Johannesburg der Prozeß gemacht. Die vier Vorsitzenden des Reform-
komitees wurden zum Tode verurteilt, eine größere Anzahl
von Mitgliedern mit Gefängnisstrafen belegt; unter den
ersteren befand sich auch ein Bruder von Cecil Rhodes, der
Oberst Rhodes. Kurze Zeit darauf wurden die Verurteilten
sämtlich begnadigt. Wieder war den Engländern, die
durch die Verurteilung in gewaltige Aufregung versetzt worden waren, eine Waffe aus der Hand gewunden. Nichts
konnte die Engländer stärker bemütigen als diese milde ver-
zeihende Haltung der Burenregierung, und nichts machte es
ihnen gleichwohl schwerer gegen Transvaal feindlich vorzu-
gehen, wollte man sich nicht mit dem Gerechtigkeitsgefühl und
den Sympathien fast der ganzen Welt in Gegensatz setzen
und sein moralisches Prestige noch stärker schädigen, als es

schon durch den Nachweis der mittelbaren und unmittelbaren
Anteilnahme von hohen Regierungspersonen an dem völker=
rechtswidrigen Einbruch in ein fremdes Landgebiet geschehen.
Während die Untersuchung gegen Jameson und Rhodes
sehr lau und mit der deutlich erkennbaren Absicht betrieben
wurde, mehr zu verschleiern als zu enthüllen, führte der
britische Kolonialminister Chamberlain vor der erstaunten
Welt ein Schauspiel auf, das den Beobachter teils mit Ent=
rüstung, teils mit Mitleid erfüllte und stellenweise einen
grotesk=komischen Charakter annahm. Zwar konnte er nicht
anders, als den völkerrechtswidrigen Einfall Jamesons miß=
billigen; aber er verschwieg garnicht, daß die Transvaal=
Regierung nach seiner Überzeugung an einer solchen Ent=
wicklung der Dinge die Schuld trage, da sie den ernsten
Beschwerden der Ausländer gar zu wenig Beachtung ge=
schenkt habe. Ja, offenbar von einer ganz falschen Auf=
fassung des gegenseitigen Verhältnisses ausgehend, versuchte
er sogar der Republik seine Ansichten über die vorzunehmen=
den Reformen aufzudrängen, eine Einmischung, die vom
Präsidenten Krüger mit allem Nachdruck zurückgewiesen
wurde. Nichts desto weniger verstieg er sich bald darauf
zu der Naivität, den Präsidenten zu einer Besprechung der
Lage nach London einzuladen. Krüger lehnte wiederum ab.
Bei alledem ging Chamberlain stets von der unglücklichen
Fiktion aus, daß eine Suzeränität Großbritanniens über die
Südafrikanische Republik bestehe, eine Auffassung, deren
Rechtsunbeständigkeit bereits oben dargelegt worden ist.
Erst im Jahre 1896 wurde die Untersuchung gegen Ja=
meson abgeschlossen; er wurde zu 15 Monaten Gefängnis
ohne Zwangsarbeit verurteilt.

Cecil Rhodes war genötigt, ſeinen Abſchied als Mi=
niſterpräſident zu nehmen. Ein Komitee, das mit der Unter=
ſuchung der Frage beauftragt war, ob und wieweit die Kaplo=
lonie in die Vorbereitungen zum Einfall Jameſons in Trans=
vaal verwickelt geweſen ſei, kam zu dem Ergebnis, „daß der
Anteil, den Cecil Rhodes an den Vorbereitungen, die zum
Einfall führten, gehabt, ſich nicht in Einklang bringen laſſe
mit ſeinen Pflichten als Premierminiſter der Kaptolonie".[320]

Die Johannesburger Bevölkerung hatte für ihre Forde=
rungen hauptſächlich auch die Behauptung ins Feld geführt,
Johannesburg ſei eine rein engliſche Stadt. Nach Wieder=
herſtellung der Ruhe beſchloſſen die Johannesburger Be=
hörden, dieſer irrigen Annahme energiſch entgegen zu treten.
Am 15. Juli des Jahres 1896 wurde durch eine große An=
zahl vertrauenswürdiger Volkszähler von jeder damals an=
weſenden Perſon Raſſe, Nationalität, Konfeſſion, Geſchlecht,
Alter und Beruf aufgenommen.

Das Ergebnis war folgendes:[321]

„Johannesburg hatte am 15. Juli auf einem Flächen=
raum von etwa 28 engl. ☐Meilen rund 100 000 Ein=
wohner, wovon die Hälfte Weiße. Von letzteren waren ⅓
rein engliſchen Urſprungs, ein zweites Drittel ſtammte aus
engliſchen Kolonien und beſtand hauptſächlich aus holländiſch
ſprechenden Afrikanern; das letzte Drittel ſetzte ſich zuſammen
aus Transvaalern, Bürgern des Oranje=Freiſtaates, Ruſſen,
Teutſchen, Holländern u. ſ. w. Abgeſehen von der Grund=
loſigleit der engliſchen Anſprüche auf die Alleinherrſchaft in
der Stadt ergab die Volkszählung auch noch andere be=
merkenswerte Einzelheiten. Von den ungefähr 20 000 männ=
lichen Weißen der Goldſtadt über 15 und unter 30 Jahren

hatten kaum 300 eine rechtmäßige Gattin bei sich. Zwischen 30 und 40 Jahren gab es verheiratete 4 550 Männer und 2 443 Frauen, ein Zeichen, daß ein großer Teil der Männer die Gattin anderwärts wohnen hat. Dieses Verhältnis wird sich, wenn es auch schon gegen früher einen großen Fort= schritt bedeutet, so lange erhalten, als das Leben in Jo= hannesburg so teuer und für Frauen unangenehm bleibt. Beinahe die Hälfte der Johannesburger Bevölkerung ist pro= testantisch; außerdem finden sich 4 800 Katholiken und 6 250 Israeliten. Dem Beruf nach giebt es in Johannesburg u. a. 68 Redakteure und Korrespondenten, 87 Musikanten, 32 Jockeys, 108 Handlungsreisende, 108 Uhrmacher, 7 Piano= stimmer, 1 030 ohne Beruf, 5 484 Schüler, 3 Briefmarken= sammler, 387 Stadtreiniger und 518 Eisenbahnbeamte u. s. w."

Inzwischen erhielt die Stellung der Republik aufs neue eine unerwartete Festigung. Der Plan eines Bünd= nisses mit dem Oranje=Freistaat war bereits alten Datums. Erst im Jahre 1895 war er aufs neue im Volksraad er= örtert worden. Man hatte eine gemeinschaftliche Konferenz in Aussicht genommen, ohne indessen auf Seiten des Frei= staats zunächst auf großes Entgegenkommen und besonders warme Sympathien zu stoßen. Doch noch in demselben Jahre bereitete sich ein Umschwung vor. Der britische, d. h. kapländische Einfluß, der bisher im Freistaat vorgeherrscht hatte, verlor an Boden gegenüber der fortschreitenden Er= kenntnis, daß die selbständige Entwicklung des Freistaates gerade durch diesen Einfluß erheblich verlangsamt worden ist. So liegen z. B. die Eisenbahnen des Freistaates in den Händen kapländischer Gesellschaften, welche nur einen kleinen Gewinnanteil an die Republik entrichten. Der Volksraad des

Freistaates beschloß nun, die Regierung von Transvaal zu ersuchen, eine Abordnung aus Bloemfontein zu empfangen, um mit derselben die Frage eines Schutz- und Trutzbündnisses zu beraten ³²⁷). Erst jetzt, drei Jahre später, haben diese Verhandlungen zu einem greifbaren Ergebnis geführt. Damit sieht sich England in Zukunft im Falle kriegerischer Verwicklung einer Armee von mehr als 40 000 Buren gegenüber.

Das ernstliche Bestreben des Staatspräsidenten, den Klagen der Ausländer, soweit sie berechtigt erschienen, Abhülfe zu schaffen, trat in der nächsten Zeit für jedermann noch mehr als bisher klar zu Tage. Er kündigte dem Volksraad Vorlagen an, die sich auf die Erleichterung des Grenzhandels mit den benachbarten Kolonien, auf das Unterrichtswesen, die Untersuchung der Minen-Industrie und eine Revision des Grundsteuergesetzes beziehen sollten.³²⁸) Auch der Volksraad bewies durch seinen Beschluß, das Diamant-Jubiläum der Königin von England zu feiern und das Einwanderungs-gesetz, welches von jedem Einwanderer den Nachweis genügender Subsistenzmittel erforderte, mit Rücksicht auf die den Nachbarländern dadurch erwachsenden Unbequemlichkeiten rückgängig zu machen, daß er die Lage des Staates richtig beurteilte und von der Überzeugung durchdrungen war, es könne dem Bestande der Republik nichts schädlicher sein, als den Engländern eine Handhabe für den Versuch gewaltsamen Eingreifens zu geben.

Immer mehr stellte sich andrerseits heraus, daß die Beschwerden der Uitlander, weit entfernt das wirtschaftliche Wohl der großen Menge derselben zu fördern, lediglich die Interessen von drei oder vier Millionären im Auge hatten. Nur für sie würde das volle Bürgerrecht einen wirklichen Wert besitzen.

„Die Triebfeder für die Millionäre liegt aber in der wirtschaftlichen Krisis, welche nach dem jahrelangen Treiben der Spekulanten am Witwatersrand voraussichtlich eintreten muß. Von der enormen Goldausbeute der letzten 12 Jahre (mehr als 42 000 000 Pfund) floß nur ein winziger Bruchteil in den Staatsschatz; aber die Gesellschaften rentieren sich doch nicht mehr, weil sie ihr Kapital zu unnatürlicher Höhe vergrößert haben. Die Unternehmer in Johannesburg sind steinreich dabei geworden, aber die Aktionäre sind beschwindelt. Die Schuld wirft man nun auf die Regierung, schreit über unerschwingliche Steuern, Dynamitmonopol, Eisenbahntarife ꝛc. und erregt die Menge zu Forderungen, für die sie an sich gar kein Interesse haben.⁷²⁴)"

Um die Beschwerden und Bedürfnisse der Goldindustrie zu untersuchen, wurde eine „Industrielle Kommission" eingesetzt, die ihre Sitzungen am 21. April 1897 begann. Die Kommission stellte fest, daß von 79 mit Erfolg arbeitenden Bergwerken nur 23 Dividenden zu zahlen vermochten, was hauptsächlich den zu hohen Betriebskosten zur Last gelegt wurde. Sie schlug vor: Abschaffung der Einfuhrzölle auf Lebensmittel; Herabsetzung der EisenbahnTransportkosten der Eingeborenen nach und von den Minen; Einrichtung von Baracken als Ruheplätze für Arbeiter längs der Linien; strengere Handhabung des Spirituosen=Gesetzes; Unterhandlungen mit den Küstenstaaten wegen Beseitigung der hohen Transitzölle; Abschaffung des Dynamitmonopols, wenn rechtlich ausführbar; Ermäßigung der Eisenbahnfrachtsätze um 25 %; Erbauung einer Kohlentransportbahn am Wit=watersrand und Einsetzung eines Verwaltungsrats.⁷²⁵) Angesichts der Haltung Chamberlains und der Verquickung

dieser wirtschaftlichen Fragen mit den politischen Streitigkeiten zwischen England und der Republik wurde indessen
von Anfang an in der Republik und unter den Afrikanern
Südafrikas jede Willfährigkeit gegen die Forderungen der
Kommission als ein Zeichen der Schwäche betrachtet und
nachdrücklich bekämpft.[376]) An der Spitze dieser Partei
steht der Staatssekretär Dr. Leyds.

Andererseits war der Präsident, wie es heißt, geneigt,
eine Herabsetzung des Preises für Dynamit, Befreiung
gewisser Nahrungsmittel und Materialien vom Einfuhrzoll
und Einschränkung der Eisenbahntarife zu befürworten, weil
er einsah, daß der wirtschaftliche Ruin des Landes den politischen Untergang nicht aufhalten, sondern beschleunigen würde.

Der Bericht der Kommission wurde zunächst von einem
Ausschuß des Volksraads begutachtet. Schon am 18. Oktober
legte die Kommission ihren Bericht vor und beantragte, die
Eisenbahnfrachtsätze für Bergbau-Erfordernisse herabzusetzen,
die Zolltarifsätze für Lebensmittel zu verringern und den
Dynamitpreis um 10 Schillinge für die Kiste zu ermäßigen,
dagegen die Zölle für Luxusgegenstände zu erhöhen. Über
die rechtliche Möglichkeit, das Dynamitmonopol aufzuheben,
scheint man noch nicht völlige Gewißheit erlangt zu haben.[377])
Freilich faßte der Volksraad auch den damit in Verbindung
stehenden Beschluß, die Regierung zur Einbringung einer Ge-
setzesvorlage aufzufordern, durch welche die Minengesellschaften
zum Zwecke der Kontrolle verpflichtet werden, in ihren Büchern
die allen von ihnen beschäftigten Weißen gezahlten Löhne
und Gehälter genau anzugeben.[378]) Am 21. Oktober nahm
der Volksraad sämtliche Vorschläge der Kommission an.

Wenn der Ausführende Rat diese Beschlüsse des Volks-

raabs billigte, so war infolge des starken Ausfalls an Ein=
nahmen eine bedenkliche Erschütterung der finanziellen Lage
des Staates zu erwarten. Der Jameson-Einfall hatte ohne=
hin ein sehr erhebliches Defizit zur Folge gehabt. Die
Goldausbeute stieg indessen in der nächsten Zeit so be=
trächtlich, daß diese Schwankung bald überwunden wurde.
Nach dem Berichte des Staatsingenieurs Klinke hat die
Goldförderung im Jahre 1897 einen Wert von 11 653 000
Pfd. Sterl. erreicht. Immerhin haben nur 28 Gesellschaften
Dividenden verteilt und zwar in Höhe von 3 000 000 Pfd.
oder im Durchschnitt 30 %. Die Minenwerte der 83 Haupt=
gesellschaften repräsentierten im Anfang des Berichtsjahres
einen Marktwert von 54 Millionen und am Ende des Jahres
einen solchen von 64 Millionen.[329]) Trotzdem daher der
Schluß nahe lag, daß es der Goldindustrie unter den be=
stehenden Verhältnissen unmöglich so schlecht gehen könne,
wie sie es darstelle, und ihre Klagen größtenteils spekulativer
Natur seien, genehmigte die Regierung die vom Volksraad
beschlossenen Zollbestimmungen. Am 1. März ist denn auch
infolgedessen zunächst ein ermäßigter Eisenbahntarif für über=
seeische Güter in Kraft getreten. Die Aufhebung des Dy=
namitmonopols ist vorerst kaum zu erwarten. Dagegen ist
die Herabsetzung des Dynamitpreises von der Regierung zu=
gestanden worden Bei der Eidesleistung anläßlich seiner
Wiederwahl im Jahre 1898 versprach Krüger, für eine
weitere Herabsetzung desselben einzutreten. Gleichzeitig stellte
er Maßregeln in Aussicht, um zu verhüten, daß europäische
Kapitalisten durch die Goldgesellschaften beraubt werden,
indem sie mit Bergwerksgerechtsamen überflutet werden, ohne
daß die bezüglichen Gruben abbaufähiges Gold enthalten.[330])

Eine Anleihe von 6 Mill. Pfund, die er hauptsächlich zur Ausführung von Eisenbahnplänen und für Dammbauten zur Hebung der Landwirtschaft durch künstliche Bewässerung beantragte, wurde ihm bisher nicht bewilligt. Schon die bloße Absicht rief freilich eine starke Gegenbewegung der Engländer wach.

Gleicht so die innere Lage der Republik einem brodelnden Hexenkessel, in dem die widerstrebendsten Elemente durcheinandergeführt werden, so wird die Lage der auswärtigen Politik hauptsächlich durch die feindselige Haltung Englands charakterisiert. Der südafrikanische Untersuchungsausschuß hatte zwar Rhodes und Jameson „eines unerhörten Bruches der internationalen Höflichkeit" für schuldig erklärt, aber Chamberlain trotz der vorgelegten Beweisstücke von dem Vorwurfe der Mitwisserschaft freigesprochen. Rhodes ging ruhig wieder nach Südafrika. Jameson wurde mit der Bildung einer neuen Polizeitruppe beauftragt. Jeden Versuch, Rhodes und die Chartered Company zur Verantwortung zu ziehen, wies Chamberlain von der Hand. Kein Wunder, wenn die Transvaaler, jeder anderen Genugthuung beraubt, nun rücksichtslos in ihren Zeitungen aufdeckten, wie weit selbst parlamentarische Kreise in England in die Verschwörung verwickelt waren.

Die mit dem nach London gekommenen Staatssekretär Dr. Leyds angeknüpften Verhandlungen zerschlugen sich, als Chamberlain am 4. August 1897 unumwunden erklärte, daß die Einsetzung eines Schiedsgerichts nicht in Frage kommen könne, da Transvaal unter der Suzeränität Englands stehe. Diese alte Scharteke von einem Vorwande mußte wieder einmal herhalten, um nur ja die Differenzen mit der Republik nicht zum Ausgleich

kommen zu lassen und nicht den Nährboden für Zwischenfälle
zu verlieren, von denen doch einmal einer den Schein einer
Berechtigung für eine bewaffnete Abschlachtung der Republik
darbieten könnte. Der Präsident und der Volksraad wiesen
diese thörichte Aufstellung nachdrücklich zurück, nachdem bereits
am 25. Februar 1896 Krüger in seiner Depesche, in der
er die Aufhebung der Londoner Konvention vom Jahre 1884
forderte, zum Ausdruck gebracht, daß seit jener Konvention
von einer Suzeränität nicht mehr die Rede sein könne.
Gleichzeitig betonte er nochmals das Recht der Republik
auf einen Schiedsspruch.

Es ist den Buren nicht zu verdenken, daß sie die end-
liche Klärung dieser Frage mit allem Nachdruck zu betreiben
suchen, da naturgemäß auch die wirtschaftliche Lage der
Republik durch die in dieser Beziehung herrschende Unsicher-
heit nicht wenig beeinflußt wird. Die Frage der Reformen
ist so gut wie unlösbar, so lange die englische Politik der
Transvaal-Regierung immer wieder den Knüppel der Suzeränität zwischen die Beine wirft.

Der Oberrichter der Republik, Kotze, der in einem
Prozeß der Regierung gegen den Herausgeber der Johannesburger „Times", Robinson, von Ehrgeiz verblendet, die englische Auffassung zu vertreten wagte, wurde auf Krügers
Veranlassung durch Volksraadsbeschluß abgesetzt. An seine
Stelle trat Gregorowski. Ungefähr zu derselben Zeit wurde
der Generalschatzmeister Boshoff wegen vorgekommener Un-
regelmäßigkeiten seines Postens enthoben und durch Malherbe,
den Präsidenten des zweiten Volksraads, ersetzt.

Auf den übrigens auch vom Oranje-Freistaat gebilligten
Protest der Republik gegen das von Chamberlain behauptete

Souzeränitätsverhältnis iſt bisher eine offizielle Äußerung
der engliſchen Regierung nicht erfolgt. Leicht begreiflich!
Dieſe Frage muß offen bleiben, um den Streit wach zu erhalten. Die Löſung iſt nur noch auf gewaltſamem Wege
möglich, ein Königreich für einen guten Vorwand! Inzwiſchen heißt es ſich bereit machen. Chamberlain beklagte
ſich im Parlament über die außergewöhnlichen Kriegsrüſtun-
gen der Republik (!), die eine Verſtärkung der engliſchen
Verteidigungsmittel (!) in Südafrika notwendig mache, und
verlangte die Mittel, um eine Artillerie-Brigade und ein
weiteres Regiment nach dem Kap zu entſenden. Truppen,
Waffen, Munition, Pferde werden ſeitdem ohne Unter-
brechung nach Südafrika geſchafft. Dem gegenüber hat die
Republik eine Anzahl Forts angelegt und eine Kommiſſion
eingeſetzt, um das Freiwilligenweſen zu reformieren und ſo
eine Ergänzung für ihre geringe ſtehende Heeresmacht zu
gewinnen. Es iſt ſchwer ſich ein Bild davon zu machen,
wie groß gegenwärtig die engliſche Truppenzahl in Südafrika iſt; aber wenn ſie die vereinigten Streitkräfte der ver-
bündeten Republiken nicht ganz erheblich überſteigt, ſo wird
nichts die Engländer vor einem zweiten Majuba bewahren.

Viel gefährlicher iſt das Beſtreben der Engländer, die
Delagoabai in ihren Beſitz zu bekommen und ſo den Buren
die letzte Möglichkeit zu nehmen, ohne britiſche Vermittelung
mit dem Welthandel in Verbindung zu treten. Dieſe Beſtrebungen ſind nur auf diplomatiſchem Wege und in der
Arena der großen Politik lahm zu legen. Die Eiferſucht
der anderen Mächte, die in Südafrika und ſpeziell in Transvaal Intereſſen haben, wird der Republik in dieſem Punkte
mehr zu gute kommen als der ſchönſte Proteſt derſelben oder

eine kriegerische Aktion. Der Präsident Krüger und der bisherige Staatssekretär, jetzige Gesandte Dr. Leyds haben das Zeug dazu diese Situation zu begreifen und auszunutzen. Dr. Leyds repräsentiert neben dem bedächtigen und fried=liebenden Krüger das treibende Element des in seinem Nationalbewußtsein tief gekränkten und erregten Buren=tums.[331]) Nachdem man die Bedeutung dieses intelligenten, rechtskundigen, kühl überlegenden aber energischen Mannes in England erkannt hatte, suchte man seine Wiederwahl nach Kräften zu hintertreiben. Mit 19 von 25 Stimmen wurde er dennoch im Jahre 1897 von neuem zu dem Posten des Staatssekretärs berufen. Er stellte sich an die Spitze der altburischen Partei, die der Minenindustrie keine Konzes=sionen machen will, weil sie den Bestand der Republik in ihrem burischen Charakter dadurch gefährdet glaubt. Dr. Leyds hat den großen Wert diplomatischer Vertretung, „die ein un=abhängiger, unter der Oberherrschaft von keiner fremden Macht stehender Staat im Auslande haben muß", klar er=kannt und den Ausführenden Raad mit den Volksraad für seine Ideen zu gewinnen gewußt. Er selbst ging im Jahre 1898 als Gesandter nach dem Haag, nachdem er vom Volks=raad die Mittel erbeten und erhalten hatte, um auch in Ber=lin, London, Paris und Lissabon diplomatische Vertretungen einzurichten, die der Gesandtschaft im Haag unterstellt sein sollen. An seiner Stelle wurde für den Posten des Staats=sekretärs der bisherige Sekretär des Ausführenden Raades im Oranje=Freistaat, Abraham Fisher, in Aussicht genommen; derselbe lehnte jedoch ab. Darauf fiel die Wahl auf den früheren Präsidenten des Oranje=Freistaates Reiß, der seit=dem das Amt übernommen hat.

Ob es freilich Krüger und Leyds gelingen wird, die Delagoabai vor dem Griffe der Engländer zu retten, wird gerade in neuester Zeit immer mehr zweifelhaft. Wie verlautet, ist mit Sicherheit vorher zu sehen, daß das Schieds=gericht in Bern, das zur Entscheidung der zwischen England und Portugal schwebenden Streitfragen hinsichtlich der Delagoabahn berufen ist, sich zu Gunsten Englands aussprechen wird. Die drei Schweizer Juristen Blaesi, Hensler und Gol=ban haben ihres Amtes gründlich gewaltet; seit 1890 sind sie an der Arbeit. Der von England und den Vereinigten Staaten beanspruchte Entschädigungsbetrag von 1 900 000 Pfd. Sterl. wird denselben vermutlich in voller Höhe zu=gesprochen werden. Voraussichtlich wird das Urteil des Schiedsgerichtes gegen Ende dieses Jahres gefällt werden. Zwar soll die portugiesische Regierung Vorsorge getroffen haben, daß ihr aus der Zahlung der Entschädigungssumme Schwierigkeiten nicht erwachsen; aber wenn beispielsweise England sich im rechten Augenblick bereit erklärt, auf bares Geld zu verzichten, sofern ihm die Delagoabai überlassen wird, so ist bei den Finanznöten des portugiesischen Staates hundert gegen eins zu wetten, daß diesmal die Cortes ihre Zustimmung nicht wieder versagen werden.

Es handelt sich also für England, das sich bereits im Jahre 1891 das Vorkaufsrecht auf die Bai durch Vertrag gesichert hat, nur noch darum,. sich bei Zeiten gegen den Einspruch anderer mehr oder weniger beteiligter Mächte zu sichern. Seit einiger Zeit hat die englische Diplo=matie in ihren Beziehungen zu Transvaal das Deutsche Reich auf ihren Wegen gefunden. Deutschland hat schon einmal bei Gelegenheit des Jamesonschen Einfalles un=

zweideutig für die Südafrikanische Republik Partei ge-
nommen. Unsere Politik geht natürlich nur dahin, wie der
Staatssekretär von Marschall dem englischen Botschafter in
Berlin, Sir Edward Malet, am 1. Februar 1895 erklärte,[332]
diejenigen materiellen Interessen gegen jeden Eingriff zu
schützen, welche sich Deutschland durch die Erbauung von
Bahnen und die Anknüpfung von Handelsbeziehungen mit
Transvaal geschaffen habe. Diese Interessen geböten die
Aufrechterhaltung Transvaals als selbständigen Staats nach
Maßgabe des Vertrages von 1884 und die Sicherheit des
status quo bezüglich der Bahnen und des Hafens in der
Delagoabai. Diese Politik richtet sich auch gegen die Idee
der commercial federation der südafrikanischen Staaten,
die unseren Interessen zuwiderläuft, „weil das politisch das
Protektorat, wirtschaftlich das Handelsmonopol der Kapkolonie und den Ausschluß deutschen Handels bedeute".
Wenn heute die deutsche Diplomatie diesen Standpunkt hinsichtlich der Delagoabai verlassen hat, wie aus dem zwischen
England und Deutschland kürzlich geschlossenen Vertrage
nach den bisherigen Mitteilungen darüber der Fall zu sein
scheint, so kann sie das angesichts der Zunahme der deutschen Interessen nur dann ohne Gefahr thun, wenn sie sich
dafür Zugeständnisse hat gewähren lassen, durch welche diese
Interessen auf anderem Wege vollständig geschützt werden.
Diese Zugeständnisse müssen in erster Linie auf dem Gebiete
der Zolltarife liegen, und wenn sie genügend weitgehend und
sichergestellt sind, was man in nicht zu langer Zeit wohl
wird beurteilen können, so ist für Deutschland ein Grund
zur Beunruhigung über den Vertrag zunächst nicht vorhanden. Allerdings wäre das allein auch kein Grund, den

status quo umzuſtoßen. Weitere Zugeſtändniſſe müſſen den Wechſel ordnungsgerecht machen. Und ſolche Zugeſtändniſſe ſind im vorliegenden Falle zweifellos gewährt worden, was zu erörtern hier nicht der Ort iſt.

Es läßt ſich verſtehen, warum trotzdem manche Kreiſe in Deutſchland das Abkommen hinſichtlich der Delagoabai mißbilligen. Muß nicht unſere Geſchäftswelt Repreſſalien ſeitens der Buren befürchten, die auch trotz des Meiſtbegün=ſtigungsvertrages, den wir haben, zu vielen Schwlerigkeiten führen können? Iſt es überhaupt einer ſtarken Regierung geziemend, auch nur mittelbar dazu beizutragen, daß ein ſchwacher Gegner, auf deſſen Seite obendrein das hiſtoriſche Recht iſt, von dem Stärkeren ſelbſt auf dem allererlaubteſten Wege wirtſchaftlich ſtranguliert und damit allmähllch auch politiſch vernichtet wird? Wird nicht die engliſche Macht in Südafrika durch den Beſitz der Delagoabai in der für Deutſchland unerwünſchteſten Weiſe verſtärkt? Das alles ſind Fragen, die man nicht ohne weiteres von der Hand weiſen kann. Aber in der Politik liegen die Dinge ſelten ſo einfach, daß alles Licht auf die eine, aller Schatten auf die andere Seite fällt. Entſchloſſen das kleinere Übel zu wählen iſt daher doch immer ein Zeichen größerer Weisheit als die allerliebenswürdigſte und ſympathiſchſte Donquicho=terie. Was wir heute als wertvolles Vertragsobjekt ohne erheblichen Schaden gegen mancherlei Vorteile aufgeben, darauf hätten wir ſicherllch ohnehln in kurzem ohne die jetzt erworbenen Sicherungen und Vergünſtigungen der voll=zogenen Thatſache gegenüber wohl oder übel verzichten müſſen.

Anhang I.

Litteratur-Verzeichnis.

Abraham, J. Die Goldminen von Wilwatersrand in der Süd-
afrikanischen Republik. Berg- und Hüttenmännische Ztg. 51
S. 422.
— — Aufrichtige Geschichte der Goldminen des Wilwatersrand.
(Südafrikanische Republik). Vortrag, gehalten im Württem-
bergischen Verein für Handelsgeographie in Stuttgart. Berlin.
A. Hausmann.
— — Die neue Ära der Wilwatersrand-Goldindustrie. Mit Karte.
Berlin 1894.
— — Die Südafrikanische Republik. Eine historische Skizze. Sonder-
abdruck aus der Goldminen-Revue. Verlag der Goldminen-
Revue, Berlin 1896.
Absatzfähige Artikel. Deutsches Handelsarchiv 1885 II. S. 621.
Across the Karoo to the Diamond-Fields. The Cape Monthly
Magaz. II. 1871 p. 222.
Afrikaan, De Hollandsche, Weekblad ter bevorderig van Kennis
aangaande Zuid-Africa. 1. Jaarg. Amsterdam (Schoeneveld
u. Zoon) 1882.
Afrika von Süd nach West und von West nach Ost, endlich einmal
durchkreuzt, oder kurze Übersicht der Missions- und Entdeckungs-
reisen des Dr. Livingstone, durch Süd-Afrika. Aus den eng-
lischen Berichten der Londoner Missionsgesellschaft von J. L.
Krapf. Ludwigsburg 1857.
Aktenstücke, betreffend die Südafrikanische Republik (vom 1. Februar
1895 bis 6. Januar 1896). Weißbuch Theil 16 3. 225 ff.
Albrecht, J. Gisements minières de la République Sud-Africaine: platine, argent, cuivre etc. Recueil cons. T. LVIII
p. 114/28.
— — La République Sudafricaine (Transvaal) au point de vue
de l'émigration européenne. (Extr. du „Recueil consulaire")
Bruxelles 1880.
Alford, C. J. Geological Features of the Transvaal, South Africa.
London 1891.
Alsberg, M. Englands Herrschaft und die Holländische Bevölke-
rung in Süd-Afrika. Preuß. Jahrb. XLIV, 1879, S. 152.

Elsberg, R. Regenfall, Begetation und Bodenkultur in Südafrika. Ausland 1881 Nr. 23.
— — Die Niederdeutsche Bevölkerung Südafrikas. Gegenwart 1881 Nr. 21.
— — Nach dem Diamantenlande Südafrikas. Reißißijjen. Oester-manns illustirte Monatshefte, 1883, Januar.
Altona, H. Die Zukunft Südafrikas. Ausland 1887 Nr. 49.
Anderson, A. A. Twenty-five years in a waggon in the Gold-Regions of Africa. 2 vols. London 1888.
Andriessen, W. F. De Transvaalsche Goudvelden. (Abdruck aus: Vragen der Tijds).
— — Het onderwijs in de Zuid-Afrikaansche Republiek. De Gids 56, III. p. 148-61.
— — De Spoorwegen in de Zoid-Afrikaansche Republieken. Tijd. Nederl. Aardk. Genot. Amsterdam (2) 9. S. 681/723.
Annexation of the Transvaal. Corresp. between M. Hicks-Beach Secrt. of State to the Colonies and the Transvaal Delegates, with farther documents and correspondence. London 1878.
Atcherley, R. J. A trip to Boerland, or a year's travel, sport and golddigging in the Transvaal and colony of Natal. London 1879. 2 ed. 1881.
Atherstone. My trip to the Diamond-Fields. The Cape Monthly. Mag. III. 1871 p. 243, 284, 360.
Aylward, A. The Transvaal of to day: war, witchcraft, sports and spoils in South Africa. London 1878.
— — Dutch South Africa: its hydrography, mineral wealth and mercantile possibilities. Bull. americ-geogr. soc. 1883 p. 1.
Aynso, F. G. Viajes de Mauch y Baines al Africa del Sar. Madrid 1878.
Bahn, Die Transvaal-, Export 1890 S. 568.
Baines', Account of, exploration of the gold-bearing region between Limpopo and Zambesi rivers. Journ. R. Geg. Soc. London XXXXI, 1871. 100-31.
Baines, T. At the Tati Gold-Fields. The Cape Mombl. Magaz. IV. 182 p. 99.
— — From the Tati to Natal. Ebenda p. 28.
— — The Goldregions of South Eastern Africa, with a biographical sketch of the author. London 1877.
Barker (Lady). A year's house-keeping in South Africa. New ed. London 1878.
— — Ein Jahr aus dem Leben einer Hausfrau in Süd-Afrika. Aus dem Engl. von A. Scheibe. Wien (Hartleben) 1878.
— — A year's etc. New ed. London 1883.
Bartels, W. Rohbare Perlen des Basutho in Transvaal. Bortrag in der Gesellschaft für Anthropologie, Ethnologie und Ur-geschichte. Berlin 1891 S. 399.
Bartle, Frere, E. The union of the various portions of British South Africa. Colonies and India Nr. 445 und 446. 1881.

Bartle, Frere, E. On temperate South Africa. Proceed. R. Geog. Soc. London 1884 p. 1.

— — On systems on Land Tenure among Aboriginal Tribes in South Africa. Journ. of the Anthropol. Instit. XII. 3 1882.

Bauchhenné, A. Aus den Diamantfeldern. Wellpost 1882. 11. Nr. 12 ff.

Bayle, Fr. To the cape for diamonds: a story of digging experiences in South Africa. With comments and critics, political, social and miscellaneous, upon the present state and future prospects of the diamondfields. London (Chapman) 1872.

Beaufort, W. H. de. Sir Bartle Frere over de Transvaal. Amsterdam 1881.

Beder, A. Der Streit um das Goldland Transvaal. Allgem. Ztg. 24. Aug. 1889.

Beke, Ch. The Gold Country of Ophir and C. Manch's latest discoveries. Athenaeum 1872 No. 2311.

Bel, J. M. Les mines d'or du Transvaal. Paris.

Belgien, Abkommen mit, vom 21. April 1888, betr. die Abänderung des Freundschafts-, Niederlassungs- und Handelsvertrages zwischen beiden Ländern vom 3. Februar 1876. Deutsches Handels-Archiv 1890. I. S. 98.

Bellairs, Lady. The Transvaal War 1880—1881. London 1885.

Berghaus, H. Die Kolonie Natal und die südafrikanischen Freistaaten. Pet. Mitth. 1855 S. 273.

— A. Die Boers. Die Natur 1877 Nr. 18 f.

Berthoud, P. Lettre sur les Spelonken. Le Globe, Genève 1882 p. 60.

— M. P. Lettre des Spelonken. L'Afrique expl. 1886 p. 91, 342.

— P. Lettre du Transvaal et de Lorenzo-Marquez. L'Afrique expl. et civil. 1887 p. 307.

— M. P. Lettre de Lydenburg. Le Globe, Bull. 1888. XXVII. p. 16.

Beta, J. Witwatersrand Goldfields. The Banket formation, its probable origin and present position. Johannesburg 1888.

Bismol, Aug. Il Transvaal. (Soc. d. esploraz. comm. in Africa di Milano). Milano.

Blind, K. Geschichte der Südafrikanischen Republik. Deutsche Kolonial-Zeitung 1868 Nr. 31.

— — Die Südafrikanische Republik und ihre Gegner. Deutsche Kolonial-Zeitung 1895 S. 370.

Blink, H. Transvaal en omliggende landen. Uitgeg. met meedewirking van de Nederl.-Zuid-Afrik. Vereening. Amsterdam 1888, 1889.

— — Aardrijkskunde van Zuid-Afrika. Amsterdam 1889. 2 vols. Avec carte.

— — De Zuid-Afrikaan'sche republiek en hare bewoners. Amsterdam 1890.

26*

404　　　Litteratur-Verzeichniß.

Blink, H. Jets uit de geschiedenis en over de bewoners der Zuid-Afrik. Republiek. Elzevier's geill. Maandschr. 1891. p. 405/21.

Bluebooks. Corresp. resp. the affairs of the Transvaal. C. 1681, 1732, 1748, 1776, 1814, 1815, 1883, 2128, 2234, 2784, 2838, 2891, 2892, 2998, 3098, 3181, 3419, 3486, 3634, 3659, 3686, 3841, 3914, 3948, 4016, 4194, 4213, 4252, 4275, 4310, 4432, 4588, 4643, 4839, 4890, 5568, 7554, 7633, 7911, 7933, 7946.

Boer, Der, in Transvaal. Preuß. Jahrb. XLVII. 1881 S. 474.
Boers, Die, und die Engländer in Süd-Afrika. Export 1881 S. 25.
Bornhak, E. Das völkerrechtliche Verhältniß der südafrikanischen Republik zu England. Deutsche Kolonial-Zeitung 1895 S. 98.
Bottomley, G. A journey to the South African Gold Fields. Natal 1870.
Bonsfield, Bp. of Pretoria. Six years in the Transvaal: Notes of the founding of the church there. London 1886.
Breemen, H. H. van. Schetsen en Bulden uit Zuid-Afrika. Amsterdam 1883.
Breithaupt, G. Aus den Diamantfeldern Südafrikas. Globus XXII. 1872 S. 177.
Brigg, A. Sunny Fountains and Golden Land. London Wesleyan Conference Office 1888.
Brix Förster, Beiträge zur Charakteristik der Boerd. Ausland 1883 Nr. 44.
– – Der Swafilandvertrag. Globus 1893, 64 S. 359.
– – Afrikanische Nachrichten. Südafrika. D. Ausland 1893, S. 117, 616.
Burenfrage, Zur. Deutsche Kolonial-Zeitung 1895 S. 68.
Burenstreit, Die Gerüchte über einen, nach Deutsch-Südwestafrika. Deutsche Kolonial-Zeitung 1883 S. 93.
Burgers, Thos. Schetsen uit de Transvaal. Kaapstadt 1872.
Cachet, F. Lion. Vijftien jaar in Zuid-Afrika. Loeuwarden, Bokma 1875.
– L. De Worstelstrijd der Transvaalers aan het Volk van Nederland verhaald. Amsterdam 1883.
Cape, The, and South Africa. Reprinted from the „Quarterly Review". London 1878.
Carey-Hobson. A chat about the Cape and the Transvaal. India and the colonies 1878 Nr. 325.
Castilho, A. de. A questão do Transvaal. Documentos colligidos, tradusidos e communicados à sociedade de geogr. do Lisboa. Lisboa 1881.
Cecil Rhodes', Vorbereitungen, zum Vormarsch auf Johannesburg. Export 1896 S. 37.
Changuion, A. N. E. De nederduitsche taal in Zuld-Afrika herstelt, zijnde eene handleiding tot de Kennis dier taal. Kaapstadt 1844.

Chapman, J. Notes on South Africa. Proceed. R. G. Soc. London 1860 XXX. p. 233.

— — Travels in the interior of South Africa: comprising fifteen years hunting and trading, with journeys across the continent from Natal to Walvish-Bay and visits to lake Ngami and the Victoria Falls. 2 vols. London 1868. Vergl. Ausland 1868 No. 46 ff.

Chartered Company, Die. Die Delagoabai. Deutsche Kolonialzeitung 1895 S. 340.

Chesson, F. W. The Dutch republics of South Africa. Three letters to R. N. Fowler and Ch. Buxton. London (Tweede) 1871.

Churchill, R. Men, Mines and Animals in South Africa. London 1892.

Clark, G. D. The Transvaal and Bechuanaland. London 1883.

Cloete, H. Five lectures on the emigration of the dutch farmers from the colony of the Cape of Good Hope, and their settlement in the district of Natal, until their formal submission to H. M. Authority, in the year 1843. Cape Town 1856.

Clotten, F. C. Süd- und Südost-Afrika. Ein Beitrag zum Handel und der Politik dieser Länder. Liverpool 1885. (Selbstverlag.)

Cocorda, G. D. I campi d'oro dell' Africa Australe. Soc. geog. ital. Roma 1889.

Cohen, Dr. C. Erläuternde Bemerkungen zu der Routenkarte einer Reise von Lydenburg nach den Goldfeldern und von Lydenburg nach der Delagoa-Bai im Ostl. Süd-Afrika. Mit 1 Karte. 2. Jahresbericht der Geogr. Gesellschaft. Hamburg 1874/75 S. 173/286.

— — über die südafrikanischen Diamantfelder. 5. Jahresbericht des Vereins für Erdkunde zu Metz 1882.

— — Die Goldproduktion Transvaals im Jahre 1889. Neues Jahrbuch für Min., Geol. 1891 I. S. 215.

Commisson, With the R. Cape Quarterly 1882 p. 343.

Convention for the Settlement of the Transvaal territory 3. Aug. 1881. Bluebook C. 2998. London 1881.

— — A, betw. Her Maj. the Queen of the United Kingdom of Great Britain and Ireland and the South African Republic on the 27. Febr. 1884. Bluebook C. 3914 London 1884. — Correspondence resp. the convention, concluded with the South African Republic on the 27. Febr. 1884. Bluebook C. 3947 London 1884.

Correspondence on the subject of the recent disturbances in the South African Republic. Bluebook C. 7933.

— — resp. the number of british subjects resident in the South African Republic and the proportion which their numbers, etc. bear to the general population. Bluebook C. 7633.

Cowen, Ch. Witwatersrand, Johannesburg and other Gold Fields. Johannesburg, C. Cowen & Co. 1888.

Cumming, R. G. The lion hunter of South Africa: Five years adventures in the far interior of South Africa; with notices of the native tribes and savage animals. London 1856.

Cunynghame, Sir A. T. My command in South Africa. 1874 —1878 comprising experiences of travel in the colonies of South Africa and the Independent States. With Maps. London 1879.

Currey, Ewan, and Barton Tucker, Witwatersrand Gold Fields, S. A. Republic. General Plan showing the Main Reef Properties. Compiled from authentic information and actual survey. London.

D . . . . Tegenwoording gebruik van de ganzenen struisvogelveëren. Haarlem 1876.

Dahms, P. Über einige Eruptivgesteine aus Transvaal in Süd-Afrika. Greifswald. N. Jahrbuch f. Min., 7. Beilage-Band S. 90—131.

Das Neves, D. F. Hunting expedition to the Transvaal. From the Portuguese by Mariana Monteiro. London 1879.

Tellisch, O. Der Transvaal'sche Freistaat und seine Annestierung durch die Engländer. Aus allen Welttheilen, IX. 1878 S. 153.

Deltonr, H. P. La Mission catholique au Basutoland. Miss. Cath. p. 349/52.

Demaffey, A. Les gisements métallifères du Transvaal. L'Afrique explorée VIII. 1887 p. 297.

— — Lettre sur les mines d'or. L'Afrique expl. 1888 p. 123.

Desdemaines Hugon, Les mines de diamants en Afrique. Rev. scient. 2 ser. III. 1873 No 21.

Deutsche Beamte in Transvaal. Export 1895 S. 700.

Deutsche Interessen in den Minendistrikten von Transvaal. Export 1896 S. 37.

Deutschen Reich, Freundschafts- und Handelsvertrag mit dem. Vom 22. Januar 1885. (R.G.Bl. Nr. 22.) Deutsches Handels-Archiv 1886. I. S. 452.

Deutschen, Die, in Transvaal. Export 1885 S. 157.

— — Zur Lage der, in Transvaal. Export 1896 S. 105.

Deutschland und Transvaal. Export 1891 S. 6.

Deventer, M. L. van. La Hollande et la Baie-Delagoa. La Haye 1883.

Diamantfelder, Die, am Baal River in Südafrika. Mitt. der R. R. geographischen Gesellschaft. Wien 1870 S. 483.

— — in Südafrika. Globus XVIII. 1870 Nr. 24.

— — in Süd-Afrika. Leipzig. Illustrierte Zeitung 1873 Nr. 1544.

— — in Südafrika. Aus allen Welttheilen XI. 1880 S. 107, 132, 174.

— — Wie es in den südafrikanischen, aussieht. Globus XXIV. 1873 S. 238.

— — Die, in Südafrika. (Statistische Angaben.) Deutsche Rundschau für Geographie und Statistik XIV. 1892 S. 134.

Diamanten- und Goldproduktion, Die Südafrikanische. Im Jahre 1886. Chemisches Centralblatt 1887 Nr. 51. Vergl. Gaea XXIV. 1888 Heft 3.

Diamondfields, The, of South Africa. Manchester 1871.
— — At the. Cassels Magazine 1872, April.
— — The, of South Africa. Manchester 1870.

Diamond Fields, The, of South Africa. London Society 1672. April.

Diamond Fields, The. of South Africa. New York 1872.

Diamantvelden aan de Vaal, De, Onze tijd XLVII p. 191.

Diamantminen, Die, Süd-Afrikas. Von B. A. Triester Zeitung 31. Januar 1879 Nr. 25.

Dyk, van, Lotgevallen van een Nederlandschen Kolonist in de binnenlanden von Znid-Afrika. Met 115 in den tekst gedr. afbeeldingen uit de natuurlijke historie von dit land, alsmede van de zeden en gewoonten des bewoners in de omstreken van de Kaap de Goede Hoop etc. Rotterdam 1858 2. Druck 1881.

Dinomé, Résumé de voyages exécutés dans l'Afrique Australe de 1849 à 1857 par Ladislas Magyar. Nouv. Annal. de voyages. 1861 I. p. 5.

Distant, W. L. A Naturalist in the Transvaal. London.
— — Contributions to a knowledge of the entomology of the Transvaal. Ann. a Magaz. Nat. Hist. (6) 10, p. 407.

Donald Currie, An address npon South Africa. (The Transvaal). London 1888.

Dorsey. Edward Bates, On the Witwatersrand Goldfields. Rep. Brit. Ass. 59, 1889 S. 592.

Drée, de, Voyage aux mines de diamants dans le Sud de l'Afrique. Tour du monde 1878 No. 931.

Dunn. E. J. Notes on the diamondfields. Cape Town 1871.
— — Mode of occurrence of diamonds in South Africa. Quarterly journal of the Geol. Soc. London XXX. 1874 Part. 1.
— — On the diamondfields of South Africa 1880. Journ. of the geolog. Soc. of London XXXVII P. 4 No. 148, 1881 p. 609.
— — The Transvaal Goldfields. Geolog. Mag. 1885 p. 171.

Dutoit, J. J. Afrika, het land der toekomst en de Transvaal en zijne gouldvelden. Amsterdam 1890.

Du Val, C. With a show through Southern Africa, and personal reminiscences of the Transvaal War. 2 vols. London 1882. 2. ed. 1885.

Edwards, J. Reminiscences of early life and missionary labours. Fifty years a Wesleyan Missionary in South Africa. London 1886.

Einfuhr während der Jahre 1886—1888. Deutsches Handels-Archiv 1889 I. S. 415.

Einfuhrzoll, Neuer. Deutsches Handels-Archiv 1882 I. S. 37.

Einfuhrzolltarif und Vorschriften für die Zollbeamten. Deutsches Handels-Archiv 1892 I. S. 1040.

Eingangszoll auf Vieh. Deutsches Handels-Archiv 1889 I. S. 137.
Einwall, A. Ein Ausflug nach den südafrikanischen Goldfeldern.
    Wissenschaftliche Beilage der Leipziger Zeitung 1887 Nr. 24.
— — Die größte Plage in Südafrika. Ebenda Nr. 28.
Eisenbahn, Die Transvaal-, Export 1894 S. 43.
Eisenbahnbaues, Zur Frage des, Export 1882 S. 156.
Eisenbahnen in Transvaal. Export 1892 S. 245.
— — Neue, in Transvaal. Export 1893 S. 598.
Eisenbahnprojekt Lourenco-Marques (Delagoa-Bai), Export 1883
    S. 544.
Eisenbahnverbindungen der Südafrikanischen Republik mit dem
    Meere. Deutsches Handels-Archiv 1894 II. S. 350.
Ellis, A. B. South african sketches. London 1884.
Elpis. Algemeen Tijdschrift voor Zuid-Afrika. onder Mede-
    werking van P. E. Faure, S. Hofmeijer, G. W. A. van der
    Linden, J. Murray, Kaapstadt 1857.
Emmrich, P. Die de Kaap Gold-Fields in Transvaal. Pet.
    Mitt. 1887 S 139.
England in Süd-Afrila. Export 1888 S. 335, 376, 392, 405, 456,
    467, 507, 661, 694.
Englands Vertrag mit dem Transvaal-Staat vom 3. August 1881
    und 27. Februar 1884. Export 1896 S. 37.
— — mit der Transvaal-Republik wegen Swasiland. Export 1890
    S. 473.
Ertborn, van. Notes concernant le Transvaal. Bull. Soc. d.
    Geog. Anvers IV. 1879 p. 58.
Felsenthal, Ed. Die „Wunderfontain" in Süd-Afrila. Aus allen
    Weltteilen XIX. 1888 S. 98.
Fenney, F. B. The geographical and economic features of the
    Transvaal. the new British dependency in South Africa.
    Proceed. Roy. G. Soc. London XXII. 1878 p. 114. — Journ.
    Roy. G. Soc. London XLVIII. 1878 p. 16.
Fld, A. Die Engländer in Südafrila. Deutsche Kolonial-Zeitung
    1881 S. 461.
— — Les Boers. Bull. soc. géog. d. Toulouse, IV. 1885 p. 104.
Finanzoperationen in Transvaal. Export 1891 S. 622.
Fleming, Rev. F. Southern Africa. A geography and natural
    history of the country, colonies and inhabitants from the
    Cape of Good Hope to Angola. London 1856. a. c.
Foulpertuis, de. L'Africa australe: ses races indigènes et ses
    colons européens. La nouvelle Revue XXXV. 4.
Ford, S. P. The Transvaal or South African Republic. Sct.
    Geog. Mag. Edinburgh 1889 p. 77. Vergl. B. Soc. Fiorent.
    S. Afr. d'Ital. 1889 p. 47.
Foster, Twelve Months at the South African Diamond Fields.
    London 1872.
Frankreich, Handelsvertrag mit, vom 10. Juli 1885. Deutsches
    Handels-Archiv 1887 I. S. 285. Ratifikation 27. Juli. Ebenda
    S. 680.

Frankreich, Deklaration zwischen der Südafrikanischen Repu-
blik und, betreffend den Schutz des Industriellen Eigentums.
Vom 10. Juli 1885. Deutsches Handels-Archiv 1887 I. S. 681.
Frere, Sir Bartle, England's verantwoording. De Trans-
vaalsche Kwestie. U. b. Eng. Haarlem 1881.
Fritsch, C. J. Die Transvaal'sche Republik in Süd-Afrika. Pet.
Mittil. 1867 S. 19.
Fritsch, G. Drei Jahre in Süd-Afrika. Breslau (Hirt) 1868.
— — Die Eingeborenen Süd-Afrikas ethnographisch und anatomisch
beschrieben. Breslau 1872. Dazu Atlas.
— — Der Unabhängigkeitskampf der südafrikanischen Boeren. Vor-
trag in der Gesellschaft für Erdkunde. Berlin VIII. 1881
S. 81.
— Dr., Prof. Der Unabhängigkeitskampf der Südafrikanischen
Boeren. Vortrag. Export 1881 S. 163.
— G. Silbafrika bis zum Zambesi. Bildet den 4. Band von: Der
Weltteil Afrika in Einzeldarstellungen. Leipzig. (Freitag:
Das Wissen der Gegenwart. Bd. 31.) 1884.
From Pniel to Hebron, and what may come from the Diamond-
Fields. The Cape Monthly Magaz. II. 1871 p. 310.
Fruin, R. A word from Holland on the Transvaal question.
Utrecht 1881.
Fuller, A. South Africa as a health resort. London 1886.
Furlonge, W. H. Notes on the geology of the De Kaap Trans-
vaal Goldfields. Tr. Am. Inst. Mining Eng. New-York 1889.
Garcin, J. Les mines d'or du Transvaal et de l'Afrique du Sud.
Gazette géogr. XXIII. 1887 p. 266.
Gautier, E. Une excursion au nord du Transvaal. Le Globe,
Genève 1884 p. 190.
Geographisches aus der Transvaal-Republik: A. Mauchs Reise im
nordwestlichen Theil der Transvaal-Republik 1869; — Grenzen
der Transvaal-Republik; — Nachrichten von den Goldfeldern
und den Reisenden im Norden; — Tiefenmessungen vom
Polschelstrom bis Mujami von Th. Baine. Pet. Mitt. 1870
S. 168.
Gerland, G. Die Holländer und Engländer in Südafrika. Deutsche
Rundschau, Jahrg. VII Heft 11. 1881 S. 268.
Geschichte, Transvaal betreffend. Deutsche Kolonial-Zeitung 1888
S. 242, 250.
Gesetz zur Regelung des Urheberrechtes. Vom 23. Mai 1887. Deutsches Handels-Archio 1887 I. S. 599.
betreffend den Einfuhr-Zolltarif und Vorschriften für die Zoll-
beamten. Vom 7. Juni 1890. (Staatscourant vom 26. Juni
1890.) Deutsches Handels-Archio 1890 I. S. 548.
— betreffend den Einfuhr-Zolltarif und Vorschriften für die Zollbeamten. Deutsches Handels-Archio 1891 I. S. 827.
Gibson, Walcot, The geology of the gold-bearing and associa-
ted rocks of the Southern Transvaal. Quart. J. Geol. S.
London 48 p. 401—37.

Gill, J. The Emigrant's Guide to the South African Diamond Fields, London 1870.

Gillmore (Parker). The land of the Boer: or, adventures in Natal, the Transvaal, Basutoland, and Zululand: being 3 ed. and cheap edit. of „The Great Thirst Land". London 1881.

— — Great Thirst Land: a ride through Natal, Orange Free State, Transvaal, and Kalahari Desert. New. ed. London 1879.

Goldfelder. Export 1886 S. 97, 684, 700.

— In Südafrika. Original-Bericht von Dr. F. B. Export 1886 S. 724.

— Die, in der Südafrikanischen Republik. Deutsche Rundschau für Geographie und Statistik XVI. 1894 S. 226.

— — In Transvaal. Ausland 1884 S. 815.

— Transvaal. Deutsche Kolonial-Zeitung 1887 S. 95.

— von Transvaal, Die. Globus 1883, 64 S. 349.

— Die südafrikanischen. Von G. M. Ausland 63, 1890 S. 71.

— Zur Geschichte der, in Süd-Afrika. Export 1890 S. 727.

— Die, in Transvaal und ihre Bedeutung für den deutschen Handel. Export 1894 S. 84.

Goldgewinnung in Südafrika. Statistische Mitteilungen über Boers Consolidated Mining Company. Deutsche Rundschau für Geographie und Statistik XV. 1893 S. 321, 569.

Goldindustrie, Entwickelung der. Export 1895 S. 585.

Goldmann, Ch. S. South African mines; their position, results a. developments together with an account of diamond, land, finance and kindred concerns. 3 vols. London a. Johannesburg 1895/96.

Goldminen in Transvaal. Export 1694 S. 736, 1895 S. 58.

Goldminen, Die, von Witwatersrand. Globus 1895, 68, S. 387.

Goldproduktion im De Kaap-Bezirk in den Jahren 1889—1891. Deutsches Handels-Archiv 1892 I. S. 601.

Goldproduktion in der Südafrikanischen Republik. Deutsche Rundschau für Geographie und Statistik XVII. 1894 S. 569.

Goldproduktion, Die, Afrikas. Globus 1895, 67, S. 161.

Granville's guide to South Africa: Or, the Cape Colony, Natal, Griqualand West, the Diamond Fields, the Gold Fields, the Transvaal and the Free State as they are. 7. ed. London 1881.

Greffrath, H. Südafrika. (Vortrag des Sir Henry Loch über Südafrika). Deutsche Rundschau für Geographie und Statistik XV. 1893 S. 275.

Greswell, W. On the education of the South African Tribes. Colonies and India 1884 No. 597 f.

— — Our South African Empire. 2 vols. London 1885.

— — Geography of Africa south of the Zambesi. London 1892.

Grey, The prospect in South Africa. Nineteenth Century, März 1887.

Grievances, Papers rel. to the, of Her Maj. Indian Subjects in the South Afr. Rep. Bluebook C. 791f. — Further papers rel. to the grievances etc. Bluebook C. 7946.

Gros, H. F. Les Boers et l'ouvertnre de l'Afrique. L'Afrique explorée 1884 p. 190.

Großbritannien, Vertrag mit. Vom 27. Februar 1884. Deutsches Handels-Archiv 1885 I. S. 14.

Gumprecht. Zur Kunde von Süd-Afrika. Zeitschrift für Allgemeine Erdkunde. Berlin V. 1855 S. 200.

Haggard, H. R. Cetewayo and his white neighbours; remarks on recent events in Zululand, Natal, and The Transvaal. London 1882.

Hall, H. Mannal of South African Geography, forming a companion to the map of South Africa to 16° south latitude. Intended for the use of the upper classes in government schools and candidates for the civil services. Cape Town 1859.

— — Southern Africa, including the Cape Colony, Natal, and the Dutch Republics. London 1876.

Handbook of the Transvaal: political, physical, commercial, and social aspects of the recently aunexed territory. London (Silver) 1878.

Handel, Der, in Transvaal. Export 1883 S. 373.
— In und nach Transvaal. Export 1884 S. 63.
— Über den, zwischen Transvaal und Delagoabai. Export 1882 S. 188.

Handelsbeziehungen, Anknüpfung von, zwischen Holland und dem Oranje-Freistaat und Transvaal. Südafrikanische Handels-Gesellschaft zu Amsterdam. Export 1682 S. 127.

Handelsverkehr, Der, der südafrikanischen Republik (Transvaal). Preußisches Handels-Archiv 1871 Nr. 48.

Handel und Wandel, über die Entwickelung von. Export 1882 S. 252.

Handlungsreisenden, Besteuerung der. Deutsches Handels-Archiv 1891 I. S. 225.

Hansen, C. J. Trausvaal, of Zuid Africa en de duitsche stam. Antwerpen 1884.

Hartefeld, D. Zuid-Afrika 1888.

Haverland, G. Natal und die südafrikanischen Freistaaten. Ausland 1871 S. 443, 468, 497, 513.
— — Skizzen einer Reise nach den Diamantfeldern in Süd-Afrika. Ausland 1872 Nr. 42 ff.
— — Besuch der Diamantfelder Süd-Afrikas. Die Natur 1873 Nr. 22 ff.
— — Die landwirtschaftlichen Verhältnisse der Transvaal-Republik. Die Natur 1873 Nr. 34.

Haverland, W. Expedition nach einem Goldfelbe in Zoutpanöberg.
Ebenda 1873 Nr. 2, 4.
Heekford, Mrs. A lady trader in the Transvaal. London 1882.
Heilmann, H. Handel und Ackerbau in Bolſcheſtroom. Deutſche
Kolonialzeitung 1886 S. 181.
— W. Transvaal, das Land, ſeine Bewohner und ſeine wirtſchaft-
lichen Berhältniſſe. Leipzig 1888.
Hellwald, Fr. v. Englands ſüdafritaniſche Berlegenheit. Gegen-
wart 1879 Nr. 12.
— — Südafrika und die ſübafritaniſchen Wirren. Unſere Zeit 1885
II. S. 20, 476, 612.
Hoe men in Zuid-Afrika fortuin kan maken, door iemand, die
lang in de Transvaal gewoond heeft. Amst. z. j.
Hofmeyer, S. De afgescheidene Kerk in Nederland, en haar
afgevardligde uaar de Z. Afrik. Republick. Kaapstadt 1859.
Elpis III. 3.
Hofstede, H. J. Geschiedenes van de Oranje-Vrijstaat. s'Graven-
hage 1877.
Hollandsche gemeendebesturen, De, in Zuid-Afrika. Beschrij-
ving van de Oranje-Vrijstaat en de Transvaalsche republiek.
Tijdschrift voor Staatshuishoudkunde en Statistiek XIV. p. 311.
Holländer, L. Die Diamantenfelder in Südafrita. Weſtermann's
Jlluſtrierte Deutſche Monalshefte 1875, Mai.
Holub, E. Sieben Jahre in Süd-Afrika. Erlebniſſe, Forſchungen
und Jagden auf meinen Reiſen in ben Diamantfeldern zum
Zambeſi 1872—79. Bd. 1 und 2. Wien 1881.
Holub, E. Bon der Kapſtadt ins Land der Maſchukulumbe. Wien
1889.
Hope, T. Journey from Natal via the South African Republic,
and across the Lebombo Mountains to Lorenço Marques or
Delagoa Bay, and thence to the Goldfields near Leydenburg.
Journ. Royl. G. Soe. London XLIV. 1874 p. 202.
Hübner, Ab. Eb. Mohr'ſche Expedition nach Süd-Afrika. Minera-
logiſch-geognoſtiſche Skizze. Berg- u. Hüttenmännliche Zeitung
1869 Nr. 23 S. 195.
— — Geognoſtiſche Skizzen von ben Süd-Afritaniſchen Diamanten-
Diſtritten. Pet. Mittel. 1871 S. 81, 210. Bergl. Globus
XIX. 1871 S. 223.
— — Geognoſtiſche Skizzen aus Südoſt-Afrila. Pet. Mittel. 1872
S. 422.
Hübner's. Aus ben Briefen Adolf, über Südafrika. Globus XXIII,
1873 S. 202, 217, 232, 249, 267.
Huet, P. Het lot der Zwarten in Transvaal. Mededeelingen
omtrent de slaverij en wreedheden in de Z.-Afrikaansche
republiek. Utrecht 1869.
Hugon, D. Les mines de diamants d'Afrique. Rev. scient.
22. Nov. 1873.
Hutchinson, Mrs. In tents in the Transvaal. London 1879.
Jacot. Au pays des Boers. B. Soe. Neuchât. géogr. 5 p. 101.

Jacquemin, S. La Transvaal, Bull. Soc. Belg. d. Géog. 1877 p. 431/69, 497/540.

Jannasch, Dr. R. Deutsche Interessen in Transvaal. Die Lage in Transvaal Anfang Dezember 1895. Export 1896 S. 17.
— — Englische Wirtschaftspolitik in Südafrika und die deutschen Interessen daselbst. Vortrag gehalten in der Deutschen Kolonial-Gesellschaft am 16. Januar 1896 zu Berlin. Export 1896 S. 50.
— — Die Staatsrechtlichen Beziehungen Transvaals zu England. Export 1896 S. 33.

Jeppe, F. Die transvaalische oder südafrikanische Republik. Gotha 1868. (Ergänzungsheft zu Petermanns Mitteilungen Nr. 24.)
— Fr. Notes on some of the physical and geological features of the Transvaal, to accompany his new map of the Transvaal and surrounding territories. Journ. R. Org. Soc. London XLVII. 1877 p. 217.
— — Notes on the Transvaal. Transvaal Book Almanac and Directory for 1879 p. 73.
— — Transvaal Book Almanac. 3. Aufl. Maritzburg, Davis 1887.
— — Die Alluwaterrand-Goldfelder in Transvaal. Mit Karte. Petermanns Mittheilungen 1888 S. 257.
— — The Kaap Gold-Fields of the Transvaal. M. K. Proceed. R. Geog. Soc. London 1888 p. 438.

Import von Transvaal. Export 1894 S. 410.

Inder, Behandlung der, in der südafrikanischen Republik. Deutsches Kolonialblatt 1895 S. 662.

Johannesburg in der Südafrikanischen Republik. Deutsche Rund-schau für Geographie und Statistik 1892 XIV. S. 519.

Johannesburg in Transvaal. Aus allen Weltteilen. Jahrg. 26 1894/95 S. 471.

Jones, T. R. The Mineral Wealth of South Africa. Colonies and India 8 a. 15 Apl. 1887.

Jordan, W. W. Journal of the Trek Boers. Cape Quarterly Review 1881 I. p. 145.

Italien und die südafrikanische Republik. Freundschafts- und Handels-vertrag zwischen beiden Ländern. Vom 6. Oktober 1886. Ratifiziert 10. September 1888. Deutsches Handels-Archiv 1888 I. S. 912.

Junius, J. II. De Kolonien eu staten van Zuid-Afrika. Gids voor hen, die zich naar die strecken wenschen te begeven. Tiel (Campagne & Zoon) 1882.
— — Een bezoek aan de grot to Wonderfontein (Transvaal). Tijdsch. van het aardrijk. Genootsch. te Amsterdam VII. 1883 S. 105.

Kaap-Goldfelder, Die, in Transvaal. Ausland 1888 Nr. 40.

Kaiser Wilhelm und die Transvaalfrage. Export 1896 S. 66.

Kennedy, E. E. Waiting for the Boom: A narrative of nine month spent in Johannesburg. London 1890.

Kerr, W. Montago. The Far Interior: A narrative of travel and adventure from the Cape of Good Hope across the

14   Litteratur-Verzeichnis.

Zambesi to the Lake Regions of Central Africa. 2 vols.
   London 1886.
Klöden, G. A. von. Ein Blick auf die Verhältnisse der Länder im
   gemäßigten südlichen Afrika, abgesehen von deren natürlichen
   Verhältnissen. Geogr. Rundschau 1884 VI. S. 212.
Klössel, M. H. Die südafrikanischen Republiken, Buren-Freistaaten.
   Geschichte und Land der Buren für Deutschlands Export und
   Auswanderung. Leipzig 1888. 2. Aufl. 1890.
Knochenhauer, B. Die Goldfelder in Transvaal mit besonderer
   Berücksichtigung der Raap-Goldfelder. Fachwissenschaftlich be-
   leuchtet. Berlin 1890.
Kohlenbergbau in Transvaal. Aus allen Weltteilen Jahrg. 26
   1894/95 S. 552.
Kolonisationsbestrebungen, Die „Tribüne" über. Export 1882
   S. 612.
Kolonisationsfähigkeit von Transvaal. Export 1885 S. 594.
Krieg der Engländer gegen Transvaal betreffend. Export 1885
   S. 398, 596, 601.
Land und Leute von Transvaal. Export 1881 S. 30, 75.
Lauen, Note sur la République du Transvaal. Bull. Soc. Géogr.
   Paris 6 Ser. XIII. 1877 p. 640.
Launay, L. de. Note sur le développement des mines d'or du
   Transvaal (Witwatersrand). Annales des mines (9) 2, p.
   107/10.
— — Les mines d'or du Transvaal. Annales des mines (8) 19,
   102/32. — La Nature 19, II. p. 283.
Le Page, A. L'Afrique australe. Bull. Soc. Géogr. Lyon VII,
   1888 p. 367.
Lessouto, Le. (Afrique du Sud.) Bull. Soc. Géogr. Com. Bor-
   deaux 2. Sér. XI. 1888 p. 231.
Letters from South Africa by the Times Correspondent.
   London 1893. Siebe Pet. Mitt. 1893 Lit. Rev. No. 534.
Liebrecht, F. Zur südafrikanischen Volkskunde. Archiv für Litte-
   raturgeschichte IX. 1680 S. 89.
Lindley, A. After Ophir; or a search for the South African
   goldfields. London (Cassel) 1871.
Lippert, C. Die Diamantfelder Süd-Afrikas. Mitteilungen der
   Geographischen Gesellschaft Hamburg 1876/77 S. 327.
— — Das Transvaal-Gebiet. Mitteilungen der Geographischen Ge-
   sellschaft Hamburg 1889/90 S. 234.
Little, J. S. South African: a sketch-book of men manners, and
   facts. With an appendix upon the present situation in
   South Africa and upon the affairs of Zululand, the Trans-
   vaal, and Bechuanaland. 2 vols. London 1884. 2 ed. 1887.
Livingstone, Southern Africa. Proceed. R. G. Soc. 1857 p. 233.
Livingtone, D. Explorations dans l'Afrique Australe et dans
   le bassin du Zambèse 1840—64. Abrégé par J. Belin de
   de Launay. 2. éd. Paris 1869. a. c.

Lotgevallen van den spoorweg van Lourenço Marques naar de Grensen der Zuid-Afrikaanschen Republiek. 1875—1889.
Lourenço Marques, o tratado de, e a guerra do Transvaal. Bol. Soc. Geogr. Lisboa 2 Ser. 1888 No. 4 p. 328.
— — Caminho de ferro de, ao Transvaal. Ebenda p. 324. Vergl. Deutsch, geogr Bl. Bremen IV. 1881 S. 78 u. Aardrijsk. Weekblad. 1880/81 No. 24.
Louter, J. de. De Transvaalsche deputatie. Utrecht 1884.
Lobach, D. Iets betrokkelijk de Transvaalsche republiek en Zuid-Afrika. Haarlem 1868.
— — Nog iets over de Transvaalsche republiek. Haarlem 1869.
Lyle, How to make Pretoria a healthier town. Transvaal Book Almanac and Directory for 1879 p. 47.
Macdonald, J. Manners, customs, superstitions and religions of south african tribes. Journ. Authrop. Inst. 1890. Bd. XIX p. 264/96.
Machado, J. J. Caminho de ferro de Lourenço Marques a fronteira de Transvaal. Bol. Soc. Géog. Lisboa 2 Ser. No. 2 1880 p. 67.
— — Chemin de fer de Lourenço Marques à Prétoria, avant projet. Bol. Soc. Géog. Lisboa 1885 V. p. 263; 1890 VI. p. 615.
Mackenzie, J. Ten years north of the Orange River. A story of every-day life and work among the South African tribes from 1859 to 1869. Edinburgh 1871.
Mackinnon, J. South African tracts. Edinburgh 1887.
Malte-Brun, V. A. La nouvelle province anglaise du Transvaal. L'Exploration 1878 No. 69 p. 577.
Mann, R. J. Account of Mr. Bains' explorations of the gold-bearing region between Limpopo and Zambesi River. Journ. of Ray. Geg. Soc. London 1871 p. 100. Vergl. Proceed. Roy. Geg. Soc. London XV. 1871 p. 147.
Matabele-Land und die Buren-Freistaaten. Deutsche Kolonial-Zeitung 1889 S. 92.
Matters, Ed. P. The goldfields revisited, being farther glimpses of the Goldfields of South Africa. Durban and Marltzburg, Natal 1887.
Matters, E. P. Golden South Africa. Mit 5 Karten. London 1888.
Matthews, J. W. Incwadi Yami; or twenty years' personal experience in South Africa. London 1887.
Matthiae, C. Bilder aus Süd-Afrika. Reisesklizzen. Leipzig 1887.
Mauch, C. Ein neuer afrikanischer Entdeckungsreisender, und seine Kartirung der Süd-Afrikanischen Republik. Petermanns Mitteilungen 1866 S. 245.
— R., Nachrichten von, eine zweite Reise ins Innern von Süd-Afrika 15. März bis 1. December 1867. Entdeckung von Goldfeldern. Petermanns Mitteilungen 1868 S. 92, 145.
— — Reisen im Innern von Süd-Afrika. Petermanns Mitteilungen 1870 S. 1, 92, 139.

Rauch, A. Wasserfahrt von Potchestroom nach den Diamantfeldern am Baal-Fluß. Dezember 1870 bis Januar 1871. Petermanns Mitteilungen 1871 S. 254.

— — Entdeckungen im südlichen Afrika. Ausland 1872 Nr. 1, 23.

— — Nachrichten von, im Innern von Süd-Afrika bis zum Juli 1871. Antritt seiner neuen Reise nach Manika. Die Gold- und Diamantenfelder in der Transvaal-Republik. Petermanns Mitteilungen 1872 S. 81.

— — Reisen im Innern von Süd-Afrika 1865—1872. Petermanns Mitteilungen, Ergänzungsheft Nr. 37.

Meldinger, H. Die südafrikanischen Kolonien Englands und die Freistaaten der holländischen Boeren, in ihren neuesten Zuständen. Mit statistischen Belegen und Karte. Frankfurt a. M. 1861.

Merensky, A. Tagebuch der Reise Merensky's und Grützner's von Leibenburg zu den Swazi. Berl. Miss. Ber. 1861 Nr. 9 u. 10.

— — Beiträge zur Kenntnis Süd-Afrikas, geographischen, ethographischen und historischen Inhalts. Berlin 1875.

— Esquisse géogr. du Sud-Est de l'Afrique. Berl. Soc. Bret. Géogr. 1878 No. 5 p. 439.472.

— — Deutschlands Interessen in Südafrika. Deutsche Kolonial-Zeitung 1886 S. 22.

— Erinnerungen aus dem Missionsleben in Südost-Afrika. Transvaal 1859—82. Bielefeld 1888.

— — Kaffeebau in Südafrika. Deutsche Kolonial-Zeitung 1893 S. 123.

Merriman, Fr. X. The commercial resources and financial position of South Africa. Colonies and India 1884, 14. und 21. November.

Meunier, St. Recherches minéralogiques sur les gisements diamantifères de l'Afrique australe. Bull. Soc. d'hist. nat. d'Autun T. VI. Autun

Meyner's d'Estrey, Les Boers et l'Afrique orientale. L'Exploration XI. No. 216 ff.

— — comte, Les Hollandais en Afrique, les Achantis, les Fantis les Elminois. L'Explorateur géogr. et comm. 1875 No. 41 p. 466.

Mineralreichtum Transvaals. Export 1891 S. 658.

Mines, Les, d'or de l'Afrique du Sud. Paris 1888. M. E.

Missionare, Klagen deutscher, in Transvaal. Deutsche Kolonial-Zeitung 1888 S. 182, 256.

Mohr, Ed. Reise- und Jagdbilder aus der Südsee, Kalifornien und Südost-Afrika. Bremen 1868. (Siehe Hübner).

— — Reise im Innern von Süd-Afrika, von den Inter-Goldfeldern bis zum Zambesi und zurück nach Natal, 20. März bis 5. Dezember 1870 Pet. Mittell. 1871 S. 161.

Molengraff, G. A. F. Schets van de bodengesteldheid van de Zuid-Afrikaansche Republiek in verband met die von Zuid-afrika. Tijdsch. K. Nederl. Aardr. Genootsch, 1890, VII. S. 579.631, m. 3 K.

Molengraaff, G. A. J. Beitrag zur Geologie der Umgegend der Goldfelder auf dem Hoogeveld in der Südafrikanischen Republik. Neues Jahrbuch für Mineralogie ꝛc. 1894. IX. Beilageband. Stuttgart 1894.

Mongoioux, R. Transvaal. Annales d. l. propag. d. l. foi, Lyon No. 351 p. 97.

Moodl, P. The population and future government of Transvaal. Journ. of the R. United Service Instit. 1878 No. 96.

Morrison, P. A visit to the Transvaal : Barberton, Johannesburg and Back. London 1890.

Morton, W. J. The South African Diamond Fields and the Journey to the Mines. Bull. Americ. Geog. Soc. 1877 p. 3.

Monlle, Mémoire sur la géologie générale et sur les mines de diamants de l'Afrique de Sud. Annales des mines. Paris 1885.

Münzgesetz. Deutsches Handels-Archiv 1891 I. S. 1109.

Muller, H. P. N. Een Bezoek van de Delagoa-Baai en de Lijdenborgsche Goudvelden. Haarlem 1887.

Nardi, Fr. Sul' Odr della Sacra Scrittura. Roma 1872.

Rationale Bewegung, Die, bei den Boeren. Export 1881 S. 480.

Nederduitsch Zuid-Afrikaansche Tijdschrift, Het, Kaapstadt 1824—1835. 12 dln.

Nederlanders, De, in Zuid-Afrika en hunne zwarte naburen. Onze tijd XLIII p. 310.

Neueste Forschungen in Süd-Afrika von C. Rauch. Pet. Mitteil. 1867 S. 281.
  — Die, in der Transvaal-Republik und dem Matabelereich. Pet. Mitteil. 1872 S. 421.

Neves, F. Das, A Hunting Expedition to the Transvaal. Translated from the Portug. London, Bell 1879.

Neveu, C. République de l'Afrique méridionale ou de Transvaal-Borra. Rev. mart. et col. 1872, Sept. p. 427.

Newman (C. L. Norris). With the Boers in the Transvaal and Orange Free State in 1880—81. London 1882.

Nixon, J. Among the Boers: or, notes of a trip to South Africa in search of health. Illust. London 1880.
  — — The complete story of the Transvaal, from the Great Trek to the Convention of London. London 1885.

Noble, J. South Africa: Past and Present. Cape Town 1878.
  — - British South Africa. Suppl. to Colonies and India 22 Febr. a. 1 März 1879.
  — - Official handbook of the Cape and South Africa. London 1878 u. ff
  — — Zuid-Afrika, zijn verleden en zijn heden; eene beknopte geschiedenis van de Europeesche volksplantingen aan de Kaap. Amsterdam 1877.

Officiële bescheiden gewisseld met de Engl. regeering in zake der Conventie van London gesloten 27 Februari 1884, m. K. Amsterdam 1881.

Oordt, Dr. Z. W. G. von. De Transvaalsche Gebeurtenissen en de toekomst von Zuid-Afrika. s'Gravenhage 1881.

Ophir, Das Land, der Bibel. Mitteilungen der R. K. Geographischen Gesellschaft. Wien XV., 1873 S. 187.

Cranje-Freihaal, Freundschafts- und Handelsvertrag zwischen der Südafrikanischen Republik und dem, vom 9. März 1839. Deutsches Handels-Archiv 1890 I. S. 745.

Parlamentarische Zustände in Transvaal. Export 1889 S. 546.

Pappe. D. Manuel des principales sociétés minières foncières et d'exploration du Sud-Afrique. Avec supplément sur les mines indiennes, assurallennes etc. 4 éd. Paris 1895.

Patentgesetz. Vom 6. Juli 1887. Deutsches Handels-Archiv 1887 I. S. 880.

Payton, Ch. A. The Diamond Diggings of South Africa: a personal and practical account with a brief notice of the New Gold-Fields. London (Cox) 1872.

Penning, W. H. A guide to the Gold-Fields of South Africa. Pretoria (Celliers) 1883.

— — Transvaal goldfields; their past, present and future. Journ. of the soc. of arts. 1884 Nr. 1642 p. 607.

— — On the goldfields of Lydenburg and de Kaap in the Transvaal. Quarterly Journ. of the geolog. soc. XLI, 1885 p. 569.

— — A contribution to the geology of the Southern Transvaal. Quart. J. Geol. S. London 47, p. 451/63.

— — The geology of the Southern Transvaal. (Text to Stanfords map of the Transvaal Goldfields with the geology of the southern part of the Transvaal). London 1893.

People, The, of England and the peoples of South Africa. Cape Quarterly Review 1. 1892 p. 656.

Perrin, P. Le Transvaal et ses ressources. Bull. soc. Neuchâteloise de géogr. II. 1887 p. 115.

— La république sud-Africaine. VIII. Jahresb. der Geographischen Gesellschaft. Bern 1885/87 S. 35.

Petermann, K. Das Goldland Ophir der Bibel und die neuesten Entdeckungen von C. Mauch. Ausland 1872 Nr. 10.

— — Dasselbe. Gaea 1872 Nr. 116.

— — Dasselbe. Gaea 1873 S. 116.

Petition from certain british subjects resident in the South African Republic presented to Sir H. B. Loch at Pretoria. Bluebook C. 7554.

Pollack, F. Les mines d'or du Transvaal. Robinson et Langlaagte Estate. Leur situation actuelle, leur avenir. Paris 1894.

Portugal, Handelsvertrag zwischen, und der Republik Südafrika. Vom 11. December 1875. Deutsches Handels-Archiv 1883 I. S. 5. — Zusatzconvention vom 17. Mai 1884. Deutsches Handels-Archiv 1886 I. S. 199.

Promised Land, The. Nine years' goldmining, hunting and volunteering. By E. V. C. London 1884.

R. W. Originalbericht aus Pretoria über Handel und Verkehr-Export 1882 S. 220.

Nabbat, Dr. H. Das Kaffernland des Unteren Clilami. Peter-mann's Mittellungen 1886 S. 52-55.

Rees, W. A. van. Naar de Transvaal. Amsterdam (v. Kampen) 1876.

— — Onze Hollandsche Broeders in Zuid-Afrika. Gids, Febr. 1876, Olz. 450 Ook afzonderlijk en vermeerderd uitgegeven onder den titel: „Naar den Transvaal" door W. A. v. Rees. M. K. Amsterdam 1876.

Rehmann, K. Das Transvaal-Gebiet des südlichen Afrika in phy-sikalisch-geographischer Beziehung. Mittell. der K. K. Geogr. Gesellsch. Wien 1883 S. 257, 269, 321, 417.

Reisebeschrijving of dagelijksche aanteekeningen. Brielle Overbeeke 1884.

Rültz. Een reis naar de Gouldvelden de Witwatersrand. Ind. Mercuur 1887 Nr. 10.

Reports of the commissioners appointed to inquire into and re-port upon all matters rel. to the settlement of the Trans-vaal Territory. Part I. Bluebook C. 3114. Part II C. 8219.

Repfolb, H. Johannesburg und die Mineralschätze von Transvaal. Globus 62 S. 188.

République de Transvaal, La, dans l'Afrique centrale. Nour. Annal d. voy. 1861 III. p. 218.

— de Transvaal dans l'intérieur de l'Afrique méridionale. Bull. d. l. Soc. d. Géogr. Paris V. sér. XII. 1866 p. 258.

— — La sud-africaine. B. Soc. Géogr. Com. Paris X. 1888 p. 537.

Resolution zu Gunsten der Boers. Export 1881 S. 82.

Rhodesia. Globus 1895, 68, S. 308.

— — und Transvaal. Deutsche Kolonial-Zeitung 1895 S. 73.

Robinson, J. South Africa as it is. The Nineteenth Century 1887, Juni.

— II. The Swaziland Question. Fortnightly Review. Febr. 1890 p. 263. M. K.

Ruche, Mrs. H. A. On trek in the Transvaal; or, over Berg and Veldt in South Africa. London 1878.

Rösler, R. Zur Ophir-Frage. Ausland 1872 Nr. 27.

Russell, A. The South African Republics. B. Am. Geog. Soc. New York 1899 p. 491.

Ruterford, R. On confederation of the South African Colonies. Transvaal Book Almanac and Directory for 1879 p. 65.

Sammellliste für Transvaal. Export 1881 S. 182, 341. 1882 S. 346.

Sanderson, J. The Transvaal and the Zulu Country. The Fortnightly Review XXIII, 1878 p. 937.

Sawyer, A. R. The Witwatersrand Goldfields. Tr. of the North Staffordshire Inst. of Mining and Mechan. Eng. Pr. IX. 1890 p. 31.

Schr... Deutsches Farmerleben in Südostafrika. Deutsche Kolonial-Zeitung S. 67, 82

Schenk, K. Über Transvaal und die dortigen Goldfelder. Vortrag in der Gesellschaft für Erdkunde. Berlin XV. 1898 Nr. 3 S. 130.
— — Vorkommen des Goldes in Transvaal. Zeitschrift der Deutschen Geologen-Gesellschaft 1889 Bd. XLI. S. 573.
Schmeißer. Über Vorkommen und Gewinnung der nutzbaren Mineralien in der Südafrikanischen Republik (Transvaal) unter besonderer Berücksichtigung des Goldbergbaues. D. Reimer, Berlin 1894.
Schrader, J. Die Diamantfelder am Kap der Guten Hoffnung. Naturwissenschaftliche Gesellschaft „Isis". 1883 p. 65.
Schüssler, F. Zuid-Afrika. Met inleiding van P. J. Veth. Amsterdam 1878. M. Krt. (Reis door Kafferland, Transvaal.)
Schulz, Dr. med. K. Mitteilungen aus Transvaal. Export 1882 S. 587.
Schweiz, Freundschafts-, Niederlassungs- und Handelsvertrag mit der. Vom 6. November 1885. Deutsches Handels-Archiv 1887 I. S. 293.
Serrant, E. Les mines d'or de l'Afrique occidentale, Paris 1890. Vergl. Rev. scient. 1890 p. 60.
Shaw, J. On the Diamondiferous Regions of South Africa. The Cape Monthly Magaz. III. 1871 p. 358.
Siffert, D. Compte rendu d'un voyage d'exploration au Transvaal. (Extrait du „Recueil Consulaire".) Bruxelles, Weissenbruch.
Silbermünzen, Verbot der Einfuhr von ausländischen. Deutsches Handels-Archiv 1895 I. S. 474.
Silver & Cp., S. Handbook to the Transvaal, British South Africa; its natural features, industries, population and gold fields. London 1877.
Silver's Handbook of South Africa. New ed. London 1879.
Silver, S. W. Handbook for South Africa including the Cape Colony, Natal, the Diamond Fields, and the Trans-Orange Republics. London 1875.
— — S. W. Handbook to South Africa, including the Cape Colony, Natal, the Diamond Fields, the Transvaal, Orange Free State. 3. ed. London 1881. 4. ed. 1891.
Simmonds, De, struisvogelfokkerij in Zuid-Afrika en de handel in struisvaederen. Haarlem 1876.
Smit, J. A. Roorda. Les mines de diamants d'Afrique australe. Arch. Néerland. d l. soc. Hollande d. s. à Harlem XV. 1880. Vergl. Afrique explorée II. 1880 p. 180.
Die Transvaal-Republik und ihre Entstehung. Köln 1881
— — Het goed recht der Transvaalsche Boeren. Utrecht 181.
— Die Transvaalsche Republik und ihre Entstehung. Ein historisches Dokument zur Begründung des guten Rechts der Bauern (Boeren). 2. Aufl. Köln 1881.
— — De bodengesteldheid in de Transvaal. Tijdsk. van het aardrijk. Genootsch. te Amsterdam VI., 1882 S. 92.

Soubeiran, J. L. Le Natal, le Transvaal. Bull. Soc. géog. du Languedoc 1879 p. 73/101. 1 carte.
— — L'Afrique australe tempérée. Bull. Soc. Langued. d. Géogr. März 1882.
South Africa and her Diamond Fields. Edinburgh Review 1871 N. CCLXXIV.
— — New Quarterley Magazine 1879, April. Vergl. Edinburgh Review. 1879 Nr. 306.
South Africa. The beginning of the European occupation in. The Cape Monthly Magaz. New Ser. II. 1880 p. 257. — Characteristics of the first colonists in S. A. Ebenda I. 1879 p. 13.
South African Colonies, Our, Westminster Review N. Ser. 1879 p. 386.
South African Republics, The. Geog. Mag. Edinburgh 1877 p. 27.
— — Report by Her Maj. Agent at Pretoria on the session of the volksraad of the South African Republic in 1883. Bluebook C. 5588.
Spelonnken, Les (Transvaal). L'Afrique explorée II. 1880 p. 161.
Statham, F. R. A story of an annexation in South Africa. The Fortnightly Review 1890 Novbr. S. 617.
Statistische Übersicht der Volksstämme in Südafrika 1865 und 1875. Export 1881 S. 105.
Steytler, J. G. The emigrants guide. The diamond-fields of South Africa. Cape Town 1870.
Storms on the Vaal River. The Cape Monthly Magaz. II. 1871 p. 176.
Stuart, J. De Hollandsche Afrikanen en hunne republiek in Zuid-Afrika. Amsterdam 1854. Met Kaart.
Süd-Afrika's, Die Bevölkerung der Staaten des gemäßigten. Vortrag in der Gesellschaft für Erdkunde. Berlin VIII. 1881 S. 105.
— — Deutschland und England in. Geogr. Univ. Bibl. II.—13. 2tg. Weimar, Geog. Inst. 1885.
— — Diamantfelder. Österreichische Monatsschrift für den Orient 1886 Nr. 6 f.
— — Goldfelder. Deutsches Handels-Archiv 1887 II. S. 130.
— — Mitteilungen des „Ind. Merkur" über Holländische Kolonien in. Deutsches Kolonial-Blatt 1893 S. 115.
— — Stellung der Englischen Regierung zu den Eingeborenen. Globus XXXV. 1879 Nr. 16.
— — Die Unruhen in. Globus XXXI. 1877 S. 57.
Südafrikanische Republik, Die Neue. Ausland 1883 Nr. 19.
— — Aus der. Deutsche geograph. Blätter. Bremen 14 S. 138/45.
— — Elfenbeinvertrag zwischen Natal und der. Deutsches Kolonial-Blatt 1894 S. 213.
Südafrikanische Wochenschrift. Berlin, seit 1893.

422   Litteratur-Verzeichnis.

Swajilandes, Abtretung des, an die Südafrikanische Republik.
     Deutsche Rundschau für Geographie und Statistik XV. 1893
     S. 381.
— — Vereinigung des, mit der Südafrikanischen Republik. Ebenda
     XVI. 1894 S. 188, XVII. 1895 S. 381.
— — Einverleibung von, in Transvaal. Aus allen Welttellen. Jahr-
     gang 26, 1894 95 S. 385.
Theal, G. Mc Call. History of South Africa. 5 vols. 1486—1691.
     1691—1795, 1795—1834, 1834—1854, 1854—1872, London
     1888.
— — History of the Boers in South Africa. London 1887.
— — History of the Emigrant Boers in South Africa or the
     wanderings and wars of the Emigrant Farmers from their
     leaving the Cape Colony to the aknowledge of their inde-
     pendence by Great Britain. London 1888.
— — Compendium of the history and geography of South Africa.
     3 ed. London 1878.
— — South Africa. (Story of the nations series.) 1894.
Todd (Spencer Brydges). The South African Diamond Fields.
     Revue colon. internat. Bruxelles II. 1886 p. 257.
Transvaal. Bol. Soc. geog. d. Madrid V. 1878 p. 177.
— — Le. Revue scientifique 50 p. 734.
— — Album verzameld mit Eigen Haard m. port. v. P. Harting
     en een Kaart v. d. Kaapkolonie, Transvaal en aangrenzende
     landen. Haarlem 1881 m. 3 port., 5 pl. en kaart.
— — Boers, La république, trad. du portugnis par M. C. Ne-
     veau. Rev. marit. et col. Paris XXXIV. 1892 p. 427.
— — Briefe aus. Deutsche Kolonial-Zeitung 1895 S. 103.
— — Die Republik. Aus allen Welttellen Jahrgang 26. 1894 95
     S. 499.
Transvaalsche Freistaat, Der. Ausland 1864 Nr. 25.
Transvaalischer Freistaat. Ausland 1864 S. 590. Le Tour
     du Monde 1864 Nr. 226 (Umschlag).
Transvaal, Das, und seine Geschichte. Unsere Zeit 1882. Heft 10
     S. 566, Heft 11 S 768.
— — Lande, Die Goldfelder im. Ausland 1884 Nr. 41.
— — Die Goldfelder von. Petermanns Mitteil. 1885 S. 87, vergl.
     L'Afrique explorée VI, 1885 p. 156.
— — The, and its gold-fields: Impression of a recent visit. Black-
     wood's Mag. 147. London 1890 p. 535.
— — Grenze. Export 1885 S. 534.
— — sotto il punto di vista dell' immigrazione europea. Marina
     e Commercio 26, IX. 1890.
— — und seine Nachbargebiete. Ausland 1887 Nr. 8.
— — Notes of a trip to the. The Cape Monthley Mag. New
     Ser. III. 1880 p. 176.
— — Notizen und Mitteilungen. Deutsche Kolonial-Zeitung 1884
     S. 166, 264, 397, 425, 454, 464, 483. — 1885 S. 69, 103,
     531, 625. — 1886 S. 30, 124, 181, 186, 199, 459, 627, 703.

— 1887 S. 29, 65, 163, 190, 252, 298, 325, 380, 424, 475, 567, 570, 629, 646. — 1888 S. 17, 243, 256, 292, 307, 324. — 1889 S. 12, 77, 88, 93 fl., 95, 230, 231, 296, 307, 316 326, 356, 366. — 1890 S. 25, 27, 52, 59, 75, 112, 159, 210, 261, 272, 327. — 1891 S. 50, 53, 57. — 1892 S. 43. — 1893 S. 93, — 1894 S. 174. — 1895 S. 4, 33, 51, 68, 73, 93, 123, 133, 149, 188, 209, 236, 337, 370, 371, 372, 409.

Transvaal. Helscbeschrijving aanteekeningen van de familien S.'t Hart en J. H. Vermooten. Brielle (Overbeeke) 1884.

— — Report on a visit to the Harberton and Kaap Goldfields. Board of trade journal 1888.

Transvaalsche Republiek, De, en de Hollandsche Boeren. Vreij naar het Hoogduitsche van Merensky, Jeppe, Mauch en anderen voor Nederlanders bewerkt. Amsterdam 1875.

Transvaalsche Republik, Die. Eine Studie von A. v. W. Neue Milit. Blätter XVIII. 1881 S. 243.

Transvaal-Republiek, De, en de Hollandsche hoeren, voorafgegaan door eene korte beschrijving van Zuid-Ost-Afrika in't allgemeen. Vrij naar het Hoogduitsch von Merensky, Jeppe, Mauch etc. voor Nederlanders bewerkt. Amsterdam (Seyffardt) 1876.

Transvaalsche Republik, Die, und das Ratals-Land in Südost-Afrila. Globus VI. 1864 S. 155.

Tredburen, Die, (Wanderbauern). Rußland 1882 Nr. 28.

Tripp, W. B. South African Rivers South of the Orange and Vaal. Proc. Inst. Civil-Engeneers, London 1887 p. 295.

Trollope. A. South Africa. Leipzig, Tauchnitz 1878. 2 vol. London, Chapmann 1878.

— · South Africa. Abridged by the author from the 4. edition. London 1880.

Tromp, Th. M. De stam d. Ama-Zoeloe. (Zoeloes) Leiden 1879.

— — Herinneringen uit Zuid-Afrika ten tijde der annexatie van de Transvaal M. K. Leiden 1879.

— Th M. Jets over de geschiedenis en ethoologie der Zuid-Afrikaansche stammen. Tijdsch. van het aardrijksk. Genootsch. te Amsterdam V. 1861 p. 172.

— F. C. Transvaal. Bol. Soc. Geog. Madrid 1878 V. p. 177.

Twelve Months at the South Africa Diamond Fields. London (Stanford) 1872.

Uhlemann, D. Berichte eines deutschen Diamantengräbers in Südafrila. Wellpost 1883 Nr. 2 ff.

Vahlbruch, H. Transvaal. Kleine Kultur- und Missionsbilder aus Süd-Afrika. Herrmannsburg 1888.

Valette, G. G. Nach Transvaal. Wellpost 1882 Nr. 8 ff.

— I. G. G. Transvaal. Deutsche Kolonial-Zeitung 1884 S. 425.

Velde, H. Die Transvaal-Goldfelder Südafrikas. Berlin, Selbstverlag 1889.

Verslag v. d. staat v. h. openbaar onderwijs in de Z. A. Republiek over 1882, 1884, Pret. 1883, 1885. — Verslag v. d.

werkzaamheden d. Maatschappij tot bevordering d. handels-
betrekkingen tuschen Nederl. en Zuid-Africa gedurende
1884.

Verslag d. Nederl.-Zuid-Afrik. Vereeniging over 1884—85. —
Nederl.-Zuid-Afrik. Vereeniging. Utrecht z. j.

Veth, P. J. Onze Transvaalsche broeders. Amsterdam 1881.

Veth u. Kan. Erste supplement tot de bibliografie van nederl.
boeken, brochures, Kaarten enz. over Afrika. Tijdsch.
Aardrijk. Oen. Amsterdam 1877 Nr. 4 p. 253/56.

— — Bibliografie van nederl. boeken, brochures, Kaarten enz.
over Afrika. Tijdsch. Aardrijk. - Genootsch. Amsterdam 1876 No. 7 p. 300/11. Fortsetzung 1876 No. 8
p. 358 85).

Vogel, J. C. u. Schenth, A. Schilderungen aus Natal und den
füdafrikanischen Provinzen. Ausland 1888 Nr. 21—28. 1889
Nr. 11 ff.

Vollsraab in Transvaal. Deutsche Kolonial-Zeitung 1888 S. 192,
256.

Vries, M. de. De Geschiedenis van de Transvaal of die Suit-
Affrikaansche Republiek van de laaste tien Jaare gevertel
door Klaas Waarsegger aan zijn neeft Martinus in Holland
in die eige Boere zijn taal. Leiden 1881.

Waareneinfuhr in den Jahren 1886—1890. Deutsches Handels-
Archiv 1892 1. S. 305. In den Jahren 1890 u. 1891. Ebenda
S. 601.

Wagener, A. Auf den Goldfeldern des Noord Kaap. Deutsche
Rundschau für Geographie 13, Wien 1890 S. 1.

Wangemann. Ein Reise-Jahr in Süd-Afrika. Ausführliches Tagebuch über eine 1866 und 1867 ausgeführte Inspettionsreise
durch die Missionsstationen der Berliner Missions-Gesellschaft.
Berlin 1868.

— — Lebensbilder aus Südafrika. Bd. I Berlin (Bed L Comm.)
1871.

— — Süd Afrika und seine Bewohner nach den Beziehungen der Geschichte, Geographie, Ethnologie, Staaten- und Kirchen-Bildung,
Million und des Rassenkampfes in Umrissen gezeichnet. I. Der
Entscheidungskampf in Südafrika. 2. Die zweite Eroberung.
3. Die britte Eroberung Südafrikas. 4. Die Frage der Eingeborenen in Südafrika. Berlin 1881.

— — Ein zweites Reisejahr in Südafrika. Berlin 1886.

War, The, Corresp. resp, betw. the Transvaal Republic and
neighbouring native tribes, and generally with reference
to native affairs in South Africa. W. 2 M. Bluebook
C. 1748, 1776. London 1877.

Warned, G. Zur südafrikanischen Ethnologie. Ausland 1882 Nr. 4.

Warren, C. From the gold region in the Transvaal to Delagoa-
Bay. Journ. Roy. Geog. Soc. London XLVIII 1878 p. 283.

— — Our portion in South Africa. Colonies and India 1885 vom
13. und 20. Novb.

Warren, C. South Africa. Journ. Soc. Arts 1887 No. 1797 p. 572.

Watermeyer. The Transvaal Natives. Transvaal Book Almanac and Directory for 1879 p. 60.

Weber, E. v. Briefe aus Afrika und den dortigen Diamantgruben. Wissenschaftliche Beilage der Leipziger Zeitung 1872 Nr. 21, 31 ff., 54 ff.

— — Briefe aus Südafrika. Wissenschaftliche Beilage der Leipziger Zeitung 1874 Nr. 29—34, 37 ff., 1875 Nr. 14.

— Vier Jahre in Afrika. 1871—75. 2 Teile. Leipzig 1878.

— — Deutschlands Interesse in Südost-Afrika. Geographische Nachrichten für Welthandel und Volkswirtschaft 1879 S. 259.

— Der Unabhängigkeitskampf der niederdeutschen Bauern in Süd-Afrika. Vortrag in der Sitzung des Zentralvereins für Handelsgeographie, 25. Oktober 1881. Berlin 1881. Vergl. Export 1881 S. 143.

Weißbuch. II. 16 S. 225.

Wenzelburger, Th. Die Transvaalische Republik. Unsere Zeit, neue Folge, 12. Jahrgang 1876, 16. Heft.

Wilmot, A. Geography of South Africa for the use of higher classes in schools. 3. ed. Cape Town 1883.

— — The Story of the expansion of South Africa. London 1894.

— — Diamonds and the South African diamond-fields. Cape Town 1869.

Wilkinson, Mos. A Lady's life and travels in Zululand and the Transvaal during Cetewayo's reign: being her African letters and journals. London 1882.

Williams, R. South African Gold Fields. Board of trade journal 1888 IV. No. 20 p. 307.

— — Report on a visit to the Barberton and Kaap Gold Fields. Ebenda V. No. 27 p. 430.

Wilson, E. D. J. England and South Africa. The nineteenth century 1877. Sept.

Wirtschaftlichen Verhältnisse, Die. Deutsches Handels-Archiv 1893 II. S. 435.

Wissenschaftliche Fortschritte in Transvaal. Globus 1895, 68, S. 132.

Witwatersrand Chamber of Mines. I. IV—VI Rep. for the years 1889, 1892, 1893, 1894. Johannesburg 1890, 1893, 1894, 1895. Vergl. Peterm. Mitt. Litt.-Ber. 1891 No. 1130, 1893 No. 535, 1894 No. 450, 1695 No. 547.

Zeithammer, A. C. Rückblicke auf die Geschichte geographischer Erforschung Süd-Afrikas. Ladislaus Magyar's Reise-Untersuchungen. Separat-Abdruck aus Mitteilungen der K. K. Geographischen Gesellschaft. Wien 1800.

Zolltarif, Neuer, in Transvaal. Export 1894 S. 375.

Zolltarifänderungen. Deutsches Handels-Archiv 1888 I. S. 782.

Zolltarif vom 1. Juli 1882. Deutsches Handels-Archiv 1884 I. S. 398. Vergl. Suppl.-Bd. zum D. Hand.-Arch. 1884 Nr. 36.

Zolltarif vom 1. September 1885. Teutsches Handels-Archiv 1886
I. S. 597
— — vom 24. August 1887. Teutsches Handels-Archiv 1887 I.
S. 879.
Zuid-Afrikaansche Brieven. Geschreven uit Bloomfontein en
opgenomen in de N. R. Courant (feuilleton) van 6 en 31 Jan.
en 27 Nov. 1874; 10 Jan., 4 Maart, 21 Aug., en 13 Decb.
1875; 31 Maart, 16 Juni, 14 Sept. en 19 Oct. 1876. Geschreven uit de Transvaal en opgenomen in de N. R. Courant (feuilleton) vom 15 Feb. 1877.
— — Republiek, Stemmen uit en over de. Overdrukken uitgegeven door het Bestuur der Nederl.-Zuid-Afrikaansche
Vereeniging. Amsterdam 1890.
— — Republieken, De, met de diamantvelden. M. K. Amsterdam 1871.

Anhang II.

Verfassung (Grondwet) der Südafrikanischen Republik.

Vom 13. Februar 1858.

(Mit der vom Volksraad beschlossenen Abänderung vom 12. Februar 1889.)

Allgemeine Bestimmungen.

Artikel 1. Dieser Staat soll den Namen der Südafrikanischen Republik tragen.

Artikel 2. Die Regierungsform dieses Staates soll die einer Republik sein.

Artikel 3. Sie will von der gebildeten Welt als unabhängig und frei anerkannt und gewürdigt sein.

Artikel 4. Das Volk sucht keine Ausdehnung seines Gebietes und will dieselbe nur mit gerechtem Grunde, wenn das Interesse der Republik eine Ausdehnung ratsam macht.

Artikel 5. Das Volk will sein Gebiet in Südafrika ungeschmälert besitzen und in Besitz behalten. Die Grenzen werden durch Proklamation bekannt gemacht.

Artikel 6. Sein Gebiet steht für jeden Fremden offen, der sich den Gesetzen dieser Republik unterwirft. Alle, die sich auf dem Gebiete dieser Republik befinden, haben gleichen Anspruch auf Schutz von Person und Eigentum.

Artikel 7. Die in diesem Gebiete gelegenen Grundstücke und Plätze, welche heute noch nicht vergeben sind, werden als Eigentum des Staates erklärt.

Artikel 8. Das Volk fordert die größtmögliche gesellschaftliche Freiheit und die Erhaltung seines Gottesdienstes, die Befolgung seiner Verbindlichkeiten, seine Gesetzesunterstellung, Ordnung und Recht und die Handhabung desselben.

Das Volk gestattet die Verbreitung des Evangeliums unter den Heiden in der Erwartung, daß Bestimmungen gegen die Möglichkeit eines Betruges getroffen werden.

Artikel 9. Das Volk will keine Gleichstellung der farbigen mit den weißen Eingesessenen zugestehen.

Artikel 10. Das Volk will weder Sklavenhandel noch Sklaverei in dieser Republik dulden.

Artikel 11. Das Volk behält sich ausschließlich Schutz und Verteidigung der Unabhängigkeit, sowie Unverletzlichkeit des Staates, den Gesetzen gemäß, vor.

Artikel 12. Das Volk legt die Gesetzgebung in die Hände eines Volksraad, der höchsten Gewalt des Landes, welcher aus Vertretern oder Beauftragten des Volkes besteht, die von den stimmberechtigten Bürgern gewählt werden; doch nur insoweit, als dem Volke drei Monate Zeit gelassen sein soll, um dem so gewählten Volksraad sein Urteil über ein vorgelegtes Gesetz abgeben zu können, mit Ausnahme der Gesetze, welche keinen Aufschub erleiden.

Artikel 13. Das Volk überträgt die Vorlegung und Ausführung der Gesetze dem Staatspräsidenten, welcher zugleich die Ernennung aller Staatsbeamten dem Volksraad zur Genehmigung vorlegt.

Artikel 14. Das Volk vertraut die Handhabung der Ordnung der Kriegsmacht und der Polizei und den durch das Gesetz hierzu berufenen Personen an. (Ges. Nr. 3, 1881, art. 15 u. Ges. Nr. 8, 1885).

Artikel 15. Das Volk legt die richterliche Gewalt in die Hände eines hohen Gerichtshofs, von Landdrosten, Geschworenen und solchen Beamten, die durch das Gesetz mit richterlicher Befugnis ausgestattet worden sind, und überläßt es ihrem Urteil und Gewissen, den Landesgesetzen gemäß zu handeln. (Ges. Nr. 3, 1881, p. 1025.)

Artikel 16. Das Volk soll jährlich vom Volksraad ein Budget über allgemeine Einnahmen und Ausgaben des Staates empfangen und daraus vernehmen, wie hoch ein Jeder zu besteuern ist.

Artikel 17. Potchefstroom am Moolflusse soll die Hauptstadt der Republik und Pretoria der Sitz der Regierung sein.

Artikel 18. Alle für die Allgemeinheit geforderten Dienste werden von der Allgemeinheit entschädigt.

Artikel 19. Es wird Preßfreiheit zugestanden, doch sollen Drucker und Herausgeber für alle Artikel verantwortlich bleiben, die eine Schändung der Ehre, Beleidigung oder einen Angriff auf jemandes Charakter in sich schließen.

Über Schutz und Verteidigung von Kirche und Staat.

Artikel 20. Aufgehoben durch Volksr.-Beschl. v. 28. Sept. 1874, art. 26, und v. 26. Mai 1886, art. 322.

Artikel 21. Aufgehoben durch B.R.B. v. 1. Juni 1870, art. 131, p. 378.

Artikel 22. Es sollen keine anderen Vertreter im Volksraad sein, als diejenigen welche Mitglieder einer protestantischen Kirche sind. (B.R.B. v. 11. Juni 1873, art. 153, p. 525.)

Artikel 23. Aufgehoben, siehe Artikel 20.

Artikel 24. Das Volk verlangt die Förderung, Blüte und Wohlfahrt des Staates und die Fürsorge beim Bedarf an Volks-Schullehrern.

Artikel 25. Ferner, daß in Friedenszeiten entsprechende Maßregeln getroffen werden, um einen Krieg führen und einem solchen widerstehen zu können.

Artikel 26. Im Falle eines feindlichen Einfalles von außen ist ein jeder ohne Ausnahme verpflichtet, bei Erlaß des Kriegsgesetzes seine Unterstützung anzubieten.

Artikel 27. Kein Vertrag oder Bündnis mit auswärtigen Mächten oder Völkern darf angeboten, angenommen und geschlossen werden, bevor nicht der Volksraad durch den Staatspräsidenten und die Mitglieder des Ausführenden Raad angerufen worden ist, seine Ansichten darüber zu erkennen zu geben, damit die Vorlage dem Urteile der Mitglieder des Volksraad gemäß gutgeheißen und beschlossen oder verworfen werde.

Artikel 28. Bei einer dem Staate drohenden Gefahr oder in Kriegszeiten soll die Beurteilung über derartige Vorlagen von Verträgen und Bündnissen dem General-Kommandanten unter Zuziehung des Kriegsraad überlassen werden, wenn die Kommandos im Felde sind und keine Zeit ist, den Ausführenden Raad darüber zu hören.

Über den Volksraad, die höchste Gewalt oder die gesetzgebende Macht[1])

Artikel 29. Der Volksraad soll die höchste Gewalt des Landes und die gesetzgebende Macht sein.

Artikel 30. Die Vertreter des Volkes sind als solche keine Staatsbeamten.

---

[1]) Siehe hierzu: Gesetz, die Errichtung einer aus zwei Volksraaden bestehenden Volksvertretung betr., vom 23. Juni 1890.

430 Verfassung (Grondwet) der Südafrikanischen Republik.

Artikel 31. Der Volksraad soll mindestens aus zwölf Mitgliedern bestehen; diese müssen die folgenden Erfordernisse besitzen:

„Sie müssen 30 Jahre alt, in der Republik geboren oder fünfzehn hintereinander folgende Jahre stimmberechtigte Bürger der S. A. Republik gewesen und Mitglieder einer protestantischen Kirche sein, in der Republik wohnen und festes Eigentum im Staatsgebiet der S. A. Republik besitzen. Keine Personen von öffentlich schlechtem Lebenswandel oder Personen, die eine entehrende Strafe erlitten haben, ferner keine nichtrehabillierten Bankerottierer oder Wareninsolventen sollen wählbar sein. Die Mitglieder dürfen nicht in dem Verhältnis von Vater und Sohn oder Stiefsohn zu einander stehen. Keine Farbigen noch Bastarden sollen in unseren Versammlungen zugelassen werden. Ingleichen soll kein Offizier und auch kein Staatsbeamter, der als solcher einen festen, jährlichen oder monatlichen Gehalt bezieht, als Mitglied des Volksraad wählbar sein. Ein jeder ist berechtigt, wenn er den Beweis für obige Mängel erbringen kann, diese zur Kenntnis des Staatspräsidenten zu bringen, bevor das betreffende Mitglied an der Sitzung teil nimmt. Falls ein hinreichender Beweis erbracht werden sollte, hat der Staatspräsident vor Beginn der Sitzung diesen dem Vorsitzenden des Volksraad zuzustellen und auf Entfernung des bezüglichen Mitglieds zu bringen.

Artikel 32. Die Mitglieder des Volksraad werden durch die Mehrheit der Stimmen der Wähler eines jeden Distrikts gewählt. Niemand kann als gewählt betrachtet werden, der bei der Wahl nicht mindestens die Stimmen von sechzig stimmberechtigten Bürgern auf sich vereinigt hat. Ein jeder, der in der Republik geboren ist und das Alter von 21 Jahren erreicht hat, oder naturalisiert worden ist, soll stimmberechtigter Bürger sein. Die Volksraadmitglieder werden auf die Zeit von vier Jahren gewählt.

Artikel 33. Niemand soll wählbar sein, der nicht vorher eine, von mindestens 25 stimmberechtigten Bürgern unterzeichnete Aufforderung empfängt. Die Wähler des einen Distrikts können ihre Stimmen auch auf eine, in einem anderen Distrikt wohnende Person abgeben.

Artikel 34. Jedem stimmberechtigten Bürger steht es frei, im Falle er glaubt, Beschuldigungen wegen Amtsübertretungen oder Amtsvergehen, die durch den Staatspräsidenten oder ein Mitglied des Ausführenden Raad begangen worden sind, anbringen zu müssen, diese Beschuldigungen dem Vorsitzenden des Volksraad unter der Adresse mitzuteilen:

„Aan den Wel Ed. Heer Voorzitter von den Volksraad",
welcher dann nach Lage der Sache handeln wird.

Artikel 35. Die Wahl von Mitgliedern des Volksraad soll in
den Monaten Januar und Februar oder in außergewöhnlichen Fällen
in der erforderlich werdenden Zeit stattfinden. Aus jedem der Distrikte
sollen zwei Mitglieder durch Stimmenmehrheit gewählt werden, ausgenommen aus den Distrikten Pretoria, Potchefstroom, Lydenburg,
Rustenburg und Utrecht, aus welchen drei Mitglieder gewählt werden
sollen. Jede Wahlabteilung auf den öffentlichen Gräbereien soll ein
Mitglied abordnen. Die Veldkornetten sollen bei Zeiten besorgt sein,
daß die Wahlliste dem Landdrosten, und letzterer wieder Sorge tragen,
daß die Wahllisten unmittelbar dem Ausführenden Raad eingesandt
werden. Am Ende des zweiten Jahres soll die Hälfte durch Aus-
losung abtreten, die andere Hälfte am Ende des vierten Jahres, und
so fort. Aus den Distrikten, dessen Mitglieder abtreten, sollen neue
Volksraadmitglieder gewählt werden. Die abtretenden Mitglieder
sind wieder wählbar.

Artikel 36. Der Volksraad ernennt aus seiner Mitte einen
Sekretär auf Antrag des Ausführenden Raad.

Artikel 37. Bleibt ein Mitglied des Volksraad ohne weiteres
weg und kommt es dem Aufruf nicht nach, so wird es mit Rds. 75
Geldbuße belegt.

Artikel 38. Die Entscheidungsgründe für das Nichterscheinen
eines Mitgliedes des Volksraad sind:

1) Unpäßlichkeit und körperliche Gebrechen, welche durch das ge-
wählte oder aufgerufene Mitglied mit einer, vom Landdrost, Kommandant oder Veldkornet seiner Abteilung zu unterzeichnenden Erklärung
zu beweisen sind, und

2) Solche unvorhergesehene Umstände, für welche thatsächliche
Beweise erbracht werden, daß es dem Mitglied unmöglich ist, anwesend
zu sein oder zu bleiben.

Artikel 39. Alle in Art. 37 und 38 gedachten Prüfungen, Frei-
sprechungen und Bekanntmachungen sollen dem Staatspräsidenten des
Ausführenden Raad eingesandt und durch den Ausführenden Raad
beurteilt werden. Mit den dieserhalb frei werdenden Plätzen soll so
schnell als möglich gemäß Art. 35 verfahren werden.

Artikel 40. Die Mitglieder des Volksraad sollen vor Antritt
ihres Amtes durch die Volksraadmitglieder, welche am Tage der

Sitzung gegenwärtig sind, vereibet werden; ihr Eid soll den folgenden Inhalt haben:

„Als Mitglied des Volksraad dieser Republik gewählt, erkläre, gelobe und beschwöre ich feierlich, daß ich niemand irgend ein Geschenk gegeben oder mich in der Beziehung verbindlich gemacht habe; daß ich dem Volke treu sein, mich der Verfassung und anderen Gesetzen der Republik gemäß nach bestem Wissen und Gewissen verhalten und im allgemeinen nichts anderes vor Augen haben werde, als die Förderung des Glückes und der Wohlfahrt der Einwohner."

Artikel 41. Die anwesenden Mitglieder des Volksraad wählen ihren Vorsitzenden nach Eröffnung der Sitzung und für die Zeit ihres Sitzungsjahres.

Artikel 42. Alle zur Beratung gelangenden Gegenstände sollen durch absolute Stimmenmehrheit der stimmenden Mitglieder beschlossen werden.

Artikel 43. Der Volksraad geht nicht früher auseinander, als bis alle Angelegenheiten, die behandelt werden müssen, erledigt worden sind und die Sitzung durch den Vorsitzenden des Raad geschlossen worden ist. Ein Volksraadmitglied kann in dem bei Nr. 2 des Art. 38 gedachten Falle die Erlaubnis zum Verlassen der Versammlung erhalten.

Artikel 44. Die dienstthuenden Mitglieder des Volksraad sollen vom Landesdienst persönlich befreit und von den Kosten, welche die Kriegsmacht von ihnen fordern könnte, verschont bleiben; sie sollen während der Dauer ihrer Beschäftigung eine Aufenthaltsentschädigung erhalten.

Artikel 45. Die Versammlungen sind öffentliche, wenn der Volksraad nicht beschließen sollte, daß die eine oder andere Vorlage geheim gehalten werden muß. Die anwesenden Personen, welche keinen Sitz im Volksraad haben, dürfen nur sprechen, wenn sie auf eine Frage des Vorsitzenden zu antworten haben.

Artikel 46. Die Thätigkeit wird durch Hauptstück VII des Reglements von 1887, Locale Wetten II. D., d. 180, geregelt.

Artikel 47. Der Vorsitzende soll alle Gesetzesvorlagen, die bei dem Volksraad eingegangen sind, zur Beratung bringen, gleichviel ob sie 3 Monate vor Beginn der Volksraadsitzung allgemein bekannt gemacht worden oder während der Sitzung des Volksraad eingegangen sind.

Artikel 48. Wenn die Veröffentlichung von Gesetzen und Gou-

verordnungsbekanntmachungen nicht rechtzeitig erfolgt ist, soll der Staatspräsident untersuchen, an wem die Schuld jener Verzögerung liegt.
Sollte ein Landdrost hierbei für schuldig befunden werden, so ist ihm
eine Geldbuße von Rds. 50, einem Feldkornet oder niederen Beamten
eine solche von Rds. 25. aufzuerlegen.

Artikel 49. Von jedem angenommenen Gesetz soll vom Vorsitzenden dem Staatspräsidenten eine Abschrift zur Ausführung eingesandt
werden.

Artikel 50. Wenn ein neuer Staatspräsident ernannt worden ist,
soll der Volksraad vier seiner Mitglieder und den Sekretär abordnen,
um ihn zur Ablegung des Amtseides in der Volksraadversammlung
zu veranlassen.

Artikel 51. Bei Ernennung der Mitglieder des Ausführenden
Raad und des General-Kommandanten soll der Volksraad diesen
schriftlich mit der Veranlassung Kenntnis davon geben, sich wegen Ablegung des Amtseides zu einem hierbei festzusetzenden Zeitpunkt vor
dem Volksraad einzufinden. (Siehe Art. 91.)

Artikel 52. Die Liste der angestellten Beamten soll jährlich vom
Staatspräsident dem Volksraad zur Genehmigung oder Verwerfung
vorgelegt werden. (Siehe Gesetz Nr. 3, 1851, art. 4, letzter Abschn.
p. 1026.)

Artikel 53. Wenn der in Art. 8, Beilage der Grondwet von
1877, gedachte Hof den Staatspräsidenten, oder der in Art. 127 der
Verfassung erwähnte Hohe Gerichtshof, eines der Mitglieder des
Ausführenden Raad oder den General-Kommandanten für unwürdig
erklärt, sein Amt oder ihre Ämter zu bekleiden, so soll der Vorsitzende
des Volksraad, nach Empfang des Ausspruches jenes Hofes, die Mitglieder des Volksraad versammeln, welche verpflichtet sind, der Sitzung
beizuwohnen, um den Verurteilten bez. die Verurteilten seines Amtes
bez. ihrer Ämter zu entsetzen und hierauf für die Wiederbesetzung der
offen gewordenen Stellen besorgt zu sein.

Artikel 54. Die Mitglieder des Volksraad versammeln sich jährlich am 1. Montag im Mai im Ratssaal oder zu anderen Zeiten, dem
Einberufungsgerichte gemäß, sobald der Staatspräsident die Versammlung des Volksraad für nötig hält; ferner täglich des Morgens
in der neunten Stunde, um nicht weniger als 4 bis 5 Stunden pro
Tag thätig zu sein. Die Versammlung des Volksraad soll mit einem
angemessenen Gebet eröffnet und geschlossen werden.

Artikel 55. Der Vorsitzende des Volksraad ist verantwortlich daß die Verſammlungen der Beſtimmung in Art. 54 gemäß gehalten werden, widrigenfalls ihn der Vollsraad mit einer Geldbuße von Hds. 5 bis 50 belegen kann.

Artikel 56. Der Vorſitzende ſorgt für die Ordnung während der Berathungen; wenn er ein Mitglied zur Ordnung zu rufen gezwungen iſt, ſo ſoll er dasſelbe bei einem zweiten Male in Strafe nehmen. Jede, durch die Mitglieder des Vollsraad auf Grund des gegenwärtigen oder des Art. 54 begangene Übertretung ſoll mit einer Geldſtrafe von Hds. 5 belegt werden.

Artikel 57. Die Handhabung der Ordnung unter den in Art. 45 erwähnten Perſonen ſoll einem, vom Landdroſt des Diſtrikts, in welchem die Sitzung abgehalten wird, dazu beſohlenen Veldkornet übertragen werden.

Artikel 58. Dieſer Landdroſt ſoll auch einen Boten anſtellen, der während der Verſammlung zu Dienſten des Vollsraad ſteht.

Artikel 59. Der Vollsraad beurtellt alle vor dem Vollsraad feſtgeſtellten und im Ratsſaale begangenen Übertretungen und beſtraft die Übertreter dafür ohne weitere Berufung.

Artikel 60. Von allen, vom Vollsraad erkannten Beſtrafungen wird durch den Sekretär den Landdroſten Kenntnis gegeben, in deren Bezirt die Beſtraften ihren Wohnſitz haben, damit die Landdroſten die Eintreibung bewirken.

Über den Staatspräſidenten und die Mitglieder des Ausführenden Raads, die Einbringer von Geſetzen.

Artikel 61.[1] Die vollziehende Gewalt ruht in den Händen des Staatspräſidenten, welcher dem Vollsraad verantwortlich iſt. Er wird durch die Mehrheit der ſtimmberechtigten Bürger auf die Zeit von 5 Jahren gewählt. Er iſt nach ſeiner Abtretung wieder wählbar. Um wählbar zu ſein, muß er das Alter von 30 Jahren erreicht haben, braucht am Tage ſeiner Ernennung kein Staatsbürger zu ſein, muß aber Mitglied einer Proteſtantiſchen Kirche ſein und keiner entehrenden Strafe ſich ſchuldig gemacht haben.

Artikel 62. Der Staatspräſident des Ausführenden Raads iſt der erſte oder höchſte Beamte des Staates; alle Staatsbeamten ſind ihm untergeordnet; diejenigen aber, welchen die Ausübung der richterlichen Gewalt zukeht, ſind ganz und gar frei und unabhängig.

[1] Abgeändert durch Art. 1 des V.R.Beſchluſſes vom 20. Juni 1890; ſiehe: Abänderung der Verfaſſung vom 23. Juni 1890.

Artikel 63. So lange der Staatspräſident ſeine Geſchäfte wahr-
nimmt, darf er keine anderen beſorgen, weder kirchliche Dienſte annehmen, noch Handel treiben. Der Staatspräſident kann ſich als
ſolcher nicht ohne Zuſtimmung des Volksraad außer Landes begeben.
Es ſoll dem Ausführenden Raad jedoch freiſtehen, ihm in bringenden
Fällen Urlaub zu erteilen, damit er in Privatangelegenheiten außer
Landes gehen kann.

Artikel 64. Im Falle der Amtsentſetzung, Unfähigkeit durch körperliche oder geiſtige Gebrechen, oder Tod des Staatspräſidenten tritt
das vom Volksraad berufene Mitglied des Ausführenden Raad als
Vize-Präſident ein, um dann, in Übereinſtimmung mit dem Ausführ-
renden Raad und nach Maßgabe des Erfordherniſſes, den Volksraad
ſofort zu verſammeln, um für die Wahl eines anderen Staatspräſidenten
Fürſorge zu treffen, und hierauf ſoll der Vize-Präſident in Funktion
bleiben, bis der neugewählte Staatspräſident ſein Amt als ſolcher
angetreten hat. Auch im Falle der Abweſenheit des Staatspräſidenten
im Auslaad tritt der Vize-Präſident ein.

Artikel 65. Der Staatspräſident kann durch den Volksraad
ſeines Amtes enthoben werden, wenn er eines ſchlechten Lebenswandels,
des Mißbrauchs von Staatseigentum, Verrats und anderer ſchwerer
Vergehen überführt wird, und dann den Geſetzen gemäß behandelt
werden.

Artikel 65a. Wenn der Volksraad beſchließt, den Staatspräſidenten wegen Übertretung der Verfaſſuug oder wegen anderer Staats-
verbrechen unter Anklage zu ſtellen, ſo ſoll der letztere vor einen
beſonderen Hof gerichtlich geladen werden, der aus den Mitgliedern
des Hohen Gerichtshofs, dem Präſidenten und einem anderen Mitglied des Volksraads zu beſtehen hat und bei welchem der Staatsprokurator als öffentlicher Kläger auftritt. Es ſoll dem Angeklagten
geſtattet ſein, ſich eines Rechtsgelehrten ſeiner Wahl zu bedienen.

Artikel 66. Der Staatspräſident iſt verpflichtet, Geſetzesvorſchläge an den Volksraad, es ſeien eigene oder andere, vom Volke bei
ihm zur Vorlage eingegebene Vorſchläge, drei Monate vor Einreichung
an den Volksraad mittelſt des Staatscourant öffentlich bekannt zu
machen, ingleichen alle anderen Schriftſtücke, die von ihm für nützlich
und nötig gehalten werden.

Artikel 67. Alle Geſetzesvorſchläge, die bei dem Staatspräſidenten
eingehen, ſollen vor ihrer Bekanntgabe vom Staatspräſidenten und

Ausführenden Raab bahin beurtellt werden, ob Ihre Belanntgabe nötig ist ober nicht.

Artikel 68. Der Staatspräsident giebt die Gesetzevorschläge an den Bollsraab und beaulragt zunächst den Beamten, zu deffen Abteilung fle gehören, mit ihrer Erläuterung und Begründung.

Artikel 69. Sobald der Staatspräsident die Benachrichtigung des Bollsraab empfangen hal, daß das vorgeschlagene Gesetz angenommen ift, foll er das Gesetz binnen zwei Monaten bekannt machen laffen und nach Ablauf eines Monats, von der öffentlichen Bekanntmachung an gerechnet, für die Ausführung desselben besorgt fein.

Artikel 70. Bon dem in Art. 26 erwähnten Kriegsgesetz foll nicht anders als durch den Staatspräsidenten, mit Zustimmung der Mitglieder des Ausführenden Raab, Kenntuis gegeben werden dürfen. Die Belanntgabe foll im Falle dringender Gefahr flattfinden, und das Gesetz bann sofort zur Ausführung gebracht werden; die Beurteilung der Gefahr wird dem Staatspräsidenten und den Mitgliedern des Ausführenden Raab zur eigenen Berantworlung überlaffen. Der General-Kommandant foll bei der Beurteilung und Beschließung über Kriegsangelegenheiten im Ausführenden Raab in felner Eigenschaft den Berfammlungen beiwohnen und eine Stimme als folcher dabei haben.

Artikel 70a. Der Staatspräsident erklärt mit Zustimmung des Ausführenden Raab Krieg und Frieden unter Berücksichtigung von Artikel 70 der Berfaffung, doch foll die Regierung, wenn möglich, vor der Kriegserklärung erst den Bollsraab verfammeln.

Der Friedensvertrag bebarf der Genehmigung des Bollsraab, welcher fo schnell als möglich zu dem Zwecke verfammelt wird.

Artikel 71. Der Staatspräsident ftellt alle Beamten an, entweder perfönlich ober durch Beauftragung der Oberbeamten; hierbei ift zu beachten, daß alle Beamten flimmberechtigte Bürger fein ober gute, die Regierung zufriedenstellende Zeugniffe vorlegen müffen, imb daß bei Übernahme einer finanziellen Berwaltung eine, nach Anficht der Regierung hinreichende Bürgschaft zu ftellen ift.

Artikel 72. Der Staatspräsident fucht fo viel als möglich den in Artikel 21 gedachten Wünschen des Bolles zu entfprechen.

Artikel 73. Der Staatspräsident foll jährlich bei Eröffnung des Bollsraab ein Budget über allgemeine Ausgaben und Einnahmen dem Bollsraab vorlegen und darin angeben, wie der Fehlbetrag zu decken ober der Überschuß zu verwenden ift.

Artikel 74. Auch soll er in der Sitzung des Volksraad Bericht über seine Thätigkeit während des vergangenen Jahres, vom Zustande der Republik und von allem dem geben, was ihr Interesse im allgemeinen betrifft.

Artikel 75. Nach Prüfung der dem Ausführenden Raad eingesandten Wahllisten für die Mitglieder des Volksraad, soll der Staatspräsident diesen Raad jährlich am ersten Montag des Mai, und wenn die Notwendigkeit es erfordert, einberufen.

Artikel 76. Der Staatspräsident macht im Monat Juli die Namen und Wohnorte der zu Mitgliedern des Volksraad Gewählten öffentlich bekannt.

Artikel 77. Die schriftliche Einberufung der Mitglieder des Volksraad zur Sitzung muß drei Wochen vor Eröffnung derselben in deren Wohnung beständigt werden.

Artikel 78. Der Präsident und ein Mitglied des Ausführenden Raad sollen, wenn möglich, einmal im Jahre die Städte und Dörfer der Republik, in denen Landdrost-Kontore sind, besuchen, den Zustand jener Kontore in Augenschein und von der Aufführung der Staatsbeamten Kenntnis nehmen, und auf der Rundreise den Einwohnern Gelegenheit geben, ihm während des Aufenthalts ihre Anliegen vorzutragen.

Artikel 79. Der Staatspräsident hat die Macht, ungeachtet seiner Verantwortung bei dem Volksraad, die Staatsbeamten ihrer Thätigkeit zu entheben, vorläufige Anstellungen vorzunehmen und alle offenen Stellen zu besetzen. Er giebt in der nächstfolgenden Sitzung des Volksraad Bericht über diese Handlungen.

Artikel 80. Der Staatspräsident unterzeichnet alle Ernennungen von Staatsbeamten mit, instruiert letztere selbst oder läßt ihnen ihre Instruktion durch dazu ermächtigte Beamte vorlesen und erklären, den Amtseid ableisten und unterzeichnen und läßt ihnen nach Anstellung eine Abschrift der Instruktion behändigen.

Artikel 81. Der Staatspräsident ist mit der Regelung des allgemeinen Dienstes, des Postwesens und der öffentlichen Arbeiten beauftragt; er und die Mitglieder des Ausführenden Raad sind zugleich mit der Oberaufsicht über die Pulvermagazine und Kanonen des Staates beauftragt.

Artikel 82. Der Schriftwechsel mit auswärtigen Mächten soll vom Staatspräsidenten und Ausführenden Raad geführt werden. Die Schreiben sollen von ihm und dem Staatssekretär unterzeichnet werden.

Artikel 83. Der Staatspräſident mit dem Ausführenden Raad
hat das Recht, wegen ſchlechten Lebenswandels oder eines Vergehens
verhängte Strafen, auf Vortrag des Gerichtshofs, welcher das Urteil
fällte, oder auf Nachſuchen des Verurteilten nach Befürwortung des
hiervon benachrichtigten Gerichtshofs, zu ermäßigen oder zu erlaſſen.

Artikel 84. Vor Antritt ſeines Dienſtes ſoll der Staatspräſident
den folgenden Eid vor dem Volksraad leiſten:

„Als Staatspräſident des Ausführenden Raad dieſer Republik
gewählt, gelobe und beſchwöre ich feierlich, daß ich dem Volke treu
ſein werde, daß ich in meinem Amte nach Recht und Geſetz, nach
meinem beſten Wiſſen und Gewiſſen, ohne Anſehen der Perſon, handeln werde, daß ich niemand irgend eine Gunſt erwieſen oder ein Geſchenk gegeben habe, um zu dieſer Stellung zu gelangen, daß ich von
niemand irgend ein Geſchenk oder eine Vergünſtigung annehmen
werde, wenn ich vermuten kann, daß dieſes Geſchenk oder dieſe Vergünſtigung in der Abſicht gegeben gegeben erwieſen worden iſt, um mich
zu einem, für den Gunſterweiſenden oder Geber vorteilhaften Beſchluſſe
zu gewinnen, daß ich mich der Verfaſſung dieſer Republik gemäß betragen werde und nichts anderes bezwecke, als die Förderung des
Glückes und der Wohlfahrt ihrer Einwohner im allgemeinen.“

Artikel 85. Der Staatspräſident übt ſeine Macht mit dem Ausführenden Raad aus.

Dem Staatspräſident ſoll ein Ausführender Raad zur Seite
ſtehen, welcher aus dem General-Kommandanten, zwei ſtimmberechtigten Bürgern und einem Sekretär beſteht, die gleiche Stimmen
haben und den Titel von Mitgliedern des Ausführenden Raad führen.
Der Superintendent für das Eingeborenenweſen ſoll ex officio Mitglied des Ausführenden Raad ſein. Der Staatspräſident und die
Mitglieder des Ausführenden Raad ſollen zwar Sitz doch keine Stimme
im Volksraad haben. Dem Präſident des Ausführenden Raad ſoll
es freiſtehen, in vorkommenden wichtigen Angelegenheiten die Oberbeamten, zu deren Departement der zu behandelnde Gegenſtand unmittelbar gehört, zu veranlaſſen, im Ausführenden Raad gegenwärtig
zu ſein. Dieſer Oberbeamte ſoll dann eine Stimme im Ausführenden
Raad haben, für die gefaßten Beſchlüſſe mitverantwortlich ſein und
ſie mit unterzeichnen.[1]

1) Dieſer Art. erhält infolge Art. 4 des V.-R.-Beſchl. vom
20. Juni 1890 einen Zuſatz; ſiehe: Abänderung der Verfaſſung vom
23. Juni 1890.

Artikel 85a. Als Oberbeamte im Sinne von Art. 85 sollen angesehen werden: Der Staatsprokurator, Schatzmeister, Auditeur, Superintendent des Unterrichts, Waffenvorstand, Registrator des Aktenwesens, General-Landmesser, General-Postmeister und der Chef des Minenwesens.

Artikel 86. Der Staatspräsident soll Vorsitzender des Ausführenden Raads sein und bei Unentschiedenheit der Stimmen eine beschließende Stimme haben. Bei der Bestätigung von Todesurteilen oder Kriegserklärungen soll die einmütige Stimmung des Ausführenden Raad zur Beschlußfassung erforderlich sein.

Artikel 87. Der Ausführende Raad soll regelmäßig eine Sitzung im Monat in seinem Kontor und zu anderen Zeiten auch dann abhalten, wenn der Staatspräsident es für nötig findet.

Artikel 87a. Der Staatspräsident bildet mit zwei Mitgliedern ein Quorum.

Artikel 88. Alle Beschlüsse des Ausführenden Raad und amtlichen Schriftstücke des Staatspräsidenten müssen außer von ihm auch vom Staats-Sekretär unterzeichnet werden. Der Mitunterzeichnete ist zugleich verantwortlich, daß der Inhalt des Beschlusses oder Schreibens den bestehenden Gesetzen nicht zuwiderläuft.

Artikel 89.[1] Die beiden stimmberechtigten Bürger oder Mitglieder des Ausführenden Raad, in Art. 85 erwähnt, werden durch den Volksraad auf die Zeit von 3 Jahren gewählt; der General-Kommandant auf 10 Jahre; sie müssen Mitglieder der Niederdeutsch-Reformierten Kirchen-Gemeinde sein, keine entehrende Strafe erlitten und das Alter von 30 Jahren erreicht haben, wie auch die für die Mitglieder des Volksraad in Art. 31 festgestellten Erfordernisse besitzen.

Artikel 91. Bevor die Mitglieder des Ausführenden Raad und der General-Kommandant ihre Ämter antreten, haben sie den Diensteid vor dem Volksraad abzulegen und zu unterzeichnen. Der Eid soll von gleichem Inhalt wie der des Staatspräsidenten des Ausführenden Raad sein, nur im Titel oder Amt des Ableistenden verändert, und der des General-Kommandanten soll nach dem Inhalt von Art. 108 sein.

Artikel 92. Bevor der Staatssekretär sein Amt antritt, legt er den Eid vor dem Ausführenden Raad ab und unterzeichnet denselben; der Ausführende Raad soll eine Instruktion für ihn entwerfen.

[1] Abgeändert durch Art. 3 des D.-R.-Beschl. vom 20. Juni 1890, siehe: Abänderung der Verfassung vom 23. Juni 1890.

Artikel 93. Für den Fall, daß der Volksraad beschließt, den in Art. 34 gedachten Klagen Folge zu geben, soll er die Anlage zum Zwecke der Untersuchung dem Staatsprokurator zustellen. Geht aus jener Untersuchung hervor, daß die Anlage begründet ist, so soll der Volksraad die Anlage dem Hohen Gerichtshof vorlegen und den erwähnten Staatsprokurator hiervon benachrichtigen. Dieser Gerichtshof soll dann von der Angelegenheit Kenntnis nehmen und als höchste Instanz das Urteil fällen.

Artikel 94. Wenn der Staatspräsident oder eines der Mitglieder des Ausführenden Raad sich nach Art. 87 einer Pflichtversäumnis schuldig macht, so soll er oder das Mitglied mit 5 bis 10 Rd. oder höher, nach Lage der Sache, bestraft werden.

Artikel 95. Das Gouvernements-Kontor soll täglich von morgens 10 bis 3 Uhr, mit Ausnahme des Sonnabends jeder Woche und aller Sonn- und Festtage, geöffnet sein.

Über die Kriegsmacht und den Kriegsraad.

Artikel 96. Die Kriegsmacht besteht aus allen wehrfähigen Männern dieser Republik, und wenn nötig, aus allen den Farbigen innerhalb des Landes, deren Häuptlinge ihr unterworfen sind.

Artikel 96a. Außer der in Kriegs- oder Aufruhrzeiten zu den Waffen gerufenen Bürgermacht, besteht eine allgemeine Landespolizei und ein Artilleriekorps, für welche jedes Jahr eine bestimmte Summe im Staatsbudget vorgesehen wird.

Artikel 97. Die wehrfähigen Männer sind von den Weißen alle männlichen Personen im Alter von 16 bis 60 Jahren, und von den Farbigen alle, die im stande sind, in den Kriegsdienst zu treten.

Artikel 98. Zur Einteilung der Kriegsmacht wird das Staatsgebiet dieser Republik in Veldkornetschaften und Distrikte eingeteilt. Die Trennungslinien jener Veldkornetschaften und Distrikte werden in gemeinschaftlicher Beratung des Staatspräsidenten des Ausführenden Raad, des General-Kommandanten und der angrenzenden Kommandanten und Veldkornetten bestimmt, und jeder Einwohner soll zur Anerkennung der Autorität der Veldkornetschaft oder des Distrikts, wo er wohnt, verpflichtet sein.

Artikel 99. Die Mannschaften stehen unter dem Befehl der in aufsteigender Reihe folgenden Offiziere: Veldkornet-Assistenten, Veldkornetten, Kommandanten und eines General-Kommandanten.

Artikel 100.[1]) Die Offiziere werden durch Stimmenmehrheit gewählt, und zwar; die Beldkornet-Assistenten und Beldkornetten durch
die stimmberechtigten Bürger der Bezirke; ebenso die Kommandanten
durch die stimmberechtigten Bürger der Distrikte, und der General-
Kommandant durch alle stimmberechtigten Bürger dieser Republik.
Stimmberechtigte Bürger im Sinne dieses Artikels sind solche, die das
Alter von 18 Jahren erreicht haben. Die Wahlhandlungen für die
Wahl der Offiziere sollen durch die Landdrosten bewirkt werden, welche
die Wahlzettel dem Ausführenden Raad einsenden müssen. Der Ausführende Raad soll verpflichtet sein, den gewählten General-Kommandanten von der auf ihn gefallenen Wahl in Kenntnis zu setzen.

Artikel 101. Es werden angestellt: der General-Kommandant auf
10 Jahre, die Kommandanten auf 5 Jahre, die Beldkornetten und
Beldkornet Assistenten auf 3 Jahre, und sie sind bei ihrem Austritt
wieder wählbar. Der General-Kommandant soll seines Postens enthoben oder abgesetzt werden, wenn er der in Art. 65 erwähnten Vergehen überführt wird.

Artikel 102. Für jeden Distrikt sollen nicht mehr als zwei Kommandanten gewählt werden.

Artikel 103. Die Kriegsmacht wird, mit Ausnahme der farbigen
Arbeiter, zur Aufrechterhaltung der Ordnung, zu Kommandos bei Aufständen im Innern des Landes und, ohne jede Ausnahme, zur Verteidigung des Landes und Bekämpfung fremder Feinde aufgerufen.

Artikel 104. Den Beldkornet-Assistenten und Beldkornetten ist
die Aufrechterhaltung der Ordnung übertragen, den Kommandanten
die Kommandos bei inneren Aufständen der Farbigen, dem General-
Kommandanten die Unterdrückung von Unruhen unter der weißen Bevölkerung, die Verteidigung des Landes und die Bekämpfung fremder
Feinde, in welchen Fällen der General-Kommandant den Oberbefehl
über das ganze Kriegsheer haben soll.

Artikel 105. Es wird verstanden:

a) unter Aufrechterhaltung der Ordnung: die Befolgung der Gesetze, die Vollziehung der Urteile nach Empfang des Befehls
und die Beachtung der im allgemeinen und örtlichen Interesse
getroffenen Maßregeln; ferner die Aufsicht über die Farbigen
und Begegnung der Landstreicherei und Bagabondage in den
Beldkornetschaften;

[1]) Abgeändert durch Art. 2 des B.-R.-Beschl. vom 20. Juni 1890;
siehe: Abänderung der Verfassung vom 23. Juni 1890.

b) unter Kommandos bei Aufständen der Farbigen: die inländi-
schen Raffernhäuptlinge zur Erfüllung ihrer Verpflichtung zu
veranlassen;

c) unter Kommandos zur Unterdrückung von Unruhen unter der
weißen Bevölkerung: die Herbeiziehung einer genügenden Macht
für den Diſtrikt, in welchem die Unruhen ausgebrochen ſind;
und

d) unter Verteidigung des Landes und Kriegführen: die Ausführung des Kriegsgesetzes (ſ. Art. 26 und 70), an der Spitze des
Heeres zu Felde ziehen.

Artikel 106. Alle Aufträge empfangen die Untergebenen von den
vorgesetzten Offizieren und Beamten.

Artikel 107. Alle Offiziere, mit Ausnahme des General-Kommandanten, ſollen vor Antritt ihres Dienstes vom Staatspräsidenten des
Ausführenden Raad, gemäß Art. 80, vereidigt werden; der General-
Kommandant ſoll, gemäß Art. 91 und 108, vor dem Volksraad vereidigt werden.

Artikel 108. Ihr Eid ſoll folgenden Inhalt haben:

„Ich gelobe und ſchwöre feierlich dem Volke dieſer Republik
Treue, in meinem Dienſt nach Gesetz, Recht und Billigkeit, nach beſtem
Wiſſen und Gewiſſen, ohne Anſehen der Perſonen handeln zu wollen
daß ich niemand ein Geſchenk gegeben oder eine Gunſt erwieſen oder
mich verbindlich gemacht habe; von niemand ein Geſchenk annehmen
oder mir eine Vergünſtigung gewähren laſſen werde, wenn ich vor-
ausſetzen kann, daß dies in der Abſicht geſchieht, in meinem Dienſte
mich zum Vorteile des Gebers oder Gunſterweiſenden zu gewinnen;
den Befehlen der mir Vorgesetzten dem Gesetz gemäß gehorſam zu
ſein, und nichts anderes im Auge zu haben, als die Blüte, Wohlfahrt
und Unabhängigkeit des Landes und des Volkes dieſer Republik.“

(Wegen des Eides der Veldkornetten und der Veldkornet-Aſſiſtenten
ſ. Gesetz Nr. 2, 1883 Art. 37, p. 1337).

Artikel 109. Aufgehoben infolge Gesetz Nr. 2, 1883, für den
Kriegsdienſt, Art. 11 ff. — (1168—1169.)

Artikel 110. Die Veldkornetten ſollen, außer in Fällen geſetz-
licher Verhinderung, alle drei Monate von demjenigen Bericht an die
Landdrosten erſtatten, was bezüglich ihrer Untergebenen in den Bezirken in den verfloſſenen Monaten vorgefallen iſt, und dies ſo oft
thun, außer der Zeit, wo ein unmittelbarer Bericht erfordert wird.
In Kriegsangelegenheiten ſoll der Veldkornet auch verpflichtet ſein

außer dem Landdroſt, dem ihm vorgeſetzten Kommandant Bericht zu erſtatten. Im Unterlaſſungs- oder Verſäumnisfalle ſoll er mit einer Geldſtrafe von Rds. 10 belegt werden.

Artikel 111. Die Kommandanten ſenden die bei ihnen einge- gangenen Vierteljahrsberichte der Feldkornetten, unter Beifügung ihres eigenen Berichts ſamt Anmerkungen, dem General-Kommandanten ein. Dieſer thut dasſelbe mit den Berichten der Kommandanten, in- dem er ſie unter Anfügung ſeines Berichts dem Staatspräſidenten des Ausführenden Raad unverzüglich überreicht.

Artikel 112. Aufgehoben infolge Geſetz Nr. 2, 1883, für den Kriegsblenſt, Art. 29 ff. (1173—1174).

Artikel 113. Desgl.

Artikel 114—116. Desgl.

Artikel 119. Die Feldkornetten ſollen eine Liſte der Dienſtpflich- tigen ihrer Bezirke führen und dieſe Liſte derartig einrichten, daß daraus hervorgeht, wer zur Handhabung der Ordnung, wie in Art. 105 unter 2 gedacht, aufgerufen werden kann, damit der Dienſt der Mann- ſchaft nach Verhältnis eingeteilt wird.

Artikel 120. Die Offiziere, welche ohne hinreichende Gründe ſich weigern, die auf ſie gefallene Wahl anzunehmen, oder das ihnen über- tragene Amt anzutreten, ſollen in folgende Geldſtrafen genommen werden, nämlich:

ein Feldkornet Rds. 25,

ein Kommandant Rds. 100 und der

General-Kommandant Rds. 200.

Artikel 121. Der General-Kommandant hat Sitz im Ausführenden Raad als Mitglied desſelben.

Artikel 122. Im Felde hat der General-Kommandant die Ober- aufſicht über die Kriegsmunition des Staates (ſ. auch Art. 81).

Artikel 123. Die Kommandanten und Feldkornetten vollziehen die Befehle der Landdroſten, inſoweit ſie nach den Geſetzen bezüglich der verwaltungsgerichtlichen Gewalt in Frage kommen.

Artikel 124. Von den in Art. 109, 110 und 120 erwähnten Übertretungen wird durch die Offiziere den Landdroſten ihrer Diſtrikte Kenntnis gegeben, welche für die Einforderung der Geldſtrafen be- ſorgt ſind.

Artikel 125. Aufgehoben infolge Art. 35 des Geſetzes Nr. 2, 1883 (1175).

Artikel 126. Einen Monat nach Ablauf eines Kommandos ſoll

der Staatspräsident besorgt sein, durch Vermittelung der Landdrosten den Schwerverwundeten, den Witwen und Waisen der Gefallenen, das ihnen aus der Beute zugewiesene Teil zukommen zu lassen (s. auch Art. 35 des Gesetzes Nr. 2, 1883).

Über die richterliche Gewalt und die Rechtsprechung.

Artikel 127. Das Volk vertraut dem Urteilsspruche:

a) eines Hohen Gerichtshofs,

b) eines Rondgaand (umherziehenden) Hofs,

c) der Landdrosten in ihrer Eigenschaft und solchen anderen Beamten, welche das Gesetz mit richterlicher Befugnis ausstattet.

Die Höfe fällen das Urteil sobald als möglich nach Anhängigmachung der Sache.

Die Oberrichter und Strafrichter müssen im Recht gehörig promoviert sein.

Das Ministerium für Öffentliche Verfolgung ruht bei dem Staatsprokurator und, unter seiner Aufsicht, bei den öffentlichen Anklägern der verschiedenen Distrikte.

Die Mitglieder der beiden ersten Höfe werden auf Lebenszeit angestellt.

Das Gesetz bestimmt die Art, auf welche sie wegen schlechten Betragens oder Unsähigkeit, ehrenvoll oder nicht ehrenvoll, ihres Amtes enthoben werden sollen.

Artikel 128. Die Landdrosten werden vom Ausführenden Raad angestellt; jedesmal bei Eintritt einer Balanz werden zwei Personen, welche die Fähigkeiten für Beamte, der Verfassung gemäß, besitzen, den stimmberechtigten Bürgern des betreffenden Distrikts vorgeschlagen; diese haben dann innerhalb von höchstens zwei Monaten, im Wege der freien Abstimmung, ihre Wahl durch Stimmenmehrheit unter den beiden Kandidaten zu treffen und dem Ausführenden Raad vom Ausgang der Wahl schriftlich Kenntnis zu geben. Die Landdrosten müssen ein Jahr stimmberechtigte Bürger gewesen und Mitglieder einer Niederdeutsch-Reformierten Kirchen-Gemeinde sein, keine entehrenden Strafen erlitten und ein Alter von 30 Jahren erreicht haben.

Artikel 128a. Der Landdrost am Orte des Regierungssitzes soll auf Vortrag des Ausführenden Raads vom Volksraad ernannt werden. Um hierzu ernannt werden zu können, ist es nicht erforderlich, bereits einige Zeit Bürger dieses Staates gewesen zu sein. (S. Art. 18 der Konvention von Lydenburg, L. Ges. I. II., p. 138.)

Artikel 129. Aufgehoben. [. Beil. der Verf. 1877 und 1889].

Artikel 130. Die Landbrosten sollen ebenfalls vor Antritt ihres Amtes dem Gesetz gemäß Bürgschaft stellen.

Artikel 131. Die Geschworenen sollen stimmberechtigte Bürger sein, keine entehrende Strafe erlitten und das Alter von 30 Jahren erreicht haben.

Artikel 132. Aufgehoben, f. Volksr. Beschl. v. 10. Juni 1885, Art. 360.

Artikel 133. Die Aufrufung der Geschworenen erfolgt so zeitig, daß letztere, außer der Reise, drei freie Tage zu ihrer Verfügung haben.

Artikel 134. Aufgehoben, f. Art. 4, Beil. der Verf. 1881, p. 1026.

Artikel 135. Die zu Landbrosten Gewählten sollen, im Falle sie glauben, Bedenken gegen die auf sie gefallene Wahl zu haben, diese Bedenken innerhalb der ersten 30 Tage, nachdem die Wahl auf sie gefallen war, bei dem Staatspräsidenten einwenden.

Artikel 136. Wenn sie innerhalb dieser Zeit keine Bedenken einwenden, so wird angenommen, daß sie ihre Ämter antreten.

Artikel 137. Aufgehoben.

Artikel 138. Der Geschworene, welcher dem in Art. 132 erwähnten Aufrufe nicht nachkommt, wird mit Rds. 100 bestraft, wenn er nicht die in Art. 37 gedachten Verschonungsgründe beibringen kann.

Artikel 139. Die Landbrosten legen vor Antritt ihres Amtes den folgenden Eid in die Hände des Staatspräsidenten und der Mitglieder des Ausführenden Raads:

„Ich gelobe und schwöre feierlich dem Volke und den Gesetzen dieser Republik Treue, in meinem Dienste recht und billig, ohne Ansehen der Personen, den Gesetzen gemäß und nach bestem Wissen und Gewissen zu handeln, von niemand ein Geschenk oder eine Vergünstigung anzunehmen, wenn ich vermuten kann, daß dies in der Absicht geschieht, mich in meinem Urteil oder Handeln zum Vorteil des Gebers oder Gunsterweisenden zu gewinnen; außer meinem Amte als Richter den Befehlen meiner Vorgesetzten, den Gesetzen gemäß, gehorsam sein und im allgemeinen nichts anderes im Auge haben zu wollen, als die Handhabung des Gesetzes, des Rechts und der Ordnung zum Vorteile des Gedeihens, der Wohlfahrt und Unabhängigkeit von Land und Volk.“

Artikel 140. Die jetzt gebräuchliche Eidesformel für Geschworene in Kriminalfachen lautet:

„Sie und ein jeder von ihnen fchwören feierlich, daß Sie aufrichtig urteilen wollen, ob der jetzt vor dem Hofe ftehende Gefangene der ihm zur Laft gelegten Verbrechen schuldig ift oder nicht, und daß Sie Ihren Spruch der Beweisführung gemäß fällen wollen. So wahr mir Gott helfe."

Artikel 141. Aufgehoben infolge Art. 5, Gef. Nr. 1, 1874.

Artikel 142. Desgl. infolge Art. 6 desf. Gef.

Artikel 143. Desgl. infolge Art. 127 desf. Gef.

Artikel 144. Aufgehoben.

Artikel 145. Die Feldkornetten follen Streitigkeiten zwischen Einwohnern ihrer Bezirfe foviel als möglich fchlichten und das Führen von Prozeffen verhindern. Zu dem Zwecke wird ein jeder ermächtigt, die mit ihm ftreitende Perfon auf eine, vom Feldkornel zu beftimmende Zeit vor diefen laden zu laffen. Von den Parteien follen die vom Feldkornel feftzufetzenden tarifmäßigen Koften bezahlt werden.

Artikel 146. Aufgehoben infolge Gefetz Nr. 1, 1874 und Verordnungen des Hohen Gerichtshofs.

Artikel 147. Aufgehoben infolge Gefetz Nr. 2, 1871 und Nr. 8, 1883.

Artikel 148. Desgl. wie Art. 146.

Artikel 149. Alle Urteile, fowohl in bürgerlichen wie in kriminellen Angelegenheiten, werden öffentlich ausgefprochen und im Namen des Volkes der Südafrikanifchen Republif zur Ausführung gebracht.

Die den weißen Verbrechern in diefer Republik aufzuerlegenden Kriminalftrafen follen beftehen in:

Gefangenfchaft.

Zwangsarbeit mit oder ohne Retten, nach Lage der Sache.

Deportation oder Verbannung, und Tod.

Kein Weißer darf zu körperlicher Züchtigung verurteilt werden, wenn dies nicht ausdrücklich im Gefetz beftimmt ift.

Artikel 150. Aufgehoben infolge Gef. Nr. 6, 1885, Art. 2.

Artikel 151. Desgl. infolge Gef. Nr. 1, 1874, Art. 34 und Nr. 6 1885, Art. 8.

Artikel 152. Desgl. infolge Gef. Nr. 8, 1883.

Artikel 153. Die Berufungskläger follen für den Fall koftenpflichtig fein, daß ihre Begründung für unbegründet gefunden oder verworfen worden ift; die Koften der Berufung gegen ein Urteil des

Landbroft-Hofes betragen 5 Rds. Wenn später die Berufung für begründet erachtet werden sollte, werden dem Berufungskläger die Kosten
zurückerstattet.

Artikel 154. Die von den Parteien geforderten Abschriften der
Erkenntnisse werden von den Klerken besorgt; jede Blattseite derselben
soll 25 Zeilen und jede Zeile zwölf Silben enthalten: die Klerken
sollen für jede Blattseite zwei Schilling und vier Stüben berechnen.
Artikel 155. Aufgehoben infolge Ges. Nr. 8, 1883.
Artikel 156. Wenn jemand zur Führung eines Prozesses unvermögend ist, jedoch dazu hinreichende Veranlassung zu haben glaubt,
so soll er zu diesem Zwecke bei dem Landbroft des Hofes schriftlich
nachsuchen, bei welchem seine Sache anhängig zu machen ist. Dieser
Hof soll ihm die Führung des Prozesses gestatten und ihn von der
Bezahlung der Gerichtskosten befreien, wenn er
a) durch eine schriftliche Erklärung seines Selbstornei und zwei
seiner Nachbarn darlegt, daß er unvermögend ist;
b) wenn der Hof nach einer vorläufigen Prüfung seiner Forderung
und Abhörung der Gegenpartei gefunden hat, daß seine Forderung begründet sein könnte. (Vergl. auch Art. 63.)
Artikel 157. Die Sitzungen der Gerichtshöfe sollen abgehalten
werden:
bei den Landbroften täglich von morgens 10 bis 3 Uhr;
bei den Höheren Höfen der erlassenen Bekanntmachung und getroffenen Anordnung gemäß.
Artikel 158. Aufgehoben.
Artikel 159. Aufgehoben.
Artikel 160. Wenn ein Landbroft zu der in Art. 157 bestimmten
Zeit nicht anwesend ist, wird er mit 1 bis 50 Rds., je nach Lage der
Sache, bestraft. Als Befreiungsgründe sollen die in Art. 33 erwähnten
gelten.
Artikel 161. Der ohne hinreichende Gründe seinem Dienste fern-
bleibende Klerk soll vom Landbroft und von den Heerraden, unter
Benachrichtigung des Staatspräsidenten des Ausführenden Raad,
seines Amtes auf eine gewisse Zeit enthoben und ein anderer an seine
Stelle gesetzt werden können, nachdem letzterer den in Art. 140 vor-
geschriebenen Eid geleistet hat.
Artikel 162. Aufgehoben, da die Zulagen für Geschworene durch
Art. 211 des B. R. B. v. 14. Juni 1869 geregelt werden.
Artikel 163. Die in Art. 143 genannten Gerichtshöfe sollen in

allen kriminellen Fällen zuerst benachrichtigt werden und Urteile fällen, und zwar:

Der Hof des Landdrost: bei Übertretungen, Zelebensstörungen u. s. w., wofür keine höheren Strafen als 3 Monate Gefängnis, mit oder ohne Geldstrafe bis zum Betrage von Rds. 100 bestimmt sind.

Der Landdrost- und Heemraden-Hof: bei schlechtem Lebenswandel, wofür nicht höhere Strafen als bis zu drei Jahren Gefängnis, mit oder ohne Zwangsarbeit und Geldstrafe bis zum Betrage von Rds. 500, erkannt werden; und der Hohe Gerichtshof: bei Verbrechen, für welche auf höhere als die hier erwähnten Strafen erkannt werden muß.

Artikel 164. Die Gerichtshöfe haben bei der Festsetzung des Strafmaßes im Auge zu behalten, daß ein und dieselbe Strafe für den einen leichter oder schwerer sein kann, als für den anderen, da es in der Absicht des Gesetzgebers liegt, einen jeden wegen gleichartiger Verletzung des Gesetzes auch gleichmäßig zu bestrafen, und die Strafen dementsprechend zu bemessen.

Artikel 165. Aufgehoben.

Artikel 166. Desgl. infolge Gef. Nr. 1, 1874 und der Gerichtsordnung.

Artikel 167. Desgl. infolge Gef. Nr. 1, 1874 und Art. 2 des Gef. Nr. 6, 1885.

Artikel 168. Die Gerichtshöfe sollen möglichst umgehend von den Sachen Kenntnis nehmen und dann sobald als möglich in denselben erkennen.

Artikel 169. Der Klerk oder der Landdrost soll ein Register über alle Angelegenheiten führen, welche von den Parteien vor den Hof gebracht werden, und dieses Register täglich nachtragen.

Artikel 170. Aufgehoben. (Civil-Prozeß und Praxis des Hohen Gerichtshof.)

Über die Administrationsgewalt oder die Landesbeamten.

Artikel 171. Die Administrationsgewalt oder die innere Regierung entlehnt ihre Macht vom Ausführenden Raad und steht unter den Befehlen des Staatspräsidenten und der Mitglieder des Ausführenden Raad.

Artikel 172. Sie liegt in den Händen der durch das Gesetz bestimmten Beamten.

Artikel 173. Das Staatsgebiet ist für diese Verwaltung in Distrikte eingeteilt, wozu Abteilungen und Städte oder Dörfer gehören.

Veränderungen in der Einteilung der Distrikte oder Bezirke erfolgen gemäß Art. 98 der alten Verfassung.

Artikel 174. Jeder Distrikt wird von einem Landdrost verwaltet, welchem die durch das Gesetz bestimmten Beamten beigegeben werden. Die Kommandanten und Feldkornetten der Abteilungen stehen, was diese Verwaltung betrifft, den vorerwähnten Landesbeamten zu Diensten.

Artikel 174 a. Distriktsraaden und Stadt- oder Dorfverwaltungen können, wo die Bevölkerung es verlangt, errichtet werden. An der Spitze eines jeden Distrikts steht ein Landdrost, der ex officio Vorsitzender des Distriktsraad ist, welch letzterer von den Bürgern des Distriktes zu wählen ist und aus soviel Mitgliedern zu bestehen hat, als es Feldkornettschaften giebt.

Artikel 174 b. Den Distriktsraaden ist die Sorge für öffentliche Wege oder andere öffentliche Arbeiten im Distrikt anvertraut, sowie für alle anderen Angelegenheiten, deren Erledigung ihnen durch das Gesetz auferlegt worden ist.

Artikel 174 c. Mit Ausnahme der durch das Gesetz festgestellten Besoldungen, werden alle Kosten der Distriktsverwaltung vom Distrikt selbst getragen. Jährlich wird hierzu ein Budget über Einnahmen und Ausgaben aufgestellt, vom Distriktsraad festgestellt und dem Ausführenden Raad zur Genehmigung unterbreitet. Jedes Jahr wird auf gleiche Weise über das abgelaufene Dienstjahr Rechnung abgelegt, vom Distriktsraad geschlossen und zur letzten Genehmigung dem Ausführenden Raad unterbreitet.

Der Distriktsraad soll vor Einhebung irgend einer Steuer die Genehmigung des Volksraad einholen.

Artikel 174 d. An der Spitze jeder Stadt- oder Dorfverwaltung, die durch das Gesetz als solche anerkannt worden ist, steht ein Bürgermeister und ein Raad von 6 oder 8 Mitgliedern, je nach der Bevölkerung.

Alle Kosten zur Bestreitung dieser örtlichen Verwaltung werden von jedem Ort getragen. Vor Einhebung irgendwelcher Steuer durch eine Stadt- oder Dorfverwaltung ist die Genehmigung durch das Gesetz erforderlich.

Für das örtliche Budget und die Rechnung gelten dieselben Bestimmungen, wie die im vorigen Artikel wegen eines Distrikts festgestellten.

Artikel 175. Alle Bekanntmachungen werden im Staatscourant veröffentlicht und von den Veldkornetten in ihren Abteilungen durch Zusammenrufung der Einwohner derselben verkündet.

Artikel 176. Alle Beamten sind verpflichtet, die bei ihnen eingehenden Amtsschreiben sobald als möglich zu beantworten und dem Inhalte derselben zu entsprechen.

Artikel 177. Die Veldkornetten sollen von allen, in ihren Abteilungen neu anziehenden Einwohnern, ingleichen von jedem Ortswechsel oder Wohnungsverzug derselben, von allen unter ihnen stattgefundenen Todesfällen und von allen männlichen weißen Personen, die das Alter von 16 Jahren erreicht haben, genaue Aufzeichnungen machen.

Artikel 178. Wird durch Gef. Nr. 8, 1888, über das Abhalten von Märkten in der S. A. Republik geregelt.

Artikel 179, 180, 181. Desgl.

Artikel 182. Aufgehoben infolge Gef. Nr. 1, 1885, die Regelung des Auktionswesens betr.

Artikel 183. Aufgehoben infolge Gef. Nr. 1, 1886, die bessere Regelung des Postwesens betr.

Artikel 184. Aufgehoben infolge Gef. Nr. 12, 1870, die Regelung der Waisenkammer und der Verwaltung von Hinterlassenschaften betr.

Artikel 185. Alle umherziehenden Händler, welche dieses Staatsgebiet betreten, dürfen ihren Handel nur dann betreiben, wenn sie mit einer, auf den Landdrostkontoren zu erlangenden und vom Landdrost unterzeichneten Lizenz versehen sind.

Artikel 186. Es ist nicht gestattet, daß einwandernde Personen in irgendwelchen unbewohnten Teilen dieser Republik, ohne vorherige Kenntnis und Erlaubnis der Regierung dieses Staates, sich niederlassen.

Artikel 187. Die Landdrosten werden mit der Aufsicht über Stadt oder Dorf beauftragt, wo dies nicht der Stadt- oder Dorfverwaltung übertragen worden ist, inglerchen über alle untergebenen Beamten, damit alle Angelegenheiten ordnungsmäßig erledigt werden.

Über die Geldmittel des Staates.

Artikel 188. Das Einkommen des Staates und die Abgaben der Eingesessenen werden durch das Gesetz geregelt.

Artikel 189. (Durch spätere Gesetze und Verordnungen aufgehoben.)

Artikel 190. Aufgehoben infolge Gef. Nr. 5, 1887, Bestimmung

Über den Verlauf von Wein oder Spirituosen in der S. A. Republik betr.

Artikel 191. Aufgehoben, Ges. Nr. 5, 1882.

Artikel 192. Aufgehoben infolge Art. 8 des Ges. Nr. 1, 1885, die Regelung des Aultionswesens betr.

Artikel 193. (Durch spätere Gesetze über den Verlauf von Getränken aufgehoben.)

Artikel 194. Alle Plätze und Grundstücke der Eingesessenen werden von der Republikanischen Regierung als festes Eigentum garantiert, wobei der Regierung das Recht zusteht, einen öffentlichen Weg über solche Plätze zu bestimmen, wenn es erforderlich wird; vergl. auch Art. 318 u. 319 v. 26. u. 27. Nov. 1868.

Artikel 195. Aufgehoben infolge V. R. B. v. 26. Nov. 1868, Art. 316.

Artikel 196. Aufgehoben infolge Ges. Nr. 10, 1883, u. Ges. Nr. 6, 1886, die Einhebung direkter Steuern betr.

Artikel 197. Aufgehoben infolge U. R. B. v. 27. Juli 1887, Art. 1311.

Artikel 198. Wer außerhalb der Republik wohnt und unbewohnte Grundstücke oder Plätze in dieser Republik besitzt, soll für jeden Platz, so lange er unbewohnt ist, jährlich eine doppelte Steuer bezahlen.

Artikel 199. Die Belastung jeder Erf auf den Dörfern soll durch das Gesetz geregelt werden, und es sollen keine Wassergelder von dem Publikum gefordert werden.

Artikel 200. Aufgehoben infolge Ges. Nr. 8, 1888, das Abhalten von Märkten betr.

Artikel 201. Alle abgemessenen oder besichtigten Plätze müssen bei dem Verlauf innerhalb von sechs Monaten übergeben und das Herrenrecht innerhalb von sechs Monaten bezahlt werden, im Versäumnisfalle muß das Herrenrecht, nach Feststellung dieses Gesetzes, doppelt bezahlt werden. Die Grundstücke werden von dem ersten Eigentümer übergeben.

Artikel 202. Aufgehoben infolge Ges. über den Verlauf von Spirituosen.

Artikel 203, 204. Detgl.

Artikel 205. Die vom Volke zu bezahlenden Steuern sind im Kontor der Landdrosten der Distrikte zu entrichten, sofern durch das Gesetz keine anderen Beamten hierzu angestellt worden sind.

Artikel 206. Aufgehoben infolge späterer Gesetze, Gen.-Instruktion v. 1882, ꝛc.

Artikel 207, 208, 209. Desgl.

Artikel 210. Aufgehoben infolge B. R. B. v. 27. Nov. 1868, Art. 319.

Artikel 211, 212, 213, 214. Desgl.

Artikel 215. Alle nicht besichtigten Plätze, um deren Besitznahme nachgesucht worden ist, müssen so bald als möglich besichtigt werden.

Artikel 216. Jeder, der Grundstücke besitzt und solche erwirbt, kann außer den Inspektoren auch einen Landmesser bestellen, welcher die Grundstücke abmißt und in die Karte aufnimmt.

Artikel 217. Aufgehoben infolge Gef. Nr. 13, 1886, die Prüfungskommission für Landmesser betr.

Artikel 218. Kein Staatsbeamter soll das Recht haben, andere als seine eigenen Angelegenheiten vor den Gerichtshöfen zu vertreten.

Artikel 219. Aufgehoben.

Artikel 220. Alle früheren Gesetze und Beschlüsse, die mit dem Inhalte obiger Gesetze widerstreiten, werden ganz außer Kraft gesetzt.

Beilage. — Aufgehoben. Die Besoldungen der Beamten werden jedes Jahr durch das Budget bestimmt.

Nachdem das Raad-Komitee das Neue Staats- oder Landesgesetz einstimmig genehmigt hat, beschließt es, dasselbe Dienstag den 16. Februar dem hier versammelten Volksraad zur Annahme oder Genehmigung vorzulegen und es dann zur Veröffentlichung zu bringen, damit der Volksraad in der Lage ist, irgendwelche gesetzliche Einwendungen gegen einen oder mehrere Artikel gehörig und dem Gesetze gemäß erheben zu können.

Es soll dieses Gesetz, gemäß Art. 10 des Beschlusses des in Rustenburg am 2. Februar 1858 zusammengetretenen Kriegsraad, von heute ab sofort als Landesgesetz in Kraft treten und zur Anwendung gelangen.

So geschehen durch die unterzeichneten, am 2. Februar 1858 öffentlich gewählten Mitglieder des Raad-Komitees, gemäß Art. 1 des genannten Beschlusses.

Landdrostkontor Rustenburg, am 13. Februar 1858.

M. W. Pretorius, Präsident.

St. Schoeman, General-Kommandant.

(Hier folgen die Namen des Vorsitzenden und der Mitglieder des Raad-Komitees.)

Nachdem der Volksraad die Verfassung vollständig durchgesehen und behandelt hat, genehmigt er dieselbe unter allgemeiner Zustimmung mit Vorbehalt der in Art. 10 des Kriegsraad-Beschlusses vom 2. Februar 1858 enthaltrnen Bestimmung. (Vergl. Art. 19 der Volksraadbeschlüsse vom 16. bis 19. Februar 1858.)

(Hier folgen die Namen der Volksraad-Mitglieder.)

Infolge Volksraad-Beschluß Art. 703 vom 27. Juni 1887 ist das vorstehende, abgeänderte Grundgesetz der Republik, mit dem ursprünglichen zusammen, unter dem 12. Februar 1889 im Staatscouraut vom 27. Februar 1889 veröffentlicht worden.

Abänderung der Verfassung
vom 23. Juni 1890.
(Beschluß des Volksraad art. 443 bis mit 448, dd. 20. Juni 1890.)

Nachdem durch die, infolge der Errichtung zweier Volksraaden eingetretene Änderung des Wahlrechts es nötig erscheint, die Machtbefugnisse des Staatspräsidenten und anderer hoher Beamten einer Änderung zu unterziehen, wird hiermit folgendes bestimmt:

Artikel 1. Der Artikel 56[1]) der Verfassung wird hiermit wie folgt abgeändert:

Die vollziehende Gewalt ruht in den Händen des Staatspräsidenten, der dem Ersten Volksraad verantwortlich ist. Er wird durch die Mehrheit der Bürger, welche für den Ersten Volksraad wahlberechtigt sind, gewählt und zwar auf die Zeit von fünf Jahren. Er ist nach Ablauf seiner Regierungszeit wieder wählbar. Um wählbar zu sein, muß er das Alter von 30 Jahren erreicht haben, Mitglied einer Protestantischen Kirchengemeinde sein und keine entehrende Strafe erlitten haben.

Artikel 2. Die Worte: „Und der General-Kommandant durch alle stimmberechtigten Bürger dieser Republik. Stimmberechtigte Bürger im Sinne dieses Artikels sind solche, die das Alter von 18 Jahren erreicht haben" — welche im Artikel 98[2]) der Verfassung vorkommen, werden wie folgt abgeändert:

_____
1) In der alten Verfassung als Art. 61 bezeichnet.
2) In der alten Verfassung als Art. 100 bezeichnet.

Stimmberechtigt zur Wahl von Feldkornet-Assistenten, Feldkornetten und Kommandanten sind alle Bürger, die das Alter von 16 Jahren erreicht haben. Und der General-Kommandant wird gewählt aus und von den stimmberechtigten Bürgern dieser Republik, welche das Recht haben, die Mitglieder für den Ersten Volksraad zu wählen.

Artikel 3. Der Art. 88¹) der Verfaßung wird wie folgt abgeändert:

Die beiden stimmberechtigten Bürger oder Mitglieder des Ausführenden Raad, in Art. 82²) erwähnt, werden vom Ersten Volksraad auf die Zeit von drei Jahren gewählt, der General-Kommandant auf die Zeit von zehn Jahren. Sie müssen das Wahlrecht für den Ersten Volksraad besitzen, Mitglieder einer Protestantischen Kirchengemeinde sein, keine entehrende Strafe erlitten und das Alter von 30 Jahren erreicht haben.

Artikel 4. Dem Art. 83³) der Verfaßung wird der folgende Satz hinzugefügt:

Um zum Superintendenten für das Eingeborenenwesen und zum Chef des Minenwesens ernannt werden zu können, muß man für den Ersten Volksraad wählbar sein.

Artikel 5. Dieses Gesetz tritt in Kraft gleichzeitig mit dem Gesetz, die Errichtung einer aus zwei Volksraaden bestehenden Volksvertretung betreffend.

S. J. P. Krüger, Staatspräsident.
Dr. W. J. Leyds, Staatssekretär.

Gouvernementskantoor,
Pretoria, 27. Juni 1890.

Gesetz,

die Errichtung einer aus zwei Volksraaden bestehenden
Volksvertretung betreffend.

(Beschluß des Volksraad art. 460, d.d. 23. Juni 1890.)

Artikel 1. Die Gesetzgebende Gewalt soll in den Händen einer Volksvertretung ruhen, welche aus einem Ersten und einem Zweiten Volksraad besteht.

---

¹) In der alten Verfaßung als Art. 69 bezeichnet.
²) In der alten Verfaßung als Art. 85 bezeichnet.
³) In der alten Verfaßung als Art. 85a bezeichnet.

Artikel 2. Der Erste Volksraad soll die höchste Gewalt im Staate sein, wie vor dem Inkrafttreten dieses Gesetzes der Volksraad.

Der Erste Volksraad soll diejenige Körperschaft sein, welche bis zum Inkrafttreten dieses Gesetzes der Volksraad genannt wurde. Von dem Zeitpunkte des Inkrafttretens an soll der Name jener Körperschaft von Volksraad in Ersten Volksraad abgeändert werden. Diejenigen Personen, welche die Mitglieder jener Körperschaft bilden, sollen jedoch dieselben bleiben; allein sie sollen von genanntem Zeitpunkte an, statt Mitglieder des Volksraad, Mitglieder des Ersten Volksraad genannt werden.

Alle Gesetze und Beschlüsse, die auf den Volksraad Bezug haben und auf dessen Mitglieder, sollen in Kraft bleiben und auf den Ersten Volksraad und auf dessen Mitglieder angewendet sein, ausgenommen, wenn hierin durch jetzige oder spätere Gesetze eine Änderung eintritt oder eintreten sollte.

Artikel 3. Der Erste und der Zweite Volksraad treten mindestens einmal im Jahre zusammen.

Ihre gewöhnlichen Versammlungen werden in einer gemeinschaftlichen Sitzung am ersten Montag des Monats Mai unter Vorsitz des Vorsitzenden des Ersten Volksraad eröffnet.

Außerordentliche Versammlungen können durch den Staatspräsidenten einberufen werden, so oft als er dies im Interesse des Landes für nötig hält.

Artikel 4. Die Zahl der Mitglieder des Zweiten Volksraad soll dieselbe sein wie die des Ersten Volksraad.

Diese Zahl soll für beide Volksraaden durch den Ersten Volksraad näher bestimmt werden.

Artikel 5. Jedes Mitglied eines der beiden Volksraaden legt beim Antritt seiner Würde folgenden Eid in die Hände des Vorsitzenden ab:

„Als Mitglied des Ersten (resp. Zweiten) Volksraad der Volksvertretung dieser Republik gewählt, erkläre, gelobe und beschwöre ich feierlich, daß ich niemand irgend ein Geschenk gemacht oder mich verpflichtet habe, um zu dieser Würde zu gelangen, daß ich der Würde, dem Volke und seiner Unabhängigkeit treu sein werde, dem Grundgesetz und anderen Gesetzen dieser Republik gemäß nach meinem besten Wissen und Gewissen mich verhalten und stets die Förderung des Glückes und der Wohlfahrt der Einwohner im allgemeinen vor Augen haben werde."

Artikel 6. Das Wahlverfahren bei den Mitgliedern des Zweiten Volksraad soll dasselbe sein wie bei den Mitgliedern des Ersten Volksraad.

Artikel 7. Die Mitglieder des Zweiten Volksraad sollen dieselben Diäten erhalten wie die Mitglieder des Ersten Volksraad, und dieselben Verpflichtungen haben, was die Bekanntgabe ihrer Gesetze und Beschlüsse an ihre Wähler anlangt.

Artikel 8. Die Mitglieder des Zweiten Volksraad werden auf die Zeit von 4 Jahren gewählt.

In der ersten ordentlichen Sitzung des Zweiten Volksraad soll durch das Loos bestimmt werden, welche Mitglieder zu derjenigen Hälfte gehören sollen, die bereits nach Ablauf der ersten zwei Jahre auszuscheiden haben.

Artikel 9. Die Mitglieder des Ersten Volksraad werden durch die stimmberechtigten Bürger gewählt, die das Bürgerrecht entweder vor dem Inkrafttreten dieses Gesetzes oder nachher durch Geburt erlangt und das Alter von 16 Jahren erreicht haben.

Das Wahlrecht für den Ersten Volksraad kann überdem auch nach Beschluß des Ersten Volksraad und nach den, später durch das Gesetz festzustellenden Bestimmungen, von jenen erlangt werden, die während zehn Jahren für den Zweiten Volksraad wählbar gewesen sind.

Artikel 10. Die Mitglieder des Zweiten Volksraad werden durch alle stimmberechtigten Bürger gewählt, die das Alter von 16 Jahren erreicht haben.

Artikel 11. Niemand darf sich für beide Volksraaden oder in mehreren Distrikten oder Wahlbezirken zugleich zur Wahl aufstellen lassen.

Artikel 12. Die Mitglieder eines Volksraad dürfen nicht in dem Verhältnis von Vater oder Sohn oder Stiefsohn zu einander stehen.

Artikel 13. Kein Offizier oder Beamter, der als solcher einen festen (jährlichen oder monatlichen) Gehalt bezieht, darf sich als Mitglied eines der beiden Volksraaden zur Wahl aufstellen lassen.

Artikel 14. Weder Farbige noch Bastarden, noch Personen von öffentlich schlechtem Betragen, oder solche, die eine entehrende Strafe erlitten haben, noch auch nichtrehabilitierte Bankrottierer oder Insolventen, von wo auch immer, sollen als Mitglied eines der beiden Volksraaden wählbar sein.

Artikel 15. Um als Mitglied im Ersten Volksraad Sitz zu

haben, muß derjenige, welcher hierzu gesetzlich gewählt worden ist,
30 Jahre alt, Mitglied einer Protestantischen Kirchengemeinde sein, in
der Republik wohnen, daselbst Grundbesitz und das Bürgerrecht entweder vor dem Inkrafttreten dieses Gesetzes oder nachher durch Geburt erlangt haben, oder das Wahlrecht für den Ersten Volksraad
gemäß alinea 2 von Art. 9 besitzen.

Artikel 16. Um als Mitglied im Zweiten Volksraad Sitz zu
haben, muß derjenige, welcher hierzu gesetzlich gewählt worden ist,
30 Jahre alt, während der zwei unmittelbar vorangehenden Jahre
stimmberechtigter Bürger, Mitglied einer Protestantischen Kirchengemeinde sein, in der Republik wohnen und daselbst Grundbesitz haben.

Artikel 17. Jeder Volksraad wählt seinen eigenen Vorsitzenden
aus seiner Mitte.

Artikel 18. Jeder Volksraad ernennt aus seiner Mitte seinen
eigenen Sekretär auf Vortrag des Ausführenden Raad.

Artikel 19. Jeder Volksraad soll zu beurteilen haben, ob die
Wahlen und die Eigenschaften seiner eigenen Mitglieder dem Gesetz
entsprechen.

Artikel 20. Jeder Volksraad soll keine eigene Geschäftsordnung
aufstellen, in welcher der Gang der Geschäfte geregelt und die Befugnisse des Vorsitzenden bestimmt werden.

Artikel 21. Der Staatspräsident und die Mitglieder des Ausführenden Raad sollen in beiden Volksraaden Sitz haben mit dem Rechte
der Teilnahme an den Verhandlungen, doch ohne Stimme.

Artikel 22. Das Quorum sowohl des Ersten als auch des
Zweiten Volksraad soll aus 12 Mitgliedern bestehen.

Wenn im Zweiten Volksraad kein Quorum vorhanden ist, so
soll dessen Sekretär dem Ersten Volksraad unmittelbar Bericht er-
statten.

Artikel 23. Die Sitzungen beider Volksraaden sollen öffentlich
sein, wenn nicht in speziellen Fällen die Mehrheit beschließt, die Öffent-
lichkeit aufzuheben.

Artikel 24. Jeder Volksraad soll Protokolle über seine Verhandlungen aufnehmen und dieselben regelmäßig im Staatscourant veröffentlichen, ausgenommen Protokolle von geheimen Sitzungen, die
nur mit Zustimmung des Ersten Volksraad vollständig oder teilweise
veröffentlicht werden dürfen.

Artikel 25. Jeder Volksraad hat das Recht, seine eigenen Mitglieder für unpassendes Betragen zu strafen.

Jeder Volksraad hat ferner das Recht, ein Mitglied von der Teilnahme an der Sitzung auszuschließen, wenn zwei Drittel der anwesenden Mitglieder dafür stimmen.

Artikel 26. Dem Volke soll drei Monate Zeit gegeben werden, um über ein vorliegendes Gesetz dem betreffenden Volksraad gegenüber urteilen zu können; ausgenommen sind solche Gesetze, die keinen Aufschub erleiden.

Artikel 27. Der Zweite Volksraad soll befugt sein, die folgenden Gegenstände auf dem Wege des Gesetzes oder des Beschlusses, wie es nötig erscheint, in Zukunft zu regeln:

1. das Münzwesen;
2. die Herstellung und Unterhaltung von Fahr- und Poststraßen;
3. das Postwesen;
4. das Telegraphen- und Telephonwesen;
5. den Schutz der Erfindungen, Muster und der Fabrikmarken;
6. den Schutz des Urheberrechts;
7. die Ausbeutung und den Unterhalt des Bulschwerkes und der Salzlager;
8. die Bekämpfung ansteckender Krankheiten;
9. den Stand, die Rechte und Verbindlichkeiten von Gesellschaften;
10. Insolvenzen;
11. den Civilprozeß;
12. den Strafprozeß;
13. diejenigen anderen Gegenstände, welche der Erste Volksraad durch Beschluß oder Gesetz näher bestimmen oder die der Erste Volksraad ausdrücklich an den Zweiten Volksraad verweisen wird.

Artikel 28. Alle Gesetze oder Beschlüsse, die vom Zweiten Volksraad angenommen worden sind, werden von demselben so schnell als möglich, äußerst nach Verlauf von 48 Stunden, dem Ersten Volksraad sowohl als dem Staatspräsident mitgeteilt.

Artikel 29. Der Staatspräsident hat das Recht, wenn er von der Annahme eines Gesetzes oder Beschlusses vom Zweiten Volksraad Kenntnis erhalten hat, das Gesetz oder den Beschluß, innerhalb 14 Tagen nach Empfang der Mitteilung, an den Ersten Volksraad gelangen zu lassen.

Der Staatspräsident ist in jedem Falle verpflichtet, innerhalb der genannten Frist dem Ersten Volksraad von dem Empfang einer solchen Mitteilung Kenntnis zu geben.

Artikel 30. Wenn der Staatspräsident innerhalb 14 Tagen, wie in Art. 29 gesagt, das mitgeteilte Gesetz oder den mitgeteilten Beschluß dem Ersten Volksraad nicht zugestellt hat und der Erste Volksraad ebenso wenig es für nötig gehalten hat, das betreffende Gesetz oder den betreffenden Beschluß innerhalb 14 Tagen aus eigenem Antriebe in Bearbeitung zu nehmen, so soll der Staatspräsident — wenn er nicht etwa dies im Interesse des Staates mit Wissen und Zustimmung des Ausführenden Raad für unzweckmäßig hält — verpflichtet sein, das Gesetz oder den Beschluß im nächstfolgenden Staatscourant veröffentlichen zu lassen, es sei denn, daß der Erste Volksraad innerhalb der obenerwähnten 14 Tage vertagt wäre, welchenfalls die Veröffentlichung im Staatscourant erst nach Verlauf von acht Tagen, nach Beginn der nächstfolgenden Sitzung des Ersten Volksraad, stattfinden soll.

Artikel 31. Kein Gesetz oder Beschluß, wenn vom Zweiten Volksraad angenommen, soll Kraft haben, so lange dasselbe oder derselbe nicht vom Staatspräsident im Staatscourant veröffentlicht worden ist.

Artikel 32. Die gesetzliche Kraft eines Gesetzes oder Beschlusses kann nach Veröffentlichung durch den Staatspräsident im Staatscourant nicht bestritten werden; das Volk behält jedoch das Recht, darüber zu kritisieren.

Artikel 33. Dieses Gesetz tritt zwei Monate nach Veröffentlichung im Staatscourant in Kraft.

S. J. P. Krüger, Staatspräsident.
Dr. W. J. Leyds, Staatssekretär.

Gouvernementskantor,
Pretoria, 23. Juni 1890.

Abänderung des Gesetzes Nr. 7 von 1882,
die Regelung des allgemeinen Wahlrechts betr.
(Beschluß des Volksraad art. 401, dd. 23. Juni 1890.)

Nachdem es durch das Zustandekommen eines Gesetzes wegen einer aus zwei Volksraaden bestehenden Volksvertretung erforderlich geworden ist, in Gesetz Nr. 7, 1882 (genannt: das Gesetz zur Regelung des allgemeinen Wahlrechts der Bürger der Südafrikanischen Repu-

diſſ) Änderungen eintreten zu laſſen, ſo wird hiermit folgendes feſtgeſtellt und beſtimmt:

Artikel 1. Der erſte Artikel des Geſetzes Nr. 7, 1882 wird hiermit wie folgt abgeändert:

Um das Wahlrecht in der Republik zu beſitzen, muß man Bürger
ſein. Zu dem Zwecke gelten die folgenden Beſtimmungen:

a) Um Bürger zu werden, muß man in der Republik geboren
ſein oder naturaliſiert worden ſein. Um Wähler zu ſein, muß man
das Alter von 16 Jahren erreicht haben.

b) Perſonen, die nicht in der Republik geboren ſind, ſondern von
auswärts hereinkommen, können das Bürgerrecht erlangen und Bürger
werden, wenn ſie die hierunter erwähnte Naturaliſationsurkunde erwirkt und den geforderten Eid geleiſtet haben.

c) Solche Perſonen ſollen den folgenden Eid in die Hände des
dazu beſtimmten Beamten ablegen:

„Ich . . . ., bis heute . . . ., geboren
. . . ., wünſche Bürger der Südafrikaniſchen Republik zu
werden und nachdem ich allen Geſetzesvorſchriften bezüglich der Naturaliſation entſprochen habe, entſage ich ausdrücklich allen Gehorſams-
pflichten und der Treue und Unterwerfung gegenüber fremden Fürſten,
Oberhäuptern, Staaten und Souveränitäten, insbeſondere dem Fürſten,
Oberhaupt, Staat oder den Souveränitäten, deren Unterthan und
Bürger ich bis jetzt geweſen bin und ſchwöre als Unterthan den Eid
der Treue und des Gehorſams der Regierung und ihren Geſetzen,
ſowie dem Volke der Südafrikaniſchen Republik.“

d) Von auswärts hereingekommene Fremde können zur Naturaliſation zugelaſſen werden, wenn ſie von dem Landdroſt ihres Diſtrikts
oder von dem Feldkornet ihres Bezirks den Nachweis bringen, daß
ſie ſich mindeſtens zwei Jahre hier im Lande wohnhaft niedergelaſſen
und während dieſer Zeit den Geſetzen des Landes treu und gehorſam
gezeigt haben und ſich auch mindeſtens zwei Jahre lang in die Feld-
kornetſchaftsliſten haben einſchreiben laſſen.

Das Geſuch um Naturaliſation wird vom Feldkornet durch Vermittelung des Landdroſt, mit den erforderlichen Beweisſtücken der Regierung vorgelegt und von dieſer dem Staatsprokurator überwieſen,
der die Unterlagen, nachdem er ſie in Ordnung befunden hat, dem
Ausführenden Raad zurückſendet, welcher dann die Naturaliſationsurkunde ausfertigt und der betreffenden Perſon den Eid abnimmt
oder durch eine hierzu beauftragte Perſon abnehmen läßt.

Die Koſten dieſer Naturaliſation betragen £[rl. 5.

e) Perſonen, die unter beſonderen Verhältniſſen von der Regierung zur Naturaliſation aufgefordert werden, brauchen keine zwei
Jahre im Lande gewohnt zu haben oder beim Feldkornet eingeſchrieben
zu ſein, um zur Naturaliſation zugelaſſen zu werden, und ſie brauchen
auch keine Koſten dafür zu entrichten.

Artikel 2. Der Artikel 3 des genannten Geſetzes wird hiermit
wie folgt abgeändert:

Die in obigem Artikel erwähnten Bürger, welche das Wahlrecht
erlangt haben, können ihre Namen als Wähler bei ihren reſp. Selb-
kornetten eintragen laſſen, nachdem ſie den Beweis erbracht haben,
daß ſie das Bürger- und Wahlrecht beſitzen.

Artikel 3. Der Artikel 9 des genannten Geſetzes wird hiermit
wie folgt abgeändert:

Jeder Feldkornet iſt verpflichtet, jährlich in den Monaten November und Dezember eine Anzeige über alle Stimmberechtigten ſeines
Bezirkes zu erſtatten, aus der ſich ergeben muß, welche Bürger ſeines
Bezirkes für den Erſten Volksraad ſtimmberechtigt ſind, und er ſoll
auch verpflichtet ſein, auf Nachſuchen neu hereingekommener Bürger
hierüber Anzeige zu erſtatten.

Artikel 4. Dieſes Geſetz tritt zwei Monate nach Veröffentlichung
im Staatskourant in Kraft.

S. J. P. Krüger, Staatspräſident.

Dr. W. J. Leyds, Staatsſekretär.

Gouvernementskontor,
Pretoria, 23. Juni 1890.

Anhang III.

Die Londoner Konvention
vom 27. Febr. 1884.

Article 1. The territory of the South African Republic will embrace the land lying between the following boundaries, to wit: (Here follows a description of the line of boundary.)

Article 2. The Government of the South African Republic will strictly adhere to the boundaries defined in the first Article of this Convention, and will do his utmost to prevent any of its inhabitants from making any encroachments upon lands beyond the said boundaries. The Government of the South African Republic will appoint Commissioners upon the eastern and western borders whose duty it will be strictly to guard against irregularities and all trespassing over the boundaries. Her Majesty's Government will, if necessary, appoint Commissioners in the native territories outside the eastern and western borders of the South African Republic to maintain order and prevent encroachments.

Her Majesty's Government and the Government of the South African Republic will each appoint a person to proceed together to beacon off the amended south-west boundary as described in Article 1 of this Convention; and the President of the Orange Free State shall be requested to appoint a referee to whom the said persons shall refer any questions, on which they may disagree respecting the interpretation of the said Article, and the decision of such referee thereon shall be final. The arrangement already made, under the terms of Article 19 of the Convention of Pretoria of the 3rd of August, 1881, between the owners of the farms Grootfontain and Valleifontain on the one hand, and the Barolong authorities on the other, by which a fair share of the water supply of the said farms shall be allowed to flow undisturbed to the said Barolongs, shall continue in force.

Article 3. If a British officer is appointed to reside at Pretoria or elsewhere within the South African Republic to discharge functions analogous to those of a Consular officer he will receive the protection and assistance of the Republic.

Article 4. The South African Republic will conclude no treaty or engagement with any State or nation other than the Orange Free State, nor with any native tribe to the eastward or westward of the Republic, until the same has been approved by her Majesty the Queen.

Such approval shall be considered to have been granted, if her Majesty's Government shall not, within six months after receiving a copy of such treaty (which shall be delivered to them immediately upon its completion), have notified, that the conclusion of such treaty is in conflict with the interest of Great Britain or of any of her Majesty's possessions in South Africa.

Article 5. The South African Republic will be liable for any balance which may still remain due of the debts for which it was liable at the date of annexation, to wit, the Cape Commercial Bank Loan, the Railway Loan, and the Orphan Chambre Debt, which debts will be a first charge upon the revenues of the Republic. The South African Republic will moreover be liable to her Majesty's Government for 250 000 l., which will be a second charge upon the revenues of the Republic.

Article 6. The debts due as aforesaid by the South African Republik to her Majesty's Government will bear interest at the rate of three and a half per cent from the date of the ratification of this Convention, and shall be repayable by a payment for interest and sinking fund of six pounds and ninepence per 100 l. per annum, which will extinguish the debt in twenty-five years. The said payment of six pounds and ninepence per 100 l. shall be payable half-yearly. in British currency, at the close of each half-year from the date of such ratification: Provided always that the South African Republic shall be at liberty at the close of any half year to pay off the whole or any portion of the outstanding debt.

Interest at the rate of three and a half per cent on the debt

as standing under the Convention of Pretoria shall as heretofore
he paid to the date of the ratification of this Convention.

Article 7. All persons, who held property in the Transvaal
on the 8th day of August, 1881, and still hold the same, will
continue to enjoy the rights of property, which they have enjoyed
since the 12th of April, 1877. No person, who has remained
loyal to her Majesty during the late hostilities shall suffer any
molestation by reason of his loyalty; or be liable to any criminal
prosecution or civil action for any part taken in connection with
such hostilities; und all such persons will have full liberty to
reside iu the country, with enjoyment of all civil rights, and protection for their persons and property.

Article 8. The South African Republic renews the decla-
ration made in the Sand River Convention, and in the Convention
of Pretoria, that no slavery will be tolerated by the Government
of the said republic.

Article 9. There will continue to be complete freedom of
religion and protection from molestation for all denominations,
provided the same be not inconsistent with morality and good
order; and no disability shall attach to any person in regard to
rights of property by reason of the religious opinions which
he holds.

Article 10. The British officer appointed to reside in the
South African Republic will receive every assistance from the
Government of the said Republic in making due provision for the
proper care and preservation of the graves of such of her Majesty's forces, as have died in the Transvaal: und if need be, for
the appropriation of land for the purpose.

Article 11. All grants or titles issued at any time by the
Transvaal Government in respect of land outside the boundary
of the South African Republic, as defined in Article 1, shall be
considered invalid aud of no effect, except in so far as any such
grant or title relates to land that falls within the boundary of
the South African Republic; and all persons holding any such
graut so considered invalid and of no effect will receive from the
Government of the South African Republic such compensation,
either in land or in money, as the Volksraad shall determine. In
all cases, in which any native chiefs or other authorities outside
the said houndaries have received any adequate consideration from

the Government of the South African Republic for land excluded from the Transvaal by the first article of this Convention, or where permanent improvements have been made on the land, the High Commissioner will recover from the native authorities fair compensation for the loss of the land thus excluded, or of the permanent improvements thereon.

Article 12. The independence of the Swazis, within the boundary line of Swazi-land, as indicated in the first article of this Convention, will by fully recognized.

Article 13. Except in pursuance of any treaty or engagement made as provided in Article 4 of this Convention, no other or higher duties shall be imposed on the importation into the South African Republic of any article coming from any part of her Majesty's dominions than are or may be imposed on the like article coming from any other place or country; nor will any prohibition be maintained or imposed on the importation into the South African Republic of any article coming from any part of her Majesty's dominions, which shall not equally extend to the like article coming from any other place or country. And in like manner the same treatment shall be given to any article coming to Great Britain from the South African Republic as to the like article coming from any other place or country.

These provisions do not preclude the consideration of special arrangements as to import duties and commercial relations between the South African Republic and any of her Majesty's colonies or possessions.

Article 14. All persons, other than natives, conforming themselves to the laws of the South African Republic (a) will have full liberty, with their families, to enter, travel, or reside in any part of the South African Republic; (b) they will be entitled to hire or possess houses, manufactories, warehouses, shops, and premises; (c) they may carry on their commerce either in person or by any agents, whom they may think fit to employ; (d) they will not be subject, in respect of their persons or property, or in respect of their commerce or industry, to any taxes, whether general or local, other than those which are or may be imposed upon citizens of the said republic.

Article 15. All persons, other than natives, who established their domicile in the Transvaal between the 12th day of April,

1877, and the 8th of August, 1881, and who within twelve months after such last-mentioned date have had their names registered by the British Resident, shall be exempt from all compulsory military service whatever.

Article 16.　Provision shall hereafter be made by a separate instrument for the mutual extradition of criminals, and also for the surrender of deserters from her Majesty's forces.

Article 17.　All debts contracted between the 12th of April 1877, and the 8th of August, 1881, will be payable in the same currency in which they may have been contracted.

Article 18.　No grants of land which may have been made, and no transfers or mortgages, which may have been passed between the 12th of April, 1877, and the 8th of August, 1881, will be invalidated by reason merely of their having been made or passed between such dates.

All transfers to the British Secretary for Native Affairs in trust for natives will remain in force, an officer of the South African Republic taking the place of such Secretary for Native Affairs.

Article 19.　The Government of the South African Republic will engage faithfully to fulfil the assurances given, in accordance with the laws of the South African Republic, to the natives at the Pretoria Pitso by the Royal Commission in the presence of the triumvirate and with their entire assent; (1) as to the freedom of the natives to buy or otherwise acquire land under certain conditions; (2) as to the appointment of a commission to mark out native locations; (3) as to the access of the natives to the courts of law, and (4) as to their being allowed to move freely within the country, or to leave it for any legal purpose, under a pass system.

Article 20.　This convention will be ratified by a Volksraad of the South African Republic within the period of six months after its execution, and in default of such ratification this Convention shall be null and void.

Signed in duplicate in London this 27th day of February, 1884.

Anhang IV.

Anmerkungen.

¹) H. Aloeffel, die Südafrikanischen Republiken. Leipzig 1890. S. 2 ff.

²) Bergl. Silver, Handbook S. 16.

³) Bergl. Silver, Handbook S. 18.

⁴) Bergl. Nixon „The complete Story of the Transvaal" S. 14.

⁵) Nach Nixon „The complete Story of the Transvaal" S. 15, wurde den Eigentümern nur ⅓ des Wertes ihrer Sklaven zugesprochen.

⁶) Nixon, Among the Boers, Kap. IV. Aloeffel, a. a. O. S. 8 ff.

⁷) Bgl. J. Noble, Illustr. official Handbook of the Cape and South Africa. Kapstadt und Johannesburg 1893 S. 461 und Theal „History of the Boers in South Africa. London 1887.

⁸) Aloeffel, a. a. O. S. 11 ff.

⁹) Im Auszuge abgedruckt bei Nixon a. a. O.

¹⁰) Den vollständigen Text der Sand-River-Convention siehe bei Nixon a. a. O. im Anhange.

¹¹) Sie belegten sogar diejenigen mit Strafe, die sich einfallen ließen, über die Grenzen der Republik hinaus sich (und damit auch anderen) einen Weg in die angrenzenden Länder zu bahnen. Bergl. Nixon, a. a. O. S. 25.

¹²) Andere Beispiele erzählt Nixon, a. a. O. S. 24.

¹³) Bergl. die „little bottle" Episode bei Nixon, a. a. O. S. 27 ff.

¹⁴) Bergl. John Noble, Official Handbook S. 462.

¹⁵) Nixon, a. a. O. S. 25.

¹⁶) Eine Beschreibung ihres Landes siehe Merensky: „Erinnerungen aus dem Missionsleben in Südostafrika", S. 83.

¹⁷) Im Swasiloube wohnhaft, das seit 1895 zu Transvaal gehört.

30*

¹⁸) Über die Geschichte der Bapedi, s. auch Berl. Miff.-Ber. Jahrg. 1862, S. 325.

¹⁹) Der Name des Sohnes.

²⁰) Vergleiche über die finanzielle Lage der Regierung p. 3. der Annektion Merensky a. a. O. S. 392.

²¹—²⁴) Vergl. Aston a. a. O. S. 45—95.

²⁵) Vergl. Aston, a. a. O. S. 98 ff.

²⁶) Vergl. die zwischen der Deputation und Hidd-Beach gewechselten Schriftstücke in den Blaubüchern C. 2128 und Appendix I zu C. 2220. Neue Momente von einiger Erheblichkeit sind in denselben von keiner Seite angeführt.

²⁷) Vergl. Aston, a. a. O. S. 113.

²⁸) Über das Nähere vergl. Dr. H. Joriſſen, Erinnerungen an Transvaal, Berlin 1898, S. 32 ff.

²⁹) Vergl. Aston, a. a. O. S. 145.

³⁰) Ebenda, S. 145.

³¹) Vergl. die Darstellung der Parlamentsverhandlungen bei Aston S. 146 ff.

³²) Vergl. Joriſſen a. a. O.

³³) Vergl. hierfür und für das Folgende Aston, a. a. O. S. 155 ff. und Joriſſen, Erinnerungen an Transvaal, S. 47 ff.

³⁴) Näheres über ihn in seinem Buche: Erinnerungen an Transvaal, Berlin 1898.

³⁵) Vergl. Aston, a. a. O. Kap. X.

³⁶) Brunnentreſſen-Bach; das folgende nach Aston, a. a. O. S. 212 ff. und Merensky. Aston schreibt fälschlich Bronkers Spruit.

³⁷) a. a. O. S. 212.

³⁸) Nach Aston 57 Tote und 100 Verwundete. Die obigen Zahlen sind nach Merensky auf den Gedenktafeln angegeben, die auf den Gräbern errichtet sind.

³⁹) Über das Schicksal der gefangenen Offiziere vergl. Aston, a. a. O. S. 216 ff. Oberst Anstruther erlag seinen Wunden.

⁴⁰) Vergl. Colonel Winsloes Aufsatz über die Verteidigung von Potchefstroom in Macmillans Magazine, April 1883 und Aston, a. a. O. S. 218 ff.

⁴¹) Vergl. Joriſſen, a. a. O.

⁴²) Vergl. Merensky a. a O. S. 165.

⁴³) Vergl. die Schilderung der Situation bei Joriſſen a. a. O. S. 51 ff.

⁴⁴) Nixon giebt die Stärke seiner Truppenmacht auf ca. 1000 Mann, darunter nur 60 „mounted rifles" an; Merensky schätzt sie auf etwa 1500 Mann.

⁴⁵) Vergl. Merensky, a. a. D. S. 462.

⁴⁶) Dies und das Folgende nach Merensky, a. a. D. S. 467 ff.

⁴⁷) Ober Majubaberg.

⁴⁸) Vergl. Nixon a. a. D. S. 246 ff.

⁴⁹) Merensky, a. a. D. S. 473.

⁵¹) Vergl. Merensky S. 473 und Nixon S. 247. Selbst eine Er-hebung, die den Bergrand um 50 Fuß überragte und das ganze Plateau beherrschte, blieb unbesetzt.

⁵²) Vergl. Nixon, a. a. D. S. 248 und 251.

⁵³) Vergl. hier und im folgenden Merensky, a. a. D. S. 474.

⁵⁴) Vergl. Jorissen, a. a. D., S. 56 ff.

⁵⁵) Eine ausführliche Darstellung dieser Verhandlungen siehe bei Jorissen, a. a. D. S. 56 ff.

⁵⁶) Über die Definition dieses Begriffes vergl. Jorissen S. 59.

⁵⁷) Das Folgende teils nach Nixon, teils nach Merensky.

⁵⁸/⁵⁹) Vergl. Weißbuch C. 2892 und Abraham, Geschichte der südafr. Rep., Berlin 1896, S. 27.

⁶⁰) Vergl. Jorissen, a. a. D. S. 82.

⁶¹) Vergl. Jorissen, a. a. D. S. 83; den Text der Konvention siehe bei Nixon im Anhange.

⁶²) Nach dieser von Jorissen (S. 83) stammenden Erklärung ist die Angabe von Nixon, S. 300, richtig zu stellen.

⁶³) Jorissen, a. a. D. S. 84.

⁶⁴) Die Wirkung des Regierungswechsels auf die Eingeborenen schildert Nixon, a. a. D. S. 271.

⁶⁵) Nixon insinuiert täppischerweise (a. a. D. S. 299), dies sei der „comfortablen" Gehälter wegen geschehen.

⁶⁶) Vergl. Nixon, a. a. D. S. 281.

⁶⁷) Vergl. Abraham, Die südafrikanische Republik. Berlin 1896 S. 29.

⁶⁸) Kapoch soll noch 8000 Mann zu seiner Verfügung gehabt haben.

⁶⁹) Vergl. Kapitel I.

⁷⁰) Die Darstellung bei F. Abraham, Die südafrikanische Republik, S. 30 ist irrig.

⁷¹) Siehe Abraham, a. a. D. S. 30.

¹²) Derby erklärte im Parlament: „Wir könnten das Land (Transvaal) halten, aber wir würden es gegen den Willen seiner Bewohner durch willkürliche Gewalt halten. Und in diesem Falle würde der englische Steuerzahler ein Wort mitzusprechen haben.

¹³) Erinnerungen an Transvaal, übersetzt von A. Seidel, S. 87 ff.

¹⁴) Die Deputation hat überdies ihr Anliegen schriftlich formuliert, vergl. Bluebook C. 3841, p. 83. Darin sprechen die Buren aus, wie von englischer Seite anerkannt wird, daß sie ein vollständig neues Abkommen wünschten, dem der Sandfluß-Vertrag zu Grunde gelegt wurde.

¹⁵) Wie man selbst in England über die Suzeränität denkt, erhellt z. B. aus Sürer & Co.'s South Africa (S. 448), wo sie „this childish piece of absurdity" genannt wird.

¹⁶) Vergl. Bluebook, C. 3914.

¹⁷) Vergl. Nixon, a. a. O. S. 328.

¹⁸) Ibid. S. 329.

¹⁹) Vergl. seine Erinnerungen an Transvaal, S. 94.

²⁰) ibid., S. 61.

²¹) Vergleiche Anhang III.

²²) Das Urteil von Abraham, a. a. O. Ist mir nicht verständlich.

²³) Er schrieb: Über Vorkommen und Gewinnung der nutzbaren Mineralien in der Südafrikanischen Republik (Transvaal) unter besonderer Berücksichtigung des Goldbergbaues. Berlin. D. Reimer. 1894.

²⁴) Vergl. Abraham, a a. O. S. 51 ff.

²⁵) Genaueres siehe in § 1 des Londoner Vertrags, Bluebook. Die jetzige Grenze weicht hier ein wenig von der im Londoner Abkommen bestimmten ab, da am 20. Juni 1860 ein Zusatzvertrag vereinbart wurde, der diesen Teil der Grenze neu regelte.

²⁶) Sein Reisewerk erschien zu London 1839.

²⁷) Vergl. Petermanns Mitteilungen 1857, S. 155.

²⁸) Cinq ans d'aventures dans l'intérieur de l'Afrique sud London 1871.

²⁹) Vergl. Ausland 1843/44.

³⁰) Journal of the Royal Geogr. Soc. 1852, S. 136.

³¹) The Sulu and Amatonga Countries. — Petermanns Mitteilungen 1864, p. 119.

³²) Journ. of the Royal Geogr. Soc. 1862, p. 62 ff.

²²⁷) Nach Angaben in Noble's Official Handbook S. 466.

²²⁸) Gleich 600 ☐Ruthen = 8561 qm. 1 roede = 12 voet und 3 voet = 1 yard.

^{231, 215}) An der Südgrenze indessen teuerer.

¹¹⁶) Vergl. die wirtschaftlichen Verhältnisse der Südafrikanischen Republik. Berlin 1893 S. 22 und 23.

¹³¹) Über die Art der Anlage solcher Dämme vergl. Heilmann, Transvaal S. 61 ff., und über das Aufsuchen von Wasser siehe Kloeffel a. a. O. S. 71.

²²⁶) The Argus Annual 1896 S. 116.

¹⁰⁰) Die wirtschaftlichen Verhältnisse der Südafrikanischen Republik. Berlin 1893 S. 22.

¹⁰⁰) [. Kloeffel a. a. O. S. 62.

²¹¹) Über die Kultur und Bearbeitung des Tabaks in Transvaal vergl. Heilmann: Transvaal Seite 59 und Kloeffel a. a. O. Seite 63.

²¹²) Merkwürdigerweise heißt es auch vom Tabak in dem öfter erwähnten amtlichen Bericht (Die wirtschaftlichen Verhältnisse der Südafrikanischen Republik 1893 Seite 281: „Der Tabakbau soll auch nicht lohnend sein, da die Preise sehr niedrig sind und der Anbau große Sorgfalt, Zeit und Geld kostet. Als jetzt wird nur soviel Tabak angebaut, um den Bedarf der Bevölkerung an geringartigen Rauchtabaken teilweise zu decken. Ausfuhrfähig ist derselbe gegenwärtig nicht."

¹¹³) a. a. O. Seite 11.

²¹⁴) Vergl. Heilmann, Transvaal, Seite 49.

²⁴³) Ebenda Seite 48.

¹⁴⁶) Vergl. Heilmann, Transvaal, Seite 47.

¹⁴¹) Dies wie das Vorhergehende und das Folgende zum größten Teil nach Heilmann, Transvaal, Seite 37 ff., der die ausführlichsten Nachrichten darüber gesammelt hat.

¹¹⁸) Vergl. die wirtschaftlichen Verhältnisse der Südafrikanischen Republik 1893 Seite 22.

¹⁴⁹) Vergl. Heilmann a. a. O. Seite 45—47.

²⁵⁰) A. a. O. Seite 53.

²⁵¹) Vergl. Kloffel a. a. O. S. 69.

²⁵²) Näheres bei Heilmann a. a. O. Seite 51.

²⁵³) Ebenda Seite 48.

²⁵⁴) Vergl. hierzu das Werk: The Sportsman in South Africa (Simpkin, Marshall & Co.). Einen Auszug daraus nebst eingehenden Angaben über den Wildstand im Guide to South Africa Seite 209 ff.

⁹²) Berliner Missionsberichte 1891, Nr. 9 ff. Petermanns Mitteilungen 1860, S. 404 ff.

⁹⁴) Er lieferte auch eine Beschreibung der Republik nebst einer Karte in der Zeitschrift der Gesellschaft für Erdkunde zu Berlin 1875, S. 366 ff. und „Beiträge zur Kenntnis Südafrikas" (Berlin 1875) — vergl. auch Zeitschrift für Ethnologie 1873, Seite 10 und Bulletin de la Soc. de Géogr. de Paris 1876, S. 191.

⁹⁵) Bergl.: 3 Jahre in Südafrika, Breslau 1868. — Die Eingeborenen Südafrikas ethnographisch und anatomisch beschrieben. Breslau 1872, — Petermanns Mitteilungen 64, S. 389; 1869, S. 156; 1873, S. 121. — Zeitschrift der Gesellschaft für Erdkunde zu Berlin 1868, S. 132 ff., 163.

⁹⁶) Petermanns Mitteilungen 1866, S. 245; 1867, S. 219, 251, 282; 1868, S. 93, 145, 230; 1869, S. 154, 188, 268, 301, 384; 1870, S. 1, 92, 139, 165, 166; 1871, S. 254, 391, 473; 1872, S. 81, 82, 121, 122, 421. Ergänzungsband VIII, Nr. 37. — Mitteilungen der geographischen Gesellschaft zu Wien, 1870, S. 483; 1872, S. 187; — Ausland 1872, Nr. 1, 10, 31. — Globus XVIII, 1870, Nr. 24; XXII, 1872, S. 177. — Nouvelles annales des voyages, 1867, p. 112.

⁹⁷) Wangemann, ein Reisejahr in Südafrika. — Petermanns Mitteilungen. Ergänzungsband V, Nr. 24, S. 15 und 1868, S. 390. — Maleo u. Sekukuni, ein Lebensbild aus Südafrika. Berlin 1868.

⁹⁸⁻¹⁰⁰) Näheres bei Paulitschke, die Erforschung Afrikas, S. 212 bis 217.

¹⁰⁰) Zur Lage von Leydenburg vergl. die Bemerkungen zur Karte von Habenicht, erste Auflage, Section 10 und Norris Newmann With the Boers in the Transvaal, London 1882.

¹⁰¹) Geographische Mitteilungen 1886, Tafel 1.

¹⁰²) Afrique explorée et civ. 1886, Nr. 9.

¹⁰⁷) Jeppe, veröffentlicht in Petermanns Mitteilungen 1892, Juni-Heft.

¹¹⁰) So genannt von den gebleichten Kalksteinen, welche sich längs der starken Quellen und Bäche vorfinden.

¹¹¹) Schmelsser a. a. O., S. 2.

¹¹²) Nach Cohen nur 2120 m.

¹¹³) Vergleiche hier und im folgenden: Karl Mauch's Reisen im Innern von Südafrika. 1865—1872. Gotha 1874, S. 11.

¹¹⁴) Schenk.

472   Anmerkungen.

¹¹⁴) Nach Nauch werden die Partien um die Quellflüsse des Limpopo zu den Magaliesbergen gerechnet.
¹¹⁵) Vergl. Schmeißer, a. a. O. S. 5.
¹¹⁶) Vergl. C. Cohen in Tschermaks Mineralog. u. Petrograph.
Mitt. 1895. XV. Wien, S. 1—8 u. Nachtr. und Petermanns Mitt.
1896, Heft 4, Litteraturbericht Nr. 228.
¹¹⁷) Supan, Statistik der unteren Luftströmungen, Leipzig 1881.
¹¹⁸) Vergl. hierzu die Karte in Petermanns Mitteilungen Erg.-
Heft 24 (1898), auf der das Verbreitungsgebiet der Tsetse-Fliege gekennzeichnet ist.
¹²⁰) Nauch, a. a. O. S. 4 ff.
¹²¹) Die Temperaturangaben sind in Celsius-Graden zu lesen.
¹²²) Zeitschr. der Gef. für Erdk. zu Berlin, Bd. VII, 1872 S. 354.
¹²³) ibid. (?)   ¹²⁴) Nauch, a. a. O. S. 11.
¹²⁵) Nauch, Petermanns Mitteilungen 70, S. 2.
¹²⁶) Der Limpopo, welcher gerade aus dieser Provinz einen großen
Teil seiner perennierenden Zuflüsse erhält, ist selbst in der trockenen
Jahreszeit bis zur Mündung des Auanetsi für Dampfer mit geringem
Tiefgang schiffbar. Vergl. Ann. der Hydr. VIII, 60, S. 335. (Dove.)
¹²⁷/¹²⁸) Hübner, Petermanns Mitteilungen 1872, S. 431.
¹²⁹) Nauch, Petermanns Mitteilungen, Ergänzungsh. 37, S. 18.
¹³⁰) Zeitschr. der Österr. Ges. f. Meteorol. XVII., 1882. S. 20.
¹³¹) Petermanns Mitteilungen, 67, S. 20. Ferner Jeppe, Petermanns Mitteilungen, Ergänzungsh. 24, 64, S. 2.
¹³²) Jeppe, Petermanns Mitteilungen Ergänzungsh. 24, S. 5.
¹³³) Jeppe, Petermanns Mitteilungen, Ergänzungsh. 24, S. 1.
ferner Wangemann, Ergänzungsh. 24, S. 18.
¹³⁴) Nauch, Petermanns Mitteilungen, Ergänzungsh. 37, 74, S. 20.
¹³⁵) Fritsch, a. a. O. S. 130.
¹³⁶) Vergl. Noble's Official Handbook.
¹³⁷) Heilmann, Transvaal, S. 11.
¹³⁸) Vergl. Schmeißer, a. a. O. S. 5.
¹³⁹) ibid. ¹⁴⁰) Heilmann, a. a. O.
¹⁴¹) Im Guide to South Africa, S. 36.
¹⁴²) Hier und im folg. vergl. Guide to South Africa, S. 54 ff.
¹⁴³) Neuerdings übrigens auch die meisten übrigen größeren Orte.
¹⁴⁴) Nach R. Wagner & Supan, die Bevölkerung der Erde.
Gotha 1892.
¹⁴⁵) Ebenso, S. 121.

116) Kloeffel a. a. O. S. 51.

117) Bergl. Dr. R. Raerger, Buren, Engländer und Deutsche in Südafrika. Preuß. Jahrb. 1894 S. 401 ff.

118) Bergl. hier und im folgenden G. Neitmann, Transvaal. Leipzig. u. a. S. 18 ff.

119) Bergl. Rärger a. a. O. S. 412 ff., dem ich hier wörtlich folge.

120) Bergl. Export 1896 Nr. 8.

121) Bergl. L. Schenk, Deutsche Kol.-Ztg. 1896. S. 220.

122) Die Eingeborenen Südafrikas. Breslau 1872.

123) Merensky, dem diese Ausführungen entnommen sind, macht dabei auf die Participial-Endungen im Sewenda, Sepedi und Sulu im Gegensatz zu denen der übrigen Betschuanen und Basulo aufmerksam.

124) Dies und das Folgende meist nach Merensky a. a. O.

125) Bergl. die Beschreibung der Feste Seloalls bei Merensky a. a. O. S. 30.

126) Näheres darüber siehe bei Merensky a. a. O. S. 12 ff.

127) W. Gründler, Geschichte der Bawenda-Mission in Nord-Transvaal. Berlin 1897. Diesem Werke sind die folgenden Abschnitte entnommen.

128) Eine Probe der Sprache befindet sich im Anhang II. des genannten Werkes.

129) Bergl. die analoge Erzählung der Rama.

130) Bergl. Sievers, a. a. O. S. 200.

131) Bergl. Schmelter a. a. O. S. 8.

132) So nach Schmelter, Neitmann schreibt Rorhahn.

133) Noble's Illustrated official Handbook S. 21 ff.

134) Näheres siehe in Noble's Official Handbook S. 91—137.

135) Bergl. zum folgenden Noble's Official Handbook S. 32 bis 49 und 323—356, The Guide to South Africa S. 173—208, sowie Schmelter, über Borkommen 2c. S. 21 ff.

136) Bergleiche sein Buch, über Borkommen und Gewinnung der nutzbaren Mineralien in der südafrikanischen Republik. Berlin 1894.

137) Du Preez, Hauptflöz, Livingston-Flöz, Bogelflöz, Kimberley-Flöz, Klippoortje-Flöz, Eloburg-Flöz und Schwartflöz-Gruppe.

138) Bergl. hier und im folgenden Schmelter a. a. O. S. 66.

139) Nach Schmelter a. a. O. S. 81.

140) Der Name soll aus Polgieter, Scherf und Eloden-

Stroom zusammengesetzt sein. Die folgenden Beschreibungen der
einzelnen Städte basieren meist auf Angaben der Handbücher von
Noble, Silver und dem Guide to South Africa.

¹¹¹) Meist nach den Angaben des Staats-Almanaks voor be Zuib-
Afrikanische Republiek 1897 und dem Guide to South Africa.

¹¹²) Die Trambahn gehört der City and Suburban Tramway Co.,
die für eine Reihe von Jahren ein Monopol für Johannesburg und
die Vorstädte erworben hat. Gegenwärtig läuft eine Linie von
Jeppe's Town durch die Stadt nach Fordsburg, eine andere verbindet
Doornfontein mit dem Zentrum der Stadt. Dazu kommen mehrere
Zweiglinien. Das gesamte System umfaßt jetzt ca. 16 km im Betrieb bei. Im Bau (cf. Argus Annual S. 570).

¹¹³) Nach dem Staats-Almanak beträgt die in den Büchern der
Beldkornetten (die allerdings wohl nur die wehrfähige Mannschaft verzeichnet haben, vergl. S. 283) eingetragene Anzahl 2160, wovon 351 für
den ersten und 389 für den zweiten Volksraad stimmberechtigt sind.
Silver's Handbook giebt die Einwohnerzahl schon für 1891 auf 5000 an.

¹¹⁴) 1 Kapscher Morgen ist ungefähr gleich 8564 qm.

¹¹⁵) Nach Silver 3000, nach dem Guide 5000 Fuß über dem Meere.

¹¹⁶) In Silver's Handbook fälschlich Pietersberg.

¹¹⁷) Siehe Anm. 174.

¹⁷⁴) Die Namen der gegenwärtigen Mitglieder siehe im Staats-
Almanak 1897 S. 37.

¹⁷⁸) Vergl. § 16 des Gesetzes vom 23. Juni 1890 im Anhang II.

¹⁷⁹) Vergl. § 18 ebenda.

¹⁸¹) Über die Rechte und Pflichten des Präsidenten vergl.
Art. 61—95 des Grondwet im Anhang II.

¹⁸²) Ein Bild seines Hauses in Pretoria siehe bei Stanley,
Through South Africa, London 1898 S. 92.

¹⁸³) Vergl. aber Kapitel 30.

¹⁸⁴) Siehe den Staats-Almanak 1897 S. 351 ff.

¹⁸⁵) Über die Obliegenheiten der Konsuln vergl. den Auszug
aus dem Reglement im Staats-Almanak 1897 S. 343.

¹⁸⁶) Vergl. das Verzeichnis der im Jahre 1896 ausgeführten
Bauten im Staats-Almanak 1897, S 245.

¹⁸⁷) Das Einzelne ist in Artikel 127—170 der Verfassung niedergelegt. Vergl. Anhang II.

¹⁸⁸) Über die Funktionen derselben vergl. Jorissen, Erinnerungen
an Transvaal, S. 8.

¹⁸⁹) Über den Umfang der Thätigkeit des hohen Gerichtshofes, die Tarife der Rechtsanwälte, Notare ꝛc. und sonstige Gerichtskosten vergl. den Staats-Almanak 1897 S. 267 ff. — Ein Verzeichnis sämtlicher Rechtsanwälte und Notare in der Republik siehe im Argus Annual 1896 S. 148 ff.

¹⁹⁰) Vergl. Staats-Almanak 1897 S. 256. Ebenda s. auch Näheres über die Befugnisse der übrigen richterlichen Personen. Das Verzeichnis der Friedensrichter s. auf S. 388.

¹⁹¹) Die Verteilung der Polizei über die Republik ist nachgewiesen im Staats-Almanak 1897 S. 280.

¹⁹²) Die Verteilung der Wehrfähigen auf die einzelnen Distrikte s. im Staats-Almanak 1897 S. 47.

¹⁹³) In diesem Falle sind alle Personen über 16 Jahren stimmberechtigt.

¹⁹⁴) Vergl. Anm. 193.

¹⁹⁵) Im Artikel 105 der Verfassung ist näher bestimmt, was darunter zu verstehen ist.

¹⁹⁶) Ein Verzeichnis der Kommandanten, Feldkornetten und Feldkornet-Assistenten s. im Staats-Almanak 1897 S. 44 ff.

¹⁹⁷) Wurde am 18. Januar 1898 übernommen.

¹⁹⁸) Näheres s. in The Argus Annual and South African Gazetteer 1896 S. 177.

¹⁹⁹) Vergl. die wirtschaftlichen Verhältnisse der Südafrikanischen Republik, Berlin 1893, S. A. aus dem Handelsarchiv. S. 11 ff.

²⁰⁰) Die Liste der von der Kommission abgesteckten Lokationen siehe im Staats-Almanak 1897 S. 52.

²⁰¹) Die südafrikanischen Republiken. 1890 S. 56.

²⁰²) Vergl. „Afrika" 1896 S. 240.

²⁰³) Über die Vorgänge beim Besuch desselben in Pretoria vgl. Jorissen, Erinnerungen an Transvaal. Berlin 1888 S. 140.

²⁰⁴) Die Namen derselben sind im Staats-Almanak für 1897 S. 388 mitgeteilt.

²⁰⁵) Siehe den Text im Argus Annual 1896 S. 417. Vergl. auch „Afrika" 1896 S. 240.

²⁰⁶) Vergl. H. Gundert, Die evangelische Mission, ihre Länder, Völker und Arbeiten. Calw und Stuttgart, 1894. S. 145 u. ff.

²⁰⁷) Der erste katholische Missionar, der nach Transvaal kam, war P. Hoenderwanger, vergl. die „Katholischen Missionen" 1896 S. 112.

[106]) Vergl. darüber Merensly's Hauptwerk: Erinnerungen aus dem Missionsleben in Süd-Afrika.

[107]) Näheres siehe im Staats-Almanak 1897 Seite 60.

[108]) Ebenda Seite 61.

[109]) Wie sich diese auf die einzelnen Diskrikte verteilen, und in welchen Fächern die Schüler unterrichtet worden sind, darüber finden sich genaue Nachweise im Staats-Almanak 1897 S. 63 ff.

[110]) Nach dem Guide to South Africa S. 23.

[111]) Ebenda; doch heißt es: this proportion probably includes coloured children.

[112]) Nach Angaben des Staats-Almanak, der Handbücher von Noble und Silver, Klöffel u. f. w.

[113]) Siehe Kapitel 28 am Schluß.

[114]) Silvers Handbook 1891 S. 456.

[115]) Schmeißer, a. a. O. Seite 11 und Argus Annual 1896 S. 303: Tenure of land in the Transvaal.

[116]) Die wirtschaftlichen Verhältnisse der Südafrikanischen Republik. Berlin 1893 S. 21.

[117]) Schmeißer a. a. O. S. 11.

[118]) Klöffel, Die Südafrikanischen Republiken S. 60.

[119]) Die wirtschaftlichen Verhältnisse der Südafrikanischen Republik. Berlin 1893 S. 23.

[120]) Vergl. Klöffel a. a. O. S. 60 und 63.

[121]) Vergl. Klöffel a. a. O. S. 60.

[122]) Heltmann, Transvaal S. 59.

[123]) Vergl. darüber A. Merensly, Kaffebau in Südafrika. Deutsche Kolonialzeitung 1895 S. 124.

[124]) Vergl. Noble's Official Handbook Seite 167, übersetzt von Schmeißer a. a. O. S. 12 f.

[125]) Nach Heltmann a. a. O. Seite 58. Die Art, wie der Bur sich ansiedelt, schildert derselbe Autor sehr anschaulich auf S. 63 seines Buches.

[126]) Die wirtschaftlichen Verhältnisse der Südafrikanischen Republik. Berlin 1893 S. 23.

[127]) Ebenda.

[128]) Im Statesman's Yearbook steht, wohl infolge eines Druckfehlers, 30 000. Nähere Daten siehe im Argus Annual 1896 S. 302.

[129]) Hierüber wie über die zu zahlenden Abgaben vergl. The Argus Annual 1896 S. 302 und Silvers Handbook S. 457 f.

) Die wirthschaftlichen Verhältnisse der Südafrikanischen Republik Berlin 1893 Seite 24.

) Das Gesetz ist vollständig abgedruckt im Argus Annual 1896 Seite 327—349.

) Schmeißer a. a. O. Seite 17.

) Die wirthschaftlichen Verhältnisse der Südafrikanischen Republik, Berlin 1893 Seite 17.

) Vergl. Schmeißer a. a. O. Seite 102.

) Schmeißer a. a. O. Seite 105.

) Schmeißer a. a. O. S. 115.

) Genaueres über die einzelnen Goldfelder siehe bei Schmeißer a. a. O. und im Argus Annual 1896 Seite 356 ff.

) Eine Liste derselben, ihres „outputs" und der gezahlten Dividenden siehe im Argus Annual 1896 Seite 371 ff.

) Das Folgende meist nach Schmeißer a. a. O. Seite 121 ff.

) Eingehende Mitteilungen über die Kohlenminen siehe im Argus Annual 1896 Seite 377.

) Schmeißer a. a. O. Seite 126.

) Schmeißer a. a. O. Seite 127.

) Näheres über die Arbeiterverhältnisse siehe bei Schmeißer a. a. O. Seite 127 ff.

) Vergl. Schmeißer a. a. O. S. 132.

) Nähere Angaben l. bei Schmeißer a. a. O. S. 130.

) Schmeißer a. a. O. S. 131.

) Schmeißer a. a. O. S. 131.

) Vergl. W. Klug, die elektrische Kraftübertragungsanlage der „Rand Central Electric Works" bei Johannesburg. Elektrotechnische Zeitschrift 1898, Heft 31.

) Schmeißer a. a. O. S. 131.

) Dies und das Folgende nach der amtlichen Denkschrift: die wirthschaftlichen Verhältnisse der südafrikanischen Republik. Berlin 1893 S. 20 ff.

) The Guide to South Africa 1897,98 S. 207.

) Vergl. die wirthschaftlichen Verhältnisse der südafrikanischen Republik. Berlin 1893 S. 21.

) Ein vollständiges Verzeichnis aller an das Patentamt gelangten Anträge seit dem 1. Oktober 1887 siehe im Staats-Almanak 1897 S. 92—156.

) Nach Angaben des Argus Annual, 1896 S. 233.

[189] Nach Angaben des Staats-Almanak 1897 S. 254.

[190] Vergl. im folgenden: Die Denkschrift: Die wirtschaftlichen Verhältnisse der südafrikanischen Republik. Berlin 1893 S. 4, 5 u 12.

[191] Ein Verzeichnis der von den Kaffern gern gekauften Ar f. in der öfter angeführten Denkschrift S. 4.

[192] Vergl. Die wirtschaftlichen Verhältnisse re. S. 4.

[193] Vergl. Die wirtschaftlichen Verhältnisse re. S. 16.

[194] Vergl. Die wirtschaftlichen Verhältnisse re. Berlin 1893 S. 11 u. 16 und Staats-Almanak 1897 S. 254.

[195] Den Text dieser Verträge f. bei H. Klössel, die südafrikanischen Republiken, Leipzig 1890.

[196] Ein ausführliches Verzeichnis der gangbaren deutschen Artikel siehe in der Denkschrift: „Die wirtschaftlichen Verhältnisse der südafrikanischen Republik", Berlin 1893 S 14, f.

[197] Vergl. Klössel a. a. O. S. 94.

[198] Doch dürfen fremde Silbermünzen nicht eingeführt werden. Vergl. Handelsarchiv 1895 S. 474. Ausgenommen hiervon ist nur, was fremde Reisende für ihren Bedarf mit sich führen.

[199] Ausführliches siehe im Staats-Almanak 1897 S. 246 f.

[200] S. deutsches Handelsarchiv 1897 S. 132.

[201] Das Verzeichnis derselben siehe im Staats-Almanak 1897 S. 241 f. Nachtrag dazu vom 24. November 1892 ebenda S. 249.

[202] Die wirtschaftlichen Verhältnisse der südafrikanischen Republik Berlin 1893 S. 8.

[203] Was den Geschäftsumfang dieser Banken anbetrifft, so sei hier auf die Angaben im Argus Annual für 1896 S. 118 verwiesen.

[204] Die wirtschaftlichen Verhältnisse der südafrikanischen Republik Berlin 1893 S. 28.

[205] Vergl. Staats-Almanak 1897 S. 368.

[206] 12 voet = 1 roede.

[207] Dagegen 1 083 voet = 1 000 kapsche voet.

[208] 1 englische Transvaal-Gallone ist = 1,2666 holländische Gallonen.

[209] Von Vereeniging bis Pretoria sind 77 engl. Meilen.

[210] Von Charlestown bis Pretoria 325 km.

[211] Dieselbe ist 349 englische Mellen lang; von der portugiesischen Grenze bis Pretoria sind 474,75 km.

[212] Vergleiche hier und im folgenden Guide to South Africa 1897/98 S. 27.

... Report of the select committee of the cape of Good Hope House of Assembly on the Jameson Raid. Blaubuch C. 8380 1897.

[223] Vergl. Merensky in „Afrika" 1897 S. 182.

[224] „Afrika" 1897 S 275.

[225] Ebenda S. 304.

[226] Vergl. „Afrika" 1897 S. 335.

[227] Ebenda S. 376.

[228] Ebenda 1898 S. 163.

[229] Ebenda 1898 S. 193.

[230] Das Urteil Merensäis. Afrika 1897 S. 182.

[231] Vergleiche das Weißbuch: Aktenstücke betreffend die süd-afrikanische Republik 1896.